Jung H. Pak

KIM JONG-UN

Jung H. Pak

KIM JONG-UN

Eine CIA-Analystin über sein Leben,
seine Ziele, seine Politik

Aus dem Amerikanischen von
Ulrike Becker
Gabriele Gockel
Rita Seuß
Thomas Wollermann

DUMONT

Für J.B.H., N.E.H. und W.B.H.
und für Joomi

INHALTSVERZEICHNIS

Karte der koreanischen Halbinsel

* In Südkorea heißt das Japanische Meer Ostmeer und das Gelbe Meer wird Westmeer genannt.

0 _____ 100 Meilen
0 _____ 100 Kilometer

RUSSLAND

CHINA

Musan

▲ Berg Paektu

Yalu Fluss

Punggye-ri ■
Atomtestgelände

NORDKOREA

• Sinuiju

Kerntechnische
Anlage
Nyongbyon ■

Sohae Raketen-
startplatz ■

Hamhung •

Pjöngjang ⊛

Wonsan •

• Sinchon

Entmilitarisierte
Zone (EMZ)

Industrieregion
Kaesong ■

Insel
Yeonpyeong

Incheon • ⊛ Seoul

SÜDKOREA

Japanisches
Meer*

Gelbes
Meer*

• Busan

Insel Jeju

JAPAN

CHINA
RUSSLAND
NORD-
KOREA
Japanisches
Meer
SÜD-
KOREA
JAPAN
Tokio ⊛
• Osaka
Ostchine-
sisches
Meer
PAZIFISCHER
OZEAN

VORBEMERKUNG

Wie in Korea, Japan und China üblich sind die Nachnamen der
Personen den Vornamen vorangestellt. Die Schreibweise der Vornamen folgt sowohl bei den nordkoreanischen als auch bei den
südkoreanischen Namen der in Deutschland üblichen Form mit
Bindestrich: Kim Jong-il, Moon Jae-in. In den Anmerkungen wird
jeweils die Schreibweise der Originalquelle verwendet.

Die Kims

Eine selektiver* Stammbaum

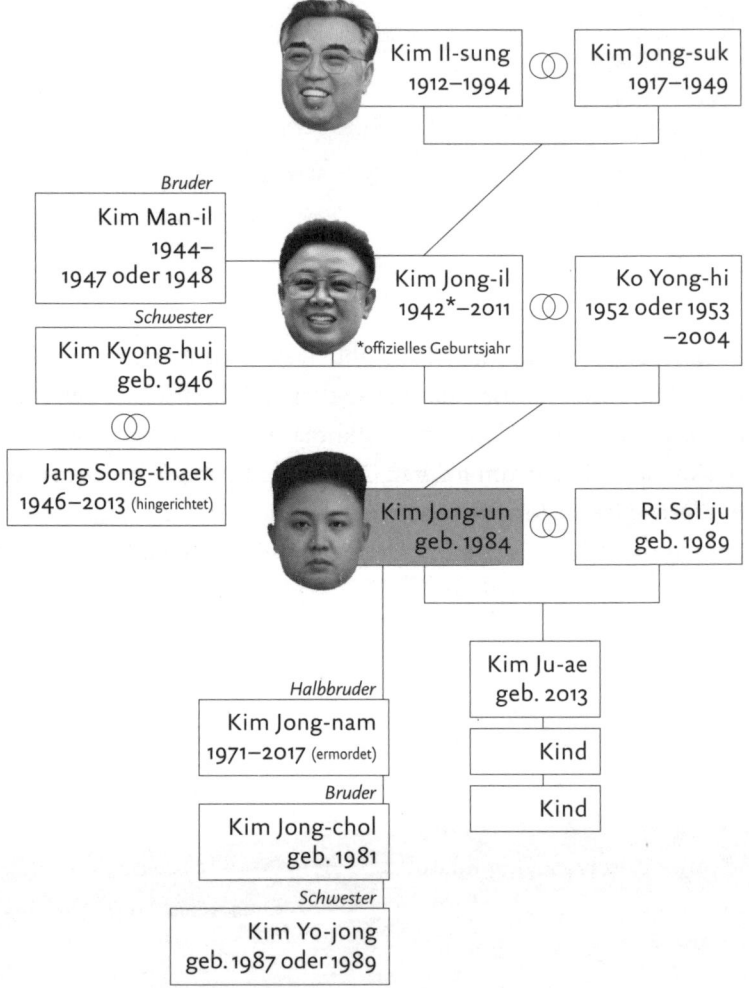

Kim Il-sung
1912–1994

⊙⊙

Kim Jong-suk
1917–1949

Bruder

Kim Man-il
1944–
1947 oder 1948

Schwester

Kim Kyong-hui
geb. 1946

⊙⊙

Jang Song-thaek
1946–2013 (hingerichtet)

Kim Jong-il
1942*–2011
*offizielles Geburtsjahr

⊙⊙

Ko Yong-hi
1952 oder 1953
–2004

Kim Jong-un
geb. 1984

⊙⊙

Ri Sol-ju
geb. 1989

Kim Ju-ae
geb. 2013

Halbbruder

Kim Jong-nam
1971–2017 (ermordet)

Kind

Bruder

Kim Jong-chol
geb. 1981

Kind

Schwester

Kim Yo-jong
geb. 1987 oder 1989

* Weil Nordkorea Informationen zurückhält, ist es schwierig, die Angaben über Kim Jong-uns weitere Kinder zu verifizieren. Man weiß auch nicht genau, wie viele es sind. Das Geburtsjahr seiner Frau ist ebenfalls unbestätigt.

PROLOG

Selbst nach den Maßstäben Nordkoreas – eines Landes, das auf perfekte Weise Propaganda betreibt – hätte man sich für die Bestattung Kim Jong-ils am 28. Dezember 2011 kein passenderes Wetter wünschen können. Es war kalt und grau, und es schneite. Das Weiß des Schnees bildete einen idealen Kontrast zu dem schwarzen Leichenwagen mit dem Sarg und zur Kleidung der Trauernden: Ausdruck der Wehmut des Volkes, das von seinem geliebten Führer Abschied nahm. Nach dem Tod Kim Il-sungs, dem Staatsgründer, hatte er seit 1994 über das Land geherrscht.

Während sich der Trauerzug durch den Schnee bewegte, standen die Nordkoreaner schluchzend am Straßenrand, fielen in Ohnmacht und wurden von Weinkrämpfen geschüttelt, auch wenn diese Gefühlsausbrüche vermutlich nicht immer echt waren. Männer und Frauen, Soldaten und Arbeiter, die Jungen und die Alten, alle schlugen sich an die Brust oder klammerten sich aneinander, um Trost zu finden, oder stampften in ihrer Pein mit den Füßen. Das Dröhnen dieser kollektiven Klage war ohrenbetäubend, und es berührte wahrscheinlich auch jene in der Menge, die nicht die leidenschaftliche Liebe zu dem toten Führer teilten, der mit eiserner Hand regiert hatte.

Angeführt wurde die Prozession von dem jungenhaft wirkenden Kim Jong-un, dem neuen Führer Nordkoreas. Er bewahrte Haltung und folgte dem Sarg ruhig und gemessen, doch seine angespannten Züge und seine Tränen verrieten den tiefen Schmerz, den er sicherlich empfand. Schließlich war er jetzt eine Waise, denn seine Mutter war an Brustkrebs gestorben, als er zwanzig Jahre alt war.

Kim Jong-il, der Diktator, Vater und Filmliebhaber, wäre von diesem Finale in jeder Hinsicht angetan gewesen.

Kim Jong-ils Tod am 17. Dezember 2011 – aufgrund von »Arbeitsüberlastung«, wie es in den nordkoreanischen Staatsmedien hieß – kam nicht überraschend. Jeder wusste um seine gesundheitlichen Probleme – Ende 2008 hatte er bereits einen Schlaganfall erlitten.[1] Es war zu erwarten gewesen, dass ihm eines Tages die familiäre Vorbelastung mit Herzerkrankungen, das starke Rauchen und Trinken sowie seine ausschweifenden Partys zum Verhängnis werden würden. Auch sein Vater Kim Il-sung war einem Herzinfarkt erlegen. Doch seltsamerweise löste der Tod von Kim Jong-il einen Schock aus.

Zur Zeit der Bestattung arbeitete ich noch nicht lange als Analystin bei der Central Intelligence Agency, ich hatte dort erst 2009 angefangen, kurz nach Kims Schlaganfall. Als er bei der Zusammenkunft der sogenannten Obersten Volksversammlung im Frühjahr zum ersten Mal wieder in der Öffentlichkeit auftrat, war er erschreckend dünn, das einst rundliche Gesicht war eingefallen, und die Wangenknochen traten deutlich hervor. Er ging langsam und schleppend.

Angesichts seines Todes wurde die Welt von einer spürbaren Angst erfasst. Südkorea berief seinen Nationalen Sicherheitsrat ein und versetzte die Armee und den Zivilschutz in höchste Alarmbereitschaft.[2] Japan richtete einen Krisenstab ein,[3] und das

Weiße Haus verkündete in einer Stellungnahme, es stehe »in engem Kontakt mit den Verbündeten in Südkorea und Japan«.

Ich weiß noch, dass ich im CIA-Hauptquartier in Langley, Virginia, besorgt auf kleinste Anzeichen der Instabilität des Regimes in Pjöngjang achtete und mich fragte, welchen Weg Nordkorea unter seinem jugendlichen neuen Führer einschlagen würde. Das nordkoreanische Regime beeilte sich jedoch, etwaige Zweifel und Irritationen im Hinblick auf den neuen Herrscher zu zerstreuen. Die Medien bejubelten pflichtgemäß sein »herausragendes« Leben, seine brillanten Führungsqualitäten und seine Rolle als »Vater der Nation und Leitstern der Wiedervereinigung des Vaterlands«. Unter Kim Jong-un sei die Zukunft sicher:

Heute steht Genosse Kim Jong-un, der Große Nachfolger, an der Spitze unserer Revolution ... Alle Parteimitglieder, die Soldaten und Offiziere der Volksarmee und das Volk sollten vertrauensvoll die Führung des Genossen Kim Jong-un unterstützen, sie sollten mit aller Kraft die echte Einheit der Partei, der Armee und des Volkes verteidigen und sie weiter stark machen wie Stahl ...

Der Weg unserer Revolution ist mühselig, und die derzeitige Situation ist hart, aber es gibt auf der ganzen Welt keine Kraft, die das revolutionäre Voranschreiten unserer Partei, unserer Armee und unseres Volkes unter der weisen Führung des großen Genossen Kim Jong-un aufhalten kann.[4]

Das nordkoreanische Regime scheute sich nicht, den jungen, unerfahrenen neuen Führer zum Helden zu stilisieren.

Für Kim Jong-un war die Beisetzung seines Vaters der Höhepunkt eines öffentlich demonstrierten Erbfolgeprozesses, der bereits ein paar Jahre zuvor begonnen hatte. Damals hatte der britische Botschafter in Pjöngjang berichtet, Regierungsvertreter hätten bei nationalen Ereignissen neben Kim Jong-il auch seinen Sohn, den »jungen General«, gefeiert.[5] Achtzigjährige Regimemitglieder hätten sich im staatlichen Fernsehen tief vor Kim Jong-un verbeugt.[6] Das Regime warb nicht nur für die Kontinuität durch eine Weitergabe der Macht von Kim zu Kim, sondern stilisierte den jungen Mann auch zur Reinkarnation seines verehrten Großvaters – er trug den gleichen dunklen Mao-Anzug und denselben Haarschnitt, und sogar sein Leibesumfang glich dem des Staatsgründers.

Unklar blieb allerdings, ob Kim Jong-un überhaupt die Bürde als neuer nordkoreanischer Führer auf sich nehmen wollte. Und wenn die Eliten ihn nicht akzeptierten, würde es vielleicht zu einer Destabilisierung des Landes, zu massenhaftem Loyalitätsverlust und einer Flüchtlingsflut, zu blutigen Säuberungen und womöglich sogar zu einem Militärputsch kommen. Würde ein unbesonnener und keinerlei Beschränkungen unterliegender Kim seine neue Macht, zu der auch die Befehlsgewalt über ein von seinem Vater aufgebautes Atomwaffenarsenal gehörte, leichtfertig für ein militärisches Abenteuer nutzen? War es sein Ziel, die Politik und das Verhalten des Landes allein zu bestimmen, oder würde er sich offen zeigen für Ratschläge aus seinem Umfeld? Asien-Kenner sagten voraus, Kim werde bald gestürzt oder gar getötet werden: »Das Nordkorea, das wir kennen, gibt es nicht mehr. Ob es nun in den nächsten Wochen oder im Lauf von Monaten kollabiert – das Regime wird sich nicht halten können.« Zweifellos würde jemand, der gerade erst Mitte zwanzig war und keinerlei Führungserfahrung besaß, rasch von den Veteranen des Regimes entmachtet werden. Die Bevölkerung würde keinesfalls eine zweite dynastische Nachfolge, die ohnehin für den Kommunismus beispiellos war, dulden. Erschwerend kam hinzu, dass Kims Jugend in einer Gesellschaft, in der die

Weisheit und die Erfahrenheit des Alters einen hohen Stellenwert besitzen, ein entscheidendes Manko war. Selbst wenn es Kim gelang, seine Position zu wahren, indem er sich durch das Festhalten an den Atom- und Raketenprogrammen des Landes Legitimität und Prestige verschaffte, schien der Zusammenbruch Nordkoreas näher denn je.

Als Kim mit ernster Miene neben dem Leichenwagen mit dem Sarg seines Vaters entlangschritt, war er umringt von älteren Parteifunktionären und Militärs, der sogenannten »Siebener-Bande«. Ihre prestigeträchtige Rolle bei der Trauerfeier und die symbolische Platzierung an der Seite des Nachfolgers legten nahe, dass Kim Jong-un die Unterstützung der alten Garde genoss und der Status quo erhalten bleiben würde. Die meisten Beobachter sahen in diesen sieben Veteranen des Regimes die mutmaßlichen Mentoren des jungen Führers, zumindest in der nahen Zukunft.[7] Einige prophezeiten auch eine Umgestaltung des Personenkults der Familie Kim: Kim Jong-un werde als Aushängeschild dienen, doch in Wirklichkeit würden die »Regenten« die Zügel in der Hand halten und die Geschicke des Landes lenken.

So sah die Lage damals aus. In den folgenden Jahren nutzte Kim die Mechanismen der autoritären Herrschaft – Repression und Angst, die Bindung der Eliten an sein Regime sowie die Kontrolle über die Streit- und Sicherheitskräfte –, um seine Macht zu festigen und den Personenkult weiter auszubauen, mit dem schon die Legitimität seines Großvaters und seines Vaters als alleinige Führer Nordkoreas untermauert worden war. Aber Kim Jong-un begnügte sich nicht damit, die vorhandenen Kontrollmechanismen aufrechtzuerhalten. In der Zeitschrift *Asian Perspectives* beschreibt Patrick McEachern, Analyst im US-Außenministerium und aufmerksamer Beobachter Nordkoreas, wie Kim seine Macht bündelte, indem er die Kompetenzen von Militär und Kabinett einschränkte und die Partei der Arbeit Koreas unter seine alleinige Führung stellte.[8] In den ersten beiden Jahren seiner Herrschaft eliminierte Kim fünf Mitglieder der Siebener-Bande: Einer wurde hingerichtet, die Übrigen wurden degradiert oder auf andere Weise aus ihrem Amt entfernt und ins Abseits gedrängt. Gleichzeitig übernahm er selbst wichtige Führungspositionen.[9] Seine angeborene Flexibilität und Anpassungsfähigkeit wurden insbesondere sichtbar, als er seine Instrumente der Zwangsherrschaft schärfte: Er nutzte neue Technologien (Internet) ebenso wie alte (chemische und biologische Waffen) und arbeitete mit Hochdruck daran, Nordkorea einen Platz in der Welt als Atommacht zu verschaffen, die das Potenzial besaß, die Vereinigten Staaten anzugreifen.

Trotz Kim Jong-uns enormem Einfluss auf das gegenwärtige geopolitische Geschehen und der Gefahr, die er für die weltweite Sicherheit darstellt, wissen die meisten Menschen so gut wie nichts über ihn. Die Faszination, die Nordkorea auslöst, hat zu einer Flut von Artikeln, Dokumentarfilmen und Experteninterviews geführt, die den öffentlichen Hunger nach Informationen über den in den Nachrichten ständig präsenten jungen Diktator zu stillen versuchen und verschiedene Deutungen seines Tuns und Lassens liefern. Doch leider neigen die meisten Berichte und Reportagen zur Vereinfachung. Hier fehlen eine tiefergehende Analyse sowie die Kenntnis der historischen und geopolitischen Zusammenhänge. Die fragwürdige Rhetorik der nationalen Sicherheit aus Washington berücksichtigt weder Kims Persönlichkeit und Auftreten noch die nordkoreanische Kultur und Politik in ausreichendem Maße. Man tut so, als spielten sein Charakter, seine Sichtweise und seine Vorlieben keine Rolle, wenn man über mögliche Wege aus dem ungelösten Atomwaffenproblem diskutiert.

Als es um die Frage ging, wie die US-Regierung und ihre ausländischen Partner das Geschehen auf der koreanischen Halbinsel einzuschätzen hätten, wirkte ich an vorderster Front mit, zunächst in der Central Intelligence Agency und dann als stellvertretende Geheimdienstoffizierin für Nordkorea beim National Intelligence Council. Ich leitete die strategischen Analysen der amerikanischen Geheimdienste und stellte unsere Sicht der beiden koreanischen Staaten bei politischen Meetings im Weißen Haus vor. Außerdem unterstützte ich den Nationalen Sicherheitsrat bei seinen Analysen und beriet den Direktor des nationalen Geheimdiensts und seine leitenden Mitarbeiter im Hinblick auf bedeutsame Entwicklungen und neue Fragestellungen. Meine Lehrjahre als Analystin fielen unmittelbar mit dem Aufstieg Kim Jong-uns zusammen. Ich arbeitete mit kompetenten Kollegen zusammen, deren analytische Sorgfalt und unermüdlicher Einsatz für die nationale Sicherheit mich bis heute beeindrucken. Ihnen bin ich zu Dank verpflichtet, denn sie haben mein Schreiben und Denken geprägt und mir gezeigt, wie man Dinge hinterfragt und mit gutem Beispiel vorangeht. Dieses Buch beruht auf meinem so gesammelten Wissen über die Entwicklung Nordkoreas unter dem neuen Führer und seine Entwicklung zu dem Kim, mit dem wir es heute zu tun haben. Es nähert sich der Geschichte des Regimes einschließlich seiner atomaren Krisen über einen schlüssigen biografischen Ansatz und offenbart die Bestrebungen, die Sichtweisen und das Selbstverständnis seines Führers sowie dessen mutmaßliche Vorstellung von dem Platz, den Nordkorea in der Welt einnehmen sollte. Mein Buch schließt mit Empfehlungen für den Umgang der Vereinigten Staaten und der Weltgemeinschaft mit Nordkorea.

Während der Schnee fiel und Trauermusik ertönte, erreichte der Leichenzug mit dem jungen Nachfolger an der Spitze den Kumsusan-Palast, wo der einbalsamierte Leichnam seines Vaters auf ewig neben dem seines Großvaters ruhen sollte. Kim Jong-uns

Schwester Kim Jo-jong trat mit bleichem, bedrücktem Gesicht und herabhängenden Schultern neben ihren Bruder.

Kim Jong-un hatte seine erste Aufgabe mit Bravour gemeistert – die Organisation und Leitung einer gut orchestrierten Bestattung, die der seines Vaters für Kim Il-sung in nichts nachstand.

Dann machte er sich an die Arbeit als Nordkoreas neuer Führer.

1

VOM RIESENBABY ZUM INTERNATIONALEN STAATSMANN

Nordkorea wird von den CIA-Analysten als »das härteste Ziel von allen« bezeichnet. Die Atommacht stellt eine dauerhafte Bedrohung der nationalen Sicherheit der USA dar, doch die Undurchsichtigkeit des Regimes, die Isolation, die es dem Land aufgezwungen hat, eine starke Spionageabwehr und eine Kultur der Angst und Paranoia ermöglichen bestenfalls die Gewinnung fragmentarischer Daten und hindern unseren Geheimdienst daran, mit der gewohnt hohen Zuverlässigkeit zu informieren, Vorhersagen zu treffen und Warnungen auszusprechen. Selbst alltäglichste Fakten wie die Geburtstage von Schlüsselfiguren des Regimes oder der Aufenthaltsort von Mitgliedern der Familie Kim an einem bestimmten Tag sind schwer zu überprüfen oder überhaupt zu ermitteln. Nordkorea lässt ausländische Journalisten zwar ins Land, doch ihre Bewegungen und Berichte werden engmaschig verfolgt und sicherheitsdienstlich durchleuchtet. Mutmaßliche Wahrheiten liegen oft unter vielen Schichten der Legendenbildung des Regimes begraben und sind somit nicht leicht erkennbar.

Aber hartes Ziel hin oder her, das ist nun mal unser täglich Brot bei der CIA. Unsere Mission besteht darin, die Politiker vor jeder Bedrohung unserer nationalen Sicherheit zu warnen, sie auf Handlungsoptionen bei der Verfolgung US-amerikanischer Interessen hinzuweisen und manchmal auch dem Präsidenten und anderen Regierungsmitgliedern auf ihre Fragen eine eindeutige Antwort zu geben, um ihnen bei dringenden Entscheidungen zu helfen. Wir analysieren eine enorme Menge von streng geheimen bis zu frei zugänglichen Informationen und werten sie mit Hilfe unseres Wissens über Geschichte, Kultur und Sprache des Gegners sowie über seine bisherigen Beziehungen zu den USA aus. Bei der Liste der Anforderungen in den Stellenangeboten für Analysten auf der Website der CIA steht die Fähigkeit, »Daten, die oft widersprüchlich und unvollständig sind, schnell zu erfassen«,[10] ganz oben. »Die Aufgabe ähnelt der Zusammensetzung eines Puzzles, dessen Teile man zu verschiedenen Zeiten, von verschiedenen Orten und vermischt mit Teilen anderer Puzzles erhält.« Kandidaten müssen »die Punkte miteinander verbinden« können, denn das Land und der Präsident verlassen sich darauf, dass sie die verfügbaren Informationen zuverlässig analysieren und objektive Schlüsse daraus ziehen, von denen viele weitreichende Auswirkungen auf unsere Politik haben. Im Falle Nordkoreas fällt das Zusammenfügen der Puzzleteile besonders schwer. Bei einem gewöhnlichen Puzzlespiel weiß man, wie das fertige Bild aussehen muss. Man kann nach passenden Farben Ausschau halten, zuerst die Ecken und dann die Randstücke heraussuchen, um den Umriss zu erhalten. Wenn das Bild dann langsam Gestalt annimmt, wird es immer einfacher, das Puzzle fertigzustellen.

Die Punkte zu verbinden scheint ziemlich einfach. Aber woher weiß man, welche Punkte verbunden werden müssen und in welcher Reihenfolge? Was macht man mit einem abweichenden Punkt (beziehungsweise zweien oder einem Dutzend), der nicht ins Bild passt, sondern auf etwas anderes hinzuweisen scheint? Ein Beispiel für Punkte, die von den bestehenden Konturen des Bildes abweichen, ist etwa Kim Jong-uns Entscheidung, sich Anfang 2018 mit den Regierungschefs von Südkorea, China und den USA zu treffen. Das Gleiche gilt für seine Ankündigung, dass er nach Jahren selbst gewählter Isolation und kriegerischem Verhalten nun Frieden wolle. Viele Analysten fragten sich daher, welchen Punkten es nun zu folgen galt. Intelligence Analysis ist eine komplexe Sache, und sie funktioniert nicht intuitiv. Die Analystin muss mit Mehrdeutigkeiten und Widersprüchen klarkommen, ihren Geist immer wieder darauf trainieren, Annahmen infrage zu stellen, alternative Hypothesen und Szenarien zu bedenken und sich auch bei schwacher Faktenlage oft in hochbrenzligen Situationen auf klare Aussagen festzulegen, sodass unsere führenden Politiker in Fragen der nationalen Sicherheit fundierte Entscheidungen treffen können.

Ich habe rasch gelernt, dass die Ausbildung zur CIA-Analystin ein nie endender Prozess ist. Meine Kolleginnen und Kollegen in Langley und ich mussten spezielle Kurse absolvieren, um unser Denken zu schulen, und Gewohnheiten ausbilden, die das Risiko minimieren, sich bei der Analyse von trügerischer Selbstgewissheit leiten zu lassen. In jedem Büro eines CIA-Analysten werden Sie ein Exemplar des Buches *Psychology of Intelligence Analysis* vorfinden, ein schmales lilafarbenes Bändchen von Richards Heuer, der selbst fünfundvierzig Jahre lang bei der CIA gearbeitet hat, sowohl im operativen Bereich als auch in der Informationsanalyse. Heuer befasst sich in diesem Buch damit, wie Informationsanalysten die »Schwächen und Vorurteile« in ihren Denkprozessen überwinden oder zumindest erkennen und damit umgehen können. Eines seiner Hauptargumente lautet, dass Analysten häufig vornehmlich das wahrnehmen, was sie erwarten. Und »diese Erwartungsmuster beeinflussen auf unterbewusste Weise, wonach die Analysten suchen, was sie für wichtig erachten und wie sie das, was sie finden, interpretieren«.[II] Die überkommene Denkweise einer Analystin legt ihr eine bestimmte Sicht nahe und prägt die Art der Informationsverarbeitung. Heuers Buch ist so etwas wie die Bibel unserer Branche. Es wurde uns gleich in den ersten Kursen, die wir als angehende CIA-Offiziere absolvierten, ans Herz gelegt, und auch in der weiteren Ausbildung wurde immer wieder darauf verwiesen. Das Buch steht noch heute leicht greifbar im Regal meines Büros in der Brookings Institution. Immer wenn mein Blick zufällig auf das lila Bändchen fällt, werde ich daran erinnert, dass jeder Informationsanalyse eine gewisse Demut innewohnt – vor allem, wenn man es mit einem so harten Ziel wie Nordkorea zu tun hat. Diese Erkenntnis zwingt mich, mich mit meinen Zweifeln auseinanderzusetzen, mich immer wieder zu fragen, woher ich weiß, was ich weiß, und was ich nicht weiß, meine Beweise abzuwägen, mich zu fragen, wie sehr ich meinen Schlussfolgerungen vertraue, und zu prüfen, was bestimmte Unbekannte an meiner Sichtweise ändern könnten.

KIM JONG-UN: EIN VERRÜCKTES DICKES KIND ODER EIN UNERSCHROCKENER GIGANT?

Welche Erwartungen und Auffassungen müssen wir also überwinden, um zu einer richtigen Einschätzung Kim Jong-uns und seines Regimes zu gelangen? Liegt das Augenmerk auf Kims äußerer Erscheinung, dann neigt man dazu, ihn als Comicfigur darzustellen. Die maßlos übertriebene Rhetorik der nordkoreanischen Staatsmedien, Kims eigene oft ungeheuerlichen Aussagen sowie die überzogene Bildersprache und die großspurigen Plattitüden der allgegenwärtigen sozialistischen Kunst und Architektur haben es uns allzu leicht gemacht, Kim als reine Karikatur zu betrachten. Der noch deutlich sichtbare Babyspeck im Gesicht des erst knapp über zwanzig Jahre alten Mannes, ein unvorteilhafter Haarschnitt, der in der westlichen Presse buchstäblich Wellen schlug, unförmige Jacketts mit zu weiten und zu kurzen Hosen, die seine Beleibtheit kaum kaschierten – all das trug noch weiter zu dem von den westlichen Medien entworfenen Narrativ bei, laut dem dieser Bursche nicht ernst zu nehmen sei. Selbst US-Präsidenten und andere Amtsträger verwendeten für Kim Spitznamen wie »Little Rocket Man« (kleiner Raketenmann), »sick puppy« (krankes Hündchen), »crazy fat kid« (verrücktes dickes Kind) und »Pyongyang's pig boy« (das Schweinchen von Pjöngjang). Nur wenige Tage nachdem Kim Jong-un die Führung des Landes von seinem verstorbenen Vater übernommen hatte, wurde in einem Artikel der *Washington Post* vom 23. Dezember 2011 die Vermutung eines Neurowissenschaftlers zitiert, dass Kims Gehirn nicht voll entwickelt sei.[12] Laut diesem Experten ist der vordere Teil des Gehirns, der für »die Impulskontrolle und die langfristige Planung« zuständig ist, im Alter von Mitte zwanzig noch nicht vollständig ausgereift. Das waren erschreckende Nachrichten, wenn man sich vergegenwärtigte, dass nun ein Mann mit einem offenbar noch unterentwickelten Gehirn die Kontrolle über die Atomwaffen seines Landes besaß.

Tatsächlich sind Witze über Nordkorea zu einem regelrechten Wirtschaftszweig geworden. Der Blog *Kim Jong Un Looking at Things* besteht nur aus Fotos von Kim, die zeigen, wie er bei einer seiner inzwischen wohlbekannten »Vor-Ort-Anweisungen« verschiedene Erzeugnisse betrachtet: Schuhe in einer Schuhfabrik, Fische auf einem Fischmarkt, eine an Softeis erinnernde fettige Masse in einer Schmierstoff-Fabrik. Man sieht Kim auf dem Gipfel eines Berges, wo er in Heldenpose sinnend den Sonnenuntergang betrachtet. Man sieht Kim in majestätischer Haltung auf einem Hengst. Kurz nach dem vierten Atomtest Nordkoreas – dem zweiten unter Kims Führung, bei dem laut seinen Worten die erste Wasserstoffbombe des Landes gezündet worden war – wurde er auf der Titelseite des *New Yorker* vom 18. Januar 2016 als pummeliges Baby mit seinen »Spielsachen« abgebildet: Atomwaffen, ballistische Raketen und Panzer. Das Bild suggeriert, dass er wie ein Kind zu Trotzreaktionen und unberechenbarem Verhalten neige, unfähig sei, vernunftbasierte Entscheidungen zu treffen, und sich und andere immer wieder in Schwierigkeiten bringen werde.

Aufgrund von Kims Jugend war die Annahme verbreitet, er sei im Herzen ein Reformer und sein Umgang mit der Außenwelt könne wegen seines Alters von Außenstehenden durch Annäherungspolitik gesteuert werden. Als Kim Jong-il Anfang der 1980er-Jahre die Macht übernahm, hatte der Rest der Welt ebenfalls vermutet, er könne ein Reformer sein und eine Modernisierung seines Landes anstreben. Unter Berufung auf eine Einschätzung der DDR-Botschaft aus dem Jahr 1982 schrieb Don Oberdorfer, Reporter der *Washington Post* und Autor des Buches *The Two Koreas*, Kim Jong-il befürworte modische Kleidung und mehr Alkoholkonsum.[13] Diese ersten Anzeichen eines Wandels erwiesen sich jedoch als rein kosmetische Maßnahmen, die keineswegs bedeuteten, dass das Regime tiefgreifende Reformen im Land plante.

Vielversprechender waren hingegen die Anzeichen dafür, dass Kim Jong-un den Wunsch hegte, Nordkorea in die internationale Gemeinschaft zu integrieren und das Land aus der Isolation zu befreien, die das Regime in den vergangenen fünfundsechzig Jahren stetig verschärft hatte. Anders als sein Großvater und Vater war Kim einige Jahre lang in der Schweiz zur Schule gegangen. Die nordkoreanischen Medien veröffentlichten ein Video, das ihn bei einem Konzert in Pjöngjang zeigt.[14] Auf der Bühne turnten Disney-Figuren, und Videoclips von *Dumbo* und *Schneewittchen und die sieben Zwerge* wurden auf riesige Leinwände projiziert, während eine Gruppe spärlich bekleideter Frauen Geige spielte. Außerdem trat Kim Jong-un in der Öffentlichkeit mit seiner Frau Ri Sol-ju auf, ein Novum für einen nordkoreanischen Führer; Kims Vater und Großvater hatten es stets vermieden, sich öffentlich mit ihren Frauen zu zeigen oder zu viel über ihr Privatleben preiszugeben. Jede dieser Gesten wurde als hoffnungsvolles Zeichen gedeutet, dass Kim die Geschicke Nordkoreas in eine neue Richtung lenken wollte. Seine Bemühungen um China, Südkorea und die USA seit Januar 2018 haben dieser Vermutung neue Nahrung gegeben – trotz der aktuellen Berichte über die Fortführung des Raketen- und Atomwaffenprogramms. Beobachter werten die kognitive Dissonanz in Kims Handeln als beunruhigendes und zugleich hoffnungsvolles Zeichen.

Doch dieser Hoffnung gegenüber steht der Eindruck, dass wir auf eine Katastrophe zusteuern. Wenn man die erschreckenden Fortschritte Nordkoreas auf den Gebieten der Cyberabwehr, der atomaren Rüstung und der konventionellen Waffensysteme bedenkt, die Massen von Soldaten, die bei den Militärparaden in unwahrscheinlichem Gleichschritt marschieren, und die kriegerischen Drohungen des Obersten Führers, dann ist Kim plötzlich nicht mehr das verrückte Riesenbaby, sondern ein Gigant mit einer immensen und unbegrenzten Macht: unaufhaltsam, unberechenbar und omnipotent. Seine Langstreckenraketen können bis nach Los Angeles fliegen. Er hat gedroht, das Blaue Haus, die Residenz des südkoreanischen Präsidenten, in ein »Flammenmeer« zu verwandeln.[15] Er verfügt über eine millionenstarke Armee, die er nach Süden schicken kann, um die Wiedervereinigung zu erzwingen. Er besitzt Dutzende von Atomwaffen. Er hat den Präsidenten der USA als »geistesgestört«[16] bezeichnet und mit einem Atomkrieg gedroht.

KIM DER RÄTSELHAFTE

Durch Nordkoreas dreisten Langstreckenraketen-Test, seinen größten Atomtest überhaupt, und den darauf folgenden verbalen Krieg mit US-Präsident Trump war die Lage Ende 2017 so weit eskaliert, dass ein zweiter bewaffneter Konflikt auf der koreanischen Halbinsel möglich schien. Doch 2018 beschloss Kim einen Schwenk zur Diplomatie. In seiner jährlichen Neujahrsansprache kündigte er zwar die Massenproduktion von Atomwaffen an, brachte aber auch sein Interesse an einem Besuch bei den Olympischen Winterspielen in Südkorea zum Ausdruck. Zum ersten Mal seit der Teilung der koreanischen Halbinsel im Jahr 1945 setzte ein Mitglied der Familie Kim den Fuß auf südkoreanischen Boden – seine Schwester Kim Yo-jong. Dieser Durchbruch führte rasch zu einer Reihe von Gipfeltreffen – mit dem chinesischen Präsidenten Xi Jinping, dem südkoreanischen Präsidenten Moon Jae-in und US-Präsident Donald Trump. Es war die erste Begegnung zwischen einem nordkoreanischen Führer und einem amtierenden Präsidenten der USA. Mit der Hinwendung zu einer Politik der Annäherung – bei der die Medien jeden seiner Schritte aufmerksam beobachteten – verwandelte sich Kim von einem Riesenbaby in einen echten, lebendigen Menschen, der wie alle anderen Gespräche führte und Konferenzen besuchte.

Während wir neue Erkenntnisse gewinnen, indem wir ihn ohne den propagandistischen Weichzeichner der nordkoreanischen Staatsmedien betrachten, vervielfachen sich die Teile unseres Kim-Puzzles. Wir sehen, wie er Tee mit Präsident Moon trinkt, den Worten von Präsident Xi lauscht und in Singapur an der Seite von Präsident Trump Journalisten antwortet, gerade so, als wäre er das alles schon seit Jahren gewohnt. Er zeigt Sinn für Humor. Er isst wie jeder andere Ehemann mit seiner Frau zu

Abend. Er unternimmt eine Sightseeing-Tour in Singapur und schießt Selfies. Er spricht von seinem Wunsch nach Frieden und Wohlstand für sein Volk und die koreanische Halbinsel. Doch die Gipfeldiplomatie von 2018 hat zu heftigen Debatten über Kims Absichten geführt. Sein internationales Debüt hat denen Auftrieb gegeben, die eher pazifistische Neigungen hegen und nun die Meinung vertraten, Washington müsse seine Politik ändern, also Sicherheitsgarantien geben und wirtschaftliche Zugeständnisse machen, um Pjöngjang langsam, aber sicher von seinem Atomwaffenprogramm abzubringen. Im gesamten politischen Spektrum wurden Stimmen laut, die die verbesserten interkoreanischen Beziehungen lobten und die beiden koreanischen Regierungschefs feierten, weil es ihnen gelinge, die Geschicke der Region ohne Einmischung aus Washington selbst zu lenken. Langjährige Korea-Beobachter hingegen sind weiterhin der Ansicht, dass Kims Annäherungsstrategie nichts weiter als ein Taschenspielertrick ist, um die Aufmerksamkeit von Nordkoreas Besitz und fortgesetzter Entwicklung ballistischer Flugkörper sowie der Produktion von spaltbarem Material abzulenken und so internationale Sanktionen gegen das Land einzudämmen. Die meisten ehemaligen Mitglieder der US-Regierung und in Verhandlungen mit Nordkorea erfahrene Politiker sind sich darüber einig, dass Kim sein Arsenal aller Wahrscheinlichkeit nach nicht aufgeben wird – sofern er nicht zu der Überzeugung gelangt, sein Bekenntnis zu Atomwaffen könne das eigene Überleben gefährden. Eines aber macht Kims Schachzug deutlich: Er selbst kontrolliert, welche Puzzleteile wir zusammenfügen dürfen und welche Punkte wo erscheinen und wieder verschwinden. Kims neue Sichtbarkeit hat mich und viele andere – darunter vermutlich auch meine ehemaligen Kollegen beim Nachrichtendienst – dazu gezwungen, unsere zentralen Thesen zu überprüfen. Sind wir zu stark von den vielen gescheiterten Verhandlungen und den nordkoreanischen Winkelzügen beeinflusst, um mit unverfälschtem Blick auf die gegenwärtige Entwicklung zu schauen? Ist Kim Jong-un als Staatsführer grundsätzlich anders als sein Großvater und sein Vater, die stets bestrebt waren, Nordkorea weitgehend abzuschotten? Sind diejenigen, die für Gespräche und eine Annäherung mit Nordkorea werben und Kim einen Vertrauensbonus zugestehen wollen – darunter auch Präsident Trump, der ihn als »ehrenwerten« Mann bezeichnet hat[17] – Opfer eines Vorgangs, den Richards Heuer als »Vividness Bias« bezeichnet, das heißt, dass einer direkten Begegnung mit Kim mehr Gewicht beigemessen wird als anderen Indizien, die das Gegenteil über Kims Absichten vermuten lassen?

Es steht viel auf dem Spiel. Ob Kim ein übergroßes Baby oder ein aufstrebender Staatsmann ist, der Frieden in der Region will, hat wesentliche Auswirkungen auf unsere nationale und globale Sicherheit. Wir unterschätzen und überschätzen Kim zugleich, vermischen seine Möglichkeiten mit seinen Absichten und stellen seine Vernunft infrage, während wir gleichzeitig annehmen, dass er ein strategisches Ziel verfolgt und auch über die Mittel verfügt, dieses Ziel zu erreichen. Gerade wegen der Ambiguität Nordkoreas und der manipulativen Taktiken von Kim Jong-un arbeiten wir uns weiter an dem Puzzle ab, das sein Regime darstellt. Wenn wir den wahren Kim, die Wurzeln der Dynastie, die seine Weltanschauung geprägt hat, und seine Persönlichkeit und seine Ambitionen nicht verstehen, dann laufen wir Gefahr, politische Entscheidungen zu treffen, die unser Ziel eines atomwaffenfreien Nordkoreas unterwandern könnten.

2

PARTISANEN UND GÖTTER

Kim Jong-un war zehn, als sein Großvater Kim Il-sung an einem schwülen Tag im Juli 1994 im Alter von zweiundachtzig Jahren einem Herzinfarkt erlag. Beinahe fünfzig Jahre hatte Kim Il-sung als »Landesvater« über Nordkorea geherrscht. Der Personenkult um ihn war tief verwurzelt, und sein Sohn Kim Jong-il wurde als der einzig legitime Erbe der Revolution anerkannt. »Für die Nordkoreaner war Kim Il-sung mehr als nur ein Führer«, schrieb Bradley Martin, einer der Biografen Kims. »Er überschüttete sein Volk mit väterlicher Liebe.«[18] Kim besaß eindeutig religiösen Status: Die Menschen glaubten an ihn und seine Bedeutung für das Land. Die Nordkorea-Analystin Helen-Louise Hunter schrieb in ihrem 1999 erschienenen Buch *Kim Il-song's North Korea*: »Wie viele religiöse Menschen haben sie vielleicht ihre Zweifel, halten aber trotzdem an ihrem Glauben fest.«[19]

Der Geist Kim Il-sungs durchdrang das gesamte Leben der Nordkoreaner. Er berührte alle Sinne. Sein Porträt hing in jedem Haus, jedem Büro, jedem Klassenzimmer, jedem Gebäude. Opern, Musicals und Fernsehshows kündeten von seinem Genius; Hunderte Denkmäler und Museen machten ihn für die Menschen allgegenwärtig. Sie nahmen ihn mit der Nahrung auf und mit der Luft, die sie atmeten – und sie glaubten, dass seine landwirtschaftliche Erfahrung der Grund für die guten Ernten sei (ungeachtet der großzügigen Hilfe aus China, der Sowjetunion und den anderen sozialistischen Ländern, vor allem der DDR). Natürlich hatten seine herausragenden soldatischen Fähigkeiten dazu beigetragen, die koreanische Halbinsel von den japanischen Imperialisten zu befreien und das Land den Bauern und Arbeitern zurückzugeben. Er war der *suryong*, der Höchste Führer und das »Herz und der einzige Mittelpunkt« Nordkoreas.[20] Sein Geburtstag am 15. April wurde in den 1960er-Jahren zum Nationalfeiertag erklärt, der atmosphärisch an unser Weihnachtsfest erinnert, denn er wird mit Feierlichkeiten, Feuerwerk und vom Staat verteilten Geschenken begangen. Noch im Tode konnte der »Ewige Präsident« die Zeitrechnung verschieben: Der nordkoreanische Kalender begann nun mit dem Jahr 1912, seinem Geburtsjahr, das zum Jahr 1 erklärt wurde. Der Kult um Kim Il-sung war jedoch kein Phänomen, das von selbst entstand; es bedurfte dazu jahrzehntelanger massiver Indoktrination.

Die Schreie nach dem »Vater« bei Kim Il-sungs Beisetzung zeigten den Erfolg des Regimes bei der Schaffung und Durchsetzung eines Personenkults und eines paternalistischen Staates. In dieser »Familie« steht die Autorität des Vaters über allem, und seine Liebe und sein Wohlwollen unterliegen keinerlei Zweifeln. Im Gegenzug werden von den Kindern Loyalität, Respekt und ein Handeln ausschließlich im Interesse der Familie und des Vaters verlangt. Das Ich muss sich dem höheren kollektiven Gemeinwohl unterordnen. Kim besaß die legitime Macht, ungehorsame oder ungenügend loyale Kinder zu bestrafen, konnte ihnen aber auch die Möglichkeit geben, sich wieder von ihren Sünden reinzuwaschen. Schließlich würden sie ohne Kim Il-sung als Nation und Volk nicht existieren. So wurde es schon den Schulkindern durch Lehrbücher und Vorträge über die »heldenhaften« Taten und Abenteuer ihres »Vaters« eingetrichtert.

Da Kinder meist mehr an Legenden glauben als Erwachsene, dürfte dem zehnjährigen Kim Jong-un der Großvater wohl überlebensgroß erschienen sein. Doch im Gegensatz zu anderen Kindern muss Kim Jong-un gespürt haben, dass revolutionäres Blut durch seine Adern floss. Vermutlich empfand er nicht nur Stolz, sondern hatte auch das Gefühl, dass kraft seiner Geburt und Abstammung ein Teil dieser Größe auf ihn übergegangen war. Es muss überwältigend gewesen sein, etwa so, als wäre unsereiner mit George Washington, Abraham Lincoln, Santa Claus oder Jesus Christus verwandt.

Es war ein Glück für Kim Jong-un, dass sein Großvater die mythologischen, ideologischen und materiellen Grundlagen der Macht geschaffen hatte, wenn auch zum Teil mit brutaler Unterdrückung. Doch so erfolgreich er auch war, Kim Il-sung hätte wahrscheinlich nicht zum Gott werden können, wäre er nicht zuvor Partisanenkämpfer gewesen.

KOREA IM BELAGERUNGSZUSTAND

Heute hat Nordkorea für die nationale Sicherheit der USA höchste Priorität, doch vor fünfzig Jahren hätten die meisten Amerikaner so etwas für unmöglich gehalten: dass ein Land, das gerade einmal halb so groß wie das Vereinigte Königreich war und mehr als 10.000 Kilometer von Washington entfernt lag, einmal im Zentrum geopolitischer Überlegungen stehen und eine Hauptursache der Spannungen im Nordosten Asiens sein würde.

Vor 1945 gab es kein Nord- und Südkorea – nur eine Nation auf einer Halbinsel, die vom chinesischen Festland hervorspringt, im Norden an Russland grenzt und im Osten durch das Meer vom japanischen Archipel getrennt ist. Ein amerikanischer Missionar, der 1885 in das Land kam, als es zwar von seinen mächtigeren Nachbarn besetzt, aber noch eigenständig war, fühlte sich, als wäre er plötzlich ins Mittelalter zurückversetzt worden.[21] Ein Kollege von ihm meinte, Korea wirke »2000 Jahre vom zwanzigsten Jahrhundert entfernt«. Isabella Bird Bishop, eine unerschrockene britische Forscherin, war entsetzt über den Gestank und das Elend im ganzen Land. Die »Dürftigkeit der Verhältnisse« in der Hauptstadt Seoul sei unglaublich:

Etwa ein Viertel von einer Million Menschen lebt »auf dem Boden«, vornehmlich in labyrinthisch angelegten Gassen. Sie sind zu einem großen Teil nicht einmal so breit, dass zwei mit Lasten beladene Stiere hindurchkämen – und sie werden noch enger durch eine Reihe tückischer Löcher oder grüner, schlammiger Gräben, in die sich der feste und flüssige Unrat aus den Häusern ergießt. Deren widerlich stinkende Ränder sind die Lieblingsplätze halbnackter, schmutziger Kinder und räudiger, triefäugiger Hunde, die sich im Schlamm suhlen oder in der Sonne blinzeln.[22]

Seltsamerweise enthielten die Beschreibungen Koreas nicht nur Negatives, sondern auch romantische Elemente. Amerikanische Missionare, die ihren Lesern zu Hause ein positives Bild übermitteln wollten – nicht zuletzt, um Spenden zu erwirken –, schilderten die Koreaner als liebenswerte, ungeheuer gastfreundliche Menschen, die reif für Christus seien. Das Land selbst, so behaupteten sie, sei wirklich eine Schöpfung Gottes mit einer üppigen Flora und Fauna. Horace Underwood, einer der ersten amerikanischen Missionare in Korea, rühmte den Fortschritt der Christianisierung und schrieb 1908: »Es scheint wirklich wie ein Kapitel aus der Apostelgeschichte.«[23]

Dieses Bild von Korea – als rückständiges, aber formbares und nach Belehrung heischendes Land – rechtfertigte seinen Status als geopolitischer Spielball und letztlich als Kolonie Japans, das laut Bishop ein vergleichsweise ordentliches, sauberes Land war. Das Gelände der japanischen Gesandtschaft innerhalb der Mauern Seouls mit seinen hübschen und betriebsamen Geschäften und den sauberen hübschen Häusern, »wo das Maß regiert«, stand »in krassem Gegensatz zum gesamten restlichen Korea«.[24]

In der ersten Hälfte des 20. Jahrhunderts war Korea noch ein Schlachtfeld, auf dem China, Russland und Japan sowie westliche Mächte mit wirtschaftlichen, politischen und militärischen Mitteln um die Vorherrschaft kämpften. Japan führte von 1894 bis 1895 mit China und dann von 1904 bis 1905 mit Russland Krieg um die Kontrolle über Korea. Korea versuchte in seiner gesamten Geschichte stets, Invasionen ausländischer Mächte abzuwehren. Man vertrieb Reisende aus dem Westen, ignorierte Japan und unterhielt lauwarme Beziehungen zu China. Mit alledem handelte sich Korea schließlich den Beinamen »Einsiedlerkönigreich« ein. Doch als im 19. Jahrhundert verschiedene Länder auf der Suche nach Märkten waren und nach Hegemonie strebten, verschärfte dieser imperialistische Impuls Koreas Probleme im Inland noch weiter. Bauernaufstände, Soldatenrevolten, Unruhe unter den Intellektuellen und gescheiterte Reformen führten schließlich dazu, dass die Halbinsel von 1910 bis 1945 eine Kolonie Japans war.

Nicht zuletzt die Vereinigten Staaten trugen im zweiten Jahr des russisch-japanischen Kriegs zur Annexion Koreas durch Japan bei, als Präsident Theodore Roosevelt im Juli 1905 im geheimen Taft-Katsura-Abkommen die Herrschaft Japans über Korea anerkannte.[25] Damit wollte er nicht zuletzt den russischen Expansionsdrang eindämmen und erreichen, dass Tokio die Kontrolle der USA über die Philippinen akzeptierte. Roosevelts Schritt spiegelte seinen positiven Eindruck von Japan wider. Für den amerikanischen Präsidenten ragte Japan mit seinen sichtbaren

Modernisierungsmaßnahmen, einem repräsentativen Reichstag, einer geschriebenen Verfassung und einer schlagkräftigen Armee unter den asiatischen Ländern deutlich heraus. 1906 erhielt Roosevelt den Friedensnobelpreis für seine Rolle bei der Aushandlung des Abkommens von Portsmouth, mit dem der russisch-japanische Krieg beendet wurde. Doch dieser Vertrag leitete auch vier Jahrzehnte brutaler japanischer Kolonialherrschaft über die koreanische Halbinsel ein.

Die japanische Herrschaft über Korea und der ihr folgende Versuch Japans, ganz Ostasien unter seine militärische und politische Kontrolle zu bringen, führten zum Aufstieg eines Helden namens Kim Il-sung.

GEBURT UND AUFSTIEG EINES PARTISANEN

Nordkoreas Ewiger Präsident kam als Kim Song-ju – Kim Il-sung war sein Kampfname – in Pjöngjang zur Welt, zwei Jahre nach der Annexion des Landes durch Japan im Jahr 1910. Sein Vater Kim Hyong-jik war 1894 geboren, als die Joseon-Dynastie in ihren letzten Zügen lag und bevor sich Korea den ausländischen Mächten unterwarf. Mit fünfzehn Jahren heiratete er die siebzehnjährige Kang Pan-sok, Kim Il-sungs Mutter.[26]

Wie viele andere Koreaner, die gegen die japanische Kolonialmacht aufbegehrten, schloss sich auch Kim Hyong-jik der Unabhängigkeitsbewegung an und wurde wegen seiner Aktivitäten verhaftet. Sein Sohn wurde Zeuge, wie sein geliebter Vater und sein Onkel ins Gefängnis geworfen wurden und unter den Folgen litten.[27] Kim, der sich noch an seinen ersten Besuch erinnerte, bezeichnete das Gefängnis als »einen Ort des Todes und des todbringenden Gifts«. Er erkannte seinen Vater kaum wieder: Jeder sichtbare Teil seines Körpers war geschwollen und blutunterlaufen. Zutiefst betroffen schrieb Kim in seinen Erinnerungen, der Anblick seines Vaters im Gefängnis sei einer der entscheidendsten Momente seines Lebens gewesen. Die »Narben und Wunden an Vaters Körper fügten mir physische Schmerzen zu, und ich schwor mir, mit den japanischen Teufeln abzurechnen, die wirklich keine Menschen waren, sondern der Satan.«[28] Um den Patriarchen der Familie zu ehren, beschloss Kim, sein »Letztes für den Kampf zur Befreiung des Landes um jeden Preis zu geben«.[29]

Aufgrund der politischen und wirtschaftlichen Bedingungen jener Zeit hatten Kims Eltern ein kurzes, schweres Leben – sein Vater starb mit einunddreißig, seine Mutter mit fünfzig. Sie hinterließen ihren Kindern kaum Geld. Doch ihr Sohn schmückte die Rolle seiner Eltern und die seiner gesamten Erblinie in den nationalistischen und revolutionären Bewegungen ihrer Zeit gewaltig aus.[30] So behauptete er etwa, sein Urgroßvater sei 1866 an der Vernichtung des unglückseligen Schiffes *General Sherman* in Pjöngjang beteiligt gewesen, mit dessen Entsendung die Amerikaner versucht hatten, das Land für den Handel zu öffnen. Weiterhin habe sein Großvater gegen das kaiserliche Japan gekämpft.

Kim Il-sungs Image und seine Biografie wurden in der Legende des Regimes zwar aufpoliert und geschönt, aber nach sämtlichen objektiven Berichten zu urteilen, war er tatsächlich ein nationalistischer Kämpfer, der kein Pardon mit den verhassten Japanern kannte, und einer von mehreren Anführern, die in jener angespannten Periode der koreanischen Geschichte zu Ruhm gelangten« und zahlreiche Anhänger fanden. Kim erwarb sich seinen Ruf als effizienter Kämpfer gegen japanische Polizisten und Soldaten in der Mandschurei, die seit 1931 besetzt war. In den 1930er-Jahren führte Kim Partisanengruppen von fünfzig bis dreihundert Mann durch heiße, feuchte Sommer und eisige, brutal kalte Winter. Seine aus Chinesen und Koreanern zusammengesetzte Brigade tötete Berichten zufolge den Chef der japanischen Sonderpolizei, der ihn mit Hundertschaften japanischer Offiziere und anderen Ordnungskräften verfolgt hatte.[31]

Der Historiker Bruce Cumings schrieb, dass »Kim eine jüngere Generation revolutionärer Nationalisten repräsentierte, die voller Verachtung für ihre Väter war, ihnen Versagen vorwarf und sich entschlossen vornahm, ein Korea aufzubauen, das sich jeglicher Fremdherrschaft widersetzen konnte«.[32] In seinen über zweitausend Seiten umfassenden Erinnerungen formulierte Kim selbst es so:

> Mein Leben begann in den 1910er-Jahren, als Korea die schlimmsten Katastrophen erlitt. Als ich geboren wurde, stand Korea bereits unter japanischer Kolonialherrschaft ... Das koreanische Volk schäumte vor Wut und weinte vor Trauer über den Verlust seiner nationalen Unabhängigkeit... In jener Zeit war Korea eine wahre Hölle, ungeeignet für menschliche Bewohner. Die Menschen waren in jeder Hinsicht wandelnde Leichen; ihre Seelen waren tot.[33]

Das umfangreiche Werk, das kurz vor Kims Tod veröffentlicht wurde, ist in einem heroischen Ton verfasst und berichtet von den großartigen Taten Kims und seiner Anhänger, von seiner tiefen Verzweiflung, wenn er ohne wärmende Decken auf dem mandschurischen Schlachtfeld fror, aber auch von den Hochgefühlen, wenn er den freundlichen Dorfbewohnern begegnete. Die Anekdoten im Buch sind fesselnd und anschaulich erzählt. Man riecht förmlich den Gestank der Schlacht, man hört die Geräusche, man sieht die verwundeten Körper vor sich, erlebt die an Koreanern verübten Grausamkeiten mit. Augen wurden mit spitzen Stöcken durchbohrt, Finger von umherziehenden Banditen oder als Strafe für Akte des Widerstands abgeschnitten und abgehackte Köpfe zur Abschreckung anderer aufgespießt und ausgestellt. »Ich hatte das Pech«, schrieb Kim, »in einer furchtbaren Zeit auf die Welt zu kommen und als Heranwachsender die Brutalität der Japaner in ihrer schlimmsten Ausprägung erleben zu müssen. Diese Bilder haben sich unauslöschlich in mein Gedächtnis eingebrannt und mein künftiges Handeln geprägt.« Nach der Erfahrung der Unterdrückung und angesichts der Brutalität, deren Zeuge er schon in jungem Alter wurde, richtete sich sein Zorn gegen die »Elite Koreas«, die die Nation fallenließ.

Während andere Länder gewaltige Kriegsschiffe kreuzen ließen und glänzende Züge aufboten, ritten unsere Feudalherren mit ihren Hüten aus Pferdehaar auf dreckigen, dürren Eseln und verschwendeten mehrere hundert Jahre in rückständigem Stumpfsinn und erstickender wirtschaftlicher Stagnation. Sie machten ihren Kotau vor der ausländischen Kanonenbootpolitik und öffneten den ausländischen Invasoren und der Ausbeutung Tür und Tor: Korea wurde zur leichten Beute der Imperialisten.

Doch anstatt den japanischen Truppen weiterhin die Stirn zu bieten, die die koreanischen Partisanen mit allen Mitteln zu vernichten trachteten, flohen Kim und seine kleine Kampftruppe 1940 in die Sowjetunion. Dort konnte sich Kim bei Offizieren weiterbilden und stieg in den Rang eines Hauptmanns in der achtundachtzigsten Schützenbrigade der Zweiten Fernöstlichen Armee auf. Im Gegensatz zum Narrativ des Regimes, laut dem er die Japaner furchtlos und unbarmherzig bekämpfte, verbrachte er den Rest des Krieges offenbar in einer Reserveeinheit weit entfernt von den Kämpfen.[34] Dennoch kehrte der pausbäckige, ehrgeizige, im Kampf gegen die Japaner vor nichts zurückschreckende Partisan im zarten Alter von dreiunddreißig Jahren triumphierend nach Nordkorea zurück, fest entschlossen, der neue Führer des Landes zu werden.

Nach einigen Positionskämpfen mit anderen koreanischen Nationalisten wurde Kim 1945 von der Sowjetunion als Führer der Nordhälfte der koreanischen Halbinsel eingesetzt, die vorläufig entlang des achtunddreißigsten Breitengrads geteilt worden war, wobei die Vereinigten Staaten die Kontrolle über die südliche Hälfte übernahmen. Die Grenzziehung war willkürlich erfolgt und durchschnitt laut einer von der US-Armee veröffentlichten Geschichte des Koreakriegs fünfundsiebzig Wasserläufe, zwölf Flüsse, mehr als hundert Landstraßen, acht Schnellstraßen und sechs Bahnlinien.[35] Obwohl Kim zwanzig Jahre lang nicht mehr in Korea gewesen war, sah man ihn in Moskau als den geeigneten Mann an, denn er war in Pjöngjang geboren, hatte sich als Nationalist und Kommunist Meriten erworben und zeigte offenkundige Loyalität gegenüber der Sowjetunion.[36] So verkündete Kim am 9. September 1948 die Gründung der Demokratischen Volksrepublik Korea,[37] nachdem er potenzielle Gegner ausgeschaltet und einen starken Überwachungs- und Sicherheitsapparat geschaffen hatte, der mit systematischer Gewalt jeden Widerspruch im Keim erstickte. Außerdem hatte er Umerziehungsprogramme eingeführt, die seine absolute Herrschaft sicherten. Kim war jedoch keine bloße sowjetische Marionette, und die Tatsache, dass er den Krieg überlebt hatte, ein cleverer Politiker war und zudem Peking und Moskau geschickt zu manipulieren verstand, trug zu seinem Aufstieg und seiner langjährigen Herrschaft bei.

Gerade erst vom Schlachtfeld zurückgekehrt, ausgestattet mit Machtbefugnissen, die er seinen Gegnern abgerungen hatte, und voller Vertrauen, dass die Sowjets ihn unterstützen würden, strebte er die Wiedervereinigung der koreanischen Halbinsel an. Vielleicht war sein Selbstbewusstsein nicht zuletzt auch seinem jugendlichen Überschwang zu verdanken, vielleicht sah er eine Gelegenheit, Fakten zu schaffen, bevor die Teilung manifest war, oder er wurde von einem messianischen Eifer getrieben und meinte, nur er sei in der Lage, Korea wieder zu einen. Wahrscheinlich war es eine Mischung aus all diesen Faktoren. Tatsächlich schien das Ausland ihn in der Überzeugung zu bestärken, dass er freie Hand habe.

Die Interessen Washingtons lagen in der westlichen Hemisphäre, etwa beim Wiederaufbau Europas und bei der Eindämmung der sowjetischen Expansionsbestrebungen, während die Sicherheit Südkoreas nicht zu seinen strategischen Zielen gehörte. George Kennan, der Architekt der Eindämmungspolitik nach dem Zweiten Weltkrieg, erklärte 1948, die Vereinigten Staaten sollten »sich so diskret und rasch wie möglich [aus Korea] zurückziehen«.[38] Später vertraten auch US-Außenminister Dean Acheson und die Vereinigten Generalstabschefs die Meinung, dass die Halbinsel keine strategische Bedeutung für die USA besitze. Aus Kims Sicht befand sich der Kommunismus auf der Gewinnerseite, während Europa am Boden lag. Mao Zedong und die chinesischen Kommunisten setzten sich im chinesischen Bürgerkrieg durch und schlugen 1949 die Nationalisten unter der Führung Chiang Kai-sheks. Im selben Jahr zündeten die Sowjets eine Atombombe und stiegen somit zur zweiten Atommacht neben den Vereinigten Staaten auf.

Für Kim Il-sung schien nun endgültig die Zeit reif, die geteilte koreanische Halbinsel unter einem kommunistischen Regime zu vereinigen.

KIMS HYBRIS

Am 25. Juni 1950 griff Nordkorea den Süden an.[39] Hundertfünfunddreißigtausend gut ausgerüstete und gut ausgebildete Soldaten der Koreanischen Volksarmee, darunter Tausende Vetera-

41

nen des Partisanenkampfs in der Mandschurei, überschritten den achtunddreißigsten Breitengrad und eroberten Seoul innerhalb von drei Tagen im Sturm. Ende des Sommers kontrollierte die nordkoreanische Armee fast ganz Südkorea bis auf einen schmalen Fleck in Busan an der Südostküste der Halbinsel.[40] Nur eine Woche zuvor hatte die CIA vor einer Invasion gewarnt und erklärt, der Norden verfüge über die militärische Schlagkraft, den Süden zu unterwerfen und »sein wichtigstes außenpolitisches Ziel [zu erreichen], nämlich seine Macht auf Südkorea auszuweiten«.[41] Präsident Truman ordnete den Einsatz von US-Truppen an. Drei Monate später hatten UN-Streitkräfte unter der Führung der Amerikaner Kims Armee eingekesselt und drängten sie nordwärts hinter den achtunddreißigsten Breitengrad zurück. Das aber rief China auf den Plan: Das gerade erst kommunistisch gewordene Land entsandte im Lauf des Konflikts drei Millionen Soldaten zur Unterstützung Nordkoreas.[42]

Am 27. Juli 1953 wurde ein Waffenstillstand unterzeichnet. Der erste »heiße Krieg« des aufkommenden Kalten Kriegs endete mit einem Patt, das die Teilung der koreanischen Halbinsel zementierte und die amerikanische Bereitschaft, Südkorea zu verteidigen, festschrieb. Der Pulitzer-Preisträger David Halberstam schrieb dazu in seinem Buch *The Coldest Winter*: »In Korea beruhte bei beiden Seiten fast jede wichtige Entscheidung auf einer Fehleinschätzung.«[43]

Fehleinschätzungen und Hybris waren die Ursachen dieses gewaltsamen Konflikts, der auch heute, siebzig Jahre später, noch nachklingt. Kim Il-sung glaubte, seine Truppen würden von jubelnden Massen empfangen und eine Revolution auslösen, und wie seine sowjetischen Unterstützer erwartete er, dass die Vereinigten Staaten nicht eingreifen würden. Die amerikanischen Streitkräfte unter Führung von General Douglas MacArthur missachteten chinesische Warnungen ebenso wie die Tatsache, dass inzwischen chinesische Soldaten auf Seiten der Nordkoreaner mitkämpften. Auf die eigene Stärke vertrauend stießen sie nördlich des achtunddreißigsten Breitengrads in Richtung des Flusses Yalu vor. Damit aber provozierten sie einen massiven Gegenangriff der Chinesen, der die amerikanische und die südkoreanische Armee in den Süden zurückdrängte. Die chinesische Offensive und die Eskalation des Kriegs im Winter 1950 setzten Präsident Truman unter Druck, sodass er den Einsatz der Atombombe erwog, um den Krieg abzukürzen. General MacArthur war ein entschiedener Befürworter dieser Strategie, er verlangte sogar den Einsatz der Bombe gegen China und stellte Trumans Befehlsgewalt offen infrage. Obwohl der General wegen wiederholter Befehlsverweigerung entlassen wurde, hielt Truman die Atombombenoption bis weit in das Jahr 1951 offen.[44]

Die Opferzahlen des Kriegs geben uns nur ein oberflächliches Bild des menschlichen Tributs und des Ausmaßes der Tragödie.[45] Knapp drei Millionen Koreaner – zehn Prozent der Gesamtbevölkerung beider Landesteile – kamen ums Leben, wurden verwundet oder als vermisst gemeldet. Etwa 900.000 chinesische, 500.000 koreanische und 400.000 Soldaten unter dem Kommando der Vereinten Nationen fielen oder wurden verwundet.[46] Fast 34.000 amerikanische Soldaten verloren ihr Leben, 110.000 wurden verwundet, vermisst oder gerieten in Gefangenschaft.[47] Alle Kriegsbeteiligten begingen Gräueltaten wie Massenhinrichtungen von Gefangenen und die Tötung von Zivilisten. Nordkoreaner verschleppten Südkoreaner und zwangen sie in die Armee Pjöngjangs, viele Menschen, die als Antikommunisten galten, wurden hingerichtet. Die Vereinigten Staaten warfen mehr Bomben auf Nordkorea ab als während des Zweiten Weltkriegs im gesamten pazifischen Einsatzgebiet. Laut dem Historiker Charles Armstrong waren es 635.000 Tonnen gegenüber 503.000 Tonnen während des Zweiten Weltkriegs.[48] Selbst der kampferprobte General MacArthur sagte nach seiner Abberufung durch Truman vor dem Senat:»Ich habe noch nie solche Verwüstungen gesehen. Bei meinem letzten Aufenthalt dort habe ich... so viel Blut und Elend gesehen wie noch kein Lebender auf dieser Welt; es hat mir den Magen umgedreht. Nachdem ich all die Trümmer und die Tausenden Frauen und Kinder und all das gesehen hatte, habe ich gekotzt.«[49] Ein Veteran des Koreakriegs, der an dem berüchtigten Massaker in Nogeun-Ri beteiligt war, erinnerte sich Jahrzehnte später:»An Sommerabenden, wenn ein leichter Wind weht, höre ich immer noch ihre Schreie, die Schreie der kleinen Kinder.«[50] Bei dem Massaker hatten amerikanische Soldaten Hunderte koreanische Zivilisten getötet. In dem Krieg wurde Nordkorea vollständig zerstört. Fabriken, Krankenhäuser, Schulen, Straßen, Wohnhäuser, Dämme, Bauernhöfe und Regierungsgebäude, alles wurde von amerikanischen Bomben dem Erdboden gleichgemacht; 1952 gab es nichts mehr, was man hätte bombardieren können. Charles Armstrong meinte, die drei Jahre anhaltender B-29-Angriffe hätten sich tief in das kollektive Bewusstsein der Nordkoreaner eingegraben; hinzu kam die Furcht, dass Washington womöglich die Atombombe einsetzen würde.[51] Diese ständig lauernde Bedrohung von außen sollte noch Jahrzehnte über das Kriegsende hinaus ihre Wirkung zeigen. Millionen Menschen wurden vertrieben, Familien suchten verzweifelt nach Angehörigen, Waisenkinder beugten sich schluchzend über die leblosen Körper ihrer Eltern, und Kinder, die noch nicht einmal in der Pubertät waren, mussten plötzlich für ihre jüngeren Geschwister sorgen. Der Waffenstillstand im Juli 1953 brachte zwar ein Ende der Kämpfe, die nach Ansicht Kims von den Vereinigten Staaten ausgegangen waren, doch theoretisch befinden sich die beiden Koreas bis heute im Kriegszustand, und viele Familien leiden noch immer unter der grausamen Trennung von ihren Angehörigen.

44

Während viele Menschen in Tunneln und Höhlen lebten, um den Bombardierungen zu entgehen, stellte Kim Il-sung Verwüstung und Tod als Sieg im »Vaterländischen Befreiungskrieg« dar und behauptete, er habe die US-Imperialisten und südkoreanischen Speichellecker verjagt.[52] Sie hätten im Land »alles unter ihren Stiefeln begraben und verbrannt… massenhaft Unschuldige abgeschlachtet, Kinder und schwangere Frauen in die Flammen geworfen und alte Menschen lebendig begraben«. An etwaigen Fehlschlägen sei nicht er schuld, sondern jene, die nicht genügend an den revolutionären Geist geglaubt hätten, wie im Partisanenkampf in der Mandschurei, in dem er eine wichtige Rolle gespielt hatte, zum Ausdruck gekommen sei. Und die Menschen im Land glaubten ihm. Nach den Angriffen, die sie miterlebt und durchlitten hatten, glaubten sie fest, ihr einziger Retter sei Kim Il-sung. Aber sie hatten auch gar keine andere Wahl, als der Version des Regimes zu folgen und sich am Wiederaufbau zu beteiligen.

Als Kim Il-sung vierzig wurde, galt er laut dem Narrativ des Regimes als derjenige, der die japanischen Imperialisten von der koreanischen Halbinsel vertrieben hatte. Er hatte die amerikanischen »Schakale« und die südkoreanischen Marionetten in Seoul geschlagen und umgab sich jetzt mit dem Mythos des Erlösers. Sung-Yoon Lee, Professor an der Fletcher School of Law and Diplomacy der Tufts University, meint, Kim Il-sung habe »die geostrategische Bedeutung der koreanischen Halbinsel verändert, auch wenn er sein eigentliches Ziel – die Befreiung des Südens und die Wiedervereinigung der Halbinsel unter seiner Herrschaft – nicht erreichte. Der kleine, zuvor vergessene Außenposten an der Spitze des asiatischen Festlands war nun ein riesiges Pulverfass auf einem wichtigen strategischen Streifen Land in Nordostasien.«[53] Kims kriegerisches Auftreten in den Jahrzehnten seiner Regierung habe seine Schirmherren in Peking und Moskau dazu gebracht, »ihn umso mehr zu umschmeicheln«.

Kim Il-sung gewann im Koreakrieg zweifellos wertvolle Erkenntnisse. Für die USA war die koreanische Halbinsel nun eine Region von nationalem Sicherheitsinteresse. Washington erklärte, man werde Südkorea notfalls mit militärischen Mitteln verteidigen. Klar war auch, dass sich China gegen amerikanische Interventionen wehren würde. Kim erkannte, dass Nordkoreas Position zwischen China, der Sowjetunion und den Vereinigten Staaten ihm die Chance bot, die mächtigen Player gegeneinander auszuspielen und davon zu profitieren.

Aber wegen der Verheerungen durch den Krieg und der Abhängigkeit seines Landes von China, das in dem Konflikt die Führung übernahm und bis 1958 Truppen in Nordkorea unterhielt, sah sich Kim gezwungen, mehr zu tun, um seine Macht zu festigen. Mitte bis Ende der 1950er-Jahre verstärkte er seine Kampagne, in der er sich als alleinigen Führer Nordkoreas darstellte, Gegner wegen »Abtrünnigkeit« beseitigte und verbot, die Rolle der chinesischen Volksfreiwilligenarmee bei der Verteidigung des Regimes zu erwähnen. Zugleich führte er eine Säuberungsaktion durch, schickte china- und sowjetfreundliche Führungskräfte ins Exil oder ließ sie hinrichten. Die Rückendeckung durch Stalin hatte Kim die Errichtung einer allein auf ihn zugeschnittenen Autokratie erleichtert, doch nun wendete sich das Blatt: Nikita Chruschtschow, der neue sowjetische Führer, prangerte den Personenkult, die Terrorherrschaft und die gescheiterte Politik seines Vorgängers an. Damit waren Probleme für Kim vorprogrammiert. Laut dem russischen Nordkorea-Experten Andrei Lankow kam es 1956 zur einzigen bedrohlichen Situation für Kim Il-sung, als ihn hohe Parteimitglieder im Verein mit der poststalinistischen Sowjetunion und China wegen seiner Machtkonzentration verurteilten und ihm vorwarfen, er entferne sich zugunsten persönlicher Vorteile vom Sozialismus.[54] Als Kim seine Säuberungen fortsetzte, intervenierten Moskau und Peking noch stärker und schickten eine Delegation, die Kim drängte, die Säuberungen rückgängig zu machen und die prosowjetischen und prochinesischen Kräfte wieder in seine Regierung aufzunehmen. Doch das gab Kim nur die Gelegenheit, seine Gegner als vom Ausland beeinflusste Opportunisten anzuprangern. Andererseits machte sich Kim auch keine Illusionen hinsichtlich seiner Abhängigkeit von der Großzügigkeit Moskaus und Pekings. Er befreite sich aus dieser Klemme, indem er beiden um den Bart ging und versprach, ihre Bedenken zu berücksichtigen. Außerdem erkannte Kim, dass ihm gewisse politische Umstände einen Handlungsspielraum verschafften, um seine Autonomie zu garantieren: die Nervosität seiner Schirmherren hinsichtlich der Stabilität in Nordkorea, Pjöngjangs Position als Bastion des Kommunismus in Ostasien und das ideologisch bedingte chinesisch-sowjetische Zerwürfnis im Jahre 1956 sowie die divergierenden geopolitischen Interessen der beiden Mächte. Selbstgefälligkeit, Nationalismus, Paranoia und Korruptheit bewogen ihn dazu, seinen eigenen ideologischen Kurs einzuschlagen, den James Person, Professor für koreanische Studien, als »regionale Version des Marxismus-Leninismus« bezeichnete.[55]

DER AUFBAU DES PERSONENKULTS

1955 stellte Kim in einer Rede sein Konzept eines koreanischen Sozialismus vor.[56] Ein zentraler Aspekt darin war *juche*, was ungefähr so viel bedeutet wie Eigenständigkeit, die allerdings dazu diente, seine Herrschaft zu festigen. Zum einen betonte er damit sein »Koreanischsein« und die Verdorbenheit der Opposition, der er die Unterwerfung unter ausländische Mächte vorwarf, sowie seine selbsterklärte Stellung als *suryong*, der einzige Führer Nordkoreas. Zum anderen rechtfertigte *juche* Härten im Leben der Menschen und motivierte sie, das Land nach dem Krieg mit größerem Eifer wiederaufzubauen. Gleichzeitig nutzte Kim den nordkoreanischen Nationalismus und die Fremdenfeindlichkeit, um die Verehrung seiner Person als Verteidiger der nordkoreanischen Lebensweise zu fördern. Außenpolitisch erlaubte ihm die Betonung der Autonomie des Landes, ohne Bruch mit dem sozialistischen Lager Moskau und Peking gegeneinander auszuspielen, bei Bedarf seinen mächtigeren Nachbarn zu schmeicheln und sich ihnen zu fügen, wenn es darum ging, ihnen mehr Hilfe abzuringen.

Juche und *suryong* sind wohl letztlich nichts anderes als ein Gemisch aus traditionellen Weltanschauungen: dem Christentum (Kim entstammte einer christlichen Familie, die durch Missionare bekehrt worden war), dem Konfuzianismus (mit seiner Forderung nach Respekt gegenüber den Eltern und der Unterordnung in einer hierarchischen Gesellschaft sowie der Betonung der familiären Bindungen) und dem Kommunismus (insbesondere dem Stalinismus mit seinem Personenkult). Andererseits wird in der Juche-Ideologie großes Gewicht auf den Nationalismus gelegt und somit der kommunistische Internationalismus abgelehnt. Kims Vergötterung des *suryong* hatte auch einiges mit dem Kaiserkult nach der Meiji-Restauration (Erneuerung der Macht des Tenno) in Japan gemeinsam, die noch das nationalistische Ethos des Landes in der Zeit vor und während des Zweiten Weltkriegs prägte. Zudem spiegelten diese Ideen Kims Wunsch wider, durch ideologische und institutionelle Abschottung eine Einmischung durch das Ausland zu verhindern und seine alleinige Führung aufrechtzuerhalten.

Vielleicht war Kim Il-sungs Sicht der Welt als feindlicher Ort eine zwangsläufige Folge des Milieus, in dem er aufgewachsen war. In der Zeit imperialistischer Übergriffe geboren, hatte er weder ein souveränes, unabhängiges Korea erlebt noch ein stabiles Familienleben, da seine Eltern früh starben. Er kannte nur Entbehrung und Verlust, Angst und Unsicherheit. Im Kampf um das eigene Überleben und das der Nation – beides stand oft im Widerspruch zueinander – war nur schwer herauszufinden, wem man vertrauen konnte. Um bekanntere und besser gebildete koreanische Nationalisten auszuschalten, musste Kim auf dem politischen und militärischen Schlachtfeld Menschen erpressen, umschmeicheln, bestehlen und töten. Er sammelte einen kleinen Zirkel von mandschurischen Partisanen um sich, stattete sie mit Befugnissen und Privilegien aus und knüpfte Netze politischer und militärischer Loyalität, um seine Vorrangstellung für die absehbare Zukunft zu sichern. Sobald er die Macht übernommen hatte, strukturierte er die Gesellschaft und ihre familiären wie auch institutionellen Beziehungen in allen Aspekten um, um die Bindung seines Volkes an ihren Führer zu festigen.

Angetrieben von einer geradezu obsessiven Angst vor Macht- und Loyalitätsverlust, ordnete das Kim-Regime seit Beginn der 1950er-Jahre alle Bürger nach ihrem *songbun*, ihrer sozialen Klasse, in drei größere Gruppen ein: loyal, schwankend und feindlich gesinnt, je nachdem ob sie treue Revolutionäre, Landbesitzer oder Kapitalisten waren oder ob sie mit den japanischen Imperialisten kollaboriert hatten. Um dies zu bewerkstelligen, waren vielfältige Untersuchungen seitens der Regierung notwendig.[57] Die jeweils festgestellte Klassenzugehörigkeit war erblich und bestimmte die Privilegien, die gewährt oder vorenthalten wurden. Die »Kaste« entschied darüber, in welche Schule man gehen, wen man heiraten und wo man arbeiten würde. So war es beispielsweise unklug, eine Person aus einer unteren Kategorie zu ehelichen, weil das die eigene Familie befleckte und sich negativ auf die Zukunftschancen der Nachkommen auswirkte. Somit lag es im Interesse jedes Einzelnen, persönliche Wünsche zurückzustellen und Loyalität gegenüber Kim zu bekunden, um zu überleben und im Leben vorwärtszukommen.

Doch neben dem rigiden Klassifizierungssystem, das Kim seinen Bürgern auferlegte, hielt er auch Bildung für ein wichtiges Instrument zur Errichtung eines stabilen Staates, dessen Bürger ihm ergeben waren. Von Anfang an nutzte er das Bildungssystem, um Narrative zu konstruieren, die seinen Status und den seiner Mitkämpfer im Partisanenkrieg erhöhten, sowie den Massen die richtige sozialistische Ideologie zu vermitteln. Im Lauf der Zeit vollzog sich in der Bildung ein Wandel weg vom Kommunismus und hin zu einer Vergöttlichung Kim Il-sungs, seiner Familie und der Partisanen, die an seiner Seite gekämpft hatten. Dieser Wandel wurde besonders deutlich, nachdem Kim Jong-il die politische Bühne betreten hatte, der den Hunger seines Vaters nach Anerkennung stillte und die Rolle der Familie Kim im Regime enorm ausweitete.

Dass der Staatsgründer den Fokus auf die Schulbildung legte, entspricht den Bemühungen des Regimes, gute, loyale Nordkoreaner heranzuziehen. Die CIA-Analystin Helen-Louise Hunter verwies auf Kim Il-sungs Aussage, dass das nordkoreanische Bildungssystem »dem bestehenden Sozialsystem dienen« sollte.[58] Kang Chol-hwan, der bekannte Überläufer und Autor des Buches *The Aquariums of Pyongyang: Ten Years in the North Korean Gulag,* meint, seine Kindheit in den 1970er-Jahren sei durchaus glücklich gewesen. Kim Il-sung sei »eine Art Weihnachtsmann« gewesen, der Kuchen und Bonbons schickte, und alle drei Jahre habe man eine neue Schuluniform, eine Mütze und ein Paar Schuhe bekommen. Der Lehrplan enthielt die üblichen Fächer Mathematik, Musik und Kunst, doch vor allem wurden alle Kinder angehalten, Kim Il-sung zu verehren:

Wir lernten Antworten auf Fragen auswendig, beispielsweise: An welchem Tag und um wie viel Uhr wurde Kim Il-sung geboren? Welche Heldentaten vollbrachte er im

Kampf gegen die Japaner? Welche Rede hielt er bei der und der Versammlung an dem und dem Tag? Wie meine Mitschüler glaubte auch ich, es sei absolut normal, mich mit solch wichtigen Tatsachen vollzustopfen, und es machte mir großen Spaß. Eine solche Erziehung schuf eine Quelle der Bewunderung und Dankbarkeit für unsere politischen Führer und die Bereitschaft, alles für sie und das Vaterland zu opfern.[59]

Bei Kims unermüdlichen Reisen innerhalb des Landes, um so viele Menschen wie möglich kennenzulernen – er fuhr mit Bus und U-Bahn und besuchte Kollektivfarmen, Fabriken und Schulen –, zeigte sich laut Hunter »sein besonderes Talent, ein gutes Verhältnis zu seinem Volk herzustellen« und die Bürger mit seiner überlebensgroßen Persönlichkeit zu umwerben.[60] Ein CIA-Bericht von Januar 1983 verglich Kims Kampagne zur Gewinnung der Herzen und Köpfe mit der eines amerikanischen Politikers. »Bedenkt man, dass Nordkorea etwa die Größe Pennsylvanias hat, kann man sich leicht vorstellen, welche Beziehung ein charismatischer Präsident eines solchen Staates in einem Zeitraum von vierzig Jahren zu seinem Volk entwickeln kann, wenn er jährlich 150 bis 200 Tage unterwegs ist.«[61] Solche Unternehmungen nährten den Personenkult und die anhaltende Verehrung für den Staatsgründer, die selbst nordkoreanische Überläufer noch empfinden.[62]

In Kim Il-sungs Nordkorea war es aber auch von großer Bedeutung, dass die Kinder auf den Kampf gegen äußere Feinde vorbereitet waren. Wie alle seine Klassenkameraden trat auch Kang in das Korps der jungen Pioniere ein. Die Kinder wurden in militärische Ränge aufgeteilt und marschierten mit fingierten Maschinengewehren. »Wir fühlten uns augenblicklich als Kim Il-sungs kleine Soldaten«, schrieb Kang. Schüler der höheren Klassen durchliefen ein echtes Training, »machten ernsthaftere Übungen und prägten sich Anweisungen für Luftangriffe ein, lernten, sich vor feindlichen Flugzeugen zu schützen und die Bevölkerung im Ernstfall zu den nächstgelegenen Bunkern zu führen«[63]. Laut Victor Cha, ehemals Asienberater der Regierung von George W. Bush, lernen die nordkoreanischen Kinder die Konjugation, indem sie Sätze aufsagen wie »Wir haben Amerikaner getötet«, »Wir töten Amerikaner« und »Wir werden Amerikaner töten«, und Mathematik, indem sie mit den Zahlen getöteter Amerikaner addieren oder subtrahieren.[64] Diese Art von Bildung zieht sich durch sämtliche Generationen. Die Überläuferin Yeonmi Park, die 1993, ein Jahr vor Kim Il-sungs Tod, geboren wurde, erzählt, sie und ihre Klassenkameradinnen hätten sich in den Pausen in Reihen aufgestellt, »um abwechselnd auf Puppen in amerikanischer Soldatenuniform einzuschlagen oder einzustechen«. Die Entmenschlichung und Dämonisierung der Amerikaner prägte auch die Sprache. »Wir konnten nicht einfach ›Amerikaner‹ sagen – das wäre zu respektvoll gewesen. Es musste ›amerikanischer Bastard‹, ›Yankee-Teufel‹ oder ›großnasiger Yankee‹ heißen. Wer diese Ausdrücke nicht verwendete, wurde als zu weich gegenüber unseren Feinden kritisiert.«[65]

Das Ziel einer westlichen Erziehung besteht darin, kritisches Denken zu lernen, eine staatsbürgerliche Haltung zu entwickeln und ein produktives Mitglied der Wirtschaft und Gesellschaft zu werden. Die nordkoreanische Schulbildung hingegen soll den jungen Menschen die Doktrin einflößen, eine unveränderliche und starre »Wahrheit«, basierend auf dem Realitätsverständnis des Großen Führers. Er ist die einzige moralische Autorität, die einzige Quelle der Erkenntnis, und das bis heute, da die Legitimation und Autorität seines Sohns und seines Enkels durch die Blutsbande mit dem Staatsgründer begründet werden.

Das nordkoreanische Regime konnte sich halten, indem es seinem Volk weismachte, es lebe in einem von seinem tatkräftigen Juche-Geist genährten sozialistischen Paradies. Zugleich aber waren die Koreaner ein »höchst verletzliches Volk von Kinderseelen, das der schützenden Fürsorge seines Führers anheimgegeben ist«, wie der Nordkorea-Experte B.R. Myers schreibt.[66] Und diese reinen, unschuldigen Kinder bedurften eines Bildungssystems, das ihnen die ständige Bedrohung durch gefährliche und ihre Reinheit befleckende äußere Kräfte vor Augen führte, die in Schach gehalten werden mussten. Der Partisanenkampf gegen die japanische Besatzung und der große Krieg gegen die Vereinigten Staaten wurden mit Eifer nachgespielt. Doch die Unabhängigkeit sollte nicht als selbstverständlich empfunden werden, da die Bedrohungen von außen anhielten, etwa durch die US-Truppen entlang der Entmilitarisierten Zone, die die beiden Koreas voneinander trennt.

Für den jungen Kim Jong-un war der Großvater ein ewiger Held. Als Kim Il-sung starb, kannte sein zehnjähriger Enkel zweifellos bis zu einem gewissen Grade bereits seine eigene Rolle bei der Gestaltung der Zukunft Nordkoreas. Während sich eine Hungersnot anbahnte und Millionen unter Mangelernährung litten, wurden keine Kosten für ein Bestattungszeremoniell in Pracht und Herrlichkeit gescheut – allein die Einbalsamierung des Leichnams durch russische Spezialisten kostete angeblich eine Million Dollar, hinzu kamen 800.000 Dollar jährlich für den Erhalt des Leichnams.[67] Für den jungen Jong-un, einen direkten Abkömmling der »Sonne Koreas«, Erbe des Kampfes gegen Japan und die Vereinigten Staaten, aufgewachsen in einer Atmosphäre der Paranoia, war Gewalt ein Teil des großväterlichen Vermächtnisses. Er würde eines Tages von einem politischen System profitieren, das sein Großvater entworfen und sein Vater ausgebaut hatte und das ihn an die Spitze der sozialen Pyramide mit all den damit verbundenen Befugnissen stellen sollte. Das Überleben des Landes – und die Aufrechterhaltung der Legitimität der Familie Kim – hing von Jong-uns Bereitschaft ab, ebenfalls auf Gewalt und ererbte Privilegien zu setzen, denn nur dann konnte aus diesem jungen Kämpfer für die Nation ein kleiner Gott im Dienste des Staatsgründers werden.

3

DAS VERMÄCHTNIS

1992 verkleidete sich Kim Jong-un zur Feier seines achten Geburtstags nicht als Batman oder Superman, wie amerikanische Jungs in dem Alter es gern taten, sondern als kleiner General in einer Uniform, die mit einem Stern dekoriert war. Echte Generäle in echten Uniformen mit echten Sternen verneigten sich vor ihm – was ein gewöhnlicher Junge mit Sicherheit nicht erwarten würde. »Er konnte gar nicht wie ein normales Kind aufwachsen, wenn die Menschen in seiner Umgebung sich so gegenüber ihm verhielten«, sagte seine Tante Ko Yong-suk Jahre später, nachdem sie sich mit ihrer Familie in die USA abgesetzt hatte, in einem Interview der Washington Post.[68]

Wir wissen nicht, von wem Jong-un die maßgeschneiderte Generalsuniform bekommen hatte. Vielleicht war es ein Geschenk, das Kim Jong-il allen seinen Söhnen machte – er hatte mindestens drei. Die anderen beiden, von denen wir wissen, sind Jong-uns Bruder Jong-chol und sein Halbbruder Jong-nam.

Vielleicht war es auch ein wohlüberlegter Schachzug seiner ehrgeizigen Mutter Ko Yong-hui, einer von Kim Jong-ils Lieblingsmätressen. Sie war bestrebt, ihre beiden Söhne im dem zweifellos hinter den Kulissen stattfindenden Gerangel um Status und Ansehen in den Vordergrund zu schieben. Immerhin war Kim Jong-il zum Zeitpunkt dieser Geburtstagsfeier schon längst zum Nachfolger seines Vaters ausersehen worden. Daher wäre es durchaus klug von Ko Yong-hui gewesen, Jong-un und Jong-chol als die potenziellen zukünftigen Erben der Macht in Position zu bringen und ihren Status den Generälen gegenüber zu zementieren.

Doch während Kim Jong-un ein privilegiertes, entspanntes Leben in einer der zahlreichen Villen der Familie Kim genoss, umringt von Bediensteten, mit allen Annehmlichkeiten und Spielzeug in Hülle und Fülle, waren die Zukunft Nordkoreas und Kim Jong-ils Erfolg als neuer Oberster Führer des Landes alles andere als gesichert. Den Nordkoreanern waren schwere Zeiten keineswegs fremd, aber zu Beginn der 1990er-Jahre stand Pjöngjang vor großen ökonomischen, humanitären und sicherheitspolitischen Herausforderungen, während sein alternder Oberster Führer die möglicherweise destabilisierende Machtübergabe an seinen ältesten Sohn plante. Der Zusammenbruch der Sowjetunion und des kommunistischen Blocks verschärfte Nordkoreas Isolation ausgerechnet in einer Zeit, in der es kontinuierliche Wirtschaftshilfe benötigt hätte. Seine traditionellen Verbündeten und größten Wohltäter, Moskau und Peking, richteten neuerdings den Blick nach Westen und waren bestrebt, ihre Beziehungen zu Washington und Seoul zu verbessern. Südkorea war nach der Austragung der Olympischen Spiele 1988 zu einer ernstzunehmenden Wirtschaftsmacht aufgestiegen. Die ohnehin schlechte Lebensmittelversorgung in Nordkorea steuerte einer Katastrophe entgegen.[69] Nur zwei Jahre später sollten bei einer Hungersnot zwischen sechshunderttausend und einer Million Menschen – also 3 bis 5 Prozent der Bevölkerung – umkommen. Dies war die Folge jahrzehntelanger Misswirtschaft und hartherziger Gleichgültigkeit des Regimes gegenüber dem Volk, noch verschärft durch extreme Wetterereignisse. Der aufkeimende Konflikt mit den USA aufgrund des geheimen Atomwaffenprogramms fügte diesen Herausforderungen noch eine weitere Dimension hinzu. Das Kind Jong-un dürften diese Probleme kaum gekümmert haben. Es oblag seinem Vater Kim Jong-il, das Spiel auf diesem neuen strategischen Schachbrett zu erlernen. Zu seinem Glück war er zwei Jahrzehnte bei einem Meister in die Lehre gegangen, der fast fünfzig Jahre lang regiert und das Fundament für die weltweit erste kommunistische Dynastie gelegt hatte.

DIE SONNE UND DER AUFSTIEG DES SOHNS

Die ersten Seiten von Kim Jong-ils offizieller Biografie erinnern an das Buch Genesis mit seinen zahlreichen Stammbäumen wichtiger Akteure und genauen Angaben, wer wann wen gezeugt hatte. Die respektvollerweise erst vier Jahre nach dem Tod seines Vaters veröffentlichte Biografie von 1998 liest sich mühsam; ihr fehlt die Spannung und Dramatik der Partisanenzeit Kim Il-sungs und der berauschenden Jahre nach der Befreiung von der japanischen Herrschaft. Im Laufe von Kim Jong-ils Amtszeit sollten etliche Biografien erscheinen, die seine angeblich übermenschlichen Heldentaten schärfer in den Fokus rückten, neu erzählten und überzeichneten. Da er weder die militärischen Ehrungen und das Charisma noch das attraktive Aussehen seines Vaters besaß und die in der kommunistischen Welt beispiellose dynastische Nachfolge Unsicherheiten mit sich brachte, brauchte Kim Jong-il eine offizielle Biografie. Sie sollte seinen Stammbaum und seine Ahnenlinie – aufgebläht durch Mythen und Halbwahrheiten – in den Vordergrund rücken, um seine Legitimität als neuer Führer zu untermauern. Die Schilderung von Kims Geburt sollte diese vermutlich als genealogische Zwangsläufigkeit, als einen übernatürlichen Akt der Vorsehung erscheinen lassen. Damit würde Kim Jong-il zur Schlüsselfigur für die künftigen Geschicke des Landes, zum einzig geeigneten Garanten für die Kontinuität des Regimes im Sinne des Vaters.

Die Biografie von 1998 betonte den lupenreinen Patriotismus von Kims Familie und stellte klar, dass reines koreanisches Blut in seinen Adern floss. Kim Jong-il wurde am 16. Februar 1942 auf dem Berg Paektu geboren, einem Ort von großer historischer Bedeutung. Sein Vater war »der Vater der koreanischen Nation«[70], seine Mutter eine »Kämpferin der kommunistischen Revolution… die ihr Leben dem Kampf um den Wiederaufbau des Landes, der Freiheit und dem Glück seines Volkes« widmete. Sein Großvater, ein »Führer der antijapanischen nationalen Freiheitsbewegung, trug als Pionier dazu bei, dass aus der nationalistischen Bewegung Koreas eine kommunistische Bewegung wurde.«[71] Seine Großmutter und seine Onkel waren »Kämpfer der Revolution, die ihr Leben dem Anliegen des nationalen Wiederaufbaus«[72] verschrieben hatten. Offizielle Berichte von Kims Geburt waren gewürzt mit Mythen, die als Wahrheiten verkauft oder zu einer Glaubensfrage wurden: Ein doppelter Regenbogen und ein neuer Stern waren am Himmel erschienen; eine Schwalbe hatte die Geburt vorhergesagt. Im Alter von drei Wochen konnte Kim laufen,[73] mit acht Wochen sprechen; er konnte das Wetter beeinflussen, indem er Markierungen auf einer Landkarte setzte. In manchen anderen Biografien[74] wird behauptet, Kim habe schon im Kindergarten »gründliche Kenntnisse über die gesamte Welt« besessen und während des Koreakriegs seinem Vater beratend zur Seite gestanden, während Schwärme amerikanischer Flugzeuge über sie hinwegflogen und es Bomben regnete. In ihren eindringlichen Memoiren erinnert sich Yeonmi Park daran, wie sie und ihre Mitschüler erfuhren, dass Kim Jong-il über übernatürliche Kräfte verfügte: Als College-Student schrieb er fünfzehnhundert Bücher, und schon in sehr jungem Alter streute er Sand auf die Straße, um seinem Vater eine angenehme Reise zu ermöglichen.[75] »Bereits als Kind«, schreibt Yeonmi Park, »war er ein erstaunlich guter Taktiker, und wenn er militärische Spiele spielte, war sein Team unweigerlich der Sieger, denn er erfand jedes Mal brillante neue Strategien.«[76] Wie brave kleine Soldatinnen spielten sie und ihre Mitschüler ebenfalls militärische Strategiespiele, aber »niemand wollte je zum amerikanischen Imperialistenteam gehören, denn die mussten unweigerlich die Schlacht verlieren.«

Doch Kim Jong-il wurde nicht 1942 auf dem Berg Paektu geboren. Der erstgeborene Sohn Kim Il-sungs hatte den russischen Spitznamen Jura und kam wahrscheinlich 1941 in einem russischen Militärlager in Sibirien zur Welt, wo sein Vater in der achtundachtzigsten Brigade diente. Anfang der 1980er-Jahre änderte das Regime sein Geburtsjahr auf 1942, damit es besser zu 1912, dem Geburtsjahr seines Vaters, passte.[77]

Jong-ils Mutter Kim Jong-suk war eine Partisanenkämpferin, Mitglied der Fraueneinheit im Kampf gegen die Japaner, wenn auch nicht unbedingt die Superheldin, als die sie in der Hagiografie des Regimes porträtiert wird. 1940 heiratete sie Kim Il-sung und war seine erste offiziell anerkannte Ehefrau. Sie war noch ein Teenager, als sie 1935 Kims Einheit beitrat und dort als Küchenhelferin arbeitete;[78] einmal wurde sie von den Japanern wegen Diebstahl von Lebensmitteln und Haushaltswaren verhaftet. Während sich Jong-suk durch das Interesse ihres Mannes an anderen Frauen und seine vorhergehende Ehe gedemütigt fühlte, rühmte Kim Il-sung in seinen Memoiren die Treue, Hingabe und Loyalität seiner Frau. »Sie hat mich mehrmals aus den Klauen des Todes befreit«, schrieb er voller Bewunderung.[79] Sie trocknete seine Kleidung an ihrem warmen Körper und schnitt sich das Haar ab, um damit die Stiefel ihres Mannes auszufüttern, damit seine Füße warmgehalten wurden. Sie schwankte nie in ihrem revolutionären Eifer, maßte sich nie einen Status an, der dem Kim Il-sungs gleichwertig gewesen wäre, den sie Kommandant oder Premierminister nannte. In einem Interview aus dem Jahr 1999 bezeichnete ihre Zeitgenossin Lee Min Kims Frau als »eine echte Schönheit... ihr Gesicht glich dem einer Prinzessin, aber ihr Teint war dunkel von den vielen Jahren an der Front. Ihre Augenbrauen waren schwarz, die Wimpern lang, und sie war wirklich attraktiv.«[80] Außerdem sei Jong-suk »flink, großzügig und vielseitig begabt« gewesen und habe dazu beigetragen, Stimmung und Kampfgeist aufrechtzuerhalten, indem sie kochte, nähte und in den von Kim Il-sung in Sibirien produzierten Shows als Schauspielerin und Sängerin mitwirkte. Weniger schmeichelhafte Quellen beschreiben sie als »Analphabetin mit verbissenem Charakter«.[81]

Kim Jong-ils frühe Kindheit wurde vom Koreakrieg überschattet und war von zwei tragischen Ereignissen gekennzeichnet: Sein Bruder, der den Spitznamen Shura trug, starb 1947 im Alter von drei Jahren, und nur zwei Jahre später erlag seine Mutter den Komplikationen bei der Geburt eines weiteren Kindes – sie war erst einunddreißig Jahre alt.[82] Der achtjährige Jong-il war am Boden zerstört; seine jüngere Schwester Kyong-hui war noch ein Kleinkind. Etwa ein Jahr später, als der Aufenthalt im Lande durch den Krieg für die Familie Kim zu gefährlich wurde, mussten Jong-il und seine Schwester Pjöngjang verlassen und fanden schließlich in China ein neues Zuhause.[83] Da war es nicht gerade hilfreich, dass ihr Vater schon sehr bald darauf die über zehn Jahre jüngere Kim Song-ae heiratete, mit der er schon zu Jongsuks Lebzeiten eine Affäre gehabt hatte. Die beiden bekamen zwei Söhne, die mit Jong-il um die Aufmerksamkeit ihres Vaters wetteiferten. Berichten zufolge klagte Jong-il später oft darüber, er sei als Kind oft einsam gewesen, weil sein Vater ein so vielbeschäftigter Mann gewesen sei.[84] Anfangs weigerte er sich, die neue Frau seines Vaters Mutter zu nennen, und verbrachte den größten Teil der Zeit im Haus seines Onkels väterlicherseits.[85] Für den Großen Führer war dies eine schwierige Situation. »Es kostet mich meine ganze Aufmerksamkeit, zwischen meiner Frau und meinem Sohn zu vermitteln ... Bei seinen Wutausbrüchen brüllt er seine Stiefmutter und sogar mich an«, soll er sich einmal beklagt haben.[86] Dennoch, Kim der Zweite genoss alle Privilegien und die ganze Ehrerbietung, die dem erstgeborenen Sohn des obersten Landesführers gebührten. Die Familie Kim lebte in jeder Hinsicht im Luxus. Trotz der Mustergültigkeit, die das Regime Kim Il-sung bescheinigte, indem es seine Opfer- und Leidensbereitschaft für sein Volk lobte, richtete er sich rasch in einem bequemen Leben mit vielen Annehmlichkeiten ein, wie es für einen Autokraten, der in seinem Land über die absolute Macht und alle Ressourcen verfügt, typisch ist. Zu Beginn der 1960er-Jahre hatte Nordkorea ein Jahrzehnt lang von großzügigen Wirtschaftshilfen aus der Sowjetunion, China und den osteuropäischen Ländern profitiert, wovon die Familie Kim zweifellos einen beträchtlichen Teil für sich abgezweigt hatte, um ihre Habgier zu befriedigen. Laut Hwang Jang-yop, dem prominentesten Mitglied des inneren Kreises des Regimes, das sich in den 1990er-Jahren ins Ausland absetzte, hatten Kim und seine Familie »besondere fürstliche Villen« besessen – Mitte des Jahrzehnts gehörten allein Kim Il-sung und seinem Sohn vermutlich etwa hundert solche Häuser.[87] »Jeder Ort, dem auch nur die geringste landschaftliche Schönheit beigemessen wird«, sagte Hwang, »wird für den Bau einer solchen Villa reserviert.«[88] Die Anwesen, die durch kleine Armeen von Leibwächtern, Wachposten und Bediensteten gesichert wurden, bezeichnete er als »wahre Paläste mit Swimmingpools, Tennisplätzen, Kristalllüstern und Ballsälen, umgeben von Festungsgräben und künstlich angelegten Seen.«[89]

Hinter den Mauern dieser großzügigen Anwesen, mit Spielzeug und Bediensteten zu seiner freien Verfügung und ohne Mutter – der einzigen Person außer seinem Vater, die in der Lage gewesen wäre, ihm eine gewisse Disziplin abzuverlangen – wurde Jong-il zum kleinen Tyrannen. Hwang zufolge war er »ein hochnäsiges Kind, das bei seinen Freunden mit seinem Status als Sohn des Obersten Führers prahlte. Dieser Hang, zu tun, was ihm gefiel, wurde mit zunehmendem Alter immer schlimmer und verwandelte sich in den alles beherrschenden Ehrgeiz, sich so viel Macht anzueignen, wie sie sein Vater besessen hatte.«[90]

Als Jugendlicher hasste Jong-il jegliche Autorität und widersprach seinen Lehrern. Er schmiss große Partys für seine Freunde, flitzte auf dem Motorrad durch Pjöngjang und trug modische Kleidung, die sich seine Freunde nicht leisten oder nicht beschaffen konnten.[91] Seine Schulkameraden beschrieben den Sohn des Obersten Führers als »künstlerisch, leidenschaftlich und sozial«.[92] Hwang sagte, sein erster Eindruck von Kim sei der eines »klugen, neugierigen und ehrgeizigen Jugendlichen« gewesen. (Tatsächlich kam auch ein höherer südkoreanischer Beamter, der Kim Jong-il im Jahr 2000 beim ersten innerkoreanischen Gipfeltreffen kennenlernte, zu dem Ergebnis, Kim sei »eher emotional und intuitiv gesteuert statt rational oder logisch«.[93])

Wie Helen-Louise Hunter schreibt, waren Jong-il und seine Freunde bekannt dafür, dass sie spät nachts mit ihren Autos über leere Straßen rasten: »Man kann sich gut vorstellen, wie diese recht verwöhnten jungen Leute in Rausch gerieten, wenn sie in der Dunkelheit viel zu schnell über eine verlassene Schnellstraße fuhren – ohne jede Angst, wegen Überschreitung des Tempolimits geschnappt zu werden.«[94] Der junge Kim erwarb sich nicht nur den Ruf eines rücksichtslosen, grausamen Mannes und Schürzenjägers, sondern galt auch als cleverer Politiker und als gewiefter Apparatschik. Er verfeinerte diese Fähigkeiten im Wettbewerb um die Gunst und Zuwendung seines Vaters, vor allem angesichts des Bestrebens seiner Stiefmutter, sich selbst, ihre Söhne (besonders Pyong-il, den älteren seiner beiden Halbbrüder) und ihren Zweig der Familie in den Vordergrund zu spielen. Trotz Jong-ils Klagen über seine Einsamkeit und trotz des belasteten Verhältnisses zu seiner Stiefmutter steckte sein Vater viel Energie in die Bildung seines Ältesten;[95] Lehrer wurden engagiert, um ihm zusätzlichen Unterricht zu erteilen und ihn besonders zu fördern.

Jong-il fehlte neben der Würde, der Umgänglichkeit und dem jovialen Wesen seines berühmten Vaters auch die physische Erscheinung des Großen Führers: Mit circa einem Meter sechzig war er etwa 15 Zentimeter kleiner als Kim Il-sung. Aber Jong-il besaß ein Talent, das seine Defizite ausglich: Er war in der Lage, das Bedürfnis des Vaters nach Bewunderung zu befriedigen. Im engeren Umkreis des Staatsgründers meinten alle, einschließlich seines Sohnes, es sei »einem nie endenden Vollzeitjob gleichgekommen, seinem [Kim Il-sungs] Ego zu schmeicheln und seinen enormen Hunger nach Anerkennung zu stillen.«[96] Schon als Teenager war Jong-il darauf bedacht, ihm seine Hingabe und bedingungslose Loyalität zu zeigen. Hwang erinnert sich, dass der junge Kim sich Ende der 1950er-Jahre bei einer gemeinsamen Reise in die Sowjetunion um den Reiseplan des Großen Führers kümmerte, Notizen über die Tagesereignisse anfertigte und seine Schuhe putzte, was den gerührten Kim Il-sung zu der Bemerkung veranlasste: »Mein Sohn ist wirklich der Beste! Ich kann niemandem trauen außer ihm.«[97]

Obwohl der nordkoreanische Führer von seinem nahenden Tod ausgehen und sich Gedanken über seine Nachfolge machen musste, verzichtete er bis 1980 darauf, einen Namen zu nennen. Doch wie einem CIA-Bericht aus dem Jahr 1978 zu entnehmen ist, hatte er schon seit den 1970er-Jahren seinen ältesten Sohn in Position gebracht.[98] Jong-il war damals Leiter der einflussreichen Organisations- und Führungsabteilung des Zentralkomitees der Partei der Arbeit, womit er die Macht besaß, »sensible personelle Angelegenheiten wie Beförderungen, Versetzungen und Herabstufungen von Parteifunktionären auf Landes- und Regionalebene zu veranlassen«. Laut Einschätzung der CIA war die »vielleicht wirksamste politische Waffe« des jungen Kim »seine offensichtliche Rolle als Chefdolmetscher, Bewahrer und Propagandist« der Gedankengänge seines Vaters.

Jong-il war bestrebt, alle verfügbaren Repressionsinstrumente zu nutzen, um seine Vorreiterrolle im Kampf um die Nachfolge zu festigen. Das CIA-Gutachten von 1978 betonte diese Bemühungen: »Indem der junge Kim an vorderster Stelle die gesamte Gesellschaft mit den Überzeugungen seines Vaters zu indoktrinieren sucht, ist er in der Lage, die ideologische Korrektheit von Parteifunktionären zu beurteilen und, noch wichtiger, diejenigen, deren Gesinnung in seinen Augen zu wünschen übrig lässt, zu rügen oder zu degradieren.«[99] Und als »Hüter des Glaubens und Leiter der Organisationsabteilung«, nutze Kim seine Position als ältester Sohn und seine wachsende Macht im Parteiapparat, um seine Basis auszubauen.[100] Er verbannte seinen Halbbruder Pyong-il auf abgelegene Posten und rückte seinen Onkel und Kim Song-aes Verwandtschaft in ein möglichst schlechtes Licht.

Es war ein schier endloses Projekt. »Um seinem Vater zu zeigen, dass er der Loyalste von allen war, griff er sich Leute aus dem näheren Umkreis von Kim Il-sung heraus«, sagte Hwang.[101] »Er behauptete, diese Leute seien illoyal, und säte Zweifel an ihrer Ideologietreue oder ihrer Kompetenz, attackierte sie rücksichtslos und entfernte sie aus ihren Ämtern.« Er folgte dem Beispiel seines Vaters, indem er willkürlich Privilegien und Positionen vergab und ganz ungeniert Vetternwirtschaft betrieb, um sicherzustellen, dass die Familie Kim die regierende Dynastie bleiben würde. Zu diesem Zweck besetzte er die höchsten Regierungsposten mit Familienmitgliedern. Gleichzeitig vergab er begehrte Aufträge an die erwachsenen Kinder der Partisanenkämpfer um seinen Vater, um so die Machtübernahme durch Erbfolge weiter zu legitimieren und die Kontinuität von der Gründergeneration zur nachfolgenden Generation zu gewährleisten. Infolgedessen setzte die jüngere Generation immer stärker auf den Machterhalt der Kim-Dynastie mit Jong-il als unangefochtenem Führer. Dennoch kam die CIA 1982 in einem Bericht mit dem Titel »Die Dynastie nimmt Gestalt an« zu dem Schluss, dass Kim Jong-il als Nachfolger »im Hinblick auf Ansehen, Rolle und Charisma kein ebenbürtiger Ersatz für seinen Vater sein wird.«[102]

Vielleicht weil ihm nur allzu bewusst war, dass er an die Starqualitäten seines Vaters nicht heranreichen konnte, kompensierte Kim dieses Manko durch sichtbare Geschenke. Um die Menschen an ihre Loyalität gegenüber dem Großen Führer zu erinnern, der sich den Beinamen »Sonne« (so die Bedeutung von »il«) gegeben hatte, verstärkte Kim Jong-il den Personenkult, indem er das Land mit Zehntausenden Kunstwerken, Fotografien, Ausstellungen und Denkmälern überzog. Zum siebzigsten Geburtstag seines Vaters im Jahr 1982 enthüllte Jong-il den Juche-Turm. Er war aus 25.550 Granitblöcken errichtet worden – einer für jeden Tag, den der Große Führer bis dahin gelebt hatte – und einen Meter höher als das 169 Meter hohe Washington Monument.[103] Mit seiner glänzenden Kuppel wirkt der Turm wie eine riesige Fackel, die triumphierend in den Himmel ragt. Wegen seiner Größe und der historischen und politischen Bedeutung wurde das Bauwerk augenblicklich zum Wahrzeichen Pjöngjangs. Im selben Jahr feierte man mit dem Triumphbogen – nach dem Pariser Vorbild erbaut, aber 10 Meter höher – Kim Il-sungs Rückkehr nach Pjöngjang im Jahr 1945 und markierte den Ort, an dem er dem Volk vom sowjetischen Militär präsentiert wurde.[104] Diese Bauwerke erinnerten aber nicht nur an den Staatsgründer, sondern zementierten auch den zukünftigen Status seines Sohnes.

RUHMREICHE PARTISANENKÄMPFER

Jong-il nutzte auch die Macht von Film und Literatur, um seine Position als Sohn des berühmtesten nordkoreanischen Partisanenkämpfers auszubauen und zu festigen sowie dem Ego seines Vaters zu schmeicheln. Kurz nach seinem Abschluss an der Kim-Il-sung-Universität wurde Kim Jong-il zum Chef der Sektion für Kunst und Kultur der Propagandaabteilung des Zentralkomitees befördert.[105] Hier konnte er seine Liebe zum Film mit seinem politischen Ehrgeiz verbinden. So setzte er die Macht des Kinos dazu ein, den Personenkult um den Großen Führer immer wieder aufzufrischen und das offizielle Narrativ über die zentrale Rolle Kim Il-sungs in Geschichte, Gegenwart und Zukunft des Landes weiter zu festigen. Der junge Kim war als Filmregisseur bekannt und ein Fan von James Bond und Rambo sowie der Schauspielerin Elizabeth Taylor. Angeblich besaß er zwanzigtausend DVDs und Videos, sah sich jeden oscarprämierten Film an und war außer sich, als James Bond in *Stirb an einem anderen Tag* von Nordkoreanern gefangen genommen und gefoltert wurde. (Das Regime veröffentlichte eine Erklärung, in der der Film als »Beleidigung des koreanischen Volkes« angeprangert wurde.[106])

Für einen behüteten, relativ schüchternen jungen Mann, der im Schatten seines Vaters lebte, war das Kino ein Tor zur Außenwelt und ein Mittel, in dem kleinen Teil des Universums, den er kontrollieren konnte, Gott zu spielen. Während viele seiner Altersgenossen außerhalb Nordkoreas in den 1960er- und 1970er-Jahren gegen das Establishment aufbegehrten, für Menschenrechte und nationale Unabhängigkeit eintraten, demonstrierten und protestierten, war Kim damit beschäftigt, seinem Vater zu gefallen und in Nordkorea den Status quo aufrechtzuerhalten.

Er erkannte die Macht des Kinos, die Wahrnehmung und die Gefühle der Menschen zu beeinflussen, und auch die Möglichkeit, durch gemeinsame Kinoerfahrung eine einheitliche Meinung zu erzeugen. Seine Filme erzählten emotionale, herzerweichende Geschichten von edlen Nordkoreanern, die mit unerschütterlichem Glauben an Kim Il-sung und den Kommunismus gegen den japanischen Imperialismus kämpften. Doch Kim war nicht zufrieden mit dem Zustand der nordkoreanischen Filmindustrie und wollte sie modernisieren. Deshalb ließ er im Januar 1978 die berühmte südkoreanische Schauspielerin Choi Eun-hee in Hongkong entführen. Sechs Monate später kidnappten nordkoreanische Agenten auch ihren Exmann Shin Sang-ok, einen gefeierten südkoreanischen Regisseur, der nach Hongkong gereist war, um sie zu suchen.[107] Das Paar machte insgeheim Aufnahmen von Kim Jong-il, als er sich mit seiner unverkennbaren hohen, piepsigen Stimme darüber beklagte, dass man »in Südkorea über eine viel bessere Technik verfügt. Sie sind wie Studenten, während wir noch in den Kinderschuhen stecken ... Wir haben überhaupt keine Filme, die es auf Filmfestivals schaffen.«[108] Und das Paar lieferte. Während ihrer achtjährigen Gefangenschaft drehten die beiden fast zwanzig Filme und befriedigten Kims Bedürfnis, Nordkoreas Filmindustrie maßgeblich weiterzuentwickeln. Um seinen Ruhm zu mehren, erlaubte Kim dem Paar, verschiedene Festivals zu besuchen; auf einer dieser Reisen flüchteten sie sich schließlich in die amerikanische Botschaft in Wien.

Kim machte Filme mit dem Ziel, die Herzen und Köpfe der nordkoreanischen Durchschnittsbürger zu gewinnen, sie zu ermuntern, seinen Vater und in der Folge auch ihn selbst zu verehren. Doch Hinweise darauf, wie sich Kim seine Rolle in Nordkorea vorstellte, waren eher in seinen Lieblingsfilmen aus dem Westen zu finden. Wie der in London lebende Filmemacher Paul Fischer in seinem Buch *A Kim Jong-Il Production* schreibt, habe Shin einmal geäußert, dass Kim »genauso wie jeder andere normale junge Mann« gewesen sei: »Er mochte Actionfilme, Sexfilme und Horrorfilme.«[109] Doch im Kontext von Nordkorea erhält die Vorliebe für James Bond und Rambo eine besondere Bedeutung. Shin erinnerte sich, dass es Kim oft schwerfiel, die Bond- und Rambo-Filme als Fiktion zu begreifen, dass er sie eher als »sozialrealistische Doku-Dramen« ansah.[110] James Bond, clever, charmant, sexy und arrogant, wird vermutlich von den meisten Männern bewundert. Bond war ein Mann, der die Welt bereiste, der von Paris nach Istanbul, dann in die Karibik und anschließend nach Nordkorea jettete, dutzendweise schöne Frauen flachlegte, Kaviar aß, Champagner trank und die schnellsten, mit den allerneuesten technischen Raffinessen ausgestatteten Wagen fuhr. Als Verkörperung der Konsumkultur erzeugte er ein Begehren nach diesen Produkten und diesem Lifestyle. Sean Connerys Figur, eins neunzig groß und muskulös, geht auf Eindrücke zurück, die Ian Fleming, Autor der Bond-Bücher, während seines Dienstes beim Geheimdienst im Zweiten Weltkrieg gesammelt hatte. In Kim Jong-ils Augen womöglich ein ruhmreicher Partisanenkämpfer, übertraf James Bond selbst im Alleingang alle Schurken dieser Welt an Gerissenheit, Charme und Humor. Doch während Bond immer allzu gepflegt daherkam, verkörperte Rambo die Männlichkeit in Reinform; er kämpfte in zerlumpten Klamotten, nahm es mit besser ausgestatteten Feinden auf, selbst wenn sie in der Überzahl waren, benutzte oft improvisierte Waffen, setzte auf Überraschungsmomente und bestach allein schon durch seine Kühnheit.

Das Zwillingsbild von Bond und Rambo fand vermutlich deshalb Widerhall bei Kim Jong-il, weil die beiden Figuren ihm genau wie sein Vater und die Hagiografie des Regimes zeigten, wie ruhmreich der Partisanenkrieg tatsächlich sein konnte. Der Sieg ist diesen Helden unweigerlich vorbestimmt. Nordkoreanische Partisanentaktiken in der Zeit nach dem Zweiten Weltkrieg, mit denen Jong-il aufwuchs, zielten ebenfalls darauf ab, den kämpferischen Ruhm seines Vaters zu mehren und dem verhätschelten Sohn zu erlauben, sich im glorreichen Wiederschein dieser aggressiven Taten zu sonnen. Ende der 1960er- und Anfang der 1970er-Jahre verfügte Nordkorea mit etwa vierhunderttausend Soldaten über das viertgrößte stehende Heer des gesamten kommunistischen Blocks.[111] In den 1970er-Jahren, der Anlaufphase des Erbfolgeprozesses, wurden die Streitkräfte des Landes auf etwa sechshunderttausend aufgestockt.[112] Und die Modernisierung der konventionellen Waffensysteme brachte einen Zuwachs an Leistungsfähigkeit und Mobilität. Laut einem Bericht der CIA aus dem Jahr 1979 versetzten zusätzliche Investitionen in die einhunderttausend gut ausgebildeten Elitekommandos das Land in die Lage, Tausende Agenten tief in südkoreanisches Territorium einzuschleusen.[113]

Von den 1960ern bis zu den 1980er-Jahren führte Nordkorea eine Reihe tödlicher Terrorangriffe durch. Dazu gehörten der stümperhafte Versuch, in das Blaue Haus einzudringen, der Abschuss eines amerikanischen Aufklärungsflugzeugs, die Ermordung der Frau des südkoreanischen Präsidenten, das Graben einer Reihe von Tunneln in der Entmilitarisierten Zone, um in den Süden vorzudringen, und ein Überfall auf eine südkoreanische Delegation in Burma, bei dem fast alle Mitglieder des Kabinetts ums Leben kamen. Die CIA kam zu dem Schluss, dass die Aufrüstung im Einklang mit einer allgemeinen Strategie zur Wiedervereinigung des Landes stand, die Kim Il-sung weiterhin als

Kernziel des nordkoreanischen Staates betrachtete.[114] Laut der geheimdienstlichen Einschätzung von 1979 wies seine Aufrüstung auf einen »dreigleisigen Ansatz« hin: »die Stärkung des Nordens als revolutionäre Basis für die Wiedervereinigung, die Stärkung der revolutionären Kräfte in Südkorea und die Suche nach Unterstützung durch weitere revolutionäre Kräfte aus dem Rest der Welt«. In Bezug auf das Militär wurde immer wieder die Partisanen-Vergangenheit des Landes ins Gedächtnis gerufen. Und »im Endeffekt wurden alle Projekte der Innen- und Außenpolitik dem übermächtigen Ziel der nationalen Wiedervereinigung unter nordkoreanischer Führung untergeordnet«.

Wie der Politologe Samuel Huntington gezeigt hat, ist die Guerillakriegführung trotz all dieser aggressiven Operationen »eine Form des Kampfes, bei der die strategisch schwächere Seite die taktische Offensive übernimmt und Form, Zeitpunkt und Ort auswählt.«[115] Seit dem Zweiten Weltkrieg haben Atomwaffen den »Schwachen« die Möglichkeit gegeben, »ihre konventionelle Unterlegenheit [zu] kompensieren«.[116] Als der ältere Kim 1980 seinen Sohn zum Nachfolger erklärte, befand sich Nordkorea infolge jahrzehntelanger Misswirtschaft, der Abschottung und der gewaltsamen Unterdrückung jeglichen vermuteten oder tatsächlichen Widerspruchs bereits in einem ständigen Niedergang. Im privaten Kreis gestanden die Kims die ungünstigen Zukunftsaussichten des Landes durchaus ein, doch statt die Probleme auch öffentlich einzuräumen und ökonomische Reformen einzuleiten, gab das Regime dem eigenen Überleben den Vorrang vor allem anderen und igelte sich mit seinen ideologischen Konzepten *juche*, *suryong* und, unter Kim Jong-il, *songun* (»das Militär zuerst«) ein. Die Instrumente dazu waren Zwang, Gewalt, Unterdrückung und Propaganda, das Ziel war eine Kultur der Angst. Indem das Regime den Antiamerikanismus schürte und Erinnerungen an die eben erst erlittenen Schrecken des japanischen Kolonialismus und des vaterländischen Befreiungskriegs wachrief, hielt es sich sein Volk gefügig.

ATOMARE TRÄUME

Als Kim Jong-il nach dem Tod seines Vaters im Jahr 1994 die Macht übernahm, war die Welt, die Kim Il-sung errichtet hatte, bereits zerfallen. Der privilegierte, wohlbehütete Sohn eines Diktators, der keinerlei Kriegserfahrungen hatte, musste sich in einem komplexen strategischen Umfeld zurechtfinden. Die alten Schirmherren und Alliierten Nordkoreas, China und Russland, hatten das Land im Interesse einer Annäherung an den Westen und an Südkorea im Stich gelassen. Das Ende des Kalten Krieges Anfang der 1990er-Jahre bedeutete, dass Pjöngjang wesentlich klüger und flexibler in seinem Umgang mit der Außenwelt werden musste. Inzwischen hatte Südkorea, das seit seiner Gründung 1948 von einer Reihe von Autokraten regiert worden war, die Demokratie eingeführt. Dank seiner beeindruckenden, exportorientierten Politik und seinem Bündnis mit den USA hatte es Nordkorea auf dem Gebiet der Wirtschaft im Galopp überholt.

Doch ironischerweise erwiesen sich durch die Weltereignisse Nordkoreas selbstgewählte Isolation und seine repressive Innenpolitik letztendlich als kluger Schachzug. Ende der 1980er-Jahre begann die Sowjetunion zu zerbröckeln, Kim Il-sungs alte Freunde im sozialistischen Block wurden gestürzt oder öffneten sich mehr und mehr dem Westen. In Südkorea wurde der Diktator Park Chung-hee von seinem eigenen Geheimdienstchef umgebracht, und der letzte autoritäre Präsident, Chun Doo-hwan, trat schließlich zurück. Die Demokratie setzte sich durch, wenn auch eher schrittweise. Südkorea überholte den Norden auch im Bereich der konventionellen Waffen. Die Sowjetunion und China waren wichtige Materiallieferanten gewesen und hatten überdies Wirtschaftshilfen geleistet, auf die Pjöngjang sich verlassen hatte. Als diese Hilfen zu schwinden begannen, konnten die Kims ihr Militär nicht weiter modernisieren und nicht einmal mehr für die Ernährung des Volkes sorgen. In einem Memorandum des National Intelligence Council (NIC) vom Dezember 1991 hieß es, »Engpässe in der Versorgung mit Lebensmitteln und Brennstoff, verursacht hauptsächlich durch schlechte Ernten und das Einbrechen der Handelsbeziehungen mit der Sowjetunion und den osteuropäischen Ländern unter Vorzugsbedingungen«, seien weit verbreitet.[117] Auch China, das sich mit weit dringlicheren eigenen Problemen konfrontiert sah und die Faxen Nordkoreas – wie etwa den Bombenangriff in Myanmar – ohnehin leid war, hatte damit begonnen, seine Hilfsleistungen zu reduzieren.

Nordkorea stand allein da, das Regime konnte sich auf niemanden mehr verlassen, um sein Überleben zu sichern. Kim Jongil erkannte höchstwahrscheinlich, dass es unter diesen Umständen dem Land schaden würde, sich allzu sehr mit der Außenwelt einzulassen. Stattdessen schotteten er und sein Vater das Land ab und erhoben es zur Priorität, durch verschärfte Sicherheitsmechanismen die interne Stabilität zu gewährleisten. Jeglicher Dissens sowohl auf lokaler als auch auf nationaler Ebene sollte im Keim erstickt werden. Zur Sicherung ihrer Herrschaft setzten sie weiter auf eine Kultur der Angst und banden den Lebensunterhalt der Eliten an den Wohlstand der Kim-Dynastie, um deren Unterstützung zu behalten.

Doch Terror, Unterdrückung und Abschottung reichten nicht aus. So erscheint es plausibel, wenn der Nordostasien-Experte Jonathan Pollack schreibt:»Kim Il-sung betrachtete die Atomkraft als ein Pfand, das die Stellung seines Landes als hochentwickelte Wissenschafts- und Industrienation bestätigen würde«.[118] Laut Pollack könnte er seine atomaren Ambitionen durchaus schon in den 1960er-Jahren verfolgt haben, als er immer wieder hartnäckig Informationen oder Hilfen aus der DDR, der Sowjetunion und China einforderte. »Warum sollte Nordkorea *keine* Atomwaffen besitzen?«, werden sich Kim Il-sung und sein Sohn zweifellos gefragt haben. Ende der 1960er-Jahre verfügten die USA, die Sowjetunion, Großbritannien, Frankreich, Israel und China über Atomwaffen, gefolgt von Indien 1974 und Pakistan 1998. Und auch Südkorea war auf dem Gebiet der Kernkraft vorangekommen. Südafrika arbeitete schon seit den 1970er-Jahren an einem Atomwaffenprogramm, brach es allerdings 1990 ab.

In den 1990er-Jahren schlugen die Geheimdienste in Südkorea und den USA immer wieder Alarm wegen des geheimen nordkoreanischen Atomwaffenprogramms und der Entwicklung ballistischer Flugkörper. Im Februar 1993 erklärte der Direktor der CIA, Nordkorea könne genug spaltbares Material für mindestens eine Atomwaffe produziert haben, und in einem Bericht des NIC aus dem Jahr 1999 hieß es, es sei »sehr wahrscheinlich«, dass Nordkorea nach Russland und China »bis zum Jahr 2015 ICBMs [Interkontinentalraketen] entwickeln könnte, die in der Lage wären, die USA zu bedrohen.«[119] Der Überläufer Hwang Jang-yop sagte 1997, Nordkorea sei in der Lage, »Südkorea mit Atomwaffen, chemischen Waffen und Raketen« zu zerstören.[120]

Die Sorgen im Ausland wurden noch dadurch verschlimmert, dass Nordkorea ballistische Flugkörper, konventionelle Waffen sowie Arbeitskräfte nach Afrika, in den Nahen Osten und nach Südasien exportierte. Laut einer Analyse des NIC von 1999 erzeugte dies »eine unmittelbare, ernsthafte und wachsende Bedrohung der Streitkräfte, Interessen und Bündnispartner der USA ... und ... wird das [dortige] strategische Gleichgewicht entscheidend verändern«.[121] Das Regime macht allerdings kein Geheimnis aus seinen Raketenverkäufen in diese Länder. Nachdem das Regime jahrelang die Vorwürfe der USA zurückgewiesen hatte, erklärte es 1998 unverblümt: »Wir werden auch weiterhin Raketen entwickeln, testen und stationieren«. Weiterhin verlangte man die Aufhebung der US-Sanktionen und »eine Entschädigung für Verluste durch die Unterbrechung der Raketenexporte«.[122]

Die Atom- und Raketenprogramme verschafften Nordkoreas Regime zusätzliche Garantien für sein Überleben in einem äußerst kritischen Moment: Man musste die Machtübergabe vom Vater an den Sohn bewerkstelligen und den Herausforderungen des strategischen Umfelds nach dem Ende des Kalten Krieges begegnen. Zum Glück für Nordkorea – und zum Leidwesen der USA, ihrer Verbündeten und der großen Mehrheit der Nordkoreaner, die unter dem Regime der Kims litten – verliehen die neuen Atomwaffen dem kleinen Land auf der internationalen Bühne eine strategische Relevanz. Durch die Wechseltaktik von Provokation und diplomatischer Annäherung versuchte Nordkorea, das Element der Überraschung einzusetzen: Mal demonstrierte es mit seinen Atomwaffentests und ballistischen Raketen sein Potenzial, mal versuchte es mit einer Charmeoffensive die politischen Spannungen wieder zu entschärfen und mehr Zeit für die Weiterentwicklung und Vervollkommnung seiner Waffen zu gewinnen.

Kim Jong-il hatte jahrzehntelang Zeit, um unter Anleitung seines Vaters wirksame Taktiken zur Manipulation seines internen und externen Umfelds zu erlernen, und überdauerte so zwei US-Präsidenten und etliche Höhen und Tiefen der internationalen Atomverhandlungen. Er schuf eine eigene Realität, indem er das Bild seines Vaters und auch sein eigenes in Schichten aus Mythen und Heldenerzählungen hüllte. Und damit gelang es ihm, das nordkoreanische Volk von der wahren Realität abzulenken und dazu zu bringen, den wirtschaftlichen Niedergang des Landes und die wachsende Armut auszublenden. Kriecherei, Vetternwirtschaft und Kims ständig propagiertes Selbstverständnis als Bewahrer des väterlichen Vermächtnisses verbanden sich mit dem Personenkult zu einer machtvollen Kombination, die der Kim-Dynastie half, ihr Vermögen und ihre Legitimität zu sichern. Kim selbst nahm bei der Anpassung Nordkoreas an das veränderte Umfeld einen Platz in der ersten Reihe ein. Die nachfolgende Generation allerdings musste auf das Privileg verzichten, sich selbst ein Bild zu machen und die Probleme des Landes vollständig zu erkennen.

4

DER AUFSTIEG DES SOHNS

Kim Jong-il liebte nicht nur Filme und das Filmedrehen; er liebte auch die weiblichen Hauptdarstellerinnen. Wie seinen Vater kannte man ihn als Frauenhelden, der mit seinen Anhängern und im Laufe der Jahre vermutlich Hunderten junger Frauen wilde, ausschweifende Partys feierte. Angesichts des beigen Einteilers, den er fast immer trug, der großen Brille und der aufgebauschten Frisur, durch die er größer wirken sollte, fällt es allerdings nicht ganz leicht, sich ihn in dieser Rolle vorzustellen. Überläufer, die früher der Familie Kim nahestanden, schilderten schrille Details von diesen berüchtigten Partys, die oft bis in die frühen Morgenstunden gingen. Champagner, Cognac und Kaviar wurden im Überfluss konsumiert, während nackte junge Tänzerinnen die Gäste unterhielten.

Als Gastgeber ließ Kim Jong-il buchstäblich die Puppen tanzen und befahl auch den Partygästen nach seinem Belieben das Tanzen, Singen oder Trinken. Beide Kims hatten eine Vorliebe für Teenager, als könnte der Sex mit sehr jungen Frauen sie unsterblich machen. So wurden schöne junge Mädchen aus entlegenen Dörfern herbeigeschafft, um die Gäste mit Gesang, Tanz und Massagen zu erfreuen. Aus Hilflosigkeit oder aus Naivität gaben die Eltern ihre Töchter bereitwillig ab. Vermutlich glaubten sie, dass sie ihrem Land dienten oder aber den eigenen Lebensunterhalt und die Zukunft ihrer Töchter sichern konnten, wenn sie die Mädchen in die Hauptstadt schickten. Viele Überläufer berichteten von den ›joy divisions‹, die das Regime eingerichtet hatte. Dort wurden diese Teenager ausgebildet, ehe man sie auf Jong-ils Ferienhäuser oder Jagd-Anwesen verteilte.[123] Natürlich hätten ihre Eltern das Ersuchen des Großen Führers oder des Geliebten Führers ohnehin nicht ablehnen können, selbst wenn sie gewollt hätten.

Wie sein Vater hatte Jong-il mehrere Frauen und Geliebte, die in seinen Villen in den verschiedenen Vierteln Pjöngjangs wohnten. Und wie der Große Führer scheint auch er sein Privatleben streng von seinem Arbeitsleben getrennt zu haben, indem er seine Familie in abgelegenen, gut gesicherten Häusern unterbrachte und vor der Öffentlichkeit verbarg. Vater und Sohn taten das vermutlich, um sich selbst stärker ins Rampenlicht zu rücken, möglichen Gerüchten über Einflüsse anderer Personen den Wind aus den Segeln zu nehmen und die Ideologie vom väterlichen Führer hochzuhalten, dessen einzige »Familie« das gesamte Land ist.

DIE DREI SÖHNE

Weil die Kontinuität des Regimes durch Erbdynastie gesichert wurde, war es für den Geliebten Führer eine wichtige Pflicht, einen seiner drei Söhne von seinen beiden Lieblingsfrauen als Nachfolger auszuwählen und diesen Sohn dann auf die Rolle des Machthabers vorzubereiten.

Die Mutter seines ältesten Sohnes war Song Hye-rim. Die berühmte nordkoreanische Schauspielerin war schön und glamourös, sie besuchte internationale Filmfestivals und war bereits mit einem prominenten Romanschriftsteller verheiratet gewesen. Geboren wurde sie in Südkorea, doch ihre kommunistischen Eltern zogen während des Koreakriegs in den Norden des Landes. Über ihre Herkunft und ihre Beziehung zu Jong-il gibt es, wie über so vieles in Nordkorea, nur lückenhafte Informationen. Doch kann man sich gut vorstellen, wie Jong-il, damals schon Filmliebhaber, sich mit Mitte zwanzig in eine bekannte, vier oder fünf Jahre ältere Schauspielerin verliebte. Als Sohn eines Diktators mit absoluter Macht kümmerte er sich wenig um Konventionen und Regeln. Er verlangte, dass Song Hyerim Mann und Familie verließ und die Scheidung einreichte, damit er allein in den Genuss ihrer Zuwendung kam. Die beiden lebten zusammen, doch ist unklar, ob sie je geheiratet haben. Niemand außer Song selbst weiß, welche Gefühle sie tatsächlich für Jong-il hegte, aber man darf annehmen, dass er sie mit Geschenken und Komplimenten überhäufte – Amerikaner, die ihn persönlich kennengelernt haben, berichten, dass er äußerst charmant sein konnte. Songs Schwester, die in der ersten Zeit der Beziehung mit dem Paar zusammenlebte, schrieb in ihren Memoiren, Kim und ihre Schwester hätten einen ähnlichen Geschmack gehabt und sich oft gemeinsam Filme angeschaut.[124] Sie erinnerte sich auch, dass Hye-rim Kim als »engagierten, humorvollen Comedian« beschrieb.[125] Songs Neffe Li Il-nam, ein häufiger Gast im Hause der drei, der 1982 flüchtete, erinnert sich: »Nach allem was ich mitbekommen habe, war meine Tante von ihrer [ersten] Ehe enttäuscht und von Kim Jong-il sehr eingenommen.«[126] 1971 brachte Song Kim Jong-ils ersten Sohn Jong-nam zur Welt.

Kim verbarg seine Beziehung zu Song und seine kleine Familie vor seinem Vater. Vermutlich fürchtete er dessen Missbilligung – immerhin war Song in Südkorea geboren und zudem geschieden – und wollte seine Chancen in der heiklen Phase der Nachfolgewahl nicht gefährden. Seinen Sohn Jong-nam, der zur

Welt kam, als Kim etwa dreißig war, liebte er abgöttisch. Jongnam war ein pummeliger kleiner Junge, pausbäckig, mit molligen Beinen und einem dicken Bauch, während die meisten nordkoreanischen Kinder in seinem Alter eher unterernährt waren.

Die Kims wohnten Berichten zufolge in einer Villa, wo sie von Bediensteten, zahlreichen Leibwächtern und einer Handvoll Köche umsorgt wurden. Der kleine Junge lebte im Luxus; er trug diamantenbesetzte Armbanduhren und besaß stapelweise Spielzeuggewehre, modernste technische Geräte und jede Menge Videospiele.[127] Sein Spielzimmer maß dreitausend Quadratmeter[128] und war mit Kisten von Spielsachen gefüllt. Nordkoreanische Diplomaten, die den Auftrag hatten, für Jong-nam das Neueste auf dem Spielzeugmarkt zu beschaffen, hatten sie aus Europa und Ostasien nach Pjöngjang geschickt. Mit Hilfe von Funktionären, die furchtbare Repressalien fürchten mussten, falls irgendwelche Informationen über Mutter und Kind durchsickern sollten, hütete Jong-il sein kostbares Geheimnis sorgfältig. Statt zur Schule zu gehen, wurde Jong-nam zu Hause unterrichtet. Die Situation führte verständlicherweise zu Spannungen zwischen den Eltern;[129] laut Songs Nichte Li Nam-ok, die 1992 aus Nordkorea flüchtete, hat Jong-nams Mutter damit gedroht, das Geheimnis an Kim Il-sung zu verraten. Li sagte, Jong-il habe Song daraufhin mit einer Pistole bedroht.[130]

Trotz seiner zweiten offiziellen Heirat 1973 oder 1974 mit einer Frau, die sein Vater billigte[131] – die erste Ehe, die Jong-il Ende der 1960er-Jahre eingegangen war, hatte angeblich mit der Scheidung geendet –, verbrachte Kim die meiste Zeit mit seinem Sohn. Laut Songs Nichte schlief er im selben Zimmer[132] und scheute keine Mühe, den isolierten Jungen glücklich zu machen. Songs Neffe Li Il-nam berichtete, das verwöhnte Kind habe südkoreanische Bücher lesen und südkoreanische und japanische Fernsehsendungen ansehen dürfen, ein Zeitvertreib, für den alle anderen

Nordkoreaner im Gulag gelandet wären. Einmal wies Jong-nam seine Bediensteten an, einen südkoreanischen Comedian, der ihm gefiel, zu entführen und in seine Villa zu bringen, um ihn zu unterhalten. Die Entführung fand nicht statt, aber der Vorfall zeigt, wie privilegiert Jong-nam lebte und wie groß in den Augen des Kindes die Macht des Vaters war. Obwohl Kims Agenten die Entführung nicht ausführten, machten sie laut Li Il-nam doch einen nordkoreanischen Bauern ausfindig, der dem Comedian ähnlich sah, und trainierten ihn monatelang darauf, den Mann zu imitieren.[133] Einer von Jong-nams Cousins schrieb in seinen Memoiren, der kleine Prinz habe alle herumkommandiert und sei der absolute Herr im Haus gewesen.[134]

Das Einzige, was Jong-nam nicht besaß, war Freiheit. Seine einzige gleichaltrige Spielkameradin war Li Nam-ok, die Tochter seiner Tante mütterlicherseits, die bei ihnen eingezogen war, um der Familie Gesellschaft zu leisten. Sie sagte später, Jong-nam habe die Umstände akzeptiert, weil er die Anweisungen seines Vaters grundsätzlich nicht infrage stellte.[135] Seine Mutter, die einst berühmte Schauspielerin, litt darunter, im goldenen Käfig eingesperrt zu sein;[136] sie ließ sich mehrmals über längere Zeit in Moskau gegen Depressionen und andere psychische und physische Leiden behandeln. Jong-nam bekam eine Atempause von der erdrückenden Atmosphäre in Nordkorea, als sein Vater ihn von 1978 bis 1988 in Moskau und Genf zur Schule schickte.[137] Erst mit achtzehn kehrte er nach Pjöngjang zurück.

Trotz der Leidenschaft für seine heimliche Familie hatte Kim seine amouröse Aufmerksamkeit damals bereits einer anderen Frau zugewandt. Seine neue Geliebte Ko Yong-hui, eine in Japan geborene Schauspielerin, gebar ihm schon bald zwei Söhne und eine Tochter: Jong-chol (1981), Jong-un (1984) und Yo-jong (1989)[138]. Ko kam 1952 in Osaka zur Welt, ihre Familie gehörte während der japanischen Besatzung Koreas in der ersten Hälfte des zwanzigsten Jahrhunderts zur koreanischen Diaspora. Ende des Zweiten Weltkriegs lebten und arbeiteten in Japan etwa zwei Millionen Koreaner, die entweder von den Japanern zwangsverpflichtet worden waren, um fehlende Arbeitskräfte zu ersetzen, oder auf der Suche nach mehr Wohlstand freiwillig in das Land gekommen waren.[139] Im Zuge eines regimegestützten Programms zur Wiedereingliederung von in Japan lebenden Koreanern kehrte Kos Familie 1961 nach Pjöngjang zurück.

Ko, eine schöne junge Frau mit großen Augen und einem fein geschnittenen, ovalen Gesicht, das mit zunehmendem Alter voller und gröber werden sollte, war Tänzerin in der Mansudae Art Troupe, als sie in den frühen 1970er-Jahren Kim Jong-ils Aufmerksamkeit erregte; das war ungefähr um die Zeit, als Jong-nam geboren wurde. Berichten zufolge überredete sie Jong-il dazu, ihre Rivalin Song nach Moskau ins Exil zu schicken. Dies zeigt, dass sie willens war, die eigenen Kinder als potenzielle Nachfolger in den Vordergrund zu rücken. Bei der Entscheidung, seine erste Geliebte aus seinem Leben zu verbannen, hat vermutlich auch die Flucht von Songs Schwester und Nichte, denen Kim die Betreuung Jong-nams in Europa anvertraut hatte, eine Rolle gespielt. Da Song jetzt mit dem Makel der Illoyalität ihrer Verwandten behaftet war, wurde Kim für Kos Manöver zugänglicher.

Als Jong-nam 1988 nach Pjöngjang zurückkehrte, war sein Vater mit seiner neuen Familie und den Staatsangelegenheiten beschäftigt, denn mittlerweile war er öffentlich zu Kim Il-sungs Nachfolger ernannt worden. Jong-nam bekleidete unterschiedliche Posten in der Regierung.[140]

Die Anwesenheit des Erstgeborenen in Pjöngjang, in der Nähe der beiden anderen Söhne, führte zu einigen Spekulationen darüber, wer denn der mögliche Nachfolger von Kim Jong-il werden könnte. Der wahrscheinlichste Kandidat schien als ältester

Sohn Jong-nam zu sein, doch aus mehreren Gründen sollte die Wahl nicht auf ihn fallen. Erstens könnte sein Vater aufgrund der Berichte der Leibwächter und Betreuer seines Sohnes den Eindruck gewonnen haben, dass Jong-nam durch ausländische Einflüsse verdorben worden sei. Er war in den letzten Jahren enttäuscht und zornig über das Benehmen seines Ältesten gewesen. Während seines Aufenthalts in Genf hatte Jong-nam oft Nachtclubs besucht und sich mit Frauen aus dem Westen eingelassen.[141] Sein Vater hatte daraufhin gedroht, ihn als Arbeiter in eine der berüchtigten Kohleminen Nordkoreas zu schicken. Anfang der 1990er-Jahre hatte Jong-nam, vermutlich nach einem abendlichen Trinkgelage, in einem Club für ausländische Gäste im Hotel *Koryo* mit einem Gewehr um sich geschossen.[142] 2001 berichteten internationale Medien, Jong-nam sei in Japan bei dem Versuch, das Disneyland in Tokio zu besuchen, mit einem gefälschten Pass verhaftet worden. Für seinen äußerst zurückgezogen lebenden Vater und ein Regime, das auf derartige öffentliche Demütigungen empfindlich reagierte, war das ein peinlicher Vorfall. Angeblich amüsierte sich Jong-nam regelmäßig auf Partys, auf Reisen, beim Shoppen und mit Frauen. Diese Leidenschaften waren allem Anschein nach stärker als sein Wunsch, das abgeschottete Land zu regieren. Dennoch war ein solches Playboy-Verhalten nicht automatisch ein Ausschlusskriterium, denn Kim Jong-il gab sich sein Leben lang ähnlichen Vergnügungen hin.

Beunruhigender für den Vater dürften Berichte gewesen sein, laut denen Jong-nam sich für politische Reformen in Nordkorea und eine Öffnung des Landes zum Westen hin ausgesprochen hatte: ein Ergebnis seiner ausgedehnten Studien im Ausland und der bedrückenden Isolation in der Kindheit, als er in einem goldenen Käfig aufwuchs. Solche Ansichten erregten erst recht den Zorn seines Vaters. In einem Interview mit einem japanischen

Reporter im Jahr 2012 erinnerte sich Jong-nam:»Ich entfernte mich immer mehr von meinem Vater, weil ich auf Reformen und auf der Öffnung des Marktes bestand und dadurch schließlich sein Misstrauen weckte.«[143] Er versuchte die Entfremdung so zu erklären:»Mein Vater war sehr einsam, nachdem er mich zum Lernen ins Ausland geschickt hatte. Dann wurden meine Halbgeschwister Jong-chol, Jong-un und Yo-jong geboren, und er übertrug seine Zuneigung auf sie. Als er dann das Gefühl hatte, ich hätte mich nach den Jahren im Ausland in einen Kapitalisten verwandelt, verkürzte er bei meinen Brüdern und meiner Schwester die Ausbildungszeit in anderen Ländern.«

Das Leben und die Ausbildung von Jong-chol und Jong-un sind erst recht von Geheimnissen umgeben. Die wichtigsten Beobachtungen dazu kommen von Kim Jong-ils Sushikoch, bekannt unter dem Pseudonym Kenji Fujimoto, der zum Spielgefährten der Jungen wurde, nachdem er in den inneren Kreis der Elite im Umfeld des Führers aufgestiegen war. Fujimoto erinnert sich, dass man die beiden kleinen Jungen Prinzen und die Tochter Prinzessin zu nennen pflegte.[144] Wie Jong-nam wurden beide Jungen zu Hause unterrichtet, bis man sie in den 1990er-Jahren auf eine teure Privatschule in die Schweiz schickte. Die Gesamtkosten pro Schüler vom Kindergarten bis zur zwölften Klasse betrugen dort 300.000 Dollar, ein Hinweis darauf, dass auch Kims Klassenkameraden aus mächtigen und wohlhabenden Familien stammten.[145]

Jong-chol, der Ältere der beiden, wurde als nicht hart genug eingestuft, um seinem Vater nachzufolgen, obwohl seine Mutter Kim einmal gedrängt haben soll, ihn zum Erben der Macht zu erklären.[146] Fujimoto beschrieb den Jungen als gutmütig und musikalisch interessiert. Einer von Jong-chols Freunden meinte, er sei»kein Typ, der anderen Schaden zufügen wollte. Er war ein netter Junge, der zum Schurken einfach nicht taugte.«[147] Zu seinen Freunden gehörten auch Schulkameraden aus den USA und Südkorea. Er liebte Basketball, besonders Spiele mit Dennis Rodman, und zog stets das Imitat eines Rodman-Trikots an, wenn er mit seinen Freunden spielte. Jong-chol sah sich gerne Actionfilme an, vor allem die mit Jean-Claude Van Damme, den der schmächtige Junge wegen seines muskulösen Körpers bewunderte. Er und sein jüngerer Bruder waren keine herausragenden Schüler, und wie so viele andere Jungs in dem Alter interessierten sie sich mehr fürs Spielen als fürs Lernen. Laut Thae Yong-ho, einem hohen nordkoreanischen Diplomaten, der sich 2016 nach Südkorea absetzte, besuchte Jong-chol lieber Eric-Clapton-Konzerte und Partys oder ging in London und anderen Städten shoppen.[148] Thae hatte die Aufgabe, ihn dabei zu begleiten, und erzählte, dass der kleine Prinz äußerst höflich und ein sehr begabter Gitarrenspieler gewesen sei.[149]

Anders als der zurückhaltende, musikliebende Jong-chol war Jong-un ehrgeizig und hart.[150] 1996, als er zwölf war, kam er zu seinem Bruder an die International School in Bern, wo ein Klassenkamerad sich an ihn erinnert:»Anfangs sprach er sehr schlecht Englisch. Er hatte einen starken Akzent und bekam Extraunterricht.«Jong-un lernte Deutsch und Englisch und war angeblich gut in Mathe. Doch da er offenbar nicht in der Lage war, diese Privatschule erfolgreich abzuschließen, wie ein südkoreanischer Schüler erzählte, wechselte er 1998 auf die weniger anspruchsvolle Schule Liebefeld Steinhölzli, eine öffentliche deutschsprachige Schule in der Nähe von Bern, die er besuchte, bis er Anfang 2001 im Alter von siebzehn Jahren nach Pjöngjang zurückkehrte.[151] Fujimoto beschrieb Jong-uns Mutter als nicht sehr streng, was die Schulbildung ihrer Söhne anging, und sagte, die beiden Jungen wären nie zum Lernen angehalten worden.

Jong-uns Freund und Klassenkamerad Joao Micaelo, der ihn als Sohn eines nordkoreanischen Diplomaten namens Un-pak kannte, sagte Jahre später: »Wir waren nicht die Dümmsten in der Klasse, aber die Schlauesten waren wir auch nicht. Wir saßen immer in der zweiten Reihe. Un gab sich große Mühe, sich gewählt auszudrücken, aber er war nicht sehr gut in Deutsch und wurde schnell nervös, wenn er eine Frage beantworten sollte. Die Lehrer sahen, wie er beschämt mit sich rang, und riefen dann jemand anderen auf.«[152] Jong-un machten seine wenig beeindruckenden Noten anscheinend nichts aus.»Er ging, ohne auch nur auf die Prüfungsergebnisse zu warten. Er interessierte sich viel mehr für Fußball und Basketball als für den Unterricht«, berichtet Micaelo. Vielleicht behagte ihm ja der Lehrplan der Schule nicht besonders,[153] der auch die Schweizer Geschichte seit 1291 und die dortige Entwicklung der Demokratie umfasste, außerdem die Bürgerrechtsbewegungen von Martin Luther King und Nelson Mandela sowie Fragen der Menschenrechte. Doch der kompetitive Ehrgeiz, der Jong-un im Unterricht fehlte, zeigte sich umso stärker auf dem Basketballfeld.»Er spielte wie entfesselt«, sagte einer seiner Freunde.»Er konnte alles steuern. Er war der Spielgestalter.«[154] Ein anderer Freund sagte, Jong-un sei zäh und schnell gewesen:»Er hasste es, zu verlieren. Der Sieg war ihm sehr wichtig.« Er war ein großer Bewunderer von Michael Jordan, den er immer wieder zeichnete, und hoffte inständig, durch das Basketballspielen noch etwas mehr zu wachsen. Ra Jong-yil, ein ehemaliger hoher Mitarbeiter des südkoreanischen Nachrichtendienstes, bestätigte den Eindruck dieses Mitschülers und meinte, der Geliebte Führer habe seinen jüngsten Sohn schon lange favorisiert, denn durch seine Aggressivität habe er das richtige Temperament besessen, um über ein Land zu herrschen.[155]

Ein ehemaliger Lehrer Jong-uns beschrieb ihn als »freundlichen, höflichen jungen Asiaten«, dem es wegen der Sprachbarriere schwerfiel, enge Kontakte zu seinen Altersgenossen zu knüpfen.[156] Auf einem der wenigen Fotos mit den Klassenkameraden in der öffentlichen Schule steht Jong-un in der Mitte der letzten Reihe. Während andere Schüler einander fröhlich die Arme auf die Schulter gelegt haben und sich mit breitem Grinsen der Kamera entgegenbeugen, steht Jong-un aufrecht da, die Arme dicht am Körper, und blickt eher zurückhaltend in die Kamera. Da er in der Schweiz unter einem Pseudonym lebte, war er dort kein nordkoreanischer »Prinz«, sondern nur der Sohn eines Botschaftsmitarbeiters, genauso wie viele der anderen Kinder. Es muss für den Teenager hart gewesen sein, plötzlich ohne die vielen Schmeicheleien und Respektbezeugungen auszukommen, an die er durch sein Leben in den palastähnlichen Villen der Kims gewöhnt war.

»Wir wohnten in einem normalen Haus und verhielten uns wie eine normale Familie«[157], erinnert sich seine Tante Ko Yongsuk, die sich in der Schweiz um die beiden Jungen kümmerte. »Ich ermutigte ihn, seine Freunde zu uns nach Hause einzuladen, denn wir wollten, dass die Jungs ein normales Leben führten. Ich machte oft Snacks für die Kinder. Sie aßen Kuchen und spielten mit Legosteinen.« Während sich Jong-un in der Schule zurücknehmen und sein Temperament zügeln musste, ließ er zu Hause, wo der Wohlstand der Familie offen sichtbar war, seinem imperialen Ich freien Lauf. Micaelo erinnert sich, dass Kim im Unterschied zu anderen Botschafterkindern »in einer Wohnung in einem guten Wohnviertel nahe der Schule wohnte ... umgeben von den neuesten technischen Geräten, die wir anderen uns nicht leisten konnten – Fernseher, Videorekorder, eine Sony-Playstation. Er hatte einen eigenen Koch, einen Chauffeur und einen Privatlehrer.«[158] In den Schulferien fuhren Jong-un und seine Familie zum Baden an die französische Riviera, zum Skilaufen in die Alpen oder amüsierten sich im Disneyland in Paris oder Tokio.[159] Nach Hause fahren hieß für ihn, den Luxus der riesigen Familienanwesen zu genießen – mit Pferden, Swimmingpools, Bowlingbahnen und sogar Luxusautos mit spezieller Ausstattung, sodass die Brüder sie schon in ihrem jugendlichen Alter selbst steuern konnten. Die Sommer verbrachte man an der Ostküste Nordkoreas in privaten Ferienhäusern an den schönen Stränden von Wonsan.

Natürlich war Kim kein normaler Junge aus einer normalen Familie. Seine Tante und seine Betreuer setzten sich 1998 in die USA ab, denn sie sorgten sich, wie es ihnen unter dem neuen Machthaber Kim Jong-il ergehen würde. Und tatsächlich stand ihrem Heimatland unter dem neuen Führer die gefährlichste Zeit seit dem Koreakrieg bevor.

DIE HUNGERSNOT

Während die Kim-Prinzen in einem Kokon aus Privilegien und Luxus lebten, entweder in einer der Familienvillen in Pjöngjang, in Feriendomizilen an der Küste oder Mitte bis Ende der 1990er-Jahre in Westeuropa, litten die meisten Nordkoreaner unter einer der schlimmsten menschengemachten Katastrophen der Geschichte – der Hungersnot, deren Höhepunkt zwischen 1995 und 1998 lag. Obwohl die genauen Zahlen schwer zu überprüfen sind, starben damals zwischen sechshunderttausend und einer Million Menschen, während die Kims weiterhin Unsummen für Luxusgüter und das Militär ausgaben.[160] Laut der Anthropologin Sandra Fahy hätte die Hungersnot in Nordkorea – vom Regime als »Beschwerlicher Weg« bezeichnet, um der Katastrophe einen revolutionären Beiklang zu geben – leicht verhindert werden können.[161] Dafür hätte das Regime seine internationale Abschottung lockern und auf einen Teil seiner Macht verzichten müssen.[162] Doch stattdessen gab die Regierung ihrem eigenen Überleben den Vorrang und nutzte die Ideologie von *juche* (Selbstständigkeit) und *songun* (»das Militär zuerst«) als Rechtfertigung, um die Menschen im Land einfach sich selbst und ihrem Schicksal zu überlassen.

Laut Sandra Fahys Interviews mit Nordkoreanern, die diese Notzeit überlebt haben, wurde die Versorgung der Bevölkerung als politische Waffe und Belohnung eingesetzt. Nahrungsmittel wurden abhängig von Regimetreue, Geschlecht, Alter und Wohnort verteilt – im Einklang mit *songbun*, jenem ausgefeilten Kastensystem des Regimes, das die Loyalität gegenüber Kim Jong-il garantieren und den Kult um Kim Il-sung aufrechterhalten sollte. Hohe Regierungsbeamte und die Einwohner von Pjöngjang – nur Mitglieder der Eliten durften in der Hauptstadt leben – erhielten die höchsten Lebensmittelrationen, während die Bewohner der isolierten ländlichen Gebiete im Nordosten sowie Junge, Alte und Behinderte die geringsten Rationen bekamen.[163]

Kim Jong-il war nicht willens oder nicht in der Lage, sich an das neue geopolitische Umfeld anzupassen, das durch die Einstellung der sowjetischen Hilfsmaßnahmen und der Vorzugsanleihen aus China entstand. Der Handel mit der Sowjetunion, der über 50 Prozent des gesamten nordkoreanischen Handelsvolumens ausmachte, brach ein und schrumpfte von 3,25 Milliarden US-Dollar im Jahr 1990 auf nur noch etwa 100 Millionen US-Dollar im Jahr 1994.[164]

Sowohl der von 1992 bis 1994 andauernde Konflikt mit den Vereinigten Staaten wegen des Atomprogramms als auch die innenpolitische Unsicherheit aufgrund der anstehenden Nachfolgeregelung spielten vermutlich eine Rolle bei der Entscheidung des Regimes, die Hungersnot nicht zum Thema zu machen. Deren Ursachen lagen eindeutig in der Abhängigkeit des Landes von ausländischer Hilfe, den wenig nachhaltigen Anbaumethoden mit veralteten Maschinen, einer schlechten Agrarpolitik und der zunehmenden Verschuldung des Landes.[165] Die Korea-

Experten Stephan Haggard und Marcus Noland haben offenge-
legt, dass das öffentliche Verteilungssystem der Regierung, über
das im Rhythmus von einem Monat oder zwei Wochen Nahrungsmittel auf das gesamte Land verteilt wurden, dieser Aufgabe nicht gewachsen war. Man musste die Rationen so stark
zurückschrauben, dass die Regierung sich gezwungen sah, eine
Kampagne mit dem Motto »Zwei Mahlzeiten am Tag« zu starten.[166] Die Flutkatastrophe von 1995 verschlimmerte die Not noch
weiter, doch das Regime schob dem Wetter eine weitaus größere Schuld zu, als tatsächlich zutraf.

Obwohl die internationale Staatengemeinschaft im Laufe
des folgenden Jahrzehnts Lebensmittelhilfen im Wert von 2 Milliarden Dollar nach Nordkorea schickte, um die größte Not zu
lindern, leugnete Kim hartnäckig jegliche politischen Fehler und
hielt an den üblichen Praktiken fest. Die frustrierten Bitten internationaler Beobachter, die gelieferten Hilfsgüter vor allem an
besonders bedürftige Menschen zu verteilen, wurden ignoriert.[167]
So erreichten laut Haggard und Nolan 10 bis 30 Prozent der ausländischen Spenden nicht ihre vorgesehenen Empfänger, weil
die örtlichen Beamten, Parteifunktionäre und Militärangehörige Güter für den persönlichen Gebrauch abzweigten oder sie ge-
winnbringend auf den Märkten verkauften.[168] Während sein Volk
hungerte, kaufte Kim weiterhin Luxusgüter für sich selbst und
seine Anhänger und investierte die Mittel des Regimes in die
Entwicklung ballistischer Raketen und andere kostspielige An-
schaffungen für das Militär. So bewies er einmal mehr, dass seine Prioritäten letztlich beim eigenen Überleben und dem Fort-
bestehen Nordkoreas als Garnisonsstaat lagen.

Intern schob das Regime anderen die Schuld für das Leid des
Volkes in die Schuhe. Ein Überläufer berichtete Fahy: »Sie er-
zählten den Leuten Folgendes: ... ›Amerika, die internationale
Staatengemeinschaft und ihre Marionette Südkorea bereiten be-

harrlich einen Krieg vor. Wir müssen den Gürtel enger schnallen und unsere nationale Verteidigung und unsere Wirtschaft ausbauen.‹ … Dafür ging das Volk durch die Hölle, nicht ahnend, dass schon bald Regen und Schneestürme auch noch die Landwirtschaft zerstören würden. ›Den Gürtel enger schnallen und vorwärtsmarschieren!‹ So lautete ihre Propaganda.«[169]

Als die Not in der Bevölkerung am größten war und zu verständlichen Straftaten wie Diebstählen von Mais oder Getreide von den Feldern führte, reagierte das Regime mit drastischen Strafen statt mit Hilfe. Sandra Fahys Interviewpartner berichten von öffentlichen Hinrichtungen zur Ahndung solcher Verzweiflungstaten. Dutzende von Zeugen berichteten, dass den Tätern die Köpfe praktisch völlig weggeschossen wurden, sodass in der kalten Winterluft Dunst vom »warmen Blut« aufstieg. Auf die Frage, warum man auf den Kopf zielte, antworteten die Flüchtlinge: »Weil die Denkweise der Kriminellen falsch war: Ein Krimineller dachte wie ein Kapitalist.«[170]

In den 1990er-Jahren drangen immer wieder Berichte über das Leid der nordkoreanischen Bevölkerung nach draußen, denn Überläufer schilderten die schrecklichen Auswirkungen der Hungersnot auf das ganze Land. Neben den Bahnhöfen stapelten sich die Leichen; umherziehende Banden hungriger Waisenkinder stahlen, wo sie konnten, und brachen zusammen, wenn sie nichts zu essen fanden; Frauen prostituierten sich, um zu überleben und ihre Familien zu ernähren. Menschen jeden Alters, auch Kinder, durchstreiften die Wälder auf der Suche nach Wurzeln, Pilzen und anderen Wildpflanzen, oft mit tragischen Folgen, wenn sie unwissentlich giftige Doppelgänger verzehrten.[171] Ein Geflüchteter erinnerte sich, dass Hungernde auf der Straße starben und man ihre Leichname einfach liegen ließ.[172] Ein anderer schilderte die »Stimmen der Kinder, die am Abend nach Essen riefen – ihr Schluchzen klang wie das Quaken von Fröschen.«[173]

Eine Frau beschrieb, wie sie 1997 auf einer Zugfahrt bemerkte, dass einer ihrer Mitreisenden tot war; sie sagte, sie und die anderen Fahrgäste hätten mit Gleichgültigkeit auf den Leichnam reagiert.[174] Daran könne man sehen, wie alltäglich der Hungertod bereits geworden war. Die Menschen aßen Abfall, Ratten und Frösche.

Als die Lage am schlimmsten war, übernahm Kim Jong-il die Herrschaft. Der Zeitpunkt hätte für ihn kaum ungünstiger sein können, denn viele Nordkoreaner verbanden die Katastrophe mit dem Übergang der Macht von seinem Vater auf ihn. Dies verschärfte noch die Herausforderungen, die ihn als neuen Führer ohne ruhmreiche Partisanenvergangenheit erwarteten. Der Tod von Kim Il-sung markierte laut Fahy »ein klares Vorher und Nachher, und viele Nordkoreaner stufen die Zeit vor 1994 in der Erinnerung als ›gar nicht so schlecht‹ ein«, während die Jahre unter Kim Jong-il als Anfang des Niedergangs der Wirtschaft und der Unterversorgung mit Lebensmitteln empfunden wurden.[175]

In Nachrichtendienstkreisen war man sich bewusst, wie groß der interne und externe Druck auf den neuen Führer war, und warnte vor einem Zusammenbruch Nordkoreas. Hohe Regierungsvertreter der USA prophezeiten ganz unverblümt den Untergang des Regimes. 1996 äußerte CIA-Direktor John Deutch in seiner Stellungnahme vor dem Senate Select Committee on Intelligence die Befürchtung, es könne in naher Zukunft aufgrund der »immensen wirtschaftlichen Probleme des Landes« zu einem solchen Ereignis kommen.[176] Im selben Jahr hatte bereits General John Shalikashvili, der Vorsitzende der Vereinigten Stabschefs, der *Washington Post* gegenüber erklärt: »Wir befinden uns in einer Periode, in der die meisten Beobachter der Region damit rechnen, dass entweder eine Implosion oder eine Explosion bevorsteht – wir sind nur nicht ganz sicher, wann es so weit sein wird.«[177] 1998 kam eine Gruppe von CIA-Analysten und Experten zu dem Schluss, das Kim-Jong-il-Regime werde sich »auf lange Sicht nicht halten können«; die meisten bezweifelten, dass »der derzeitige desolate Zustand noch länger als fünf Jahre andauern« würde.[178]

KIM JONG-UNS RÜCKKEHR NACH PJÖNGJANG

Kim Jong-un waren die prekäre Lage seines Landes und die vielen Herausforderungen, vor denen sein Vater stand, höchstwahrscheinlich nicht bewusst, denn dazu war er zu jung und zu lange im Ausland gewesen. 2001 kehrte er nach Nordkorea zurück. Nach dem Leben in einer multinationalen Schweizer Stadt und dem Jet-Setting zwischen Alpen und Riviera muss die endgültige Rückkehr nach Pjöngjang für ihn ein gewisser Schock gewesen sein. Im Umfeld eines nach dem Kalten Krieg triumphierenden Europas war er ein kleiner Fisch in einem großen Teich gewesen, der sich scheu und still verhielt und seine wahre Identität verbarg; in Nordkorea hingegen war er ein großer Fisch in einem kleinen Teich. Teams von Lehrern, Tutoren, Köchen, extra für ihn abgestellten Spielkameraden, Bodyguards, Verwandten und Chauffeuren hatten Kims Ansprüche hochgeschraubt und versuchten ihn von der Realität Nordkoreas und der restlichen Welt auch über die Kindheit hinaus abzuschirmen. Doch es gab Anzeichen dafür, dass der Teenager Kim nicht mehr aus seinem Gedächtnis löschen konnte, was er in Europa gesehen und gelernt hatte.

Von Mitte bis Ende der 1990er-Jahre war der Westen in Feierlaune. Nach fünf Jahrzehnten des Kalten Kriegs, in denen die Vereinigten Staaten im Kampf der Ideologien mit der Sowjetunion gestanden hatten, jubelte der Westen über den Zusammenbruch der Sowjetunion und deutete ihn als Sieg der liberalen Demokratie und des Kapitalismus. Der amerikanische Politologe Francis Fukuyama verkündete damals bekanntlich »das Ende der Geschichte«. Die Vereinigten Staaten und Vietnam, zwischen denen ein heißer Krieg eine Ära des kalten Friedens unterbrochen hatte, normalisierten 1995 ihre Beziehungen. Für die meisten Beobachter war dies ein Zeichen, dass die Welt fortan von friedlicher Koexistenz geprägt sein würde, mit Washington als dem globalen Tonangeber. Tatsächlich gingen bewaffnete Konflikte in den Jahren zwischen 1992 und 2003 dramatisch zurück, und die Verfechter der Globalisierung glaubten, der Mensch befinde sich unter Führung der westlichen Regierungen und Wirtschaftsmodelle auf einem direkten Weg des Fortschritts, der die internationale Gemeinschaft mehr und mehr zusammenschweißen würde. Der Zeitgeist und die Geschichte waren eindeutig nicht auf der Seite Nordkoreas, eine der letzten Bastionen des Kommunismus und der Abschottungspolitik und zudem ein Land, das von einem besonderen koreanischen Ethnozentrismus geprägt war, der auf dem Personenkult um Kim Il-sung fußte.

Während der Sommerpause im August 2000 ließ Kim Jong-un in einem Gespräch mit dem Sushikoch Fujimoto durchblicken, dass ihm der Kontrast zwischen seinem Heimatland und dem, was er im Ausland gesehen hatte, durchaus auffiel. Laut Fujimoto sagte er: »Warum ist das Warenangebot in den Kaufhäusern und Läden der Demokratischen Volksrepublik Korea so unzureichend und klein im Vergleich mit dem in westlichen Ländern?«[179] Er erkundigte sich auch nach dem Schicksal der koreanischen Durchschnittsbürger: »Wie kommen die Menschen in unserem Land mit ihrem Leben zurecht?« Jong-un gab dem Koch gegenüber zu, dass er China und Japan wegen ihres wirtschaftlichen Erfolgs bewunderte: »Ich habe von meinem Vater gehört, dass es in China auf vielen Gebieten sehr gut läuft, zum Beispiel in der Industrie, im Handel, im Hotelgewerbe und in der Landwirtschaft«, sagte er und äußerte sich staunend darüber, welchen Wohlstand Japan trotz der Niederlage im Zweiten Weltkrieg erreicht hatte.

Allerdings weist keine von Jong-uns Äußerungen gegenüber Fujimoto darauf hin, dass er die Grundlagen des nordkoreanischen Staatsmodells hinterfragte oder Kritik am Personenkult oder der Ideologie des Regimes übte. Jong-un war bereits gründlich indoktriniert und davon überzeugt, selbst zum Herrschen bestimmt zu sein. Es war deshalb unwahrscheinlich, dass er für Nordkorea einen Weg ohne einen Kim an der Spitze in Erwägung ziehen würde. Doch zeigen diese Beobachtungen die Naivität des jungen Prinzen hinsichtlich der Ursachen für die Probleme Nordkoreas: eine zentralisierte Planwirtschaft, ein Kastensystem, das Innovation und Marktmechanismen unterdrückte, ein Gulag-System, das nicht nur die Beschuldigten, sondern auch deren Familien bestrafte, und das Abzweigen ohnehin knapper Ressourcen zur Förderung von Militär und Atomprogrammen auf Kosten der Lebensqualität des Volkes.

Fujimoto behauptet, Jong-il habe seinen jüngsten Sohn schon 1992 zu seinem Nachfolger ausgewählt. Als Beleg nennt er eine Szene auf der Feier von Jong-uns achtem Geburtstag, als Jong-il die Band anwies, »Footsteps« zu spielen, und das Lied seinem Sohn widmete.[180] Der Text lautet in etwa so: *Wir folgen den Schritten unseres Generals Kim; / Wir huldigen dem Geist des Februar* [eine Anspielung auf Kim Jong-il, der im Februar Geburtstag hatte]; / *Wir, das Volk, marschieren vorwärts in eine glanzvolle Zukunft*. Nicht nur der Text, sondern auch das Timing und die Präsentation des Lieds durch den stolzen Vater wurden von den Anwesenden als Signal des Geliebten Führers gedeutet, dass es Jong-un sein sollte, der Nordkorea, getragen von Geist und Erbe des Vaters, in die Zukunft führen würde.

Tatsächlich war Kim Jong-il eher zurückhaltend mit Äußerungen über seine Nachfolge. Er ließ diese Frage lange offen.

Vermutlich wollte er Palastintrigen so weit wie möglich vermeiden, die Bildung von rivalisierenden Unterstützergruppen für einen einzelnen seiner Söhne oder einen bestimmten Zweig der Familie verhindern und wohl auch sich selbst vor anderen Herausforderern schützen, während er seine eigene Macht ausbaute und festigte.

Aber ob nun ein Aussiebungsprozess stattfand oder ob der junge Jong-un mehr und mehr vielversprechende Führungsqualitäten an den Tag legte – bis 2009 hatte sich herauskristallisiert, dass der dritte Sohn des Führers zum künftigen Herrscher erkoren worden war.

5

DIE AUSBILDUNG DES KIM JONG-UN

Der 10. Oktober 2010 war ein verheißungsvolles Datum für ein Land, das die Numerologie liebt: 10.10.10. Zugleich war es der fünfundsechzigste Jahrestag der Gründung der Partei der Arbeit Koreas und der Tag, an dem Kim Jong-un bei einer großen Militärparade sein Debüt als Nachfolger gab. Er stand neben seinem Vater, der seinen üblichen Platz auf der Beobachtungsplattform hoch über dem Kim-Il-Sung-Platz eingenommen hatte. Der ältere Kim ging ein bisschen zögerlich und stützte sich auf das Geländer. Möglicherweise litt er noch immer unter den Folgen seines Schlaganfalls vom August 2008, nach dem er sich für mehrere Monate aus der Öffentlichkeit zurückgezogen hatte. Dennoch erschien er kräftiger als bei seinem Auftritt bei der Parlamentssitzung im April 2009, wo er eingefallen und hinfällig ausgesehen hatte. Neben seinem robusten sechsundzwanzigjährigen Sohn, der nach dem Vorbild seines Großvaters einen schlichten dunklen Mao-Anzug trug, wirkte er allerdings alt und gebrechlich.

Seite an Seite verfolgten die beiden das Spektakel – es war die größte Militärparade in der Geschichte des Landes. Formationen männlicher und weiblicher Soldaten marschierten im Stechschritt zu Blasmusik vorbei, gefolgt von Panzern, die mit Langstreckenraketen und Panzerfäusten bestückt waren, um dem Geliebten Führer und dem Kronprinzen ihre Ehre zu erweisen. Militärische Würdenträger mit ordensübersäter Brust marschierten oder fuhren vorbei und salutierten. Transparente wurden geschwenkt, auf denen der Sieg über die USA beschworen wurde. Die Straßen säumten jubelnde Menschenmengen, die – wie es von ihnen erwartet wurde – aus vollem Halse brüllten: »Kim Jong-il! Schützt ihn mit eurem Leben!« und »Kim Jong-il, schließen wir uns zusammen, um ihn zu unterstützen!«[181] Generalstabschef Ri Yong-ho rief in einer flammenden Rede das Volk zu den Waffen: »Sollten die nordamerikanischen Imperialisten und ihre Verbündeten unsere Souveränität und Würde auch nur im Geringsten verletzen, werden wir das Bollwerk ihrer Aggression durch einen gerechten und gnadenlosen Gegenschlag zerstören, indem wir alle verfügbaren Mittel einschließlich unserer atomaren Selbstverteidigungs- und Abschreckungswaffen mobilisieren und die historische Aufgabe der Wiedervereinigung vollbringen!«[182]

Um diese Zurschaustellung der Macht möglichst öffentlichkeitswirksam zu gestalten, hatte sich das Regime zu dem überraschenden Schritt entschlossen, zahlreiche ausländische Journalisten einzuladen und ihnen sogar Internetzugang zu gewähren, damit die Berichterstattung über Jong-uns Debüt weit über die Landesgrenzen hinaus und auch in der virtuellen Welt Beachtung fand. Was war die Botschaft? Man wollte der Welt zeigen, dass Kim Jong-un die volle Unterstützung nicht nur der Partei, sondern auch des mächtigen nordkoreanischen Militärs mit seinem nuklearen Arsenal genoss, um eine weitere Erbnachfolge innerhalb der Familie Kim sicherzustellen. Im Anschluss an die Parade gab ein altgedienter Parteifunktionär der Associated Press ein Interview, in dem er sagte: »Unser Volk fühlt sich geehrt, dem großen Präsidenten Kim Il-sung und dem großen Führer Kim Jong-il zu dienen. Und jetzt haben wir die Ehre, auch dem jungen General Kim Jong-un zu dienen.«[183]

Für Jong-un war die Parade der Höhepunkt einer Reihe von Veranstaltungen, die seinen neuen Status zementieren sollten. Einige Wochen zuvor war er auf einem der seltenen Parteitage – dem ersten seit dreißig Jahren – zum stellvertretenden Vorsitzenden der zentralen Militärkommission und des Zentralkomitees der Partei ernannt worden und dadurch ins Epizentrum der Macht aufgerückt. Obwohl er noch gar keinen militärischen Rang besaß, machte man ihn zum Vier-Sterne-General. Dieser Vorgang offenbarte nicht nur die Absurdität des nordkoreanischen Staatssystems, sondern zeigte auch, wie wichtig es war, den Erben mit offiziellen Titeln zu schmücken, um seine Position innerhalb der bestehenden Hierarchien zu stärken.

Der Nachfolger klatschte und salutierte artig und stand auf einem Podest neben Funktionären stramm, die etwa drei- oder viermal so alt waren wie er. Doch hier und da offenbarten seine Gesten eine gewisse Unsicherheit und Nervosität. Manchmal klatschte oder salutierte er erst einen Sekundenbruchteil nach seinem Vater und den anderen. Einmal blickte er sich verstohlen um, als habe ihn eine unerwartete Bewegung hinter ihm erschreckt. Das fiel nur deshalb auf, weil die nordkoreanischen Militäraufmärsche so exakt durchgeplant und ritualisiert sind. Doch angesichts dieser enormen Zurschaustellung revolutionären Eifers, des beeindruckenden, wenn auch leicht veralteten militärischen Arsenals – vieles davon stammte noch aus der Sowjetzeit – und der donnernden Sprechchöre der Massen zu seinen Füßen dürfte Jong-uns Herz vor Aufregung schneller geschlagen haben. Es war ein geradezu meteorhafter Aufstieg für jemanden, der keine zehn Jahre zuvor noch ein mittelmäßiger Schüler in der Schweiz war.

Tatsächlich aber war Kim durch seine gesamte elitäre, statusbewusste Erziehung genau auf diesen Moment vorbereitet worden. Die Generäle hatten sich schon vor ihm verbeugt, als er noch ein kleiner Junge war; jetzt taten sie es in aller Öffentlichkeit, vor den Augen der Welt. So schrieb der Journalist Mark Bowden 2015 in einem Porträt: »Mit fünf Jahren halten wir uns alle für den Mittelpunkt der Welt. Alles – die Eltern, die Familie, das Zuhause, die Nachbarschaft, die Schule, unser Land – dreht sich um uns. Für die meisten Menschen folgt darauf ein langer Prozess der Entthronung, bei dem *Seine Hoheit, das Kind* mit der offensichtlichen und vergleichsweise demütigenden Wahrheit konfrontiert wird. Nicht so bei Kim. Für ihn besteht die Welt des Fünfjährigen auch im Alter von 30 Jahren noch unverändert fort ... Die anderen sind *tatsächlich* dazu da, ihm zu dienen.«[184]

Doch Selbstvertrauen und Abstammung allein können einen Mangel an Erfahrung nicht wettmachen, und Kim Jong-il dürfte sich durchaus Sorgen gemacht haben, wie sein Sohn sich wohl schlagen würde. Jong-il selbst hatte fast drei Jahrzehnte lang Zeit gehabt, Erfahrungen zu sammeln, sich mit der Infrastruktur des Regimes vertraut zu machen und die Kunst der Unterdrückung zu erlernen. In dieser Zeit hatte er seinen Vater auch auf Auslandsreisen begleitet, die dem Zweck dienten, andere Regierungschefs zu umwerben und die Beziehungen zu anderen Ländern zu stärken. Verglichen damit hatte Jong-un nur eine extrem komprimierte Lehrzeit von gerade mal einer Handvoll von Jahren genossen.

Der Schlaganfall im Jahr 2008 dürfte Kim Jong-il klargemacht haben, dass er sich beeilen musste, die Weichen für seine Nachfolge zu stellen. Kurz darauf konnte man beobachten, dass Jong-un seinen Vater bei öffentlichen Militärinspektionen begleitete. Sein Geburtsort wurde zur historischen Stätte erklärt, man verlieh ihm eine Reihe von Ehrentiteln und nach und nach eine

Reihe Funktionen beim Militär, in der Partei und im Sicherheits-apparat. Jong-un konnte zwar als designierter Nachfolger etwa drei Jahre lang von seinem Vater lernen, doch seine prägendsten Erfahrungen machte er Anfang der 2000er-Jahre, als er aus der Schweiz nach Nordkorea zurückkehrte und die Kim-Il-sung-Mi-litäruniversität besuchte, wo er seinen Vater in Aktion erleben konnte. Es ist unklar, wann genau Kim Jong-il seinen Nachfolger endgültig bestimmte oder wann er sich insgeheim für seinen jüngsten Sohn entschied. Vielleicht war es 2002, als er sechzig wurde – ein wichtiger Geburtstag für die Koreaner, die glauben, dass an diesem Tag im Leben eines Menschen ein neues Kapitel aufgeschlagen wird. Womöglich begann er auch schon 1971, als sein ältester Sohn geboren wurde, darüber nachzudenken. Viel-leicht erkannte er Ko Yong-huis Ehrgeiz, einen ihrer Söhne an die Macht zu bringen. Wie auch immer, die ersten zehn Jahre des einundzwanzigsten Jahrhunderts waren ein gutes Testfeld, um seine Söhne in Staatsführung und Atomdiplomatie zu un-terweisen.

DER WEG ZUR ATOMMACHT

Um als Nachfolger seines hochverehrten Vaters zu überleben, musste Jong-il sich mächtig ins Zeug legen und den Kult um die Kim-Dynastie sorgfältig hegen und pflegen. Gleichzeitig musste er eine rapide einbrechende Wirtschaft managen, mit der Abwen-dung der Sowjetunion von seinem Klientelstaat fertigwerden, den unaufhaltsamen Aufstieg Südkoreas zur Wirtschaftsmacht mitansehen und das eigene Land gegen die Verlockungen der li-beralen westlichen Demokratie immun machen. Der wachsen-de Wohlstand in Südkorea rückte auch den Traum einer Wie-dervereinigung zu Pjöngjangs Bedingungen in weite Ferne. Der florierende Süden bot einen starken Kontrast zum hungergeplag-

ten Norden mit seiner bröckelnden Infrastruktur, den Menschenrechtsverletzungen und dem Atomprogramm, das unter schar-
fer internationaler Beobachtung stand, während sich der Rest
der Welt nach dem Ende des Kalten Krieges genau in die entge-
gengesetzte Richtung bewegte.

Während Jong-il als Führer Nordkoreas mit diesen bedrohlichen Umständen rang, machte er sich als Vater zugleich Gedanken über die Zukunft seiner Familie. Und der Besitz von Atomwaffen schien genau der Joker zu sein, der dafür sorgen konnte,
dass der relative Niedergang seines Landes nicht unbedingt einen Absturz in die Bedeutungslosigkeit und eine letztendliche
Übernahme durch Südkorea nach sich ziehen musste. Kim Il-
sung hatte das Atomprogramm als Garant für das Überleben des
Regimes inmitten einer feindlichen Umgebung begonnen. Kim
Jong-il jedoch verbesserte und vergrößerte Nordkoreas nukleare
Schlagkraft und stellte sie vor aller Welt zur Schau. Dieses Vermächtnis gab er an Jong-un weiter.

Für Kim Jong-un begann die Ausbildung in Sachen Atomwaffenprogramm im Jahr 2002, als er achtzehn Jahre alt war und an
der Kim-Il-Sung-Militäruniversität studierte. Im Januar desselben Jahres ging Präsident George W. Bush in seiner Rede zur Lage
der Nation auf das angespannte Verhältnis zwischen Nordkorea
und den USA ein und ordnete Nordkorea neben Iran und Irak der
»Achse des Bösen« zu.[185] Nach den Terroranschlägen auf die USA
vom 11. September 2001, der anschließenden Invasion Afghanis-
tans und dem Einmarsch in den Irak, dem großes Kriegsgetrom-
mel vorausgegangen war, war Washington ganz und gar nicht
bereit, sich mit Pjöngjangs Atomwaffenprogramm abzufinden.
Bush beschrieb Nordkorea als »ein Regime, das sich mit Raketen
und Massenvernichtungswaffen ausstattet, während es sein Volk
verhungern lässt«, und warnte: »Amerika wird alles Notwendige tun, um die Sicherheit unseres Landes zu gewährleisten.«

Die Beziehungen zwischen Washington und Pjöngjang waren also belastet, und die Regierung Bush suchte 2001 nach Wegen, Nordkorea unter Druck zu setzen. Damals waren beide Länder Teil des Genfer Rahmenabkommens von 1994. Damit war eine Krise beigelegt worden, die Nordkorea durch seine Drohung mit dem Austritt aus dem internationalen Atomwaffensperrvertrag ausgelöst hatte. Der Vertrag zielte darauf ab, die Verbreitung von Kernwaffen und die Entwicklung nuklearer Technologien zu Kriegszwecken einzudämmen. In den zwei Jahrzehnten vor der Wahl von Bush zum Präsidenten hatten die USA Nordkorea argwöhnisch beobachtet, weil sie die Möglichkeit eines geheimen Kernwaffenprogramms nicht ausschlossen, und die gesamten 1980er-Jahre über läuteten Experten immer wieder die Alarmglocken wegen mutmaßlicher Fortschritte Pjöngjangs auf diesem Gebiet.[186] In den 1990er-Jahren erwog die Regierung Clinton ernsthaft eine militärische Antwort, als Pjöngjang eine Inspektion seiner kerntechnischen Anlagen verweigerte und die Inspektoren der Internationalen Atomenergieorganisation des Landes verwies.

Damit rückte ein Krieg in greifbare Nähe. US-Verteidigungsminister William Perry sprach eine öffentliche Warnung an Pjöngjang aus. Er erklärte, die USA seien entschlossen, die Entwicklung von Kernwaffen durch die Nordkoreaner zu stoppen, selbst wenn das bedeute, »ihnen auf eine Art und Weise gegenüberzutreten, die zu einem verheerenden Krieg führen könnte«.[187] Tatsächlich hatte das Pentagon seine militärische Präsenz in und um die beiden koreanischen Staaten herum verstärkt. Man hatte sogar konkrete Pläne in der Schublade, die einen Angriff mit Marschflugkörpern und Tarnkappen-Kampfjets vom Typ F-117 auf Yongbyon vorsahen, damals der Standort des einzigen nordkoreanischen Reaktors, der waffentaugliches Plutonium produzieren konnte.[188] Hinzu kam, dass laut einem Bericht von Don Oberdorfer in der *Washington Post* etwa 65 Prozent der nordkoreanischen Streitkräfte sowie 8400 Geschütze und 2400 Mehrfachraketenwerfer nur knapp hundert Kilometer von der Entmilitarisierten Zone entfernt stationiert waren.[189] Daher herrschte die nicht unbegründete Befürchtung, dass man auf einen militärischen Konflikt zusteuerte.

Die scheinbar unaufhaltsame Dynamik in Richtung Krieg wurde gebremst, als Pjöngjang den ehemaligen amerikanischen Präsidenten Jimmy Carter zu einem Treffen mit Kim Il-sung einlud und dieser im Juni 1994 trotz Bedenken der Regierung Clinton nach Pjöngjang flog. Kim erklärte sich bereit, sein Kernwaffenprogramm vorübergehend auf Eis zu legen, und gestattete den Verbleib von Inspektoren im Land.[190] Anschließend stimmten beide Länder der Aufnahme von Verhandlungen zu, und so konnte der erste Atomkonflikt mit Pjöngjang abgewendet werden. Als Teil des Genfer Rahmenabkommens sollte Nordkorea im Austausch gegen Wirtschaftshilfen, die Bereitstellung von zwei nicht waffentauglichen Leichtwasserreaktoren (LWR) und die jährliche Lieferung von fünfhunderttausend Tonnen Heizöl (im Wert von etwa 50 Millionen Dollar pro Jahr) zur vorübergehenden Sicherung der Energieversorgung seine Plutonium-Produktion einstellen. Die Leichtwasserreaktoren sollten unterdessen von einem internationalen Konsortium unter amerikanischer Führung gebaut werden.[191] Die Übereinkunft sah außerdem einen schrittweisen Rückbau des nordkoreanischen Atomprogramms, die allmähliche Normalisierung der Beziehungen sowie Sicherheitsgarantien vor. Für Pjöngjang besaß dieses Abkommen einen Wert von über 4 Milliarden Dollar. Der Nordkorea-Spezialist B.R. Myers erläutert, dass das Regime diese Lösung als Ergebnis von Kim Jong-ils Standfestigkeit und Entschlossenheit darstellte und »so auch den Thronfolger mit dem Mythos des Retters der Nation umgab.«[192] Für die USA bestand der Erfolg des Abkommens darin, die potenzielle Produktion eines ganzen Arsenals von Kernwaffen in Nordkorea unterbunden zu haben.

Die Umsetzung des Genfer Rahmenabkommens verlief allerdings alles andere als reibungslos, denn es kam zu verfahrenstechnischen Streitereien, zu Problemen bei der Kostenkalkulation und zu Verzögerungen beim Bau der LWRs und der Auslieferung des Heizöls. Das unzufriedene nordkoreanische Regime drohte schließlich mit der Wiederaufnahme seines Atomprogramms, während es zugleich auch andere militärische Programme weiterentwickelte. 1998 testete das Regime über Japan seine erste ballistische Langstreckenrakete und baute heimlich eine riesige unterirdische Atomanlage – zum Teil, um die Regierung Clinton zu weiteren Zugeständnissen zu bewegen.

Das Genfer Rahmenabkommen verlangsamte lediglich Nordkoreas Kernwaffenprogramm. Die zweite Atomkrise zwischen den beiden Ländern, die dem Abkommen den Todesstoß versetzen sollte, begann im Oktober 2002, als James A. Kelly, Abteilungsleiter für Ostasien im amerikanischen Außenministerium, während eines Besuchs in Nordkorea die Regierung wegen ihrer geheimen Urananreicherungsanlage zur Rede stellte. Schlimmer noch: Das Risiko eines Angriffs der USA auf Nordkorea wuchs, nachdem nicht nur die Urananreicherung ans Licht gekommen war, sondern auch Nordkoreas Fähigkeit, spaltbares Material zur Produktion von Kernwaffen herzustellen. Das war der Moment, in dem Nordkorea noch einen Schritt weiter ging und 2003 als erstes Land aus dem Atomwaffensperrvertrag austrat.[193]

Einige Wochen später fingen nordkoreanische Kampfjets ein Spionageflugzeug der US Air Force ab, das sich auf einer Mission über dem Japanischen Meer befand.[194] Die globalen Spannungen erreichten einen weiteren Höhepunkt, als die USA im März 2003 mit der letztlich unzutreffenden Begründung, Bagdad stelle Atomwaffen her, im Irak einmarschierten und damit Befürchtungen nährten, Washington meine es ernst mit der Bestrafung der Staaten auf der »Achse des Bösen«.

Doch zur gleichen Zeit prüfte Washington diplomatische Optionen. Das Ergebnis waren die Sechs-Parteien-Gespräche zwischen den USA, Nord- und Südkorea, China, Russland und Japan, deren Ziel es war, die Spannungen zu beseitigen und ein Forum für Atomverhandlungen zu schaffen. Die Gruppe traf sich zum ersten Mal im August 2003 und kam danach noch zu fünf weiteren Gesprächsrunden zusammen. Als Nordkorea im Februar 2005 erklärte, es besäße Kernwaffen »zum Zwecke der Selbstverteidigung«, schätzten Experten, dass das Land über etwa sechs Plutoniumbomben verfügte.[195] Im September 2005 gab es einen kurzen Hoffnungsschimmer, als den sechs Parteien mit dem historischen *Joint Statement*, der gemeinsamen Erklärung, ein Durchbruch gelang. Darin verpflichteten sich die Länder, auf eine verifizierbare atomare Abrüstung der koreanischen Halbinsel hinzuarbeiten, gemeinsam die Sicherheit in der Region zu gewährleisten und die wirtschaftliche Zusammenarbeit zu fördern. Washington und Pjöngjang kamen außerdem überein, an einer Normalisierung ihrer Beziehungen zu arbeiten. Entscheidend war jedoch, dass sich Pjöngjang verpflichtete, »alle Kernwaffen zu beseitigen und die bestehenden Atomprogramme zu beenden«.[196]

Der Optimismus, den diese gemeinsame Erklärung hervorrief, hielt sich jedoch nicht lange. Beinahe zeitgleich mit den Atomverhandlungen hatte die Regierung Bush den US-amerikanischen Finanztransaktionen mit der Banco Delta Asia (BDA), einer Bank in Macau, Beschränkungen auferlegt, weil sie annahm, dass die Bank Geld für das Kim-Regime wusch.[197] Die BDA reagierte darauf mit der Beschlagnahmung von über fünfzig Konten mit Nordkorea-Bezug im Gesamtwert von 25 Millionen Dollar und begann mit umfangreichen Maßnahmen, um einen Sturm

auf die Bank einzudämmen und ihre Reputation wiederherzu-
stellen. Ein erbostes Nordkorea verweigerte daraufhin die Fortführung der Atomverhandlungen und initiierte am 4. Juli 2006
einen Test-Start der Langstreckenrakete Taepodong 2. Die Rakete
stürzte etwa 40 Sekunden nach dem Abschuss ab, war aber theoretisch in der Lage, einen atomaren Sprengkopf bis in den Westen der Vereinigten Staaten zu tragen.[198] Im Oktober desselben
Jahres testete das Regime zum ersten Mal eine Atomwaffe. Diese
Aktionen wurden umgehend von der internationalen Staatengemeinschaft verurteilt und führten zu UN-Sanktionen. Doch
Präsident Bush autorisierte schließlich die Rückgabe der Konten
bei der BDA, um einen Fortschritt bei der atomaren Abrüstung
zu erzwingen.[199]

Trotz der überlegenen militärischen Macht der Vereinigten
Staaten, der internationalen Verurteilung und der Isolation seines Landes bot Kim Jong-il Washington die Stirn und trieb sein
Kernwaffenprogramm beharrlich weiter voran. Er nutzte den
Dialog, um Zeit zu gewinnen und seinem Gegenüber politische
und wirtschaftliche Zugeständnisse abzuschwatzen. Unterdessen führte er Tests durch, um seine Waffen zu verbessern und
seine Großstrategie, die *Songun-Politik* (»das Militär zuerst«) zu
festigen.

Ob Jong-un der verworrene Hintergrund der Verhandlungen
bewusst war, ist unklar. Auch ob er erkannte, dass eine militärische Auseinandersetzung zwischen Nordkorea und den USA
zum Greifen nah war, oder ob er wusste, welche Faktoren den
Kurs seines Vaters bestimmten, wird man nie erfahren. Aber als
Student, der in der Zeit der Songun-Politik seines Vaters an der
Kim-Il-Sung-Militäruniversität studierte, interessierte sich Jong-
un zweifellos sehr für die Entwicklung der Atomtechnik in Nordkorea, zumal er eine Abschlussarbeit zum Thema »Eine Simu-
lation zur Steigerung der Genauigkeit der Operationskarte im

Global Positioning System« schrieb.[200] Sein Vater sollte die Arbeit des Sohns später lobend erwähnen, weil sie »die großen Theorien zur militärischen Strategie« von Kim Il-Sung und Kim Jong-il würdigte. Damit legte er den Grundstein für die spätere Propaganda, die Jong-uns Qualifikationen und sein Engagement für die revolutionären Ideale des Landes im öffentlichen Bewusstsein verankern sollte.[201]

Jong-uns prägende Jahre begannen 2002, also in der Zeit der indirekten und expliziten Drohungen aus den USA. Doch als er im Herbst 2006 kurz vor seinem Universitätsabschluss stand, hatte sich Nordkorea über alle Warnungen hinweggesetzt und am 9. Oktober seinen ersten Atomtest durchgeführt. Das Außenministerium in Pjöngjang erklärte: »Unsere große revolutionäre Macht hat alle Maßnahmen ergriffen, um einem möglichen Präventivschlag der USA entgegenzutreten ... [Die] Fähigkeit zum Präventivschlag ist nicht das Monopol der USA ... Der Bau von Atomwaffen ist unsere Antwort auf die nukleare Bedrohung durch die Vereinigten Staaten von Amerika.«[202] Nach dem Test erklärten regimetreue Medien diesen Meilenstein stolz zu einem »historischen Ereignis, das unser Militär sehr glücklich gemacht hat«, und nannten den Test einen »Riesenschritt hin zum Aufbau einer großen, blühenden und mächtigen sozialistischen Nation.«[203]

Die aggressive amerikanische Rhetorik während der ersten Amtszeit von George W. Bush bestärkte das nordkoreanische Regime vermutlich noch in seiner Entscheidung, das Atomwaffenprogramm weiterzuführen, seine Abschottung fortzusetzen und mit dem Westen nach den eigenen Bedingungen zu verhandeln. Der Wechsel zwischen Widerstand und selektiver Annäherung, den Jong-il während des gesamten Jahrzehnts betrieb, war hauptsächlich von einem grundsätzlichen Verteidigungsbedürfnis motiviert. Der Congressional Research Service nannte eine Reihe von Motiven für den Atomtest von 2006, die insgesamt Jong-ils generelles Festhalten am Atomwaffenprogramm erklärten.[204] Dazu gehörte der Wille, Nordkorea bei potenziellen bilateralen Verhandlungen mit Washington größeren Spielraum zu verschaffen, sich gegen einen US-Raketenangriff abzusichern und die eigenen technischen Kapazitäten zu testen. Letztlich gelangte die Regierung Bush an den gleichen Punkt wie schon die Regierung Clinton vor ihr. Sie lockerte die Sanktionen, strich Nordkorea während der Verhandlungen über ein neues Atomabkommen im Februar 2007 von der Liste der den Terrorismus unterstützenden Staaten und nahm die Lebensmittellieferungen wieder auf.[205] Aus Sicht Kim Jong-ils schien es so, als könne er mit den USA fertigwerden, solange das Regime standhaft an seinem Atomprogramm festhielt.

Für Kim Jong-un war der Besitz von Atomwaffen mehr als nur eine nationale Strategie. Der dreiste Atomtest sowie die ideologische und existenzielle Rechtfertigung, die in den Konzepten von *juche* und *suryong* steckten, verschafften ihm gleich mehrfachen Schutz. Der Besitz von Atomwaffen durchtränkte die ganze Gesellschaft mit dem Mythos der überlegenen Macht der Kims und verzerrte den Realitätssinn und die Erwartungen des jungen, verhätschelten Jong-un noch mehr. Doch dieser Test im Oktober 2006 und die Entscheidung seines Vaters und Großvaters, das Atomwaffenprogramm voranzutreiben, sollte nach Jong-uns Machtübernahme auch seinen Handlungsspielraum einschränken. Denn auf diese Weise blieb er gefangen in dem Glauben, das Schicksal seines Landes und der fünfundzwanzig Millionen Einwohner hinge vom Erhalt dieses nuklearen Vermächtnisses ab. Kim und seine Kommilitonen an der Militäruniversität – die künftige militärische Elite – sahen in diesem nuklearen Meilenstein zweifellos einen Grund zum Feiern. Höchstwahrscheinlich bestärkte er sie in ihrem optimistischen Blick auf die Zukunft des Landes und zementierte ihren Glauben an ihre Rolle als dessen heldenhafte Verteidiger.

AUSBILDUNG EINES PARTISANENKÄMPFERS DER GENERATION Y

In den zwei Jahren nach Kim Jong-ils Schlaganfall führte Nordkorea eine Reihe von Maßnahmen durch, die unter anderem von dem Bedürfnis motiviert waren, dem in- und ausländischen Publikum seine Stärke zu demonstrieren. Überdies boten sie Kim Jong-un Gelegenheiten, die Kunst der nordkoreanischen Erzwingungsdiplomatie zu erlernen. Zweifellos ging es dem Regime auch darum, gegenüber der zukünftigen US-Regierung unter Barack Obama seine Stellung zu behaupten, um später leichter die Bedingungen diktieren zu können, unter denen es mit den USA verhandeln würde – oder eben nicht. In einem unmittelbar vor Obamas Vereidigung veröffentlichten Statement erklärte der nordkoreanische Außenminister, dass der Status des Landes »als Atommacht unverändert bestehen bleiben« werde, und bekundete damit dessen Unwillen, über eine atomare Abrüstung zu verhandeln.[206]

Im April 2009 führte Pjöngjang einen Satellitenstart durch und forderte damit das Recht auf friedliche Nutzung des Weltraums ein, doch in Wirklichkeit handelte es sich dabei höchstwahrscheinlich um einen Test seiner Interkontinentalraketen-Systeme. Die darauffolgenden Sanktionen und die internationale Kritik an dem Satellitenstart nutzte das Regime als Vorwand, sich aus den Sechs-Parteien-Gesprächen zurückzuziehen und zu erklären, es werde seinen in diesem Rahmen vereinbarten Verpflichtungen nicht nachkommen.[207] Im Mai unternahm das Land dann einen weiteren Atomtest und behauptete: »Die Ergebnisse des Tests haben zu einer zufriedenstellenden Lösung der wissenschaftlichen und technischen Probleme beigetragen, die sich aus der Weiterentwicklung der Atomwaffen und dem stetigen Ausbau der Kerntechnik ergeben.«

Währenddessen produzierte das Regime weitere Krisen und verschaffte sich auf opportunistische Weise weitere Vorteile. All das diente dem aufstrebenden Kim Jong-un als Training für die Rolle des Machthabers. Nur zwei Monate nach der Amtseinführung von Präsident Obama nahm Nordkorea die beiden amerikanischen Journalistinnen Laura Ling und Euna Lee fest, die im März 2009 an der chinesischen Grenze einen Bericht über nordkoreanische Flüchtlinge gedreht hatten. Drei Monate später verurteilte das Regime die Frauen zu je zwölf Jahren Zwangsarbeit, weil sie Nordkorea angeblich mit ihrer Dokumentation hatten »verleumden« wollen. Die Spannungen nahmen zu, als Berichte laut wurden, sie seien bei der Festnahme geschlagen und von übereifrigen Sicherheitskräften über die Grenze nach Nordkorea gezerrt worden. Die beiden Journalistinnen kamen erst wieder frei, als der ehemalige Präsident Bill Clinton nach Pjöngjang reiste, um sie nach Hause zu holen. Fotos von einem strahlenden Kim Jong-il, der Clinton am Tisch gegenübersaß, beherrschten damals die Schlagzeilen. Das Regime ließ die Gelegenheit zur Propaganda nicht ungenutzt verstreichen und erklärte:»Clinton hat sich mit aufrichtigen Worten bei Kim Jong-il für die feindseligen Handlungen der beiden amerikanischen Journalistinnen entschuldigt... [und] Kim Jong-il die ernsthafte, höfliche Bitte der US-Regierung übermittelt, die Frauen großmütig zu begnadigen.«[208] Der Besuch Clintons war so gesehen ein Erfolg für das Regime. Nordkorea konnte sich als ebenbürtiger Partner darstellen und zugleich den Eindruck vermitteln, dass Kim trotz seines Schlaganfalls bei klarem Verstand war und alles im Griff hatte.

Als im Jahr 2008 der konservative Politiker Lee Myung-bak in Südkorea Präsident wurde, endete das Jahrzehnt der Sonnenscheinpolitik der vorhergehenden Regierung, die Schätzungen zufolge etwa 3 Milliarden US-Dollar in die Kassen des Nordens gespült hatte.[209] Myung-bak fuhr einen neuen, harten Kurs, der ihm aus Pjöngjang harsche Reaktionen und Schmähungen einbrachte. Im März 2010 nahmen die Spannungen weiter zu, als Nordkoreaner die *Cheonan*, ein Schiff der südkoreanischen Marine, versenkten. Angeblich als Reaktion auf südkoreanische Militärmanöver wurde im selben Jahr eine Insel an der umstrittenen Seegrenze zwischen den beiden Staaten mit Granaten beschossen. Ein Inselbewohner schilderte die Folgen: »Häuser und Berge brennen, und die Menschen werden evakuiert.«[210] Die südkoreanische Armee schickte umgehend Kampfjets vom Typ F-16 und feuerte Artilleriegeschosse ab; eine kriegerische Auseinandersetzung auf der koreanischen Halbinsel schien unausweichlich. Die Vereinten Nationen und die Regierungschefs in Washington und Peking forderten beide Seiten zur Mäßigung auf. Fast gleichzeitig mit dem Beschuss der Insel präsentierte Nordkorea einer Delegation ehemaliger US-Funktionäre und -Akademiker eine große Anreicherungsanlage für Plutonium, und die Besucher staunten über die moderne, fortschrittliche Technik. Dies weckte Befürchtungen, das Regime könnte hochangereichertes Uran herstellen.[211]

Um sich gegen Vergeltungsschläge der USA oder Südkoreas abzusichern, die das Regime zu Fall bringen könnten, und um die Aussichten auf politische und wirtschaftliche Zugeständnisse zu erhöhen, suchte Kim Jong-il eilig diplomatische Kontakte zu Peking, Nordkoreas größtem Förderer. Er besuchte China nach seinem Schlaganfall etliche Male, entsandte und empfing hochrangige Delegationen und schwor ewige Freundschaft und Zusammenarbeit. Seine Bemühungen trugen Früchte, als die chinesische Führung öffentlich die Machtübergabe an den jungen Jong-un befürwortete. Unterdessen verfolgte die Regierung Obama in Zusammenarbeit mit Südkoreas konservativer Regierung Lee eine Politik, die oft verächtlich als »strategische Geduld« bezeichnet wurde. Das bedeutete, dass sie nicht zu einer Annäherungspolitik bereit war, solange Kim Jong-il keine deutlichen Bemühungen unternahm, die atomare Abrüstung voranzutreiben und die innerkoreanischen Beziehungen zu verbessern.[212] Zugleich wurden Sanktionen verschärft, die Raketenabwehrsysteme in der Region ausgebaut und die Beziehungen zu den Verbündeten der USA gestärkt. Außerdem drängte man Peking, seine Strategie gegenüber Nordkorea zu verändern. Die Politik der »strategischen Geduld« trug Obama den Vorwurf ein, er reagiere nur auf Nordkoreas Provokationen und ließe Pjöngjang reichlich Raum für den kontinuierlichen Ausbau seines Atomwaffenprogramms. Doch die Versicherung des Regimes, dass Kim Jong-un es ehrlich meine, die mangelnde Verhandlungsbereitschaft und der offensichtliche Wunsch Pjöngjangs, sein Programm strategischer Waffen ungeachtet aller Konsequenzen zu Ende zu bringen, schränkten die Optionen der USA und Südkoreas ein. Allerdings bot Kims Säbelrasseln der Regierung Obama die Möglichkeit, ihre Bündnisse zu vertiefen und Peking dazu zu bewegen, Pjöngjangs Impertinenz mit mehr Härte zu begegnen.

Dies waren die ersten wichtigen Lektionen, die Kim senior seinem Sohn beizubringen versuchte. Jong-un lernte dabei höchstwahrscheinlich die Mechanismen und die Kunst der Erzwingungsdiplomatie zu schätzen – die Initiative in der Hand behalten, Spannungen aufbauen, Angst säen, China, die USA und Südkorea zuerst verärgern und dann die Missstimmung wieder ausbügeln, während man das Atomwaffenprogramm beharrlich vorantrieb.

Zwei Generationen nach dem verheerenden Koreakrieg, ohne die körperlichen und psychischen Erfahrungen der schrecklichen Hungersnot und mit dem Erbe eines fortschrittlichen Atomwaffenprogramms ausgestattet, das Nordkorea ins geopolitische Zentrum der Region rückte, hatte Jong-un gute Gründe, die Zukunft seines Landes optimistisch zu sehen. Es gab noch viel zu lernen, aber niemand, vielleicht nicht einmal Kim Jong-il, hätte vorhersehen können, dass sich sein Sohn als ein derart gelehriger Schüler erweisen würde.

6

GRÖSSER, SCHLIMMER, DREISTER

Es war vielleicht das letzte Geschenk des filmbegeisterten Vaters an seinen Sohn. Am 8. Januar 2012, dem achtundzwanzigsten Geburtstag des jungen Kim und nur zwei Wochen nach dem Tod des älteren, veröffentlichte Nordkorea einen Dokumentarfilm über die militärischen Leistungen des Nachfolgers. Das Regime war äußerst bemüht, Jong-uns Führungsqualitäten und seine herausragenden Kenntnisse in der Kriegsführung hervorzuheben, um seinen Lebenslauf aufzupolieren. Die erste Szene des Films zeigt, wie Jong-un auf einem schwarz-weißen Apfelschimmel galoppiert: ein Held, der sein Land voranbringt. Dann sieht man ihn am Steuer eines Panzers bei der Beobachtung von Militärübungen, im Gespräch mit Piloten und lächelnd beim Handschlag mit dankbaren Soldaten und Kommandeuren. Es folgen Bilder mit Jong-un in einem Satellitenkontrollzentrum nach dem Raketenstart im April 2009, wo er in der Pose des kühnen, entschlossenen Führers erklärt: »Ich hatte entschieden, einen richtigen Krieg zu riskieren, falls die Feinde (die Rakete) abschießen.« Offenbar wollte das Regime Jong-un als Experten für das expandierende Raketenprogramm darstellen. Die Dokumentation enthält auch ein Zitat von Kim Jong-il, der über seinen Sohn sagt: »Unser General ähnelt mir« – und dann hinzufügt, Jong-un besitze »ein herausragendes strategisches Talent«, sei »sehr versiert in den militärischen Kampftaktiken« und überhaupt »ein Mann mit vielen Fähigkeiten und ein echtes Universalgenie.«[213]

Eine Woche zuvor, am 1. Januar 2012, hatten drei große staatliche Zeitungen Jong-un in einem gemeinsamen Neujahrsartikel als rechtmäßigen Nachfolger seines Vaters bestätigt: »Kim Jong-un, der Oberste Führer unserer Partei und unseres Volkes, ist unser Banner des Sieges, der Stolz von Songun-Korea und das ewige Zentrum seiner Einheit.« Es folgte die Ermahnung, »die Partei, die Streitkräfte und das gesamte Volk sollten ... Kim Jong-un als menschliche Bollwerke und Schutzschilde bis zum Tod verteidigen«.[214]

Der Dokumentarfilm zum Geburtstag hatte einen entschieden optimistischen Tenor: Sein jugendlicher Protagonist werde durch die schiere Kraft seiner Zuversicht und männlichen Vitalität das Land in ein sozialistisches – und atomares – Paradies verwandeln, hieß es darin. Diese Zuversicht war sein angeborenes Recht, denn in seinen Adern floss das Blut von Kim Il-sung. Sie wurzelte in den ideologischen und institutionellen Strukturen des Regimes und wurde durch den Propagandaapparat gefördert, der aus Jong-un einen Helden machte und jeden seiner Schritte bejubelte. Von den historischen Erfahrungen der Kolonialzeit, des Krieges und der Hungersnot unbelastet und ohne ein Gefühl der Verbundenheit mit Peking und Moskau, die im Bewusstsein seines Großvaters und Vaters eine so große Rolle gespielt hatte, konnte sich Kim Jong-un dem Glauben hingeben, er sei in der Lage, selbst Geschichte zu schreiben.

PRAHLEREI

Kim Jong-nam, sein älterer Bruder und ehemaliger Anwärter auf die Nachfolge, meinte kurz nach dem Tod seines Vaters gegenüber einem japanischen Journalisten bei NBC News, die Erbdynastie sei »für den Rest der Welt ein Witz«. Sein Halbbruder sei »bloß eine Symbolfigur, denn die eigentlichen Drahtzieher sind die Machteliten.« Ohne Reformen, prophezeite Jong-nam, stehe der Zusammenbruch bevor. »Das Kim-Jong-un-Regime wird sich nicht lange halten«, lautete seine düstere Prognose. China sei in Wahrheit nicht mit der Erbnachfolge glücklich und dulde sie nur, um die Stabilität im Land aufrechtzuerhalten.[215] Jong-nam sprach offen aus, was die meisten Beobachter dachten und was wohl auch Insider vermuteten. Wie sollte ein Mann von Mitte zwanzig ohne jede Regierungserfahrung an der Spitze eines Landes, erst recht einer Atommacht mit einer im Niedergang befindlichen Wirtschaft, bestehen können, die unter zunehmend schärfer werdenden Sanktionen zu leiden hatte?

Doch statt Zaghaftigkeit zu zeigen, setzte der Nachfolger auf Prahlerei. Jong-un reizte von Anfang an die Grenzen der internationalen Toleranz aus und glaubte sich in der Lage, nahezu jeder Strafmaßnahme standzuhalten. Vielleicht meinte er, keine andere Wahl zu haben. Der Ostasienexperte Kongdan Oh-hassig vermutet einen »Minderwertigkeitskomplex«: »Er versucht zu zeigen, dass er strategisch denken kann, dass das Militär hinter ihm steht und sich ihm niemand widersetzt.«[216] Jong-un beschloss eine Aufstockung des Atomwaffenprogramms und nahm die finanziellen Auswirkungen und die daraus folgende internationale Isolation in Kauf. In seinen ersten sechs Amtsjahren hielt er die Welt mit seiner kriegerischen Rhetorik in Atem, während er zugleich die Abstände zwischen den Atomwaffen- und Raketentests, die eine reine Machtdemonstration waren, verkürzte. Sehr zum Verdruss der USA und der Nachbarstaaten Nordkoreas hat er seine offensive Vorgehensweise weitgehend beibehalten. Die CIA-Mitarbeiter, zu denen ich damals als leitende politische Analystin gehörte, mussten deshalb Informationen für eine scheinbar endlose Reihe von Treffen des Nationalen Sicherheitsrats auswerten, die President's Daily Briefs – die übliche tägliche Zusammenfassung für den Präsidenten, das Kabinett und andere hochrangige Regierungsvertreter – verfassen und dabei regelmäßig Überstunden machen.

Am Schalttag 2012, nach zwei Jahren bilateraler Verhandlungen, einigte sich Nordkorea mit den USA auf einen Deal, der die Aussetzung der Urananreicherung, internationale Inspektionen und ein Moratorium für Atom- und Raketentests vorsah. Als Gegenleistung wurden Lebensmittelhilfen im Umfang von 240.000 Tonnen zugesagt. Nur zwei Wochen später kündigte das Kim-Regime an, es plane einen (von den Vereinten Nationen mit Sanktionen belegten) Raketenabschuss. Nordkorea bestand seit langem auf seinem Recht zur friedlichen Nutzung des Weltraums und behauptete, es wolle Satelliten ins All schicken, um die Vorhersagen für Wetterlagen und Ernteerträge zu verbessern. Internationale Stimmen hielten das jedoch für einen Vorwand des Regimes, um seine ballistische Raketentechnik durch Tests zu verfeinern. Der Abschuss am 13. April misslang und brachte dem Land eine neue Runde von UN-Sanktionen ein. Washington nannte den Test einen Verstoß gegen das Schalttag-Abkommen und stoppte die vereinbarten Lebensmittellieferungen. Doch überraschenderweise räumte das nordkoreanische Regime den Misserfolg ein, statt wie beim missglückten Start im Jahr 2009 öffentlich zu behaupten, die Operation sei erfolgreich verlaufen. Viele von uns in Langley nahmen dies als Zeichen dafür, dass Jong-un einen neuen Führungsstil einführte, auf mehr Transparenz und Risiko setzte und Fehlschläge als Anlass zur Verbesserung betrachtete. Innerhalb von Stunden nach dem Raketenstart berichteten die staatlichen koreanischen Medien: »Wissenschaftler, Techniker und andere Fachleute untersuchen derzeit die Gründe für den misslungenen Start.«[217]

Das Eingeständnis des Fehlschlags war auch deshalb erstaunlich, weil ein politisch wichtiges Datum nur zwei Tage später bevorstand, nämlich der hundertste Geburtstag von Kim Il-sung am 15. April 2012. Man hätte annehmen können, der neue Führer wolle diese Gelegenheit nutzen, um einen Erfolg zu feiern. An jenem Tag nahm Kim seine erste Militärparade ab. Auch hier brach er mit der üblichen Praxis, indem er eine zwanzigminütige Rede hielt, während sein Vater in den gesamten siebzehn Jahren seiner Herrschaft auf öffentliche Ansprachen verzichtet hatte. Als sechs Raketentransporter mit ballistischen Flugkörpern vorbeirollten – von denen einige oder womöglich sogar alle nur Attrappen waren –, salutierte, klatschte und winkte Kim.[218] Im Ausland löste der Anblick Beunruhigung hinsichtlich der wachsenden Kapazitäten Nordkoreas und der Absichten des Regimes aus.

Die Rede selbst war nichts Besonderes, das Ereignis an sich aber fesselnd. Kim musste merklich schlucken, ehe er die ersten Worte sprach; er bewegte während der Rede unruhig die Füße und hielt den Blick auf sein Manuskript geheftet, was eine beträchtliche Nervosität verriet. In dieser ersten öffentlichen Ansprache bekannte er sich nicht nur zum Vermächtnis seines Großvaters und Vaters, sondern bekräftigte auch sein Festhalten an der Songun-Politik. Er bezog sich auf die ersten Atomtests von 2006 und die Weiterentwicklung ballistischer Raketen, deren Ergebnis die auf der Parade gezeigten ICBMs waren, und erklärte: »Die Tage, in denen unsere Feinde uns mit Atombomben erpressen konnten, sind endgültig vorbei«.[219] Kim Jong-uns Entscheidung, am wichtigsten Tag des Jahres auf diesem riesigen Platz zu seinem Volk zu sprechen, zeigte nicht nur seine Abwendung von den Gepflogenheiten seines Vaters, sondern auch seinen neuen Führungsstil. »Kim Jong-il hatte im Verborgenen agiert, auf öffentliche Reden verzichtet und seine Anweisungen durch die Partei erteilt«, meinte dazu der erfahrene Nordkorea-Experte Cheong Seon-chang vom südkoreanischen Sejong-Institut. Daher habe »das Volk ihn gefürchtet... Doch Kim Jong-il wurde nie vom Volk geliebt.«[220] Jong-un hingegen scheint dieses persönliche Band zum Volk knüpfen und die Machtrhetorik des Regimes an seine Person binden zu wollen. Der junge General erhob Anspruch auf die Rolle des Garanten der Sicherheit Nordkoreas und brüstete sich der völligen Kontrolle über das Militär gegenüber einer Welt, die immer noch tuschelnd und kichernd Wetten abschloss, wie lange er sich wohl als Machthaber halten würde. Dem eigenen Publikum wollte er damit warnend einschärfen, dass er nicht vorhatte, so schnell wieder zu verschwinden.

Acht Monate später, im Dezember 2012, kündigte Nordkorea an, einen weiteren »Satelliten« ins All zu schießen, und dies trotz Washingtons Warnung, man würde einen solchen Abschuss als »hochprovokativen Akt« ansehen.[221] Tatsächlich wurde der Start am 12. Dezember 2012 – 12.12.12 – durchgeführt und zog neuerliche UN-Sanktionen nach sich. In den Fernsehberichten präsentierte das Regime Kim Jong-un als zupackenden Führer, der den Abschuss persönlich von einem Satellitenkontrollzentrum aus befohlen hatte und zigarettenrauchend die technischen Auswertungen begutachtete. Mit diesen Bildern sollte der junge Mann als unerschrocken und handlungsstark im Angesicht weitreichender internationaler Missbilligung dargestellt werden.

Im Februar 2013, gut ein Jahr nach Kims Amtsantritt, führte Nordkorea seinen dritten Atomtest durch. Für Kim war es der erste. James Clapper, Direktor der Nationalen Sicherheitsdienste, verfasste dazu ein Gutachten für das Committee on Armed Services, den Senatsausschuss für militärische Fragen der USA. Darin kam er zu dem Schluss, der Satellitenstart vom Dezember 2012, die bei der Parade präsentierten ballistischen Raketen und der Atomtest vom Februar 2013 demonstrierten »Nordkoreas

Entschlossenheit, Langstreckenraketen zu bauen, die für die USA eine unmittelbare Bedrohung darstellen könnten«. Außerdem werfe »die Produktion und Vermarktung ballistischer Flugkörper … weitreichende regionale und globale Sicherheitsbedenken auf«.[222] Clappers Aussagen spiegelten das wachsende Unbehagen Washingtons hinsichtlich der Bedrohung durch Nordkorea.

Unter Kim Jong-un schrieb Nordkorea seinen Status als Atommacht fest, indem es ihn in die 2012 novellierte Verfassung aufnahm. Aus der immer länger werdenden Liste von Sanktionen und der Warnungen vonseiten der USA und der Nachbarstaaten schien das Land erst recht Kraft zu schöpfen. In der Präambel des Dokuments, die auf der Regierungs-Website einsehbar ist, wurde Kim Jong-il dafür gewürdigt, dass er »unser Vaterland in einen unbesiegbaren Staat mit politischer Ideologie, Atomwaffen und einer unbeugsamen Streitkraft verwandelt und damit die Grundlage für den Aufbau einer starken, blühenden Nation geschaffen hat«.[223] Auch Kim Jong-uns Rolle beim Ausbau dieser atomaren Kapazitäten wurde betont und damit seine Entscheidungsmacht über ihren Einsatz bekräftigt. Doch obwohl Pjöngjang in einem Gesetz von 2013 Nordkorea zur »voll entwickelten Atommacht« erklärte, behauptete man weiterhin, das Waffenprogramm diene lediglich der Abschreckung, wohl um den verantwortungsvollen Umgang mit den Kernwaffen zu betonen.

Die Regimepropaganda hielt Schritt mit der Weiterentwicklung des strategischen Arsenals und verknüpfte das Bild Kim Jong-uns in der Öffentlichkeit immer stärker mit dem Ausbau und der technischen Weiterentwicklung des Atomwaffenprogramms. Man sieht Kim, wie er breit lächelnd einem offiziellen Raketentest von einem U-Boot aus beiwohnt, mit wehenden Haaren und einer Zigarette in der Hand, hinter ihm das azurblaue Meer.[224] Man sieht Kim mit Wissenschaftlern und Technikern, wie er das Modell eines nuklearen Sprengkopfs betrachtet (wenn man das Original erfolgreich auf eine ballistische Rakete montiert, könnte es durchaus eine ernsthafte Bedrohung für die USA und die Nachbarländer Nordkoreas darstellen.[225]) Man sieht Kim, wie er mit dem Rücken zur Kamera den Start einer Langstreckenrakete beobachtet, während sich die Rauchwolken majestätisch vor der Gebirgslandschaft im Hintergrund ausbreiten.[226] All diese Fotos führten dazu, dass Experten eilig versuchten, ein realistisches Bild von Nordkoreas nuklearen Kapazitäten zu gewinnen. Innerhalb der ersten sechs Jahre seiner Amtszeit hat Kim Jong-un von mehreren Standorten aus dreimal so viele Raketen getestet wie sein Vater und Großvater zusammen, darunter auch neue ballistische Flugkörper unterschiedlicher Reichweite. Außerdem führte er vier der bis dahin insgesamt sechs nordkoreanischen Atomtests durch – und das alles noch vor seinem fünfunddreißigsten Geburtstag.

SONGUN - DAS MILITÄR ZUERST

Da ihm das Vorantreiben des strategischen Waffenprogramms nicht genügte, strebte Kim Jong-un außerdem die selektive Modernisierung der konventionellen Streitkräfte Nordkoreas an, die mit über einer Million Soldaten die viertgrößte Armee der Welt bilden. Fast drei Viertel davon sind nur fünfundfünfzig Kilometer von der Entmilitarisierten Zone zwischen Nord- und Südkorea entfernt stationiert. Das macht die Halbinsel zu einem der gefährlichsten Orte der Welt. Zum besseren Verständnis: Fünfundfünfzig Kilometer sind ungefähr die Entfernung zwischen Washington und Baltimore, eine Entfernung also, die Millionen amerikanischer Pendler tagtäglich zurücklegen. Der Norden hat dort Tausende vorgeschobene und bewehrte Artilleriegeschütze in Position gebracht, die auf Südkorea zielen, dazu dreizehnhundert Flugzeuge, etwa siebzig U-Boote und Kriegsschiffe, die zur Unterstützung amphibischer Operationen und von Sondereinsätzen ausgestattet sind. Eine genaue Auflistung findet sich im Bericht des US-Verteidigungsministeriums an den Kongress von 2017 mit dem Titel »Military and Security Developments Involving the Democratic People's Republic of Korea«.[227]

Auf dem Papier wirkt das nordkoreanische Militär respekteinflößend, und angesichts der Lage des Landes, der Drohungen des Regimes und der Tatsache, dass jede noch so kleine Begebenheit einen militärischen Konflikt auslösen könnte, sollte man es durchaus ernst nehmen. Doch laut Bericht des Pentagon an den Kongress ist die Ausstattung der Streitkräfte veraltet. Sie ist ein Geschenk der mächtigen kommunistischen Nachbarn oder wurde nach sowjetischen und chinesischen Entwürfen aus den 1950er-, 1960er- und 1970er-Jahren hergestellt. Damit erinnert sie schmerzlich an die Zeiten, als Nordkorea noch großzügig von Moskau und Peking unterstützt wurde. Hinzu kommt, dass viele der Soldaten nicht viel besser ernährt sind als die Durchschnittsbevölkerung. Wegen des weit verbreiteten Minderwuchses infolge der Hungersnot während der 1990er-Jahre musste das Regime schon mehrmals die Mindestgröße für Rekruten herabsetzen, in der Zeit von Kims Aufstieg zur Macht lag sie nur noch bei einem Meter fünfzig.[228] Das Regime zieht zudem regelmäßig Wehrpflichtige zu nichtmilitärischen Aufgaben heran, unter anderem für Bauprojekte und Einsätze in der Landwirtschaft.

Kim ist sich vermutlich der Schwächen seines Militärs bewusst, denn schließlich lag dort nicht nur sein persönliches Interesse, sondern auch der Schwerpunkt seiner Vorbereitung auf die Rolle als Machthaber. Und obwohl er weiß, dass er einen konventionellen Krieg gegen die USA und Südkorea nicht gewinnen könnte, hält er nach wie vor an der Songun-Ideologie seines Vaters fest. Die partielle Modernisierung der konventionellen Streitkräfte Nordkoreas hat hohe Priorität: Kim besucht Artillerie-Übungen, veranstaltet Kampfpiloten-Wettbewerbe und lässt Manöver abhalten, bei denen Angriffe auf militärische Ziele in Südkorea simuliert werden. Er beobachtet Nachtflugübungen[229] und ordnet Trainingseinheiten für die Armee an, die denen in Kriegszeiten gleichkommen. Das Regime präsentierte darüber hinaus neue Abschusssysteme für Boden-Luft-Raketen mit dazugehörigem Radar sowie Raketen, die Südkorea erreichen können, ausgewählte Kriegsschiffe und raketenbestückte Patrouillenboote und Korvetten.[230] 2013 setzte das Regime beim Combatschießen eine Drohne ein[231] und machte damit deutlich, dass die Koreanische Volksarmee auch neue Technologien verwendet. Kim konnte sich auf seine 180.000 Kommandosoldaten in den Elite-Spezialeinheiten verlassen, die gut versorgt, hochmotiviert und laut Bericht des US-Verteidigungsministeriums an den Kongress von 2017 »für schnelle Offensivoperationen, die interne Abwehr ausländischer Angriffe oder begrenzte Angriffe auf sensible Ziele [in Südkorea] vorgesehen« waren.[232] 2016 veröffentlichte das Regime einen Bericht über den simulierten Angriff einer Spezialeinheit auf das Blaue Haus mit ins Bild montierten Hubschraubereinsätzen und der Schein-Entführung des südkoreanischen Präsidenten.[233] Das demonstrative Muskelspiel wurde durch die passende Rhetorik ergänzt. Schon in den ersten anderthalb Jahren der Herrschaft Kims drohte das Regime, Südkorea »auf beispiellose Weise mit ganz eigenen Methoden« anzugreifen.[234] Das war die erste einer langen Reihe von Drohgebärden. Weiterhin drohte das Regime mit einem atomaren Präventivschlag gegen die USA, warnte ausländische Diplomaten in Pjöngjang, dass ihre Sicherheit nicht garantiert werden könne, drängte Ausländer in Südkorea dazu, das Land zu verlassen, erklärte den Waffenstillstand im Koreakrieg für null und nichtig und nahm den 2007 stillgelegten Plutoniumreaktor in Yongbyon wieder in Betrieb. Auf einem von Pjöngjang veröffentlichten Foto sah man Kim umgeben von drei hohen Offizieren, mit denen er allem Anschein nach Kriegspläne durchsprach. Das wichtigste Detail im Raum war eine riesige Karte mit der Überschrift »Angriffsplan Festland USA«. Darauf waren vier Linien – Flugbahnen von Langstreckenraketen – eingezeichnet, die von Asien aus zu vier Angriffszielen in den USA, darunter Washington, führten.[235] Mit dieser Propaganda gleich nach Kims Machtübernahme sollte demonstriert werden, dass er gewillt war, die Welt herauszufordern. Bei alledem schien es für das Regime keine Rolle zu spielen, dass es durch derartiges Säbelrasseln seine Möglichkeiten der Devisenbeschaffung unterminierte. Aus Protest gegen die jährlichen gemeinsamen Manöver der USA und Südkoreas sowie die UN-Sanktionen, die infolge der Waffen- und Atomtests Nordkoreas verhängt worden waren, zog das Regime fünfzigtausend nordkoreanische Arbeiter aus der lukrativen innerkoreanischen Industrieregion Kaesong ab, die dem Norden etwa 100 Millionen US-Dollar im Jahr einbrachte.[236] Die Spannungen wirkten sich auch nachteilig auf den Tourismus in Nordkorea aus, eine weitere Einnahmequelle für harte Währung.[237] Kims Maßnahmen in diesen ersten Monaten deuteten darauf hin, dass es ihm wichtig war, sein Land und die Welt mit seinem militärischen Potenzial zu beeindrucken und vor allem den wesentlich älteren und erfahreneren Regierungschefs in Washington, Peking, Seoul und Tokio zu zeigen, dass mit ihm nicht zu spaßen war. Tatsächlich verschärfte er damit die Isolation seines Landes. Nachdem er die Annährungsbemühungen der USA, Südkoreas und Chinas schroff zurückgewiesen hatte und stattdessen stets darauf bedacht blieb, den eigenen Willen durchzusetzen, verweigerte Kim in den ersten sechs Jahren seiner Herrschaft auch jegliche Treffen mit anderen Staatschefs. Seine relevanten Auslandskontakte beschränkten sich auf Kenji Fujimoto, den japanischen Sushikoch, den er seit seiner Kindheit kannte und 2012 nach Pjöngjang einlud, und den amerikanischen Basketballspieler Dennis Rodman, der seit 2013 vier Mal in Nordkorea zu Besuch war.

Kim Jong-un war entschlossen, die Dinge auf seine Art zu handhaben.

DIE NEUE NORMALITÄT

Während dieser spannungsreichen Jahre begannen wir bei den US-Nachrichtendiensten von einer »neuen Normalität« zu reden, geprägt von Raketentests fast im Zweiwochenrhythmus und einer alarmierenden Rhetorik, die auch die meisten erfahrenen Nordkorea-Beobachter als die schlimmste seit zwanzig Jahren bezeichneten. Die USA und regionale Verbündete antworteten darauf mit Sanktionen und Machtdemonstrationen, entsandten Kampfjets, Kriegsschiffe und Bomber in die Region und brachten Raketenabwehrsysteme in Stellung.[238] Die US-Regierung versicherte ihren Bündnispartnern wiederholt ihre Entschlossenheit, die Region zu verteidigen und Nordkorea zu zeigen, dass sie sich weder einschüchtern noch zu Konzessionen bewegen lassen würde, solange es keine deutlichen Fortschritte bei der atomaren Abrüstung gab. Gleichzeitig drängte sie Pjöngjang zur Einhaltung seiner internationalen Verpflichtungen. Die chinesische Führung duldete weiterhin das Verhalten des Regimes – und stellte damit die Stabilität in der Region über die nukleare Abrüstung. So weigerte sie sich etwa, Pjöngjang die Schuld für den Angriff auf das südkoreanische Kriegsschiff *Cheonan* im Jahr 2010 zu geben.

Doch Chinas neuer Führer Xi Jinping, der im November 2012 an die Macht kam, war kein Befürworter von Kim Jong-uns aggressivem Vorgehen. So kam es zu beispiellosen Spekulationen darüber, ob Peking seine Beziehung zu Pjöngjang überdenken werde. Auch der südkoreanische Präsident Lee Myung-bak und seine Nachfolgerin Park Geun-hye – deren Mutter 1974 bei einem versuchten Attentat nordkoreanischer Kommandotruppen auf ihren Mann, den damaligen südkoreanischen Präsidenten, ermordet worden war – zeigten keine Bereitschaft, Pjöngjang entgegenzukommen. Stattdessen vertieften sie ihre Beziehungen zu Washington und versuchten Nordkorea mit Pekings Hilfe im Zaum zu halten.

Während die Machtdemonstrationen und öffentlichen Erklärungen aus Pjöngjang die Schlagzeilen beherrschten und genau die erwünschten Reaktionen hervorriefen, passte Kim sein Verhalten allmählich den Gegebenheiten an. Nach etwa anderthalb Jahren im Amt war er mehr und mehr in der Lage, sein Vorgehen so fein zu justieren, dass es keine unkontrollierbaren Reaktionen der USA und der Nachbarstaaten nach sich zog.

Im April 2013 mehrten sich Hinweise, dass Nordkorea den ersten Test seiner mobilen ballistischen Mittelstreckenrakete vom Typ Musudan plante. Die amerikanischen und südkoreanischen Truppen wurden in erhöhte Alarmbereitschaft versetzt. Mit ihrer Reichweite von 2.500 bis 4.000 Kilometern hätte eine solche Rakete, wäre sie einsatzbereit gewesen, ganz Südkorea, Japan und den amerikanischen Militärstützpunkt Guam treffen können.[239] Washington, Seoul und Tokio hielten den Test für sehr wahrscheinlich und fürchteten, die Spannungen in der Region könnten dadurch eine neue Stufe erreichen. Peking führte unter dem Vorwand bereits geplanter Militärübungen entlang der Grenze zu Nordkorea Übungen im Combatschießen durch. Gleichzeitig zog man bei den nordkoreanischen Banken, die mit chinesischen Institutionen Geschäftsbeziehungen unterhielten, die Daumenschrauben an.[240]

Lag es an dem Druck aus China, an technischen Schwierigkeiten oder hatte das Regime Angst bekommen, da den Nachrichtendiensten der USA und Südkoreas die Lokalisierung der ungetesteten Raketen gelungen war? Jedenfalls nahm Nordkorea die Musudans wieder von den Startrampen und verzichtete zunächst auf weitere Tests.[241] Erst 2016 sollte das Land acht solcher Tests innerhalb eines Jahres durchführen.

Im Jahr 2014 drohte Pjöngjang mit einer »neuen Art« von Atomtest, worunter sich manche eine thermonukleare Detonation vorstellten. Doch anschließend nahm Kim die Drohung zurück, vermutlich wegen der immer schärfer werdenden Sanktionen, seiner Abhängigkeit von der Duldung Chinas oder weil Südkorea ebenfalls Mittelstreckenraketen testete, die Ziele überall in Nordkorea erreichen konnten.[242] Kims Kalkül mag von all diesen Faktoren beeinflusst gewesen sein, denn er lernte mit der Zeit, seine Umgebung zu interpretieren und Risiko und Nutzen seiner Aktionen immer besser einzuschätzen. Zugleich verwies er auf rasche Fortschritte bei der Entwicklung eines Drohpotenzials gegen die USA und ihre Verbündeten und entwickelte für den Konfliktfall ein Arsenal von Zweitschlagsoptionen, um das Überleben seines Regimes und seines Landes zu sichern.

Unterdessen gewöhnten wir Geheimdienstler uns an die neue Realität und passten uns ihr an. Wir hatten schon zuvor Drohgebärden aus Nordkorea erlebt, doch die Unsicherheit über Kims Absichten, verbunden mit der wachsenden Aggressivität seiner Manöver und seiner Rhetorik, die keine Exit-Strategie mehr erkennen ließ, hielt die Welt in Atem. Tatsächlich hatte man sich im Rest der Welt ungewollt mit Kim Jong-ils relativ berechenbarer Praxis arrangiert, erst zu provozieren und dann eine Charme-Offensive zu starten, um politische und ökonomische Vorteile zu erzielen. Samuel Locklear, Kommandeur des Pazifikkommandos der US-Streitkräfte, erklärte im April 2013 vor dem Kongress: »Sein Vater und Großvater hatten immer eine Hintertür in ihre

Provokationszyklen eingebaut, durch die sie jederzeit wieder aussteigen konnten ... Ich bin nicht sicher, ob sich [Kim Jong-un] Gedanken über einen Ausstieg gemacht hat.«[243] Doch trotz aller Drohungen sahen wir keine Anzeichen dafür, dass sich Nordkorea auf einen Krieg vorbereitete – die Einwohner von Pjöngjang etwa lebten ganz normal ihren Alltag weiter. Da aber die CIA die Pflicht hatte, vor dem Schlimmsten zu warnen und darauf vorzubereiten, blieben wir wachsam und versuchten, Kims Absichten in diesen frühen Tagen seiner Herrschaft so gut wie möglich einzuschätzen und vorherzusagen. Wir waren uns alle bewusst, dass die kurz getakteten Raketentests und die Modernisierungsbestrebungen in der Armee sehr schnell zu einer bewaffneten Auseinandersetzung führen konnten. Damals lautete eine unserer vorrangigsten Fragen, wer oder was imstande sein könnte, Kim zu zügeln. Wie wahrscheinlich war es, dass ihm eine ernsthafte Fehleinschätzung der Lage unterlaufen würde? Was – oder wer – bremste ihn oder stachelte ihn an?

Nur eines wussten wir sicher: dass Kims Risikobereitschaft hoch war und sein Selbstvertrauen stetig wuchs.

Trotz allen Säbelrasselns und aller Affronts sucht Kim keine militärische Auseinandersetzung mit den USA. Er denkt rational und neigt nicht zu selbstmörderischem Verhalten. Dank seines engen Verhältnisses zum Militär und seiner mutmaßlichen Kenntnis der dort bestehenden Defizite ist ihm bewusst, dass Nordkorea einen längeren Konflikt mit Südkorea oder den Vereinigten Staaten niemals durchstehen könnte. Obwohl sich Kim aggressiv gibt, ist er weder leichtsinnig noch verrückt. Tatsächlich lernt er immer mehr, wie und wann eine Neujustierung seines Verhaltens erforderlich ist. Und diese Fähigkeit, umzuschwenken und die Taktik zu ändern, nötigt uns dazu, die Warnungen des ehemaligen CIA-Mitarbeiters Richards Heuer vor den »Schwächen und Vorurteile[n], die menschlichen Denkprozessen innewohnen«, ernst zu nehmen und unsere »Erwartungsmuster« bei der Analyse Nordkoreas immer wieder zu hinterfragen.[244] Die Mitarbeiter der Nachrichtendienste müssen lernen, wie neue Informationen über die treibenden Kräfte hinter Kim Jong-uns Handlungen einzuschätzen sind und wie man dieser schwerwiegenden und sich ständig wandelnden Bedrohung unserer nationalen Sicherheit begegnen kann. Wenngleich Kim also auf Aktionen verzichtet, die regimegefährdende militärische Reaktionen der USA oder ihrer Alliierten bewirken könnten, hat er zugleich deutlich gemacht, dass er Nordkoreas Atomwaffenprogramm ungeachtet aller Kriegsdrohungen oder Wiederannäherungsversuche nicht aufgeben wird. Damit zeigt er, dass er es als entscheidend für den Fortbestand des Regimes und für die Legitimation seiner Führerschaft in Nordkorea betrachtet.

Das nordkoreanische Regime hat oft das Schicksal des Irak und Libyens – die Invasion und den Sturz der Regierungschefs dieser Länder – als Beispiel für das Schicksal von Staaten angeführt, die ihre Atomwaffen aufgeben. Dan Coats, der frühere Direktor der Nationalen Nachrichtendienste der USA, erklärte auf dem Aspen Security Forum von 2017, Kim habe sich genau angesehen, wie weltweit mit Nationen umgegangen wird, die über Atomwaffen verfügen, und welche Druckmittel diese Länder in der Hand haben. Er fügte hinzu, die Lektion, die Nordkorea aus den Ereignissen in Libyen gezogen habe, laute: »Wenn du Atomwaffen hast, gib sie auf keinen Fall auf. Wenn du keine hast, besorg dir welche.«[245]

Wenn wir diesen Vergleich heranziehen, können wir uns vorstellen, wie betroffen Kim Jong-un vom Tod Muammar al-Gaddafis gewesen sein muss. Der einstige »König der Könige Afrikas«, der Libyen über vier Jahrzehnte regierte, wurde im Oktober 2011 von Rebellen gefangen genommen. Dies geschah nur zwei

Monate vor Kim Jong-ils Tod, als Jong-un schon mitten in der Phase der Vorbereitung auf seine spätere Position steckte. Die Bilder des blutüberströmten Gaddafi gingen um die Welt, und man kann sich leicht vorstellen, wie sie sich in Kims Gedächtnis einbrannten, während er sich mit seinem relativ neuen Status als gesalbter Führer Nordkoreas vertraut machte. Ein Bericht von damals schildert die Ereignisse so:

> Ein benommener und verwirrter Gaddafi wird von dem Abflussrohr, in dem man ihn gefangen genommen hat, weggeführt; er blutet heftig aus einer tiefen Wunde links am Kopf, dazu am Arm und offenbar auch aus anderen Wunden an Hals und Oberkörper, und seine Kleidung ist bereits blutdurchtränkt. Als Nächstes sieht man ihn am Boden, umringt von bewaffneten Männern, die »Gott ist groß« rufen und Schüsse in die Luft abfeuern.[246]

Während der wütende Mob auf Gaddafi einprügelt, fleht der einst so mächtige Mann um Gnade, ehe er bewusstlos wird. Passend zu diesem grausamen und entwürdigenden Ende stand »dem Leichnam des ehemaligen Diktators, der von seinen libyschen Gegnern einst so sehr gefürchtet wurde, eine letzte Demütigung bevor: Man bewahrte ihn auf dem Fußboden einer Kühlkammer in Misrata auf, die sonst von Restaurants und Läden zur Lagerung verderblicher Waren benutzt wurde.«

Washingtons Versprechen einer besseren Zukunft, wenn Nordkorea atomar abrüste, klangen für das Regime in Pjöngjang vermutlich wie leere Floskeln. Das nordkoreanische Außenministerium erklärte damals, Gaddafis Sturz entlarve die Bemühungen der USA, Libyen zur Aufgabe seiner Massenvernichtungswaffen zu überreden, als »Invasionstaktik, um das Land zu entwaffnen.«[247]

Kim Jong-un und seine Generation, die in einem atomaren Korea aufgewachsen sind, halten die atomare Abrüstung höchstwahrscheinlich für ein ausländisches Konzept, ein Relikt aus einer fernen, »vormodernen« Zeit. Außerdem ereignete sich die Ermordung Gaddafis im Kontext des sogenannten »Arabischen Frühlings«, einer Welle öffentlicher Proteste gegen autoritäre Regime im Nahen Osten und in Nordafrika. Für Kim dürften diese Vorgänge die Konsequenzen der unzureichenden Unterdrückung eines potenziell mächtigen Volkes, das von Unzufriedenheit und unerfüllten Träumen angetrieben wird, nur umso deutlicher gezeigt haben. Während Kim sein Atomwaffenprogramm hegte und pflegte, wollte er diese Träume von einer sozialistischen Utopie erfüllen, wie *er selbst* sie definierte.

7
EINE DIKTATUR DES 21. JAHRHUNDERTS

Kim Jong-un hätte sich für seinen Machtantritt als Führer Nordkoreas kein besseres Jahr wünschen können als jenes, in dem die Gedenkfeierlichkeiten zum hundertsten Geburtstag seines Großvaters stattfanden. Genau diesen Tag, den 15. April 2012, wählte er für seine erste öffentliche Rede. Unter seinem Vater hatte sich das Regime lange auf dieses Datum vorbereitet, das für die Nordkoreaner Weihnachten und Independence Day auf einmal ist. Natürlich war es ein trauriger Anlass, da der Tod Kim Jong-ils erst fünf Monate zurücklag, doch er bot dessen Sohn die ideale Gelegenheit, um Mitgefühl, Respekt gegenüber den Vorfahren und den Nationalismus zum eigenen Vorteil zu nutzen.

Als die Nordkoreaner an jenem Tag Kim Jong-uns Rede lauschten, hörten sie seit der Ära Kim Il-sungs zum ersten Mal wieder die Stimme ihres Führers. Kim umgab sich mit der Aura des mythischen, gottähnlichen Führers, eine Rolle, die schon sein Vater und sein Großvater innegehabt hatten und die noch nach ihrem Tod beschworen wurde. Außerdem betonte er seine Ähnlichkeit mit dem Großvater in Aussehen und Habitus, um Kontinuität und die Abstammungslinie zu unterstreichen. Es schien, als wollte er sich zur Reinkarnation Kim Il-sungs ausrufen, dessen politische Strategien in seinen Genen eingeschrieben waren. Diese

Rolle ließ die Herrschaft des neuen Führers unausweichlich und vorherbestimmt erscheinen, während die Hundertjahrfeier ein Gefühl der ewigen Wiederkehr des Gleichen vermittelte.

Aber Kim Jong-un war niemand, der sich auf den Lorbeeren seiner Vorgänger ausruhte. Und so sehr er das Vermächtnis seines Großvaters und Vaters beschwor, schien er doch entschlossen, seinen eigenen Weg zu gehen.

DER ENKEL DES PARTISANENKÄMPFERS

Die Bemühungen Nordkoreas, Kim Jong-uns Ähnlichkeit mit seinem Großvater zu verstärken, sind wahrscheinlich ein gezielter Versuch, die misslichen Umstände seines realen Hintergrunds und seiner tatsächlichen Lebenserfahrung vergessen zu machen. Kim Jong-ils Propagandisten hatten leichtes Spiel gehabt, aber als Jong-un, in privilegierten Verhältnissen aufgewachsen und ohne jeglichen Hintergrund als Partisanenkämpfer, die Nachfolge seines Vaters antrat, war der Propagandaapparat erheblich stärker gefordert. Seine Mutter war eine in Japan geborene Tänzerin, und er verfügte über keinerlei Kriegserfahrungen – und das in einer Gesellschaft, die dem Militär absolute Priorität einräumte (»das Militär zuerst«) und eine Kriegsmentalität pflegte. Außerdem hatte Kim Jong-un mehrere Jahre in Europa verbracht, wo er sich mit Videospielen vergnügte, während in seiner Heimat Hunderttausende Menschen Ratten und Baumrinde aßen, um nicht zu verhungern. Mehr noch: Die zeitliche Distanz zum Krieg und Kims geringes Alter machten es unmöglich, ihn ins Zentrum des Narrativs über den nordkoreanischen Staat zu stellen.

Aus diesem Grund betonte Kim in seiner Rede am 15. April die Bedeutung der Geschichte, besonders die der Koreanischen Volksarmee, um zu zeigen, wie gut er dieses Thema beherrschte. In der Folge begann das Regime, »mit ... neuem Nachdruck« des

Koreakriegs zu gedenken, wie es Adam Cathcart formulierte, ein scharfsichtiger Beobachter der nordkoreanischen Propaganda.[248] Auch andere Experten betonten diesen Sachverhalt. Suzy Kim, Professorin für koreanische Geschichte, wies darauf hin, dass Kim 2013, also rechtzeitig zum sechzigsten Jahrestag des Waffenstillstands, das Museum des Siegs im Vaterländischen Befreiungskrieg renovieren ließ.[249] Das Museum, so erklärte das Regime, solle »das Fundament für die antiamerikanische Erziehung« bilden, um »das militärische Personal, die Arbeiter, die Jugend und die Studenten mit der Juche-Ideologie, den antiimperialistischen revolutionären Ideen, der herausragenden Kommandoführung, den Militärstrategien und den Kriegstaktiken von Präsident Kim Il-sung« vertraut zu machen.

Jean Lee, von 2011 bis 2013 Leiterin des koreanischen Büros der Nachrichtenagentur Associated Press, besuchte ein anderes Museum zum Koreakrieg in Sinchon, wo Nordkorea zufolge US-Soldaten im Koreakrieg ein Massaker an Zivilisten verübt hatten. Kim hatte es 2014 erweitern und umbauen lassen. Das vormals »schlichte Gebäude auf einem grasbewachsenen Hügel«, so Lee, »war zu einem palastartigen Museum umgestaltet worden, einem wahren Haus des Horrors, das Raum für Raum die den Amerikanern zugeschriebenen bestialischen Gräueltaten bildhaft vor Augen führt«.[250] Man komme sich vor »wie in den Kulissen eines Horrorfilms«, schreibt Lee. »Die Besucher können ganz dicht an die Tableaus herantreten und fast das Blut riechen und die Schreie hören. In einem dieser Tableaus ... packt ein lebensgroßer amerikanischer Soldat eine junge Koreanerin an den Haaren, während ein anderer Amerikaner ihr ein Messer ins Herz stößt. In einem anderen, in blutrotes Licht getauchten Raum schlagen amerikanische Soldaten einer Koreanerin Nägel in den Kopf, die Gesichtszüge von wilder Freude verzerrt. Suzy Kim betont: »In Nordkorea wird die Erinnerung an den Koreakrieg wachgehalten, nicht nur mit Museen und Gedenkstätten, sondern auch durch den ständigen Hinweis auf den noch immer andauernden Konflikt mit den Vereinigten Staaten.«[251]

Die Beschwörung des Koreakriegs – die dokumentarisch belegten ebenso wie die nur in der Fantasie existierenden Gräueltaten der Amerikaner, der Sieg Nordkoreas über die US-Imperialisten, aber auch sein familiäres Erbe – dient Kim Jong-un dazu, seine Person mit seinen Vorfahren und deren Partisanenkampf zu verknüpfen. Dabei macht er sich die Verklärung der Ära vor 1990 zunutze. »Dieser Mann fühlt sich in dieser Geschichte wohl«, meinte Cathcart, »und zwar so wohl, dass er scheinbar nichts dabei findet, die würdevoll lässige Pose seines Großvaters zu imitieren. Es stört ihn nicht, dass die monumentale Statue im Koreakriegsmuseum ihm selbst ähnlicher sieht als dem Mann, der den Koreakrieg begonnen hat.«[252] Seine zahlreichen öffentlichen Auftritte zeigen ihn, wie er in der Tradition seines Vaters und Großvaters bei wirtschaftlichen, militärischen, sozialen und kulturellen Veranstaltungen Anweisungen erteilt. Mit seinem relativ offenen und jovialen Auftreten ähnelt er allerdings mehr seinem Großvater als seinem Vater. Er umarmt, hält Hände, hakt sich bei Männern, Frauen und Kindern unter und fühlt sich offenkundig mit alten Leuten ebenso wohl wie mit jungen.

Doch während er sich im Glanz der Allgegenwart seines Großvaters inmitten seines Volkes sonnt, scheint Kim nicht damit zufrieden zu sein, lediglich die Geschichte lebendig zu halten, auch wenn ihm dies hilft, sich selbst zu legitimieren. Er möchte das Land auch in eine neue Modernität führen.

EIN »SOZIALISTISCHES MÄRCHENLAND«

Während die Welt dem jungen Diktator Kim Jong-un mit Argwohn begegnet, scheint dieser entschlossen, aus seinem geringen Alter eine Tugend zu machen. So erweckt er den Eindruck, er sei jung, energisch und immer in Bewegung – Eigenschaften, die er auch seinem Land zuschreibt. Statt regungslos dazustehen und Anweisungen zu erteilen oder nur würdevoll zuzuschauen, während seine Entourage beflissen Notizen macht, reißt Kim Unkraut aus, fährt Achterbahn, betätigt in einer Schmiermittelfabrik einen Hebel, lenkt einen Panzer und reitet im Galopp auf einem Pferd. Die Bilder von Kim bei seinen regelmäßigen Besuchen an den unterschiedlichsten Orten wirken beinahe spontan. In einem Kindergarten bestürmen ihn die Kleinen und ziehen ihn am Ärmel; Pilotinnen gehen bei ihm untergehakt auf die Kamera zu. Bei den Feierlichkeiten im April 2012 bot ihm der direkte Kontakt mit der Bevölkerung eine Möglichkeit, Nähe zu schaffen und sein zuversichtliches Versprechen zu bekräftigen, dass die Nordkoreaner von nun an den Gürtel nicht mehr enger schnallen müssten, anders als in den Jahren der Hungersnot mit den »zwei Mahlzeiten am Tag«. Ein Jahr später verkündete Kim seine Byungjin-Politik einer Doppelstrategie: Nordkorea könne beides haben, Nuklearwaffen *und* Wohlstand. Erfüllt vom Optimismus eines Mannes, der aufgrund seiner Privilegien glaubt, alles sei möglich, hat er diese beiden Ziele zur obersten Priorität erklärt und deren Erfüllung zu seinem persönlichen Anliegen gemacht. All dies dient der Schaffung und Pflege der Marke Kim Jong-un.

Während die militärische Komponente dieser Byungjin-Politik in Museen zum Koreakrieg und in entsprechenden Statuen und Gedenkstätten zur Schau gestellt wird, verkörpern Freizeitanlagen deren andere Seite. Kim hat Skiresorts gebaut, einen Reitklub, Skate- und Vergnügungsparks, einen neuen Flughafen und ein Delphinarium, vielleicht weil er all dies für die Merkmale eines modernen Staats hält. Womöglich möchte er in seiner Naivität aber auch einfach nur, dass sein Volk das genießen kann, wozu er selbst privilegierten Zugang hat. (Laut dem Sushi-Koch Fujimoto sagte Kim einmal: »Wir sind hier, spielen Basketball, reiten, fahren Jet-Ski und amüsieren uns. Aber was ist mit der durchschnittlichen Bevölkerung?«[253]) Obwohl bereits sein Vater kurz vor seinem Tod neue Bauprojekte begonnen hatte, setzte erst mit Kim Jong-un ein massiver Bauboom in Nordkorea ein. Jetzt wurde auch der Tourismus gefördert. Schaffen wir ein »sozialistisches Märchenland«, verkündete das Regime,[254] während es gleichzeitig Drohungen aussprach und Raketen abfeuerte, offenkundig blind oder gleichgültig gegenüber der Tatsache, wie wenig beides zusammenpasst.

Auf der einen Seite die farbenfrohe Belanglosigkeit der Erlebnisbäder und Achterbahnen, auf der anderen die vielen imposanten Kriegsdenkmäler von atemberaubender Monumentalität überall im Land, die mit ihrer realen oder imaginierten kriegerischen Geschichte geradezu erdrückend wirken. Junge und alte Nordkoreaner plantschen fröhlich in den riesigen Pools des Volksvergnügungsparks Rungna. Frauen in modischen, aber schlichten Badeanzügen klammern sich aneinander, während sie ausgelassen in die künstlichen Wellen hinuntergleiten, im Hintergrund ein Labyrinth bonbonfarbener Wasserrutschen. Jungen zielen mit riesigen Wasserpistolen aufeinander. Kim winkt bei einem seiner Besuche mit seiner Entourage, und eine große Gruppe in Badehosen und Bademützen applaudiert und winkt zurück.[255] Im Reitklub Mirim, eröffnet im Oktober 2013, können Besucher »reiten, Pferdeshows besuchen und sich an den Imbissständen bei Bier und Snacks entspannen«, wie es in der Werbung eines in Nordkorea operierenden und im Westen ansässigen Touristikunternehmens heißt.[256] Es stehen einhundertzwanzig Pferde zur Verfügung, die man für acht Dollar im Außenbereich oder zehn Dollar in der Halle mieten kann, darunter die berühmten Orlow-Traber, eine Pferderasse aus Russland, die Präsident Wladimir Putin Nordkorea zum Geschenk gemacht hat. Ein anderes Touristikunternehmen wirbt mit dem Hinweis, dass zum Reitklub auch »ein Pavillon, Restaurants, eine Sauna und anderes mehr gehören!«[257] Wem das Reiten oder Wasserrutschen nicht zusagen, der kann eine Hightech-Schießanlage aufsuchen, Minigolf spielen, sich in einem 4D-Kino einen Film anschauen oder Delphinen bei ihren Kunststücken zuschauen.[258] Das Skiresort Masik-ryong verfügt über neun Pisten und ein achtstöckiges Chalet mit Swimmingpool, Sauna und Wellnessbereich. Und laut der Journalistin Kim Wall, die 2014 Nordkorea besuchte, kann man im zugehörigen Shop europäische Waren wie Käse und Schokolade kaufen.[259]

Zu den absonderlichsten Momentaufnahmen aus der Anfangszeit der neuen Regierung zählt ein am 27. Juli 2012 von den staatlichen Medien veröffentlichtes Foto. Es zeigt Kim Jong-un und mehrere ausländische Diplomaten bei der offiziellen Eröffnung des neuen Volksvergnügungsparks Rungna in einer Achterbahn. Kim, festgeschnallt auf seinem Sitz, grinst über beide Ohren, seine Beine baumeln vor dem hellblauen Himmel in der Luft.[260] Auch hohe nordkoreanische Funktionäre fahren mit, einige scheinen das Abenteuer zu genießen, andere machen ängstliche Gesichter. Es wirkt bizarr, ja geradezu grotesk, wie der schwerer Menschenrechtsverstöße beschuldigte Führer eines atomar gerüsteten Landes, das sich wie kein anderes von der Welt abgeschottet hat, mit jungenhafter Ausgelassenheit eine Achterbahnfahrt genießt.

Das Epizentrum dieses sozialistischen Märchenlandes ist Pjöngjang, der Sitz der Macht, der Ort, an dem die Elite lebt, arbeitet und sich vergnügt und wo sich jetzt eine materialistische Konsumkultur entwickelt. Der überhitzte Bauboom unter Kims Herrschaft ließ das entstehen, was ortskundige ausländische Diplomaten »Pjönghattan« nennen. So hat der Wohnkomplex

Changjon-Straße achtzehn Wohntürme, einige bis zu siebenundvierzig Stockwerke hoch. Sie bilden eine Skyline, wie man sie in New York oder Seoul erwarten würde.[261] Tatsächlich kehrten Besucher Nordkoreas in den letzten Jahren mit Berichten über neue Bauprojekte zurück, über Straßen voller importierter Autos und Taxis und über neue Restaurants, die ein Dutzend verschiedene Pizza- und Pastagerichte im Angebot haben und dazu Bier oder Wein servieren.

Der Konsumismus hat sich etabliert, er wurde begrüßt und gefördert. Seit Kims Machtantritt besitzen immer mehr Nordkoreaner Smartphones, Flachbildschirm-Fernseher und in Japan und Südkorea hergestellte Haushaltsgeräte; und es gibt immer mehr Taxis.[262] Eine Vielzahl dieser und ähnlicher Waren ist in Hunderten von Märkten und staatlich geführten Läden erhältlich. Kim Wall beschrieb ein »gewöhnliches Alltagsleben und alltägliches Glück«, wie sie es nannte: »Händchen haltende Soldatenpärchen in Uniform auf Pjöngjangs Rummelplatz; Rollschuh laufende Mädchen in pinkfarbenen Jogginghosen mit einem Eis in der Hand; auf Bänken im Schatten wartende gelangweilte Eltern.«[263] Ein Jahr später bemerkte Oliver Wainwright, der Architektur- und Designkritiker des *Guardian*, auch Anzeichen eines beginnenden Wohlstands, zumindest in Pjöngjang: »Kinder umrunden auf Inline-Skates öffentliche Plätze, während Frauen farbenfrohe taillierte Jacken und Stöckelschuhe, mit glitzernden Spitzen besetzte Sonnenschirme und überdimensionale Sonnenbrillen tragen – Modeaccessoires, die noch vor wenigen Jahren undenkbar gewesen wären.«[264]

Außer Pjöngjang versucht Kim seit 2014 auch Wonsan an der Ostküste zu erschließen, eine Fläche von etwa 400 Quadratkilometern, um Millionen von Touristen anzulocken. Es ist eines der wenigen nordkoreanischen Wirtschaftsprojekte, die nicht internationalen oder US-amerikanischen Sanktionen unterliegen, obwohl Kim in diesem Gebiet zahlreiche Raketentests durchgeführt hat. Nach Schätzungen des Korean Maritime Institute, eines südkoreanischen Thinktank, pumpen Touristen rund 44 Millionen Dollar in die nordkoreanische Wirtschaft; 80 Prozent der Besucher kommen aus China.[265] Mit einer von Reuters ausgewerteten nordkoreanischen Broschüre für ausländische Investoren suchte Kim Geldgeber für den Bau eines 7,3 Millionen Dollar teuren Kaufhauses und einer 123 Millionen Dollar teuren Golfanlage zu gewinnen.[266] Er schickte eine Delegation nach Spanien, damit sie erfolgreiche Touristenattraktionen inspizierten. Das Regime hat im Gebiet Wonsan bereits einen neuen Flughafen und ein Skiresort gebaut, um die Entwicklung der Stadt voranzutreiben.

Die Bilder, die das Regime für die Öffentlichkeit freigibt, um sie in Kims Hagiografie einzuweben, verraten viel darüber, wie sich der nordkoreanische Machthaber die Zukunft seines Landes und seinen Platz darin vorstellt. Pjöngjangs großer Bauherr sieht in Kriegsdenkmälern, Atomwaffen und ballistischen Raketen keinen Widerspruch zu den neuerdings in seinem Land verfügbaren Luxusgütern und Resorts. Ja, er könnte sogar versuchen, der Bevölkerung einzureden, dass sie über diesen Wohlstand nur deshalb verfügt, weil es ein Atomwaffenprogramm gibt, das sie vor der feindlichen Außenwelt schützt und dem Land Geltung und Ansehen verleiht.

Kim könnte die Bildsprache dieser Konsumangebote auch als Korrektiv benutzen, um das außerhalb Nordkoreas dominierende Narrativ eines verfallenden, hungernden und wirtschaftlich am Boden liegenden Landes zu untergraben. Die Realität jedoch ist, dass außerhalb von Pjöngjang, einer Metropole mit rund drei Millionen Einwohnern, in der die privilegierte Elite lebt und arbeitet, rund zweiundzwanzig Millionen Nordkoreaner in einer trostlosen, öden Landschaft ihr Leben mit dem Wenigen fristen müssen, was vom System der öffentlichen Versorgung übrig ist. Sie betreiben kleine Handelsgeschäfte und erhalten von internationalen Hilfsorganisationen die am dringendsten benötigten Güter und Dienstleistungen. Und sie dürfen sich kaum Hoffnungen machen, jemals die glitzernde Hauptstadt besuchen oder gar in einem der teuren Spitzenrestaurants speisen zu können.

Wichtiger noch ist, dass Kim diesen zur Schau gestellten Wohlstand womöglich nicht nur als rein kosmetische Maßnahme versteht, sondern der Welt den Erfolg von Nordkoreas Autarkiepolitik zeigen und im eigenen Land ein Narrativ des Wohlstands schaffen will zu einer Zeit, da die Bevölkerung über den Reichtum Südkoreas zunehmend besser informiert ist. In wachsender Zahl werden DVDs und USB-Sticks mit Seifenopern und Popmusik aus dem Süden ins Land geschmuggelt, was zu einer Unterwanderung der bis dahin streng abgeschotteten mentalen und kulturellen Strukturen führt und deshalb für das Regime gefährlich werden könnte. Infolgedessen hat Kim die Grenzkontrollen verstärkt – wie im Frühjahr 2014 – und die Strafen für illegale Kontakte mit Ausländern, für den Empfang südkoreanischer Fernsehprogramme und ausländischer Rundfunksender, für Fluchthilfe und viele weitere Verstöße verschärft.[267] Laut einem Bericht der internationalen Menschenrechtsorganisation Human Rights Watch aus dem Jahr 2019 möchte Kim auch in Zukunft die Kontrolle über die Bewegungen der Nordkoreaner und über deren Zugang zu Information und Waren behalten. Er hat die Zahl von Überwachungskameras, Stacheldrahtzäunen und Grenzposten entlang der 1400 Kilometer langen Grenze zu China erhöht.[268] Diese Maßnahmen verringerten die Zahl der Menschen, die sich nach Südkorea abgesetzt haben, auf dramatische Weise: von 2706 Personen im Jahr 2011 auf 800 im Jahr 2018.

Kims Fokus auf Freizeit- und Unterhaltungsangebote deutet darauf hin, dass er sich auf die jüngeren Generationen konzentrieren möchte, deren Geist formbarer ist und die für die fantastischen Behauptungen des Regimes, Kim besitze übernatürliche Kräfte, empfänglich sind. Er weiß, dass für die jungen Leute, je älter sie werden, der Krieg und die Notwendigkeit einer fortdauernden Abschottung Nordkoreas in immer weitere Ferne rücken. Deshalb baut er systematisch eine Erziehungsinfrastruktur auf, um die Jugend zu indoktrinieren. Wie mehrere Nordkorea-Beobachter feststellten, hat das Regime seine Propaganda- und Erziehungsbemühungen darauf gerichtet, durch die Reaktivierung von Kinder- und Jugendorganisationen und durch verstärkte Indoktrination eine neue Generation regimetreuer Nordkoreaner heranzuzüchten. Der neue Lehrplan für die höheren Schulen sieht einen dreijährigen Kurs über Kim Jong-uns Kindheit und Jugend vor mit insgesamt einundachtzig Unterrichtsstunden.[269] Im Jahr 2014 veröffentlichte das Regime Kinderfotos von Kim in der Uniform eines Generals; es wurde behauptet, dass er schon als Dreijähriger ein treffsicherer Schütze gewesen sei, dass er sieben Sprachen gelernt und als Teenager »neue geographische Besonderheiten« Nordkoreas entdeckt sowie die Leistungen militärischer Führer studiert habe.[270]

Der Wissenschaftler Christopher Richardson, der sich mit dem Thema Kindheit in Nordkorea beschäftigt hat, schildert die Bemühungen des Regimes, Kim als Wunderkind mit einer »messianischen Bestimmung« und als den natürlichen Erben der Revolution zu präsentieren.[271] Es wird nicht nur Kims Brillanz gerühmt, der Jugend soll auch gezeigt werden, dass sie werden könne wie er – ähnlich wie im Christentum, wo die Gläubigen zur Nachfolge Jesu ermahnt werden. Auch sie, so die Botschaft, können an der Revolution mitwirken, indem sie ihrem Führer folgen. Auch sie können mit ihrer jugendlichen Tatkraft, ihrem

Idealismus und ihrer Unverdorbenheit das Land vorwärtsbringen in der Zuversicht, dass ihr Führer durch den Besitz von Atomwaffen seinem Land sicheren Schutz gewährt.

Im Jahr 2015 buchte Oliver Wainwright in einem in Peking ansässigen Tourismusbüro eine Reise nach Pjöngjang und bereiste die Stadt zehn Tage lang, begleitet von drei Nordkoreanern, die sicherstellen sollten, dass er keine staatsfeindlichen Aktivitäten betrieb. Doch obwohl ihm seine Aufpasser auf Schritt und Tritt folgten, konnte er die nordkoreanische Hauptstadt detail- und facettenreich fotografieren. Aus dem Blickwinkel des Architektur- und Kunstexperten lieferte er treffende Beobachtungen. Jedes neue Gebäude, schrieb er, »hat eine seltsam einheitliche Farbgebung, ähnlich der von Kindergärten, und glänzende synthetische Oberflächen. Die Pastelltöne und die axiale Symmetrie vermitteln einem das unheimliche Gefühl, man befände sich in einem Wes-Anderson-Film« – skurril, realitätsfern und knallig bunt. Wainwright spricht von einer »Architektur als Anästhetikum, einem mächtigen Instrument des Staates, um seine Bevölkerung zu infantilisieren«.[272] Er hat Recht. Für Kim und die Menschen seiner Generation, die in einem nuklearen Nordkorea aufgewachsen sind, ergibt es durchaus Sinn, Bilder eines Landes im permanenten Kriegszustand – Poster, Denkmäler, Militärparaden – mit dem pastellfarbenen Wunderland der Freizeitvergnügungen und des Konsumismus zu kombinieren. Die Infantilisierung der nordkoreanischen Bevölkerung ist gewollt und erscheint als logische Konsequenz der extremen Repression, die dem Regime die Macht verleiht, den Menschen zu diktieren, wo sie leben und heiraten, arbeiten und sich amüsieren – und sie zu zwingen, ihre persönlichen Wünsche denen ihres Führers unterzuordnen.

Doch wenn Kim der Elite exklusive Wohnungen und Haushaltsgeräte anbietet, nährt er unweigerlich Hoffnungen und weckt noch mehr Wünsche nach Luxus und Freizeitangeboten, die befriedigt werden müssen. Kim hat seine Legitimität an die Verbesserung der Lebensbedingungen der Bevölkerung geknüpft, und dieses Versprechen muss er einlösen. Hoffnung ist eine starke Kraft. Sie kann Menschen helfen, sich an ihre Umgebung anzupassen und mit Mängeln und Hindernissen zurechtzukommen. Sie kann aber auch zu Unzufriedenheit führen und hat das Potenzial, das gesamte Gebäude zum Einsturz zu bringen, konkret und metaphorisch, langsam oder mit einem großen Knall. Der Nordkorea-Experte Rüdiger Frank hat sich mit der Frage beschäftigt, ob Nordkorea den Weg der Sowjetunion oder der DDR gehen wird:

> Die Nordkoreaner sind heute genauso materialistisch, gierig und unzufrieden, wie es ihre Genossen in der Sowjetunion und in der DDR einst waren ... Nordkorea hat begonnen, das kapitalistische Spiel zu spielen, und ist dabei sehr viel weiter gegangen als die meisten ehemals sozialistischen Länder Europas. Lebensmittel- und Güterknappheit ist heute nicht mehr das Hauptproblem, und der Zugang zu fast allem ist gewährleistet – vorausgesetzt, man hat genügend Geld.[273]

Interviews mit Überläufern belegen diese Unzufriedenheit, aber auch die Frustration angesichts fehlender persönlicher Perspektiven. Ein Flüchtling, der im Jahr 2014 Nordkorea verlassen hat, sagte in einem Interview mit der *Washington Post*: »Ich wollte im Leben vorankommen, ich wollte die Universität besuchen, aber weil sich meine Mutter nach China abgesetzt hatte, sah es so aus, als würde ich keinen Schritt weiterkommen.«[274] Ein Fünfundzwanzigjähriger, dessen Träume platzten, weil ein Teil seiner Familie in China lebt, erklärte: »Ich war ehrgeizig. Ich wollte

Parteimitglied werden und die damit verbundenen Chancen nutzen. Mein Traum war es, viel Geld zu verdienen und ein hoher Regierungsbeamter zu werden. Der familiäre Hintergrund hat in Nordkorea eine große Bedeutung.«[275] Ein anderer junger Erwachsener beklagte die Widersprüche:»In der Schule wurde uns gesagt, wir könnten alles werden. Aber nach dem Abschluss erkannte ich, dass das überhaupt nicht stimmte.«[276]

Man wird sehen, ob Kim Jong-un imstande sein wird, die Erwartungen der Bevölkerung schneller zu befriedigen, als deren Enttäuschung wächst, und ob die Unterdrückung weiterhin die Hoffnungen in ausreichendem Maße einzudämmen und in regimekonforme Bahnen zu lenken vermag.

DIE JANGMADANG-GENERATION

Während Kim Jong-un zur Zeit der Hungersnot der 1990er-Jahre ein unbeschwertes Leben in Bequemlichkeit und Luxus führen, seine Lieblingsgerichte essen und seine Lieblingsspiele spielen konnte, umgeben von Bediensteten und Angehörigen, die darauf bedacht waren, den Sohn des Diktators zufriedenzustellen, mussten seine Altersgenossen, die»Generation Markt«, je nach sozialem Status ihr Leben durch Betteln, Diebstahl, Schmuggel oder mit kleinen Geschäften fristen. Nun überzog Kim Jong-un Nordkorea mit Vergnügungsparks, Restaurants und Kaufhäusern, die Luxusgüter anboten; die Menschen spazierten mit spitzenbesetzten Sonnenschirmen herum – ein eklatanter Kontrast zum Leben in Nordkorea zur Zeit seines Großvaters.»Eine konsumfeindlichere Kultur als die von Kim Il-sung geschaffene konnte man sich im 20. Jahrhundert nicht vorstellen«, schrieb die Autorin Barbara Demick.[277] Die Konsumfeindlichkeit ergab Sinn, solange das Regime der Bevölkerung alles Notwendige zur Verfügung stellte – von Lebensmitteln und Arbeitsplätzen bis zur Gesundheitsfürsorge und zur Kleidung (eine Garnitur für den Sommer und eine für den Winter). Und solange sich Nordkorea auf seine Freunde im Ostblock und auf China verlassen konnte, von denen es subventionierte Lebensmittel, Öl, militärische Ausrüstung und Industriemaschinen bezog. Doch nach dem Ende des Kalten Kriegs konnten sich die Nordkoreaner nicht mehr auf den Staat verlassen. Die staatliche Lebensmittelversorgung ging zurück oder blieb ganz aus. Selbst regimetreue Nordkoreaner waren nun gezwungen, auf dem Schwarzmarkt zu handeln, um zu überleben.

Das Unvermögen des Staates, seine Bevölkerung zu ernähren, aber auch die sehr reale Gefahr zu verhungern ließ Marktaktivitäten entstehen, obwohl sie dem Kommunismus widersprachen und eigentlich illegal waren. Im Jahr 2007 sprach Kim Jong-il die Zunahme von Marktaktivitäten direkt an und verurteilte sie als »Untergrabung des Sozialismus unserer [nordkoreanischen] Prägung ... und als Keimzelle aller Arten nichtsozialistischer Praktiken«.[278] Doch dieser Trend war nicht mehr aufzuhalten, als eine Generation heranwuchs, deren Eltern selbstgemachten Tofu und Gebäck verkauften, Zimmer für romantische Schäferstündchen oder Prostitution vermieteten und aus Südkorea und China Waren ins Land schmuggelten. Und die Jüngeren folgten diesem Beispiel.

Yeonmi Park schrieb in ihren Erinnerungen, ihr Vater habe in Pjöngjang Schmuggel betrieben, während sie und die übrige Familie abseits der Hauptstadt lebten. Und er sei nicht der Einzige gewesen: »Der Kapitalismus war ... quicklebendig«, schrieb sie. »Wenn man wusste, wo man zu suchen hatte, konnte man sogar Digitaluhren und DVD-Player bei Händlern finden, die im neuen Nordkorea in einer Grauzone zwischen legalen und illegalen Geschäften operierten.«[279] Der Teenager Kim Hyuck, dessen Geschichte Demick in ihrem preisgekrönten Buch *Nothing to Envy* erzählt, überquerte regelmäßig den Fluss Tumen, der die Grenze zwischen Nordkorea und China bildet. Er erwarb Bügeleisen und andere Haushaltswaren in Nordkorea und verkaufte sie in China, wo die Nachfrage groß war. Den Erlös investierte er in weitere Waren aus Nordkorea, welche er zu einem Spottpreis von Leuten erwarb, die verzweifelt um das Überleben ihrer Familien kämpften, um sie dann mit großem Gewinn in China zu verkaufen.[280]

Ha-Young, eine Überläuferin aus Musan an der Grenze Nordkoreas zu China, schilderte, wie sie ihre Mutter bei ihren Großhandelsgeschäften in und nach den Jahren der schlimmsten Hungersnot unterstützte.[281] Laut Jieun Baek, die Geschichten solcher Überläufer zusammentrug, erwarb Ha-Youngs Mutter jeweils fünfhundert Kilo gebrauchte Kleider aus China. Dabei entlohnte sie alle, die an diesem Geschäft beteiligt waren – zum einen, um den sicheren Transport der Waren über die Grenze zu gewährleisten, zum anderen, um sich selbst zu schützen. Ha-Young half ihrer Mutter, die Kleider entsprechend ihrer Qualität einzustufen und einen Preis dafür festzulegen. Anschließend wurden sie an andere Frauen weitergegeben, die sie in ihren eigenen Geschäften verkauften. Dank der Geschäftstüchtigkeit ihrer Mutter besaß die Familie Kühlschrank, Waschmaschine und Fernseher und hatte reichlich und abwechslungsreich zu essen. Wie war es ihnen gelungen, die Gesetze zu umgehen? »Da ihre Familie für die Polizei eine gute Einkommensquelle darstellte, war ein Streifenpolizist darauf abgestellt, Ha-Youngs Mutter zu schützen, falls sie in Schwierigkeiten geraten sollte«, schreibt Baek.[282]

Das Regime duldete diese Aktivitäten und drückte ein Auge zu, ja förderte sie sogar, wohl weil es erkannte, dass der Staat für seine Bevölkerung nicht mehr in dem Maße sorgen konnte wie in der Vergangenheit, und weil es schlichtweg unmöglich war, alle diese Aktivitäten zu unterbinden. Viele Mitglieder der nordkoreanischen Elite und hochrangige Mitglieder der Partei der Arbeit Koreas nutzten ihre Position, um ihrerseits privaten Handel zu treiben, wenngleich meist in wesentlich größerem Stil. »Das Kim-Regime hat überlebt und ist in gewisser Weise sogar aufgeblüht, indem es die stetig wachsenden Marktaktivitäten zuließ, oft zu Lasten staatlicher Unternehmen und staatlicher Kontrolle«, schrieb William Brown, Experte für die Wirtschaft Nordkoreas und ehemals hoher Mitarbeiter der Nationalen Nachrichtendienste.[283] Laut dem südkoreanischen Korea Development Institute begann das Regime bereits 2003 mit der Legalisierung der Märkte. Nach Schätzungen des Instituts gab es 2017 in Nordkorea mehr als 400 staatlich genehmigte Märkte; rechnet man die informellen Märkte hinzu, die ihre Waren auf der Straße verkauften, könnten es sogar 750 gewesen sein.[284]

Das Regime erkannte die Notwendigkeit, die Rolle des Staates bei den wirtschaftlichen Aktivitäten zu stärken und zugleich Wohlwollen gegenüber Kim Jong-un zu schaffen. Daher versuchte man das in der Hauptstadt praktizierte Rezept auch auf die Provinzen anzuwenden. In Sinuiju, einer mittelgroßen Provinzstadt, die laut nordkoreanischen Angaben von 2008 (neuere Zahlen gibt es nicht) rund 350 000 Einwohner hat, errichtete Kim ein neues Stadion und ein Theater, renovierte Schulen und begann mit dem Bau eines neuen Parks, um, wie es hieß, die Liebe des Führers zu seinem Volk zu demonstrieren. Kim erweiterte und renovierte auch die Infrastruktur für Marktaktivitäten und schuf Steuervorteile sowohl für die Zentralregierung als auch für nordkoreanische Unternehmer. Daten darüber, ob solche Projekte dem nordkoreanischen Machthaber tatsächlich das Wohlwollen der Bevölkerung sicherten, sind schwer zu beschaffen, weil man von den Nordkoreanern kaum ehrliche Antworten erhält; sie scheuen Äußerungen, die als Kritik an ihrer Regierung betrachtet werden könnten.

Die zahllosen kleineren, inoffiziellen Märkte jedoch konnte das Regime bisher nicht unter seine Kontrolle bringen. John Everard, ehemals britischer Botschafter in Nordkorea, wurde Zeuge einer Polizeirazzia gegen eine Handvoll Frauen. Die Frauen ignorierten die Polizeikräfte zunächst, packten dann aber ihre Bündel und verzogen sich in eine andere Straße. Sobald die Polizei verschwunden war, stellten sie ihre Stände wieder am ursprünglichen Ort auf.[285]

Wie der Politikwissenschaftler Robert Kelly schrieb, ist die nordkoreanische Wirtschaft»ein ungeheuer ineffizientes, kompliziertes Konstrukt aus Korruption, Vetternwirtschaft und Gefälligkeiten, wodurch eine fast undurchdringliche Geschäftsatmosphäre entsteht, bei der niemand genau weiß, wo der Staat endet und wo die Privatwirtschaft beginnt«.[286] Die begüterten Eliten, *donju* oder »Herren des Geldes« genannt, sind zu Reichtum gekommen, indem sie Grauzonen ausnutzten, die Kim Jonguns Duldung der Marktaktivitäten geschaffen hatte.

Laut Überläufern, Touristen und Journalisten, die das Land bereisten, war der Aufstieg der *donju* eine der tiefgreifendsten Veränderungen der nordkoreanischen Gesellschaft in den letzten zwei Jahrzehnten. »In Nordkorea finden große und unerwartete Veränderungen statt«, erklärte der Überläufer Thae Yong Ho, ein früheres Mitglied der nordkoreanischen Elite, vor dem US-Repräsentantenhaus.[287] »Entgegen der offiziellen Politik und dem offiziellen Wunsch des Regimes blühen und gedeihen die freien Märkte.« Freilich ist die nationale Politik das eine, ihre praktische Umsetzung das andere. Das Geflecht von Beziehungen und die Geldflüsse zwischen Nordkoreas Kleinunternehmern und den lokalen Beamten machen es schwierig, diese inzwischen fest etablierten Praktiken grundlegend zu verändern, ohne dass es zu massiven Verwerfungen und Unruhen kommt. Schätzungen zufolge arbeiten 1,6 Millionen Nordkoreaner auf informellen Märkten und erwirtschaften damit durchschnittlich 70 bis 80 Prozent ihres Einkommens.[288]

Zahlreiche Experten und Nordkorea-Beobachter haben darauf hingewiesen, dass die urbanen Eliten des Landes Geld verdienen, viel Geld. Sie tragen farbenfrohe Designer-Kleidung, fahren Audis, besitzen Ledertaschen und benutzen Mobiltelefone aus China. Sie geben ihr Geld für die neuen Vergnügungen aus, die ihnen das Regime bietet, und statten ihre Kinder mit Produkten aus, die noch eine Generation zuvor undenkbar gewesen wären. Sie winken ein Taxi herbei, um an ihr Ziel zu kommen, und kaufen sich, während sie warten, oft an einem der vielen Straßenstände einen Snack. Schon in den Nullerjahren war das Leben von Kindern der *donju* von Wohlstand geprägt. Yeonmi Park erinnert sich, dass ihr Vater, der Schmuggler, im Jahr 2000 »haufenweise Geschenke« nach Hause brachte: Parfüms, neue Kleider, Bücher, Make-up und eine Nintendo-Playstation aus den 1980er-Jahren, die er auf dem Schwarzmarkt erstanden hatte.[289] Wer Beziehungen zum Regime hat – hochrangige Militärangehörige und Parteifunktionäre – profitiert am meisten. Diese Leute haben große Vermögen angehäuft, indem sie Kim Jong-uns zahlreiche Infrastruktur- und Bauprojekte leiteten. Dabei nutzen sie oft ihre ausländischen Kontakte, die sie bei ihren Geschäftsreisen ins Ausland pflegten. Aufstrebende Unternehmer suchen die Nähe zu den innersten Zirkeln des Regimes, wo Schmiergeldzahlungen an der Tagesordnung sind. Die Journalisten Daniel Tudor und James Pearson kommentieren dies mit den Worten: »In gewisser Weise ... betreibt die oberste Führung Nordkoreas Schutzgelderpressung.«[290]

Die Sichtbarkeit des von den *donju* und der Jangmadang-Generation generierten Reichtums könnte innerhalb und außerhalb des Landes die Ansicht fördern, Kim Jong-un werde seinem Versprechen gerecht, die Lebensqualität der Nordkoreaner zu verbessern. Tatsächlich scheint er die Menschen zu ermuntern, ihre Lebensbedingungen selbst zu verbessern und so den häufigen Stromausfällen und dem Mangel an staatlichen Gütern und Dienstleistungen zu trotzen.

Jean Lee, die ehemalige Leiterin des Büros von Associated Press in Pjöngjang, hat untersucht, auf welche Weise das Regime Seifenopern und Filme nutzt, um seine vorrangigen Ziele zu propagieren. Ihre faszinierende Studie zu den unter Kim Jong-un produzierten nordkoreanischen Seifenopern zeigt, wie sehr diese Fernsehfilme den Wandel der offiziellen Sicht des nordkoreanischen Lebens spiegeln – eine Entwicklung, die von den trostlosen Schlachtfeld-Fantasien aus der Ära Kim Il-sungs und Kim Jong-ils zu den ermutigenden Idealen eines glücklichen Mittelklasse-Proletariats führte. Die Filme zeigen häusliche Szenen in neu gebauten Wohnkomplexen, die Räume »akribisch geschmückt mit Vorhängen, Wanduhren, Tapeten, Tischlampen, Blumen und Pflanzen ... Tische, die von Speisen überquellen«.[29] Die Männer tragen protzige goldene Uhren, die Frauen schicke Blusen und Röcke. Der Schulunterricht findet in Klassenzimmern statt, die mit Computern, Mikrofonen, Lautsprechern, Fernrohren und Aufnahmegeräten ausgerüstet sind. Die in den Filmen auftretenden Schüler verbringen ihre Zeit mit ausgelassenen Späßen, die Frauen mit Klatsch und Tratsch, und die Nachbarn spielen Heiratsvermittler und helfen einander, indem sie Wasser die Treppe hochschleppen, wenn der Lift wegen eines Stromausfalls wieder einmal nicht funktioniert. Aus Kims Sicht sind die Nordkoreaner »jung, klug, gewitzt, regimetreu und manchmal spitzbübisch – harmlose Versionen des Führers selbst«. Sie feiern den erfolgreichen Raketentest im Dezember 2012, und die Nachbarn, sonst einander spinnefeind, »vergessen für einen Moment, dass sie einander hassen, und tanzen im Kreis.«

Aber auch wenn das Regime formelle und informelle Märkte weiterhin stillschweigend duldet, sind sie sowohl für die Geschäftsleute als auch für Kim nicht ohne Risiko. Nordkoreas Bürger bewegen sich auf einem schmalen Grat zwischen dem Akzeptablen und dem Inakzeptablen und zahlen für das Privileg, ihre Geschäfte betreiben zu können, einen Aufpreis in Form von Bestechungsgeldern und Gebühren. Außerdem müssen sie stets mit Schwierigkeiten rechnen, wenn sie Funktionäre oder Mitbürger ungewollt verärgern, die dann auf ihre Kosten Gewinn machen. In einem System, das Korruption und Erpressung belohnt, ist dies durchaus keine Seltenheit. Dem Regime gibt diese chaotische und hybride Welt privater und staatlicher Unternehmen die Möglichkeit, Netzwerke zwischen Eliten und erfolgreichen Geschäftsleuten zu knüpfen, denen das Überleben des derzeitigen Systems am Herzen liegt, auch wenn der Personenkult und die revolutionäre Ideologie in den Hintergrund treten. Aber diese Marktaktivitäten verschaffen den Akteuren ganz nebenbei Zugang zu ausländischen Informationsquellen: wenn DVDs oder USB-Sticks nach Nordkorea geschmuggelt werden oder Unternehmer ins Ausland reisen und mit ihren ausländischen Partnern Gespräche führen, was für viele Geschäfte unabdingbar ist.

Bereits in den Jahren der Hungersnot begannen Informationen ins Land einzusickern, sodass sich in den vergangenen zwei Jahrzehnten die Skepsis gegenüber dem Regime verstärkt hat. Ein Arzt, der ein Geschäft zum Verkauf chinesischer Waren eröffnete, beschrieb, wie er 1999 mit einem chinesischen Geschäftsmann nach China reiste und unterwegs Grenzposten bestochen hat. »Das Erste, was ich in China sah und was mir den größten Schock versetzte, war ein Markt in einem kleinen Landstädtchen. Er war voller armer Leute, aber sie waren durchaus wohlgenährt. Und auf diesem Markt gab es alles! Reis, Öl, Bananen, Fleisch – und diese Waren konnte jeder kaufen ... Da wurde mir klar, dass irgendetwas nicht stimmte.«[292] Ein Überläufer sagte, er sei überrascht gewesen, als er zusammen mit einem Freund einen populären südkoreanischen Film ansah. Die nordkoreanische Propaganda hatte der Bevölkerung eingetrichtert, die Südkoreaner vegetierten in bitterster Armut dahin, während sie selbst im Paradies lebten. Doch in dem Film gab es keine Südkoreaner, die »Leute verführen und verschleppen... Ausländer kidnappen und ihnen das Blut abzapfen«. In dem Film sah man »auf den Straßen schöne Autos... Die Menschen waren so wohlhabend, und die Leute in Seoul sprachen ein so interessantes, so elegantes Koreanisch... all das ging mir nicht mehr aus dem Kopf.«[293]

Im November 2017 veröffentlichte die *Washington Post* unter der Überschrift »Das Leben unter Kim Jong-un« eine Reportage mit Berichten von Überläufern, die die Folgen der Vermarktlichung und des Einsickerns von Informationen noch besser veranschaulichen. Von einem Fünfundzwanzigjährigen heißt es, er schaue sich DVDs mit chinesischen, russischen, indischen und südkoreanischen Seifenopern an. Ein Altersgenosse Jong-uns, damals siebenunddreißig, erinnerte sich an die tägliche neunzigminütige ideologische Schulung, bei der »man uns sagte, wir müssten in unserem täglichen Leben Opfer bringen, damit diese Waffen gebaut werden können, die unser Land beschützen, sodass die Nation sicher sei. Ich hatte diese ganze revolutionäre Geschichte dermaßen satt, ich konnte sie nicht mehr hören.«[294] Ein Vierzigjähriger erklärte: »Man sagte uns, Kim Jong-un habe dies und das gesagt und er arbeite sehr hart für die Partei, die Nation und das Volk... aber diese Übertreibung war zu viel. Das ergab einfach keinen Sinn.«[295] Das vermeintliche sozialistische Paradies wies Risse auf. Ha-Young, deren Geschichte Jieun Baek erzählt, sagte: »Ich hing mit den beliebten Mädchen in der Schule herum und ignorierte andere, die nicht so viel Geld hatten wie wir oder sich nicht so gut kleideten.«[296]

Die Lebenswirklichkeit der großen Mehrheit der Nordkoreaner widerspricht auf schockierende Weise diesem Bild vom Paradies, das vom Regime propagiert wird. Das Land ist immer noch arm, auch wenn Kim und die Eliten Hunderte Millionen Dollar für protzige Monumente und Luxusgüter ausgeben. Laut einem UN-Bericht aus dem Jahr 2019 sind von den 25 Millionen Nordkoreanern elf Millionen unterernährt. 140 000 Kinder unter fünf Jahren leiden an akuter Mangelernährung und Untergewicht, und fast 20 Prozent der Kinder sind unterentwickelt. Alle diese Menschen sind anfällig für Krankheiten wie zum Beispiel Tuberkulose. Verschärft wird die Situation dadurch, dass Millionen keinen Zugang zu grundlegenden sanitären Einrichtungen und zu sauberem Wasser haben.[297]

Dass Kim sich der kognitiven Dissonanz zwischen Staatspropaganda und Realität bewusst ist, könnte der Grund für sein Engagement zur Schaffung »Pjönghattans« sein – ein Weg, die brüchigen Bindungen der Jangmadang-Generation an das Regime zu kitten und zu zeigen, dass der Staat nach wie vor Relevanz besitzt, auch wenn das öffentliche Verteilungssystem kaum noch eine Bedeutung hat. Aber wenn das Volk sich nicht durch Soft Power überzeugen lässt, verfügt Kim immer noch über die Instrumente der Repression, die sein Großvater und sein Vater aufgebaut haben, um Willfährigkeit zu erzwingen. Vor dem Hintergrund dieses pastellfarbenen Wunderlands herrscht er mit Terror und Repression, und die Terrorisierten und Unterdrückten werden kaum eine andere Wahl haben, als Kims Illusionen und Erwartungen, seinen hochfliegenden Visionen von sich selbst und von Nordkoreas Bestimmung Nahrung zu geben.

8

MACHTERHALT DURCH TERROR

Mit der Neujahrsansprache 2014 begann für Kim Jong-un das dritte Jahr seiner Herrschaft. Er zollte den Märtyrern der Revolution den obligatorischen Respekt und pries seinen Vater und seinen Großvater. Kim lobte auch die Partei, das Militär und das Volk dafür, seine im Vorjahr dargelegte Byungjin-Politik vorangebracht zu haben. Er zeigte sich zufrieden damit, dass die »mit Blut besiegelten Bande« zwischen Partei und Volk »ein neues, höheres Stadium erreicht haben.«[298] Doch er forderte auch eine intensivere ideologische Schulung, um alles auszulöschen, was »die Geschlossenheit der Partei und der revolutionären Reihen beeinträchtigen und ihre unverbrüchliche Einheit unterminieren« könne. Er betonte die »geistige Kraft der Massen« und rief ein nur wenige Tage zurückliegendes Ereignis ins Gedächtnis, bei dem, wie er triumphierend erklärte, »unsere Partei eine Antipartei konterrevolutionärer Sektierer enttarnen und aus ihren Reihen ausstoßen konnte«.

Bei diesem Krebsgeschwür am Staatskörper handelte es sich um keinen Geringeren als Kims Onkel Jang Song-thaek, den Ehemann von Kim Kyong-hui, der geliebten und treuen Schwester seines Vaters. Schon im zweiten Jahr seiner Herrschaft ließ Kim seinen Onkel hinrichten, laut Berichten mit Flakgeschützen, eine grausame Erniedrigung, die auf dem gesamten Globus mit Entsetzen zur Kenntnis genommen wurde. Man fragte sich in Washington, Seoul, Peking und Tokio, ob Kim Jong-un denn überhaupt vor irgendetwas zurückschrecke. Selbst gemessen an der Brutalität, mit der in Nordkorea Regimegegner ausgeschaltet wurden, war dieser Umgang mit einem Familienmitglied beispiellos. Die Hinrichtung von Jang so kurz nach Kims Machtübernahme war ein entscheidender Augenblick. Sie zeugte von der Unverfrorenheit des »Obersten Führers«, seinem Selbstbewusstsein, seiner Brutalität und seiner hohen Risikobereitschaft.

DER STURZ

Als Kim Jong-un Ende 2011 an die Macht kam, schien die Zukunft für Jang Song-thaek nicht nur sicher, sondern auch vielversprechend. Schließlich war er mit Kim Kyong-hui verheiratet, der Tante des neuen Führers, die ihr Leben lang die engste Vertraute seines Vaters Kim Jong-il gewesen war. Sie hatte ihrem Bruder während seines Aufstiegs und seiner beinahe zwanzigjährigen Herrschaft stets treu zur Seite gestanden.

Jang hatte gegen den ausdrücklichen Wunsch von Kim Il-sung in die Familie eingeheiratet. Kyong-hui hatte sich Hals über Kopf in den fröhlichen und charismatischen Jang verliebt, den sie in den 1960er-Jahren an der Kim-Il-sung-Universität kennengelernt hatte. Jang war ein stattlicher, attraktiver Mann, eine geborene Führernatur, und wusste auch mit Gesang und Akkordeonspiel für sich einzunehmen.[299] Etwa um die Zeit, als Kim Jong-il seinen zweiten Sohn zu seinem Nachfolger aufzubauen begann, nahm er Jang dann doch in den inneren Zirkel auf. Man darf vermuten, dass der ältere Kim dies mit dem Gedanken tat, Jang werde gemeinsam mit Kyong-hui seinem Sohn helfen, die Hürden des Parteiapparats zu meistern.

Im Jahr 2013 war Jang Ende sechzig, ein erfahrener und mit allen Wassern gewaschener Apparatschik, der in dem von alten Männern dominierten Regime noch auf mindestens ein Jahrzehnt in höchsten Ämtern hoffen konnte. Die internationalen Medien stuften ihn als den zweiten Mann im Staat ein. Seine Erfahrung und sein breites Netz von Kontakten, insbesondere zur chinesischen Führung, weckten Erwartungen, Jang könnte eine Schlüsselrolle bei einer möglichen Reform- und Öffnungspolitik Nordkoreas spielen.

Jang hatte bereits einige Säuberungswellen überstanden – er war schon mindestens zwei Mal entmachtet und zur »Umerziehung« geschickt worden, Standardmaßnahmen im Kim-Regime. Aber diesmal war es anders. Auf einer erweiterten Sitzung des Politbüros des ZK der Koreanischen Partei der Arbeit am 8. Dezember 2013 erhob Kim Jong-uns Regime eine lange Reihe von Vorwürfen gegen Jang. Einige Tage später sprach ein militärisches Sondertribunal Jang und seine Gefolgsleute schuldig, »abscheuliche Verbrechen [zur] Vorbereitung eines Staatsstreichs« begangen zu haben.[300] Nicht nur dass er das Vertrauen von Kim Il-sung und Kim Jong-il missbraucht habe, der »widerwärtige menschliche Abschaum Jang, übler als ein Hund«, habe auch »Akte des Verrats« begangen, indem er eine alternative Machtstruktur aufzubauen trachtete, um die zentrale und alleinige Führung durch Kim Jong-un zu unterminieren.

Seine Gier und Arroganz kenne keine Grenzen, hieß es. Jang habe »ehemalige Sträflinge« um sich geschart, Ämter und Macht angehäuft und sich ein »kleines Königreich« geschaffen. Mit seiner Bande von Mitverschwörern habe er den Reichtum der Nation zu seinem Vorteil ausgeplündert, seine »Handlanger« mit Führungsposten in den lukrativen Kohlebergwerken und in der Metallindustrie versorgt und Land an ausländische Mächte verkauft – genauer gesagt: an China. Die Liste seiner Wirtschaftsverbrechen gegen Staat und Volk reichte Jahrzehnte zurück. Das Gericht warf ihm vor, mehr als vier Millionen Dollar in die eigene Tasche gewirtschaftet zu haben. In seiner Habgier habe er sich nicht mit politischen und ökonomischen Verbrechen begnügt, sondern »er arbeitete daran, seine Tentakeln in die Volksarmee auszustrecken, in der törichten Annahme, er könne einen erfolgreichen Staatsstreich durchführen«. In einem »Geständnis« erklärte Jang, seine Absicht sei es gewesen, das Land in den Bankrott zu führen, Unzufriedenheit in der Bevölkerung zu schüren, sich mit seinem angehäuften Reichtum Loyalität zu erkaufen und seine Macht zu festigen, sobald er es an die Spitze geschafft hätte.

Der einst mächtige und selbstbewusste Jang ging gebeugt, als er nach dem Prozess aus dem Gerichtssaal geführt wurde, und wirkte gealtert und gebrochen. Einige Tage zuvor waren zwei seiner Stellvertreter bereits durch Flakgeschütze exekutiert worden, was von ihren Leichen übrigblieb, verbrannte man mit Flammenwerfern.[301] Jang wurde gezwungen, ihrem grausamen Tod beizuwohnen, und soll anschließend einen Nervenzusammenbruch erlitten haben. Nach der Verkündung seines Urteils wurde Jang dem Vernehmen nach in die Militärzone Kanggon am Stadtrand von Pjöngjang gebracht und auf dieselbe Weise hingerichtet.[302] Jangs Sturz, der politisch motivierte Schauprozess, seine Demütigung und die grausame und beispiellose Hinrichtungsmethode mit Kriegsgerät machten eines klar: Kim Jong-un duldete keinerlei Widerspruch, auch nicht aus den Reihen seiner eigenen Familie. Der neue Führer hatte mühelos sein Ziel erreicht, jede abweichende Meinung im Keim zu ersticken und durch massive Einschüchterung Angst zu erzeugen.

Selbst gemessen an der blutigen Vergangenheit Nordkoreas war die Eliminierung Jangs erschreckend. »Das Spektakel der öffentlichen Demütigung und Liquidierung eines Mitglieds der Königsfamilie stellt eine radikale Abkehr vom bisherigen Weg dar«, bemerkte der langjährige Nordkorea-Beobachter Nicholas Eberstadt.[303] Kim Il-sung und Kim Jong-il hatten ihre Säuberungsaktionen stets im Geheimen durchgeführt – Führungsfiguren verschwanden einfach ohne weitere Erklärung. Wie Andrei Lankow und andere bemerkten, wurden hochrangige Staatsdiener meist in die Verbannung geschickt, hatten aber eine reelle Chance, nach einer angemessenen Zeit der Buße rehabilitiert und wieder in Amt und Würden gesetzt zu werden.[304] Doch diesmal kam es anders. Kim Jong-uns Methoden – die Veröffentlichung der umfangreichen Liste der Jang zur Last gelegten Verbrechen, die ausführliche Anklageverlesung und die Veröffentlichung von Fotos des gedemütigten Angeklagten – zeigten, dass er seine Vorgänger an Brutalität noch übertraf und sogar das Drama und die Theatralik des Ganzen genoss.

Angst ging in den Reihen der nordkoreanischen Führungsschicht um. Das Regime entfernte systematisch enge Gefolgsleute von Jang aus ihren Ämtern. Dabei trat zutage, wie sehr jeder, der in Nordkorea Geld verdienen wollte, auf Kontakte zu Insidern des Regimes angewiesen war. Der allgegenwärtige Nepotismus sorgte dafür, dass begehrte Posten und Regierungsaufträge nur an Günstlinge verteilt wurden. Jangs Neffe, damals Botschafter in Malaysia, wurde bald nach der Hinrichtung seines Onkels zurückbeordert, ebenso der stellvertretende Botschafter bei der UNESCO in Paris und die Botschafter in Kuba und Schweden.[305] Laut Quellen aus Nordkorea landeten etliche Verwandte von Jang in Lagern für politische Gefangene. Weiterhin tauschte das Regime die Führungsfiguren der Kohle- und Metallindustrie aus.[306] Diese lukrativen Industriezweige waren auch für die neuen Führer und ihre Günstlinge eine Goldgrube, hatten die reichen natürlichen Ressourcen Nordkoreas dem Regime doch über die Jahre schon Hunderte Millionen Dollar eingebracht. Jangs Konkurrenten übernahmen nur allzu bereitwillig die neuen Posten und staatlichen Unternehmen und füllten so die Leerstellen, die die Säuberungswelle hinterlassen hatte.

Nach der Hinrichtung Jangs führte Kim Jong-un noch viele weitere Säuberungsaktionen durch – laut dem südkoreanischen Institut für Nationale Sicherheitsstrategie verschwanden mehr als 340 hochrangige Personen.[307] So hatte sich Kim noch vor der Hinrichtung seines Onkels seines Verteidigungsministers Ri Yong-ho entledigt, der wegen »Krankheit« von seinen Pflichten entbunden wurde.

In den gefährlichen ersten Jahren der Herrschaft Kim Jong-uns hatte sich noch nicht klar herausgeschält, was der neue Führer wünschte und wie er vorgehen würde. Daher empfahl es sich für alle, von den untersten Rängen bis in die Führungsetagen, nicht aufzufallen, deutlicher als zuvor Loyalität gegenüber dem Kim-Regime zu zeigen und keinerlei Widerspruch oder Kritik zu äußern. Man kann sich vorstellen, wie die Mitglieder der Führungsriege sich darin überboten, unerschütterliche Ergebenheit zu zeigen und sich in eine günstige Position zu bringen, um das Vakuum zu nutzen und sich und die eigene Familie zu bereichern.

KIMS MOTIVE

In der Außenpolitik verfuhr Kim ähnlich rigoros wie bei der Beseitigung seines Onkels. Die innenpolitischen Veränderungen gingen mit Säbelrasseln und Muskelspielen gegenüber den Vereinigten Staaten und Südkorea einher. Mehrere provokative Aktionen und Drohungen schürten dort Ängste vor einem militärischen Konflikt. Dafür, dass er schon so bald nach seiner Machtübernahme die oberen Ränge seines Regierungsapparats säuberte, dürften mehrere Faktoren eine Rolle gespielt haben.

Vor allem schien Kim daran gelegen, sich eine eigene Unterstützerbasis zu schaffen und sich nicht nur auf die Gefolgsleute seines Vaters zu verlassen, die ihre Posten erhalten hatten, um ihn in seiner Rolle als Kronprinz zu unterstützen und den Herrschaftswechsel zu erleichtern. Sowohl die überraschende Absetzung von Ri Yong-ho im Juli 2012 als auch Jangs Hinrichtung zeigen Kims Bemühen, »unter Beweis zu stellen, dass er nicht länger eine Marionette ist, deren Fäden von einem höheren Minister gezogen werden«, wie der renommierte chinesische Nordkoreaexperte Zhu Feng konstatiert. Kim habe zeigen wollen, dass er »fähig war, die absolute Autorität über das System auszuüben und ... das Land direkt zu regieren.«[308]

Kim Jong-il hatte Jangs Position sicherlich auch mit dem Hintergedanken gestärkt, dass dieser seinen Sohn in der Übergangszeit unterstützen würde. Er sorgte dafür, dass Jong-un ein Familienmitglied zur Seite stand, das den Apparat in- und auswendig kannte, über Verwaltungskenntnisse und gute Verbindungen zu China verfügte, Geld zu beschaffen verstand und mit der finanziellen Infrastruktur des Landes umgehen konnte.

Aber genau diese Eigenschaften waren es, die Jang zur Bedrohung für Jong-un machten, insbesondere angesichts der Gerüchte, dass Jang der eigentliche Strippenzieher im Regime sei. Die internationale Presse spekulierte, der von Beobachtern eher als Reformer eingeschätzte Jang werde sich als der wahre Führer Nordkoreas erweisen. Die Vorhersagen ausländischer Kritiker, unter der Führung des jugendlichen und unerfahrenen Nachfolgers werde es zu einem Zusammenbruch des Landes kommen, waren für Kim ein weiteres Ärgernis. Zudem verfügte Jang aufgrund seiner jahrzehntelangen Erfahrung und seiner Position als Unterhändler des Regimes und Mitglied der Herrscherfamilie über ein solides und breites Netzwerk von Günstlingen, die ihm treu ergeben waren und sich eher ihm als seinem Neffen verpflichtet fühlten. Hinzu kamen vermutlich Jangs Überheblichkeit und die Tatsache, dass seine Handlanger ihn als Garanten dafür betrachteten, weiterhin die Rohstoffvorkommen des Landes ausbeuten zu können. Auf der Liste von Jangs Verbrechen wird auch die Ausplünderung der Kohle- und Metallindustrie genannt. Dies warf ein Licht darauf, wie sich weite Teile der nordkoreanischen Elite Macht und Privilegien durch Korruption und Vetternwirtschaft sicherten. Die Vorwürfe, Jang habe Wirtschaftsverbrechen begangen, wurden durch Berichte bestätigt, laut denen er und seine Anhänger an Auseinandersetzungen um die Kontrolle über die staatliche Rohstoffförderung beteiligt gewesen seien. Laut südkoreanischen und amerikanischen Quellen brachte der Fall Jang erbitterte Kämpfe um die Profite innerhalb der Führungsriege ans Tageslicht.

Die *New York Times* berichtete, dass das Militär versuchte, ein lukratives Fanggebiet für Krabben und Muscheln zurückzugewinnen, das sich Jang und seine Gefolgsleute angeeignet hätten. Die schlecht ausgebildeten und mangelhaft ernährten nordkoreanischen Soldaten wurden im offenen Kampf von bewaffneten Kräften besiegt, die Jang und seinen Vertrauten nahestanden. Der Vorfall erregte offensichtlich den Zorn von Kim Jong-un, zweifellos angestachelt von Militärs und Gegnern von Jang, die ihm eine Abreibung gönnten. Die *New York Times* schrieb:»Der offene Krieg zwischen diesen beiden Fraktionen enthüllte einen tiefen Riss in der Elite des Landes im Hinblick auf die Frage, wer sich die Devisen in die Taschen stecken darf.«[309] Ra Jong-yil, ein ehemaliger hoher südkoreanischer Geheimdienstmitarbeiter, erinnerte sich an andere Vorfälle, die man Jang als Fehlverhalten gegenüber Kim ankreiden konnte und die womöglich zu seiner Hinrichtung geführt haben. Aber er meinte auch, es gehöre nicht zu Kims Führungsqualitäten, »als Vermittler aufzutreten«. Stattdessen sorgte er für ein Umfeld, in dem Uneinigkeit und tödlicher Wettbewerb herrschten.[310]

Seit den 1970er- und 1980er-Jahren weist das nordkoreanische Regime seine Diplomaten und militärischen Vertreter im Ausland an, mit legalen wie illegalen Mitteln harte Devisen zu erwirtschaften. Gleichzeitig erhielten die Staatsbetriebe grünes Licht, Handel mit dem Ausland zu treiben. Die Hungersnot und die Veränderungen der geopolitischen Lage in den 1990ern und zu Beginn des neuen Jahrtausends hatten zur Folge, dass die staatlichen Unternehmen mehr Unternehmergeist und Kreativität entwickelten. Die Folge war, dass sich die Grenzen zwischen Offiziellem und Inoffiziellem, Privatem und Öffentlichem, Staatlichem und Nichtstaatlichem, Erlaubtem und Verbotenem zunehmend verwischten. In den vergangenen Jahrzehnten wurde Diplomaten, Handelsvertretern und Militärs des nordkoreanischen Regimes wiederholt Drogenhandel, Versicherungsbetrug und die Fälschung von Hundertdollarnoten vorgeworfen.[311] Allein Letzteres brachte dem Regime lange Zeit jährlich 15 bis 25 Millionen Dollar ein. Nordkoreanische Unternehmen und ihre ausländischen Partner wurden beim Schmuggel von Produkten gefährdeter Arten wie Elfenbein und Rhinozeroshorn ertappt. Außerdem wurden bei ihren Vertretern Fälschungen von Zigaretten weltbekannter Marken und Medikamenten wie Viagra sichergestellt. Der Import von Luxusgütern gehörte zu Jangs Domänen und ist von großer Bedeutung für das Regime, das sich die Unterstützung der Eliten vor allem durch großzügige Geschenke sichert. Der Handel mit Luxusgütern wie auch mit Waffen und Rohstoffen liegt seit jeher vollständig in den Händen der höchsten Ränge des Militär- und Parteiapparats.

Justin Hastings, ein Kenner der Wirtschaft Nordkoreas, sieht in der Effizienz und Anpassungsfähigkeit seiner Handelsnetzwerke den Grund für die fortdauernde Liquidität des Landes und die Fähigkeit, trotz Sanktionen und internationaler Isolation seine wichtigsten Programme zu finanzieren.[312] Wie ein Verbrechersyndikat oder die Mafia, mit der Beobachter das nordkoreanische System häufig vergleichen, nutzen das Regime und die staatsnahen Handelsgesellschaften intensiv ihre Privilegien und die staatlichen Schutzbestimmungen sowie ihre Beziehungen zu ausländischen und privaten nordkoreanischen Zwischenhändlern, um Transaktionen mit allen zu erleichtern, die bereit sind, mit ihnen Geschäfte zu machen. Laut der Asienexpertin Sheena Chestnut Greitens besteht eine »Symbiose zwischen staatlichen und im Grunde privaten Unternehmen, da Geschäfte ohne politische Verbindungen nicht erfolgreich getätigt werden können und die politischen Akteure von den Aktivitäten der Unternehmer profitieren.«[313]

Doch die Einnahmen aus dem Verkauf von gefälschtem Viagra, Metamphetaminen, falschem Haar und Rhinozeroshorn, der Schmuggel von Gold und Luxusgütern im Diplomatengepäck oder gar Waffenverkäufe wiegen wenig im Vergleich zu den Gewinnen des Staats und seiner Organe aus dem Verkauf von Kohle, Eisen und Eisenerz, Fisch und Meeresfrüchten sowie Blei und Bleierz. Kohle ist Nordkoreas größter Exportschlager – allein im Jahr 2016 nahm das Land mit dem Verkauf dieses Brennstoffs an China eine Milliarde Dollar ein.[314] Doch das ist nur ein Teil von Nordkoreas Reichtum an natürlichen Ressourcen. Das Land verfügt Schätzungen zufolge über Rohstoffe im Wert von 6 bis 10 Billionen Dollar. Es fördert über 200 Arten von Metallen und Mineralien, darunter Gold, Zink, Magnesium und Graphit sowie Seltene Erden, die so wichtig für die Herstellung von Smartphones, Digitalkameras, Computermonitoren, Flachbildfernsehern und elektronischen Displays sind.[315] Der Handel mit Fisch und Meeresfrüchten, einer der Faktoren, der Jang in die Bredouille brachte, wirft nach Schätzungen der USA rund 300 Millionen Dollar pro Jahr ab.[316] Des Weiteren schickt die Regierung bis zu 100.000 nordkoreanische Arbeiter ins Ausland, meist nach China und Russland, die dort unter anderem als Bergleute, Holzfäller, Textil- und Bauarbeiter tätig sind, was dem Staat nach Schätzungen der Vereinten Nationen ungefähr 500 Millionen Dollar pro Jahr einbringt.[317] Die Arbeiter selbst sehen davon nur einen Bruchteil.

Das Einkommen von Einzelpersonen und privaten Unternehmen dient zum Teil Loyalitätszahlungen an das Regime, aber auch der persönlichen Bereicherung. Die Elite leistet sich teure Luxusgüter von westlichen Firmen wie Chanel und Dior, speist in teuren Restaurants und wohnt in Hochhäusern. Abseits der Hauptstadt sieht das Leben ganz anders aus. Suki Kim, eine Journalistin, die undercover als Dozentin an der Universität für Wissenschaft und Technik in Pjöngjang Englisch unterrichtete, erlebte diesen krassen Unterschied aus nächster Nähe. Während einer der seltenen Ausflüge ins Umland der Hauptstadt sah sie auf einer Baustelle Männer »mit eingesunkenen Augen und hohlen Wangen, in zerrissener Kleidung, die Köpfe kahlgeschoren«; sie wirkten wie »die Opfer eines nationalsozialistischen Konzentrationslagers.«[318] Auf Grundlage der Resolution des UN-Sicherheitsrats 1718 aus dem Jahr 2006, die den Verkauf von Luxusgütern an Nordkorea verbietet, konfiszierte Italien 2010 Cognac und Whiskey im Wert von rund 17.000 Dollar sowie Ausrüstung für ein Theater mit 1000 Sitzen für annähernd 200.000 Dollar.[319] Ungeachtet dessen importierte Nordkorea Jahr 2013 Luxusgüter im Wert von rund 650 Millionen Dollar, mehr als doppelt so viel, wie Kim Jong-il während seiner Herrschaft jährlich einführte.[320] Diese Zahl stieg 2014 auf 800 Millionen und sank drei Jahre später auf 640 Millionen.[321] Der UN-Bericht aus dem Jahr 2014 erwähnt, dass Nordkorea im Laufe der Jahre ein Dutzend Fahrzeuge der Marke Mercedes, Musikaufnahmegeräte, Kosmetik und ein Dutzend Klaviere zu beschaffen versuchte, die ohne Zweifel für die höheren Chargen in Pjöngjang bestimmt waren.[322] Nachfolgende Untersuchungen ergaben, dass der Strom von Luxusgütern, darunter Skiausrüstungen und Wodka, anhält.[323] Und 2019 zeigte Pjöngjang in den Staatsmedien stolz ein frisch renoviertes Kaufhaus, in dem man Schweizer Uhren, Haushaltsgeräte von Dyson und Bosch und andere Elektroartikel kaufen konnte.[324]

Es geht also um viel Geld, und dies trotz der Sanktionen der USA und anderer Staaten, die Nordkoreas Möglichkeiten der legalen oder illegalen Devisenbeschaffung einschränken sollen. Kein Wunder also, dass es Kims Ziel war, allein darüber zu bestimmen, wer mit Hilfe dieser Mittel Zugang zu Macht und Privilegien erhielt. Seine Säuberungen verschafften ihm neue Gefolgsleute, verhinderten die Verknöcherung alter Netzwerke und schufen ein Klima der Verunsicherung. Kim stellte ein für alle Mal klar, dass die politischen, ökonomischen und sozialen Vorteile der Elite von ihrer Ergebenheit gegenüber dem Regime abhingen, ihr Überleben also auf Kims Erfolg beruhte. Die Botschaft an die Untertanen lautete: Es ist in Ordnung, Geld zu machen, solange du nicht vergisst, für wen du arbeitest und wer die Führung innehat.

Ein weiterer Gewinn von Kims systematischen Säuberungen war die Ersetzung älterer Funktionäre durch jüngere, die eher mit seiner neuen, modernen Sichtweise übereinstimmen und frisches Blut in ein System pumpen sollen, das von alten Männern beherrscht wurde. Die jetzige Führungsriege ist jünger, laut südkoreanischen Berichten senkte der Generationswechsel an der Spitze das Durchschnittsalter des inneren Machtzirkels von 76 auf 62 Jahre.[325] In seinen ersten beiden Jahren wechselte Kim die Hälfte der 218 hohen Parteifunktionäre, Minister und führenden Militärs aus. Und in den kommenden Jahrzehnten steht Kim eine noch größere Auswahl jüngerer und ergebener Funktionsträger zur Verfügung. Diese »Prinzen« und »Prinzessinnen« besitzen schon jetzt durch ihr familiäres und finanzielles Netzwerk Einfluss und bilden Kims ureigene, auf ihn und nicht seine Vorgänger eingeschworene Unterstützerbasis. Womöglich geht er auch davon aus, dass sie, im wörtlichen und übertragenen Sinne, nicht so viel auf die alten Geschäftsmethoden geben und vielleicht auch gefügiger und risikofreudiger sind.

Es gibt Anzeichen dafür, dass Kim die älteren Generationen und ihr Verständnis von Führung verachtet. Sein Spielgefährte, der Sushikoch Fujimoto, wurde Zeuge, wie Kim als Teenager auf einen älteren Regierungsmitarbeiter eintrat und ihn verhöhnte, wobei dieser die Attacke klaglos hinnehmen musste.[326] Auch als Erwachsener verhält sich Kim immer wieder unbeherrscht. Ein Vertreter des südkoreanischen Instituts für Nationale Sicherheitsstrategie berichtete 2014: »Lippenleser haben anhand von Fernsehaufnahmen festgestellt, dass Kim nicht selten im Gespräch ältere Parteimitglieder beschimpft.«[327] Nur wenige Monate nach der Hinrichtung von Jang hielt Kim eine Rede von mehr als 6000 Wörtern, in der er den Mangel an ideologischem Feuer beklagte.[328] »Auch ein rollender Stein kann Moos ansetzen«, sagte er, womit er offenbar Vertreter der Elite meinte, die es sich auf ihren Posten zu bequem machten. Weiterhin prangerte er »ideologisch degenerierte Genossen« an, die »innerlich mit bourgeoiser Ideologie und Kultur verseucht« seien und sich von der »Furcht vor den Imperialisten überwältigen« ließen. Sie zögerten und zauderten, während er, Kim, im Dezember 2012 den USA furchtlos mit einem erfolgreichen Satellitenstart und im Februar 2013 mit einem Atombombentest entgegengetreten und trotz der Androhung von Sanktionen und Isolation keinen Schritt zurückgewichen sei. Vor dem Hintergrund von Jangs Schicksal und der anschließenden Kampagne zur Bekämpfung der Korruption und des ideologischen Wankelmuts machte die Rede allen Funktionären unmissverständlich klar, dass sie weiter mit Entschlossenheit, Zielstrebigkeit und Energie für ein atomar bewaffnetes Nordkorea unter Führung von Kim einzutreten hatten.

Außerdem wurde von ihnen erwartet, körperlich fit und bereit für den Krieg zu sein. Im Juli 2014 befahl der korpulente Kim mit der Zigarette im Mund Offizieren der nordkoreanischen Marine, die Uniform abzulegen und ein Bad im Meer zu nehmen.»Befehlshabern, denen die körperliche Leistungsfähigkeit fehlt, taugen nichts«, erklärte er, »ganz gleich, wie gut ihre ideologischen und moralischen Qualitäten sind, und egal, welche militärischen oder technischen Qualifikationen sie besitzen, sie müssen sich jederzeit in der [Vorhut] der kämpfenden Truppe bewähren können.«[329] Die staatlichen Medien berichteten, dass Kim mit der Schwimmübung zufrieden war, doch man kann sich gut vorstellen, dass so mancher ältere Offizier Angst bekam, wie er bei solchen Tests abschneiden würde, und um seine Zukunft bangte. Im selben Jahr hatte Kim schon von einem siebenundsechzigjährigen Offizier verlangt, einen Kampfjet zu fliegen.[330] Kim liebte derartige Übungen; einmal musste sich die Artillerie beweisen, dann gab es einen Wettbewerb im Bogenschießen, ein andermal mussten Luftwaffeneinheiten in Nachtflugmanövern zeigen, dass sie in der Lage waren, in den feindlichen Luftraum einzudringen. Stets ging es ihm darum, seine zupackende Art in Fragen militärischer Wachsamkeit unter Beweis zu stellen und zugleich seinen Offizieren und ihren Untergebenen klarzumachen, wer das Sagen hatte.

Kim prangert häufig und auch öffentlich Ineffektivität an, im Unterschied zu seinem Vater, der die Mängel des Regimes in der Regel unter den Teppich kehrte. Sein Sohn dagegen hält weder mit privater noch öffentlicher Kritik hinter dem Berg. Während einer Inspektion in einem Vergnügungspark im Jahr 2012 kanzelte er die Leitung wegen des schlechten Zustands der Anlage ab. Hier zeige sich eine Gleichgültigkeit, die ihrer Haltung gegenüber dem Volk entspreche und einen Mangel an ideologischer Leidenschaft offenbare, vermutlich sogar einen Mangel an Loyalität gegenüber ihm! Die Medien des Regimes berichteten über den Vorfall: »Als er Unkraut zwischen den Platten des Bodenbelags sah ... rupfte Kim es eigenhändig mit unzufriedener Miene aus und sagte zornig: Wie können Funktionäre so etwas übersehen? Wenn die Funktionäre, die für die Leitung des Vergnügungsparks zuständig sind, tatsächlich Führungsqualitäten und Liebe zu ihrer Arbeitsstätte sowie ein Bewusstsein für den Dienst am Volk besäßen, wie könnten sie dann solche Arbeit abliefern?«[331] Man kann sich gut vorstellen, wie den Umstehenden der Schreck in die Glieder fuhr, als sich ihr Führer hinabbeugte, um selbst Hand anzulegen. Sie erwarteten sicherlich das Schlimmste, als er schimpfte: »Ich hätte mir nicht vorstellen können, dass sich der Park in einem solch jämmerlichen Zustand befindet.«

Weitaus gravierender war der Einsturz eines mehr als zwanzigstöckigen Wohnturms in Pjöngjang, bei dem Hunderte Menschen ums Leben gekommen sein dürften. Es handelte sich um eines der Gebäude, die Kim errichten ließ, um die Hauptstadt in eine moderne Metropole zu verwandeln. Kim sei von tiefer Trauer überwältigt worden, hieß es in den nordkoreanischen Medien, auch dies ein Beispiel der neuen »Transparenz« des Regimes. Er »saß die ganze Nacht da, erfüllt von tiefem Schmerz, nachdem man ihm von dem Unglück berichtet hatte«, wird ein höherer Beamter zitiert. Und ein sichtlich zorniger Kim zwang die uniformierten Verantwortlichen, darunter seinen siebzigjährigen Minister für öffentliche Sicherheit und andere, die mehr als doppelt so alt wie er waren, sich in Reue vor den Einwohnern des Gebäudes und des Bezirks zu verbeugen.[332]

Kein Beamter, ob hoch oder niedrig, war vor Kims Inspektionen sicher. Bei der Besichtigung einer Schildkrötenfarm im Jahr 2015 beschimpfte ein aufgebrachter und enttäuschter Kim die Mitarbeiter wegen »schwerwiegender Mängel«. Dies sei eine Missachtung der Lehren von Kim Jong-il, dessen Wunsch es gewesen sei, dass »das Volk mit wohlschmeckendem und nahr-haftem Schildkrötenfleisch versorgt wird, das von alters her als sehr kräftigend bekannt ist.«[333] Das Versagen beruhe nicht bloß auf Inkompetenz, ein Grund sei auch eine »altmodische Denk-weise«, anders ausgedrückt, die Verantwortlichen hätten sich nicht Kims innovative und moderne Ideen zur Verbesserung des Lebens der Menschen angeeignet. Kurz nach seinem Besuch ließ Kim Berichten zufolge die Verwalter der Farm hinrichten, was auch in den unteren Führungsetagen eine Welle der Angst auslöste.[334] Sie fürchteten, auch sie könnten ins Visier von Kims Zorn geraten, wenn sie nicht zu seiner Zufriedenheit arbeiteten und nicht genügend Loyalität an den Tag legten.

Die führenden Funktionäre der älteren Generation mussten häufig als Sündenböcke herhalten, wenn die angestrebten Ziele verfehlt wurden, obwohl dies oft genug an fehlendem Material und der grassierenden Korruption lag, die zu Baumängeln führte. Manchmal waren Kims Erwartungen auch einfach unrealistisch. Doch Jangs Hinrichtung und das offensichtliche Vergnügen, mit dem Kim Funktionäre demütigt, zeigen auch einen dünnhäuti-gen jungen Mann, der an Selbstüberschätzung leidet, nachdem er sein ganzes Leben lang verhätschelt und mit Lob überschüttet wurde. Hatten sie sich nicht alle bei seinen Kindergeburtstagen vor ihm verneigt? Zu den Verbrechen, die man Jang anlastete, gehörte auch der Vorwurf, er habe nur »halbherzig« applaudiert, als Kim 2010 zum Vizevorsitzenden der Zentralen Militärkom-mission gewählt wurde. In Kims Wutausbrüchen zeigt sich wo-möglich eine tiefe Verunsicherung darüber, wie verlässlich die Unterstützung der höheren Führungschargen tatsächlich ist. Anderseits macht die Episode auch deutlich, dass Kim langfris-tig und strategisch denkt: Er ließ sich Zeit und trug erst drei Jah-re Material gegen Jang zusammen, bevor er ihn anklagen ließ. Der unmittelbare Anlass für den Sturz von Verteidigungsminister

Hyon Yong-chol, der Berichten zufolge 2015 hingerichtet wurde, war offenbar, dass er während einer Ansprache des jungen Staatschefs einschlief. Aber Hyon dürfte Kim auch durch Kritik an seiner aggressiven Außenpolitik erbost haben.

Kims Geringschätzung für die ältere Generation beschränkte sich nicht auf seine Landsleute. Schließlich war er nicht bloß nach nordkoreanischen Maßstäben ein junger Machthaber, sondern um Jahrzehnte jünger als die Staatsführer der gesamten Region. Lee Myung-bak, bis 2013 Präsident von Südkorea, war Jahrgang 1941, seine Nachfolgerin Park Geun-hye wurde 1952 geboren. Park, Chinas Präsident Xi Jinping (Jahrgang 1953) und Japans Premierminister Shinzo Abe (geboren 1954) sind Kinder hochrangiger Persönlichkeiten ihrer Länder. Präsident Obama war der Jüngste unter den für Kim relevanten Staatsführern, er war fünfzig, als Kim an die Macht kam.

Während Kim im eigenen Land seine Gegner mit Hinrichtungen einschüchterte, versuchte er es auf regionaler und internationaler Ebene mit harschen Worten. Den afro-amerikanischen US-Präsidenten beschimpfte das Regime in schrill rassistischen Tönen, es nannte ihn gar einen »Affen aus einem Tropenwald«.[335] Park Geun-hye, die erste Präsidentin Südkoreas, sei eine »Schlampe« und ein »kaltblütiges Biest«, eine »widerliche Hure«, deren »Zuhälter« Obama sei – was sich auf die enge Zusammenarbeit zwischen Washington und Seoul und ihre Allianz gegen Nordkoreas Provokationen bezog.[336]

In seiner Kritik an der chinesischen Regierung schlägt Kims Regime moderatere Töne an, zweifellos weil Nordkorea von der politischen Unterstützung und Wirtschaftshilfe des Nachbarlandes abhängig ist. Die Verbindungen zwischen Pjöngjang und Peking hatten sich nach Kims Machtantritt verschlechtert. Die Kontakte und Begegnungen sowohl auf Regierungs- als auch auf Arbeitsebene waren zurückgegangen, da Kim China auf Distanz hielt, wahrscheinlich, weil er sich keine Ermahnungen der chinesischen Regierung anhören wollte, die Spannungen in der Region zu senken. Tatsächlich hatte Präsident Xi Jinping im November 2012 einen Gesandten mit einem Schreiben nach Pjöngjang geschickt, das dem neuen Führer den Verzicht auf Raketentests nahelegte.[337] Es war der erste offizielle Besuch eines chinesischen Diplomaten in Nordkorea, seit Kim die Zügel übernommen hatte. Doch knapp zwei Wochen später startete Kim erfolgreich eine Rakete und schlug damit Xis Warnungen demonstrativ in den Wind.

Ab und zu entsandte Kim, halbherzig um Aufrechterhaltung der guten Beziehungen bemüht, doch einen Vertreter Pjöngjangs nach Peking. Doch sobald er den Eindruck hatte, Xis Regierung bringe ihm nicht genügend Wohlwollen und Respekt entgegen, machte er sofort deutlich, dass er sich nicht einschüchtern ließ und ihm niemand vorzuschreiben habe, was er zu tun und zu lassen hatte.

Ein Beispiel: Es war als ein Anzeichen von Tauwetter gewertet worden, dass Kim die Moranbong Band – eine Girlband, deren Mitglieder Kim dem Vernehmen nach persönlich ausgesucht hatte – für eine Woche nach Peking auf Tournee schickte. Doch dann beorderte Kim sie abrupt nach Pjöngjang zurück, was offenbar daran lag, dass Peking nur Funktionäre der unteren Ebenen in die Konzerte ließ.[338] Verärgert über Kims provokative Verlautbarungen zur Entwicklung einer Wasserstoffbombe, wollte ihm die chinesische Regierung damit offensichtlich ihr Missfallen signalisieren. Mit dem Rückruf der Musikerinnen bekundete Kim seinen unbeugsamen Willen und stellte klar, dass er sich nicht durch Kritik beeindrucken ließ.

Hatte er tatsächlich geglaubt, seine martialische Erklärung zu Thermonuklearwaffen würde in Peking widerspruchslos zur Kenntnis genommen werden? Der Eklat ließ den Konflikt des älteren Xi mit dem jungen nordkoreanischen Führer zutage treten.

Kim war weder bereit, sich den Wünschen Chinas zu beugen, noch duldete er, dass der Nachbar seine persönliche Girlband mit Geringschätzung behandelte. Verhandlungen und Kompromisse gehörten nicht zu seinem Repertoire.

Doch Kim verhielt sich nicht nur gegenüber anderen Staatsführern abweisend und arrogant, sondern auch gegenüber Wirtschaftsbossen wie Eric Schmidt, dem CEO von Google. Dieser hatte ihm 2013 in einer Delegation unter Führung von Bill Richardson, dem ehemaligen Gouverneur von New Mexico und häufigen Gast in Pjöngjang, seine Aufwartung gemacht. Gerne empfing er hingegen den amerikanischen Basketballstar Dennis Rodman, eine schillernde Gestalt mit zahlreichen Piercings und Tattoos.[339] Im Februar 2013 wurden Rodman und drei Spieler der Harlem Globetrotters von Vice Media für eine Schauveranstaltung in Nordkorea engagiert. Überraschend tauchte Kim unter den Zuschauern des Spiels auf und nahm neben Rodman Platz. Damit war er der erste Amerikaner, der Kim nach seiner Machtübernahme kennenlernte. Kim sei ein »Freund fürs Leben«, schwärmte Rodman.[340] Anschließend gab Kim in einer seiner Villen eine große Party zu Ehren des Basketballers und lud ihn ein, bald wieder nach Nordkorea zu kommen. Rodman nahm ihn beim Wort und reiste drei weitere Male nach Nordkorea. In den Medien kursierten Bilder, die die beiden in bester Laune zeigen. Sie gaben ein merkwürdiges Bild ab: der kleine dicke Diktator, der ständig mit dem Atomkrieg drohte, neben dem exzentrischen, baumlangen Basketballspieler aus den USA.

Rodmans zweite Reise fand im September 2013 statt. Als ob die Angelegenheit an sich nicht schon absurd genug gewesen wäre, wurde sie diesmal auch noch von einem irischen Wettbüro gesponsert. Der Basketballer besuchte Kim in Wonsan, dem privatem Feriendomizil des Diktators. Dort lernte er auch Kims Tochter Ju-ae kennen, die damals noch ein Kleinkind war. Es war die erste Bestätigung, dass Kim mit seiner Frau Ri Sol-ju mindestens ein Kind hat.[341] Sieben Tage lang ließen es sich die beiden Männer gut gehen, tranken und qualmten Zigarren oder vergnügten sich an Bord von Kims 100-Meter-Jacht, laut Rodman eine »Kreuzung zwischen einer Fähre und einem Disney-Dampfer«. »Es ist, wie wenn man nach Hawaii oder Ibiza fliegt, nur dass [Kim] dort ganz allein wohnt«, berichtete er. Selten erhielt man aus erster Hand einen solchen Einblick in Kims verschwenderischen Lebensstil und seinen Reichtum.[342]

Kims offen zur Schau gestellte Männerfreundschaft mit Rodman erweckte internationales Aufsehen und verstärkte das Bild eines unberechenbaren, exzentrischen und unreifen Herrschers über einen Atomstaat. Diese Serie von Ereignissen erinnerte mich an Heuers Warnung: »Allzu oft erscheint uns das Verhalten von Ausländern als ›irrational‹ oder als ›nicht in ihrem eigenen Interesse‹«, weil wir vorschnell amerikanische Werte auf ausländische Staatsführer übertragen, anstatt uns um ein Verständnis ihrer Motive zu bemühen.[343] Gut möglich, dass Kim mit dieser sonderbaren Freundschaft seiner eigenen Führungsriege und dem Weltpublikum demonstrieren wollte, dass er einfach tut, was ihm gefällt, und allen Kritikern eine lange Nase dreht. Aber genauso plausibel ist, dass er eine Beziehung zu jemandem genießt, der eindeutig unpolitisch ist, sich nicht um Nordkoreas aggressive Außenpolitik kümmert und keinerlei Kritik an seinem Streben nach Atomwaffen und den Menschenrechtsverletzungen seines Regimes übt. Kim will sich vielleicht einfach von einer menschlicheren Seite zeigen und unter Beweis stellen, dass er nicht bloß ein Despot ist, der andere bestraft, sondern auch Spaß haben kann. Schließlich ist Kim seit seinen sorglosen Kindertagen ein Fan des amerikanischen Basketballs – und es ist ja durchaus geschickt, mit Hilfe von Rodman das Image eines modernen Landes zu verbreiten.

Kim schien auch daran gelegen, sich großherzig gegenüber dem einzigen anderen Ausländer zu zeigen, mit dem er in den ersten sechs Jahren seiner Herrschaft persönlichen Kontakt hatte. Kenji Fujimoto, der Kim Jong-ils Sushikoch und Jong-uns Spielkamerad gewesen war, hatte sich 2001 auf einer Reise nach Tokio, wo er Seeigel für den unersättlichen Appetit Jong-ils besorgen sollte, abgesetzt. Fujimoto hatte sich ein Zubrot damit verdient, dass er seine Erinnerungen an die Zeit in Nordkoreas innerstem Zirkel zu Geld machte, aber er lebte auch in der Furcht vor nordkoreanischen Agenten, die bekanntermaßen Abtrünnige aufspürten und einschüchterten oder gar umbrachten. Doch anstelle eines Killerkommandos schickte ihm Kim Jong-un eine in roten Samt eingeschlagene Einladung, ihn in Pjöngjang zu besuchen.³⁴ Wie Fujimoto später der *Washington Post* berichtete, empfing ihn Kim Jong-un mit offenen Armen. Fujimoto verneigte sich mit Tränen in den Augen und erklärte demütig: »Ich, Fujimoto der Verräter, bin zurückgekehrt.« Erleichtert und dankbar nahm er es auf, als Kim ihm erwiderte: »Ist schon in Ordnung, alles in Ordnung«, und den an seiner Schulter schluchzenden älteren Mann umarmte.

Rodman und Fujimoto, die Kim während seiner Kindheit bewundert hatte, waren während seiner ersten sechs Jahre an der Macht die einzigen Ausländer, zu denen er Kontakt hatte, und auch dies nur auf heimischem Boden. Man kann daraus schließen, dass er in dieser Anfangsphase als Führer Nordkoreas nicht bereit oder willens war, sich mit der Außenwelt auseinanderzusetzen. Kim entstammte einer Dynastie von Diktatoren, die sich auf politisches Theater verstanden. Mit seinem Bemühen, einen freundlicheren, sanfteren Kim zu zeigen, kaschierte er auch die systematische Grausamkeit seines Regimes. Die brutale Beseitigung seines Onkels und anderer Führungsfiguren ist nur die Spitze des Eisbergs einer massiven Unterdrückung, deren Bar-

barei sich durchaus mit der im nationalsozialistischen Deutschland vergleichen lässt.

KIMS LAGERSYSTEM

Die Vergnügungsparks, Warenhäuser und Edelrestaurants sollen zeigen, wie Kim sich um sein Volk sorgt und wie sehr er es
liebt. Das ausgedehnte Netzwerk von Straf- und Gefangenen-
lagern hingegen erinnert auf erschreckende Weise daran, was
Nordkoreanern blüht, die dem Regime nicht die geforderte Loyalität entgegenbringen. Mindestens 120.000 Nordkoreaner sind
in einem halben Dutzend Lagern gefangen, einem Gulag-System,
das das Regime seit Jahrzehnten nutzt, um Abweichler in Schach
zu halten und der Familie Kim die Herrschaft zu sichern; hinzu
kommen zahllose weitere Bürger des Landes in zwei Dutzend
Haft- und Schwerstarbeitslagern.[345] Eine Kommission der Vereinten Nationen zur Untersuchung der Menschenrechtssitua-
tion in der Demokratischen Republik Korea führte zahlreiche
Interviews mit Überläufern, darunter auch ehemalige Gefängniswärter, und kam zu dem Schluss, dass das nordkoreanische
Regime »systematische, weitverbreitete und schwerwiegende
Menschenrechtsverletzungen« begeht.[346] Das fast 400-seitige
Dokument bestätigte, was Menschenrechtsvertreter und nord-
koreanische Flüchtlinge seit Jahren berichteten, und brachte die
Grausamkeit und Menschenverachtung des Regimes ans Licht.
Kim stellt der Welt sein sozialistisches Paradies in Pastelltönen
dar, doch dahinter verbirgt sich das schmutzige Geheimnis seiner
Lager, ein verschwiegener, aber unverzichtbarer Teil der Kontrol-
le der Bevölkerung. Geschaffen hat Kim das Lagersystem nicht –
dafür ist sein Großvater verantwortlich, der sich in den 1950er-
Jahren Stalins Gulag zum Vorbild nahm. Aber offenbar kann sein
Enkel das Überleben und die Sicherheit seines Systems nicht

ohne solche Zwangseinrichtungen aufrechterhalten, so sehr er sich bemüht, sein Land als einen modernen, blühenden Staat darzustellen.

Nordkorea betreibt zwei Arten von Straflagern. Die *kyohwaso* sind Gefängnisse für Kriminelle und politische Gefangene, die normalerweise eine zeitlich begrenzte Haftstrafe verbüßen. Hier werden immerhin noch gewisse juristische Standards eingehalten. In den *kwanliso* hingegen befinden sich politische Gefangene, die als »Staatsfeinde« oder »Volksfeinde« eingestuft werden, diffuse Vorwürfe, die auf völlig willkürliche Weise zur Inhaftierung einzelner »Krimineller« oder auch ganzer Familien bis in die dritte Generation führen können. Laut dem UN-Bericht sitzen hier mehr als ein Drittel aller Inhaftierten – fast 36 Prozent – in Sippenhaft.[347] Der Unterschied zu den *kyohwaso* liegt vor allem im Grad der Brutalität, mit der die Gefangenen in den *kwanliso* Folter, Vergewaltigung, sexueller Gewalt, Hunger, Zwangsarbeit und Hinrichtungen ohne Gerichtsverfahren unterworfen sind. Die Vorwürfe, die den Menschen zur Last gelegt werden, erscheinen ebenso willkürlich wie die verhängten Strafen. Das Schicksal der Menschen, die in die Mühlen dieses Justizsystems geraten, hängt vor allem von ihrem *songbun* ab und damit von ihren Möglichkeiten, sich durch Bestechung von den gegen sie erhobenen Vorwürfen freizukaufen oder die Hilfe eines mächtigen Gönners zu erlangen.

Dem Vater des geflüchteten Hyeonseo Lee war Bestechung vorgeworfen worden, und beim Verhör hatte man ihn so brutal geschlagen, dass er schließlich seinen Verletzungen erlag. Doch Lee vermutete, dass er »politisch in Ungnade gefallen oder einem einflussreichen Funktionär in die Quere gekommen ist«. Ein Häftling kann sich einer Bestrafung normalerweise durch Verbindungen und Geld entziehen, aber sein Schicksal kann auch von jemandem, der Rache an ihm üben will, negativ beeinflusst werden.[348] Lee erinnerte sich an das Schicksal einer Familie, die ins Gefängnis geworfen wurde, weil sich der Vater eine Zigarette aus einem Stück Zeitungspapier gerollt hatte, auf dessen Rückseite sich zufällig ein Bild von Kim Il-sung befand.[349] Der Bericht der UN-Kommission schildert den Fall eines Siebzehnjährigen, der gefoltert wurde, weil er sich südkoreanische Filme angesehen hatte. Die Sicherheitskräfte zerschmetterten seinen Knöchel und entstellten sein Gesicht. Nachdem seine Familie ein Lösegeld gezahlt hatte, ließ man den Jungen schließlich frei, doch infolge der Folter starb er später an einer Hirnblutung.[350]

Das Kim-Regime leugnet gegenüber der eigenen Bevölkerung wie gegenüber dem Ausland die Existenz der *kwanliso*, der Lager für politische Gefangene. Ein Land, das von seinen Bürgern totale Ergebenheit verlangt, kann unmöglich zugeben, dass es Widerspruch gibt. Laut der UN-Kommission dient das Lagersystem der *kwanliso* dazu, »Gruppen, Familien und Individuen, die politisch, ideologisch oder ökonomisch das bestehende politische System und dessen Führung infrage stellen, dauerhaft aus der Gesellschaft zu entfernen.«[351] Tatsächlich dienen die Gefangenenlager dazu, echte oder vermeintliche Kritiker des Regimes zu brandmarken und zu isolieren. Kim Il-sung selbst erklärte Haft und Bestrafung über mehrere Generationen hinweg zur Notwendigkeit, insbesondere wenn es sich um »Klassenfeinde« handelte. Gemeint waren Menschen, die in Südkorea geboren waren, die mit der japanischen Kolonialregierung kollaboriert hatten sowie ehemalige Grundbesitzer. »Ihre Saat muss bis in die dritte Generation ausgerottet werden«, befand der Staatsgründer.[352] Frühere Lageraufseher bestätigten vor der UN-Kommission, dass diese Anweisung zu ihrer Ausbildung gehört hatte. Daraus zog die Kommission den Schluss, dass das Lagersystem dazu diene, Nordkoreas »soziales Gefüge umzuwandeln« und das ganze Land »an der Ideologie des *suryong-*

Systems auszurichten, indem man ganze Gruppen und einzelne Individuen aus der Gesellschaft ausschloss.«[353] Mit anderen Worten, ihre Existenz war unerwünscht.

Das Regime erklärte es zu den schlimmsten »Verbrechen«, südkoreanische Filme zu sehen, Fluchtversuche nach China zu unternehmen, verbotenen wirtschaftlichen Aktivitäten nachzugehen, Kontakte mit christlichen Missionaren zu pflegen oder eine Bibel zu besitzen. Viele Gefangene hatten keine Ahnung, warum man sie eingesperrt hatte, vor allem die Kinder wussten nicht, warum sie und ihre Familien in entlegene Lager verschleppt wurden. Eine aus Nordkorea entflohene Frau berichtete, sie sei dreizehn gewesen, als sie auf dem Heimweg von der Schule festgenommen und in ein Lager gebracht worden sei, wo sie auf ihre gesamte Familie traf. In den beinahe drei Jahrzehnten ihrer Gefangenschaft fand sie niemals heraus, wofür sie und ihre Verwandten bestraft wurden.[354] Erst später erfuhr sie, dass ihr Großvater während des Koreakriegs in den Süden geflohen war, weshalb ihre Familie fortan zur Klasse der »Feindseligen« zählte, die vom Regime stets nur das Schlimmste zu erwarten hatte.

Es ist nicht einfach, die Erinnerungen und Aussagen von Flüchtlingen zu lesen, so viel schreckliche Gewalt wurde ihrem Körper und ihrer Seele zugefügt. »Mir graute davor, den anderen Gefangenen nahezukommen«, berichtete Kang Chol-hwan über seine ersten Eindrücke im berüchtigten Lager Yodok. »Ihre Gesichter waren hässlich, sie hatten Zahnlücken, ihr Haar war verklebt und zerzaust, sie waren schmutzig wie Tiere. Doch noch erschreckender als ihr körperlicher Zustand war die Hinfälligkeit, die sie ausstrahlten.«[355] Kims Lager sollen den Menschen ihre Würde rauben und ihnen schließlich den Tod bringen. Selbst Kinder werden zu harter Arbeit in Bergwerken, der Landwirtschaft oder auf Baustellen gezwungen. Sie erhalten so kümmerliche Essensrationen, dass sie gezwungen sind, Nagetiere, Frösche,

Schlangen und Insekten zu verzehren. Andere denunzieren ihre Mitgefangenen, um die Gunst der Bewacher oder zusätzliche Rationen zu erhalten.

Körperliche und psychische Folter ist an der Tagesordnung. Man zieht den Gefangenen Plastiktüten über den Kopf und taucht sie unter Wasser. Man raubt ihnen den Schlaf oder die Bewegungsfreiheit, indem man sie in enge Käfige steckt oder an den Handgelenken aufhängt. Vergewaltigung und sexuelle Folter sind laut einem Bericht des War Crimes Committee der International Bar Association weit verbreitet.[356] Die Gefängniswärter nutzen ihre Machtstellung gegenüber den weiblichen Gefangenen aus; manchen Frauen bleibt nichts anderes übrig, als sich ihr Überleben mit Sex zu erkaufen. Werden Frauen schwanger, erzwingt man auf brutalste Weise einen Abgang, etwa »durch drei Männer, die sich auf ein Brett stellen, das der schwangeren Gefangenen über den Bauch gelegt wird«, oder indem man einen Stock in ihre Vagina einführt oder die Frau schlägt, um eine Fehlgeburt auszulösen. Föten und Neugeborene werden in den Abfall geworfen, an die Wachhunde verfüttert oder in Gegenwart der Mutter mit einem Handtuch erstickt. Eine frühere Krankenschwester der nordkoreanischen Armee gab an, Zeugin von Abtreibungen geworden zu sein, bei denen den Frauen Motoröl in den Bauch injiziert wurde. Manche Vergewaltigungsopfer versuchten, selbst eine Abtreibung herbeizuführen, indem sie sich einen Gummischlauch in die Vagina einführten.

Die Vereinigten Staaten und die Vereinten Nationen haben erklärt, dass diese Menschenrechtsverletzungen mit Billigung der obersten Führungsschicht Nordkoreas geschehen. Im Juli 2016 prangerten die Vereinigten Staaten zum ersten Mal Kim Jong-un, seine Schwester Kim Yo-jong und weitere hochrangige Mitglieder des Regimes wegen Menschenrechtsverletzungen an, um das Regime unter Druck zu setzen. Adam Szubin, damals US-Staatssekretär für Terrorismus und Geldwäsche, stellte in einer Presseerklärung fest: »Auch unter Kim Jong-un müssen Millionen Nordkoreaner unvorstellbare Grausamkeiten und Not ertragen, darunter Hinrichtungen ohne Gerichtsverfahren, Zwangsarbeit und Folter ... Die heute von der [Obama-] Regierung beschlossenen Maßnahmen sind Ausdruck der Verurteilung der Verbrechen dieses Regimes durch die US-Regierung und unserer Entschlossenheit, ihnen ein Ende zu setzen.«[357] Sechs Monate später, im Januar 2017, sanktionierte Washington weitere Vertreter des Regimes, darunter Kim Yo-jong als Vizevorsitzende der Abteilung für Propaganda und Agitation der Partei sowie Schlüsselfiguren im Partei- und Sicherheitsapparat. Man warf ihnen »schwere Menschenrechtsverletzungen«, »scharfe Zensurmaßnahmen« und Aktivitäten zur Verschleierung der Verbrechen des Regimes gegen die Menschlichkeit vor.[358]

Wie schon sein Vater und Großvater stützt sich Kim auf straff organisierte, verschachtelte Sicherheitsorganisationen. Deren Chefs werden für die Unterdrückung von Menschenrechten und ihre Regimetreue belohnt. »Je mehr Eifer sie bei der Unterstützung der Politik des Regimes einschließlich der Missachtung von Menschenrechten zeigen, desto mehr Privilegien erhalten sie«, schreibt der Nordkorea-Experte Robert Collins.«[359] Hunderttausende Funktionäre in einem halben Dutzend Partei- und Sicherheitsorganisationen sind mit der Überwachung von jedem Einzelnen, auch der hochrangigen Funktionäre, beschäftigt.[360] Zudem stehen sie für die persönliche Sicherheit Kim Jong-uns und seiner Führungsclique gerade. Hinzu kommen die Organisation der politischen Gefängnisse und anderer Unterdrückungsapparate. Dieses verschachtelte Unterdrückungssystem – von der Abteilung für Organisation und Leitung, die die Ernennung von höheren Funktionären überwacht und diese beaufsichtigt, bis zu den Ministerien, die für die Geheimpolizei, die Spionageabwehr, die Verbrechensbekämpfung und den Personenschutz für hochrangige Regierungsvertreter in Pjöngjang zuständig sind – soll Kim nicht nur vor inneren Bedrohungen schützen, sondern auch verhindern, dass sich eben diese Organisationen gegen die Führung wenden. Zur Absicherung gegen einen Staatsstreich, schreibt Sheena Chestnut Greitens, muss ein Machthaber »das System der inneren Sicherheit aufsplittern«, um zu erreichen, dass sich »Kompetenzen überschneiden und miteinander konkurrieren und die Kommunikation und Koordination der einzelnen Instanzen untereinander beschränkt bleibt«.[361] Kim und sein Vater haben dies auch dadurch erreicht, dass sie Familienmitglieder und ausgewählte Nachkommen der Partisanengeneration auf hohe Posten hievten. So hängt nicht nur das Wohl und Wehe der obersten Führung vom Überleben des Regimes ab, es wird auch unmissverständlich klargemacht, dass Kim, und nur Kim allein, die Personalentscheidungen trifft.

Die Überwachung ist landesweit flächendeckend organisiert und erfasst sämtliche Personen bis hinunter auf Nachbarschaftsebene. Bürgerwehren patrouillieren auf den Straßen und halten nach Verletzungen der guten Sitten Ausschau – mal trägt eine Frau zu langes Haar, mal hat ein Mann beim hastigen Aufbruch zur Arbeit vergessen, sich seinen Anstecker mit dem Konterfei von Kim Il-sung ans Revers zu stecken. Inspektoren mit weißen Handschuhen dringen unangekündigt in Wohnungen ein, um sicherzustellen, dass die gerahmten Fotos von Kim Il-sung und Kim Jong-il, die in jedem Haushalt hängen müssen, auch bestens geputzt sind. Und die Vorsteher der *inminban*, der Volkskomitees, in denen alle Bürger organisiert sind, sorgen dafür, dass nicht das Geringste verborgen bleibt, sei es, was eine Familie besitzt, wer bei wem übernachtet oder was es sonst noch an intimen Details im Alltag gibt. Jeder ist ein tatsächlicher oder potenzieller Spitzel, und jedem droht ständig Bestrafung für tatsächliche oder vermeintliche Vergehen. In diesem System, so Hyeonseo Lee, »machte der Staat uns alle zu Denunzianten und Informanten.«[362]

Die Infrastruktur der Unterdrückung, die Kim Jong-un geerbt und durch die brutale Ermordung seines Onkels und anhaltende Säuberungen noch verstärkt hat, fördert das Gruppendenken unter seinen engsten Beratern, die es kaum wagen, von seiner Linie abzuweichen. Nicht nur ihr Überleben, auch die Zukunft ihrer Familien hängt von der Ergebenheit ab, die sie Kim, und Kim allein, gegenüber beweisen. Seine Unberechenbarkeit und Unverfrorenheit – und die Furcht seiner Berater, was er als Nächstes tun könnte und wen er gerade im Visier hat – verringern mögliche negative Folgen seines Handelns, während sie zugleich sein Vertrauen in die Richtigkeit seiner Entscheidungen festigen. Angesichts der Entschlossenheit, mit der Kim die Herrschaft über sein Volk durch die Kombination von Gewalt und dem Versprechen von Wohlstand sichert, sind die Loyalität der Elite und der Repressionsapparat für ihn unverzichtbar.

Die Unterdrückung der Bevölkerung und das Atomwaffenprogramm sind die beiden Säulen, auf denen das Überleben des Regimes ruht. Die Missachtung von Menschenrechten und der Status des Landes als Atommacht verstärken einander. Das Narrativ des Regimes von den »feindseligen« USA, die auf die Zerstörung Nordkoreas abzielen, rechtfertigt die aggressive Rüstung, den Einsatz der knappen Ressourcen für den Aufbau dieser strategischen Bewaffnung und sogar die Verbrechen gegen die Menschlichkeit. Die Unterdrückung jedes möglichen Widerspruchs und die Säuberungsaktionen unter der Führungsschicht schaffen eine Echokammer, in der sich Kim mit Jasagern umgibt, obwohl er doch gleichzeitig als moderner Führer gelten will. So sehr Kim wünschen mag, aus alten Denkgewohnheiten auszubrechen und sein Land mit den Annehmlichkeiten des 21. Jahrhunderts zu beglücken, so stützt sich seine Herrschaft doch auf die ererbte Struktur, in der Terror das Überleben des Regimes garantiert.

Die jahrzehntelange extreme Unterdrückung sowie die skrupellose Beseitigung seines Onkels und anderer hochrangiger Führer haben zweifellos Kims Überzeugung gestärkt, dass negative Konsequenzen seines Handelns überschaubar bleiben, was durch das Ausbleiben von größerem Gegendruck im In- und Ausland letztlich bestätigt wird. Dies hat sicher auch sein Vertrauen in seine Fähigkeit gestärkt, Menschen und Situationen nach Belieben manipulieren zu können. Die Angst vor dem Zorn des Führers mag ihn derzeit vor den Folgen seiner Handlungen bewahren, aber da ihm dies nur durch Unterdrückung gelingt, kann Kim die Isolation seines Landes nicht durchbrechen. Ob es ihm bewusst ist oder nicht, das Gebäude der Angst, dessen Fundament von seinem Großvater gelegt wurde und das sein Vater weiter ausgebaut hat, versperrt ihm die Sicht auf Möglichkeiten jenseits seiner Mauern.

Kurz nachdem er seinen Onkel hinrichten ließ, hat Kim seine Repressalien über die Landesgrenzen hinaus ausgedehnt, um ein amerikanisches Unternehmen abzustrafen. Dies war ein Versuch, auch der Welt jenseits Nordkoreas mittels des gigantischen Apparats, der ihm zur Verfügung steht, seinen Willen aufzuzwingen.

9

KIMS HACKER

Kim Jong-un schlendert in seinem üblichen dunklen Mao-Anzug für ein Interview ins Studio. Lässig nimmt er im Sessel Platz und lächelt breit, um der Welt bei dieser international ausgestrahlten Live-Sendung seine Offenheit zu demonstrieren. Zunächst bestätigt er dem Interviewer, dass er Karaoke liebt und ein begabter Maler ist – mit anderen Worten, ein Mensch wie jeder andere –, doch dann schweift er in die Politik ab. Er verurteilt die Vereinigten Staaten dafür, den Koreakrieg begonnen und mehr Menschen pro Kopf der Bevölkerung ins Gefängnis gesperrt zu haben als jedes andere Land, sein eigenes eingeschlossen. Die Anspannung steigt, als der Interviewer, der Starreporter Dave Skylark, auf Kims Gulag und die Tatsache zu sprechen kommt, dass er Hunderte Millionen Dollar in sein Atomwaffenprogramm steckt und dabei sein Volk verhungern lässt. Wütend starrt Kim sein Gegenüber an, das soeben gegen die Abmachung über die zugelassenen Fragen verstoßen hat. Er schäumt: »Dave, du bist einfach unfähig, ein richtiges Interview zu führen. Du bist eine Witzfigur!« Im weiteren Verlauf des Gesprächs fühlt sich Kim so provoziert, dass er eine Pistole zieht und auf den glücklos agierenden amerikanischen Fernsehjournalisten schießt. Millionen Zuschauer auf der ganzen Welt halten entsetzt den Atem an, und in Nordkorea kommen zumindest einigen Menschen Zweifel, ob ihr Führer wirklich der Gott ist, an den zu glauben man ihnen beigebracht hat.

Immer noch voller Zorn befiehlt Kim seinen Militärs, einen Raketenstart mit Atomsprengkopf vorzubereiten. Unterdessen entkommen Skylark (er trägt eine kugelsichere Weste) und sein Produzent Aaron Rapaport in Kims Privatpanzer. Kim verfolgt sie mit einem Hubschrauber, schießt auf den Panzer, aber die Amerikaner weichen den Kugeln aus. Skylark und Rapaport erwidern das Feuer aus dem Panzer und treffen Kims Hubschrauber, der sich in einen Feuerball verwandelt. Kim ist tot.

In den letzten zehn Jahren war Nordkorea Stoff für eine Reihe schlechter Satiren in der Kategorie »Kifferkomödie«, zu denen auch *The Interview* von Sony Pictures Entertainment gehört. Der Plot des Films ist völlig unwahrscheinlich: Die CIA schickt den vergnügungssüchtigen Starreporter, Alkoholiker und Kiffer David Skylark und seinen ambitionierten Produzenten nach Nordkorea, wo die beiden Kim Jong-un umbringen sollen – lediglich ausgestattet mit ein paar rizinhaltigen Klebestreifen. Kaum sind sie in dem abgeschotteten Land eingetroffen, schließt Skylark Freundschaft mit Kim. Das ist nicht ganz abwegig, denkt man an Dennis Rodmans Besuche in Pjöngjang und sein enges Verhältnis zu Kim. Doch schon bald reiben sich die Zuschauer wieder ungläubig die Augen: Die beiden Männer werden in Kims Privatvilla untergebracht – ein Ding der Unmöglichkeit angesichts der allseits bekannten Paranoia des nordkoreanischen Führers. Der Film ist voll von überflüssigen Gewaltszenen. Zudem wimmelt es von spärlich bekleideten Damen, es wird viel getrunken, und man bekommt sogar ein Basketballmatch zwischen Kim und Skylark zu sehen, bei dem sie einander ihr Gefühl der Unzulänglichkeit gestehen, weil sie glauben, den Erwartungen ihrer Väter nicht gerecht zu werden. Skylark erfährt, dass Kim

Margaritas mag – obwohl sein Vater behauptet hatte, nur Schwule würden den Cocktail trinken – und ein Faible für Katy Perrys Song »Firework« hat. Kim bekennt außerdem: »Ich finde [es] durchgeknallt, dass ich mit einunddreißig Oberhaupt einer ganzen Nation bin.«

Bevor *The Interview* erschien, gab es bereits Dutzende Dokus und Spielfilme, in denen die Tyrannen Nordkoreas lächerlich gemacht und kritisiert wurden. Besonders erfolgreich war *Team America* über Kim Jong-il, gedreht von den Erfindern der bissigen Zeichentrickserie *South Park*. Bei *The Interview*, einer Action-Komödie, in der die CIA Kim Jong-un mithilfe des konfusen Duos Skylark (gespielt von James Franco) und Rapaport (Seth Rogen) ermorden lassen will, gab es allerdings einen Unterschied: Der Film rief eine ernste Reaktion Nordkoreas hervor, die deutlich machte, wie weit Kim gehen würde, um sich und seine Ehre zu verteidigen. *The Interview* traf bei ihm zweifellos einen Nerv, und wie nicht anders zu erwarten, handelte er. Im November 2014 klinkten sich nordkoreanische Hacker in das Computersystem von Sony Pictures Entertainment ein, stahlen vertrauliche Daten des Unternehmens und stellten sie ins Internet. Dann verkündete das Regime, die Veröffentlichung des Films stelle eine »kriegerische Handlung« dar, und drohte mit Angriffen im Stil von 9/11 auf Kinos, die den Film zeigten.

Was bewog Kim zu dieser Reaktion? Lag es daran, dass der Film den luxuriösen, frivolen Lebensstil Kims und seiner Entourage zeigte? Vielleicht traf die entlarvende Darstellung der überzogenen Regime-Propaganda, laut der Kim gottgleich und Nordkorea ein Land des Wohlstands sei, ganz einfach ins Schwarze. Waren die Andeutungen, Kim sei verweichlicht, zu kränkend? War der Hinweis auf Gruppierungen in Nordkorea, die die Heuchelei des gegenwärtigen Regimes aufdecken und zu seinem Sturz aufrufen wollten, zu gefährlich? Von der persönlichen Beleidigung Kims einmal abgesehen konnte der Film womöglich Millionen Nordkoreaner erreichen, die bereits verbotene DVDs mit südkoreanischen Fernsehdramen und Filmen ins Land schmuggelten, da die Grenzen zunehmend durchlässig wurden und die Leute einen unstillbaren Hunger nach dieser Art von Unterhaltung hatten.

Paul Fischer, Autor des Buches *Das Traumpaar des Diktators: Die unglaubliche Geschichte einer Entführung nach Nordkorea*, wies darauf hin, dass der Film *Olympus Has Fallen* nicht Kims Zorn erregte, wahrscheinlich weil es darin um den Sturm nordkoreanischer Kommandoeinheiten auf das Weiße Haus ging – Kim »hatte kein Problem damit, als bösartig, gefährlich oder aggressiv dargestellt zu werden. Aber als eine Witzfigur ... nein, das ging zu weit.«[363] Doch eine Geschichte, in der Kim getötet und die Bildung einer Regierung unter der Führung des nordkoreanischen Volkes aufscheint, bot dem Regime womöglich tatsächlich Anlass zu Sorge. Vielleicht hatte man in der Führungsriege auch von dem südkoreanischen Aktivisten gelesen, der mit Ballons Hunderttausende Kopien des Films auf DVDs und USB-Sticks über die Grenze schicken wollte, weil er glaubte, dass sich »die unumschränkt herrschende Führung Nordkoreas auflösen wird, wenn die Vergöttlichung des Führers Kim in sich zusammenfällt«.[364]

Jang Jin-sung war einer der prominentesten nordkoreanischen Propagandisten und Mitglied des innersten Kreises um Kim Jong-il gewesen, der mit großem Geschick den Personenkult zu fördern verstand. Der 2004 geflüchtete Überläufer meinte: »Aus nordkoreanischer Sicht [ist der Film] so explosiv, als wäre eine echte Bombe auf Kim Jong-un abgeworfen worden. Es ist eine Kulturbombe ... Einfach entsetzlich. Blasphemisch über jedes erträgliche Maß hinaus.«[365]

Der Angriff auf Sony bewies das Potenzial eines Diktators der

Generation Y im 21. Jahrhundert, der gleichzeitig sehr dünnhäutig ist. Kim kennt sich nicht nur mit Handys und Laptops aus, er wird auch in den Medien als ernsthafter Gesprächspartner von Wissenschaftlern gezeigt. Man sieht ihn, wie er unzählige Male Raketentests beobachtet, wie er eigenhändig ein Flugzeug steuert, einen Panzer fährt und beim Besteigen eines U-Boots der Crew Anweisungen erteilt. Als Kim und seine Frau 2018 bei ihrem Besuch in Peking eine VR-Brille ausprobieren konnten, sollen die beiden diese neueste Technologie bewundert haben.[366] Kim ist ein »Digital Native«, ein Begriff, den der Autor Marc Prensky prägte, um die Generation zu beschreiben, die mit der digitalen Technologie aufgewachsen ist und sich durch sie definiert.[367] Und es ist unübersehbar, dass Kim Wissenschaft und Technik als Teil seines Image und wichtiges Element seines Erpressungsarsenals ansieht. Zudem haben Internetangriffe den Vorteil, dass die Urheber nur mit umfassenden forensischen Recherchen zu ermitteln sind und das Regime eine Verwicklung in solche Attacken daher leicht abstreiten kann.

Offenbar ist Kim entschlossen, über die Entwicklung von Atomwaffen und ballistischen Raketen hinaus auch die Internetkapazitäten des Landes einzusetzen, um seinen Zielen näherzukommen. Außerdem versucht er, ein Bild von sich als moderner Krieger zu etablieren, indem er eine Generation von Cyberguerilleros heranzieht, die über geografische Grenzen hinweg durch Erpressung Einfluss nehmen.

DER SONY-HACK

Im November 2014, etwa zwei Wochen vor der feierlichen Premiere des Films *The Interview*, fanden die Mitarbeiter von Sony Pictures Entertainment beim Einloggen in ihr Programm folgende Botschaft vor:

Wir haben euch gewarnt, und das hier ist erst der Anfang. Wir machen weiter, bis unsere Forderung erfüllt wird ... Wir haben eure internen Daten, eure Geheimnisse und auch eure als streng geheim qualifizierten Dokumente, und wenn ihr uns nicht gehorcht, werden wir die unten aufgeführten Daten der ganzen Welt offenlegen.

Die Botschaft war mit einem leuchtend roten Skelett versehen und mit »Gehackt von #GOP« unterzeichnet, einem Akronym für Guardians of Peace. Die Angestellten von Sony waren perplex. Einer meinte: »Es war wie ein Hack Anfang der 90er-Jahre ... Die Botschaft wirkte auf uns, als stammte sie aus dem Film *Hackers* ... wie eine Reise in die Vergangenheit. Fast niedlich.«[368] Als mögliche Urheber des Sony-Hacks wurden in den folgenden Tagen unter anderem Russland, Hacktivisten und unzufriedene Mitarbeiter des eigenen Unternehmens verdächtigt. Nordkorea stand ganz unten auf der Liste der möglichen Übeltäter, obwohl der Außenminister des Regimes nach Veröffentlichung des Filmtrailers im Juni 2014 mit »gnadenloser« Vergeltung gedroht hatte, sollte der Film über ein Attentat auf Kim Jong-un in die Kinos kommen.[369] Die staatlichen Medien zitierten den Außenminister mit den Worten: »Einen Film zu machen und zu veröffentlichen, in dem unsere oberste Führung verunglimpft wird, ist ein Akt unverhohlenen Terrors, den wir unter keinen Umständen tolerieren werden.« Und er fügte hinzu, dass sich die Vereinigten Staaten eines »kriminellen Filmemachers« bedienten, um die nordkoreanische Führung zu unterminieren.[370] Daraufhin witzelte Seth Rogen auf Twitter: »Normalerweise wollen die Leute mich wegen einem Film erst dann umbringen, wenn sie 12 Dollar Eintritt bezahlt haben.«[371] Gut eine Woche nach dem Angriff kam die Zeitschrift *Wired* zu dem Schluss, es sei »grotesk«, zu glauben, dass Nordkorea hinter dem Sony-Cyberan-

Der junge Kim Il-sung mit seiner Frau Kim Jong-suk in ihrer Zeit als Partisanen.

Kim Il-sung, Kim Jong-suk, und ihr ältester Sohn Kim Jong-il auf einem undatierten Foto.

Kim Il-sung spricht 1967 auf einer seiner vielen Reisen quer durch das Land mit einer Gruppe von Arbeitern.

Kim Jong-il 1981 mit seinem Sohn
Kim Jong-nam. Hinter ihnen stehen
Song Hye-rim, Jong-nams Tante
mütterlicherseits, ihre Tochter Li
Nam-ok und ihr Sohn Li Il-nam.

Kim Jong-un als Kind.

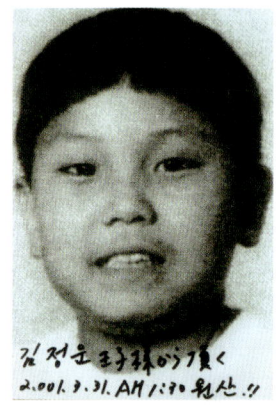

Kim Jong-il blickt während der Parade zur Feier des fünfund-
sechzigsten Jahrestags des Bestehens der Partei der Arbeit
Koreas am 10. Oktober 2010 zu seinem Sohn Kim Jong-un
hinüber. Es war der erste öffentliche Auftritt des jungen Kim
in offizieller Funktion.

Menschen in Pjöngjang brechen weinend zusammen, als sich die Nachricht von Kim Jong-ils Tod verbreitet.

Kim Il-sung begrüßt den chinesischen Premierminister Zhou Enlai 1958 in Pjöngjang.

Kim Jong-un neben dem Wagen mit dem Sarg seines Vaters beim Leichenzug in Pjöngjang am 28. Dezember 2011. Sein Onkel Jang Songthaek, der 2013 hingerichtet wurde, geht direkt hinter Kim.

Das Regime stellt gerne die Ähnlichkeit zwischen Kim Jong-un und seinem Großvater in Kleidung und Auftreten heraus, um die Abstammungslinie zu betonen.

Kim Jong-un und Ri Sol-ju winken bei der Eröffnung des Volksparks Rungna im Juli 2012 der Menge zu.

Kim Jong-ils unter dem Pseudonym Kenji Fujimoto bekannter persönlicher Sushikoch erzählt auf einer Veranstaltung von seinem Treffen mit Kim Jong-un, der ihn im Juli 2012 nach Pjöngjang eingeladen hatte.

Kim Jong-un im Gespräch
mit dem ehemaligen NBA-
Spieler Dennis Rodman bei
einem Freundschaftsspiel in
Pjöngjang im Januar 2014.
Neben Kim sitzt Ri Sol-ju.

Das Filmplakat für „The
Interview" an der Außen-
wand eines Kinos in Neva-
da im Dezember 2014.

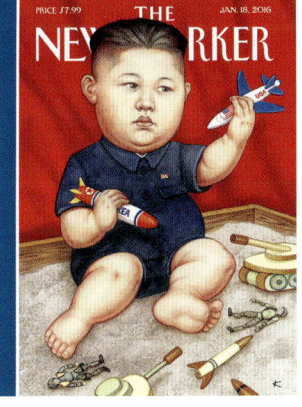

Das Titelbild der
Zeitschrift „The
New Yorker" vom
18. Januar 2016.
Anfang des Monats
hatte Nordkorea
zum vierten Mal
einen Atomtest
durchgeführt. Für
Kim Jong-un war
es der zweite in
seiner Amtszeit.

Kim Jong-un hat bis Januar
2020 vier Atomwaffentests
überwacht und von mehre-
ren Standorten ballistische
Raketen mit unterschiedlicher Reichweite abschießen
lassen.

Kim Jong-nam 1975 mit seiner Großmutter mütterlicherseits.

Kim Jong-nam 2001.

Kim Jong-nam starb im Februar 2017, nachdem ihn auf dem Kuala Lumpur International Airport zwei Frauen angegriffen und das Nervengift VX auf seinem Gesicht verteilt hatten. Der Anschlag war höchstwahrscheinlich von seinem Halbbruder Kim Jong-un in Auftrag gegeben worden.

Kurz nach Präsident Trumps Rede bei der UN-Vollversammlung im September 2017, in der er Kim „Raketenmann" genannt und gedroht hatte, Nordkorea „vollständig zu vernichten", reagierte Kim Jong-un mit einer wütenden Replik. Er sagte, Trump sei ein „geistesgestörter Greis" und ungeeignet, ein Land zu führen.

US-Vizepräsident Mike Pence sitzt bei der Eröffnungsfeier der Olympischen Winterspiele 2018 im südkoreanischen Pyeongchang neben dem japanischen Premierminister Shinzo Abe. Kim Jong-uns Schwester Kim Yo-jong ist die zweite von rechts in der oberen Reihe. Ganz links, in weißen Jacken, sitzen der südkoreanische Präsident Moon Jae-in und seine Frau Kim Jung-sook.

Kim Jong-un und Ri Sol-ju mit dem chinesischen Präsidenten Xi Jinping und dessen Frau Peng Liyuan auf dem ersten Gipfeltreffen zwischen Nordkorea und China im März 2018. Es war Kims erste Auslandsreise als Oberster Führer. Ri erhielt in den chinesischen Medien viel Aufmerksamkeit für ihre äußere Erscheinung und ihre Kleiderauswahl.

Kim Jong-un, Ri Sol-ju und Kims Schwester Kim Yo-jong (vorne links) bei seinem ersten innerkoreanischen Gipfeltreffen im April 2018 in Panmunjeom.

Präsident Trump trifft Kim Jong-un zum dritten Mal am 30. Juni 2019 und betritt dabei als erster amtierender US-Präsident kurz nordkoreanischen Boden.

Kim Jong-un im Oktober 2019. Er reitet auf einem weißen Pferd durch den schneebedeckten Wald auf dem Berg Paektu – ein historisch wichtiger Ort für Korea, dem in der Propaganda der Kim-Dynastie eine Schlüsselrolle zukommt. Vermutlich will sich Kim durch dieses Bild das Image eines mystischen Helden geben, der den USA entschlossen standhalten wird.

griff stecke. Weiter hieß es in dem Artikel: »Staatliche Angriffe kündigen sich normalerweise nicht durch auffällige Darstellungen von Skeletten an, die auf infizierte Rechner gepostet werden, und benutzen auch keinen eingängigen Nom-de-Hack wie die Guardians of Peace.«[372]

Trotz seiner beachtlichen Atom- und Raketenprogramme wird das kleine Nordkorea gern unterschätzt. Alexandra Alter von der *New York Times* stellte fest, dass »Nordkorea in der amerikanischen Popkultur schon lange mit Spott und Hohn überzogen wird«.[373] In dem Film *Team America* verwandelt sich Kim Jong-il in eine Kakerlake. In der Fernsehshow *30 Rock* spielt Margaret Cho den Käseliebhaber und Cognac-Schwenker Kim Jong-il. Late-Night- und Varieté-Shows wie *Saturday Night Live* oder *The Daily Show* ernten mit endlosen Kim-Witzen einen Lacher nach dem anderen. Der koreanische Historiker Charles Armstrong erklärte gegenüber Alter: »Nordkorea verkörpert alle Stereotype aus dem Kalten Krieg, aber auf eine so absurde Art, dass wir uns darüber lustig machen konnten. Bei der Sowjetunion oder China wäre das nicht gegangen ... Wir haben Nordkorea einfach nicht ernst genug genommen.«[374] Michael Lynton, der Geschäftsführer von Sony Pictures Entertainment, sagte: »Zur damaligen Zeit war Kim Jong-un erst relativ kurz im Amt, und ich glaube, es war noch nicht klar, wie sehr er sich von seinem Vater unterschied ... Und niemand hatte jemals die IT-Kenntnisse des Regimes erwähnt.«[375] Schließlich war Nordkorea doch ein abgeschottetes, rückständiges Land, oder nicht? Woher sollten sie die Technik und die Chuzpe haben, ein großes Filmstudio anzugreifen und zu erpressen?«

Rasch wurde das Ausmaß des Schadens klar. Ein Mitarbeiter von Sony sagte: »Es war, als wäre eine Bombe hochgegangen ... Wir sahen uns um. Wir lebten alle noch. Also nahmen wir eine Sichtung vor.«[376] Ein ehemaliger Angestellter erinnerte sich: »Alles war total hinüber. Es war surreal. Alles war zusammengebrochen.«[377] Nicht nur, dass die Leute von Sony jetzt mit der Hand schreiben mussten, nicht pünktlich bezahlt werden konnten und Überstunden machen mussten, um Aufgaben zu erledigen, für die sie normalerweise viel weniger Zeit brauchten. Damit würde man schon klarkommen, glaubten die Mitarbeiter.

Vielmehr wurden bei dem Hack nicht nur die Daten von Sony Pictures Entertainment zerstört: Vertrauliche Informationen, darunter auch Gehaltslisten, an die fünfzigtausend Sozialversicherungsnummern und fünf unveröffentlichte Filme waren auf öffentliche Datentauschseiten geladen worden. Der Internetangriff machte die dunklen Seiten der Filmindustrie sichtbar und löste damit eine »Welle der Angst in ganz Hollywood aus, die sich bis nach Washington fortsetzte«.[378] Die Hacker machten Unmengen von E-Mails und anderen Dokumenten zugänglich, damit auch den ganzen Klatsch und Tratsch, Benutzernamen von Prominenten und Interna über Projekte und Schauspieler. Die Medien, ohnehin scharf auf pikante Informationen über Hollywoodstars wie Angelina Jolie, Natalie Portman und Tom Hanks, stürzten sich darauf wie hungrige Wölfe. Aber auch das Fußvolk bei Sony war betroffen: Ihre persönlichen Daten waren gestohlen, Details über ärztliche Behandlungen plötzlich für jedermann einsehbar. Und Cyberkriminelle räumten ihre privaten Bankkonten leer.

Als das FBI ermittelte, bestritt ein Sprecher der Nationalen Verteidigungskommission, damals Nordkoreas höchste Regierungsorganisation, jede Beteiligung an dem Hackerangriff,[379] meinte aber höhnisch, der Angriff sei »vielleicht eine gerechtfertigte Tat der Unterstützer und Sympathisanten« des Regimes. Außerdem hieß es in der Stellungnahme, *The Interview* sei ein Film, »der einem Terrorakt Vorschub leistet und zugleich die Würde der obersten Führung [Nordkoreas] verletzt«[380]. Gut eine

Woche später drohten die Guardians of Peace mit Angriffen im Stil von 9/11, falls Sony den Film veröffentlichen sollte, und warnten in schlechtem Englisch: »Wird *The Interview* gezeigt, auch in einer Premierenvorführung, werden wir euch zu gegebener Zeit und an gegebenem Ort deutlich zeigen, zu welch einem bitteren Schicksal jene verdammt sind, die Spaß am Terror finden ... Die Welt wird voller Furcht sein ... Denkt an den 11. September 2001.«[381]

Niemand hätte erwartet, dass ein vulgärer Männerfilm zu einer nationalen Sicherheitskrise führen könnte. Sony und die Betreiber der Multiplex-Kinos – auch die Einkaufszentren, in denen sie meist untergebracht sind – nahmen die Terrordrohungen ernst. Die Uraufführung des Films fand am 11. Dezember in Los Angeles statt,[382] doch am 17. Dezember zog Sony den Film zurück, nur um diese Entscheidung zwei Tage später wieder zu revidieren. Aber die großen Kinoketten weigerten sich, den Film über die Feiertage zu zeigen, denn sie fürchteten eine erneute Katastrophe wie das Massaker im Jahre 2012 in Aurora, Colorado. Damals hatte ein Schütze während einer Vorführung des Films *The Dark Knight Rises* zwölf Menschen getötet und zahllose andere verletzt. Die Entscheidung, den Film zurückzuziehen, und die Weigerung der großen Kinos, ihn zu zeigen, führte in den Medien zu Grundsatzdebatten über die Rede- und Kunstfreiheit angesichts von Terrordrohungen. Viele Sony-Mitarbeiter, die bereits die ganze Wucht der Internetattacken zu spüren bekommen hatten und sich bedroht fühlten, waren nicht in der Stimmung, weitere Risiken einzugehen, vor allem nicht für ein Produkt, das man nicht gerade als künstlerische Leistung bezeichnen konnte. »Warum bezahlen wir alle den Preis für einen Film, der nicht mal besonders gut ist?«, fragte ein Mitarbeiter.[383] Andere wie George Clooney, Steve Carell und Michael Moore wandten sich gegen diese Art von Erpressung und kritisierten

Sony, weil das Unternehmen versäumt habe, die Freiheit der Kunst zu schützen.

Am 19. Dezember, kaum einen Monat nachdem die GOP-Drohung auf den Sony-Computern aufgetaucht war, verkündete das FBI schließlich, die nordkoreanische Regierung sei für den Hack verantwortlich. Nach intensiven Ermittlungen, an denen auch zahlreiche Behörden und die Geheimdienste beteiligt waren, seien durch technische Analysen Verbindungen zu anderen bekannten schädlichen Internetaktivitäten in Nordkorea aufgedeckt worden. James Clapper, der Direktor der Nationalen Geheimdienste, schrieb in seinen Erinnerungen: »Nach meiner Einschätzung und der unserer Top-Internetspezialisten gibt es keinen Zweifel daran, dass die Sony-Hacks ihren Ursprung in Nordkorea hatten.«[384] In der Presseerklärung des FBI hieß es:

Wir sind zutiefst besorgt über den zerstörerischen Charakter dieses Angriffs auf ein Unternehmen des privaten Sektors und die unbeteiligten Bürger, die dort arbeiteten ... Das FBI hat bereits ein breites Spektrum und eine zunehmende Zahl von Intenetverbrechen erlebt, aber die zerstörerische Natur dieses Angriffs sowie sein erpresserischer Charakter heben ihn von den anderen ab. Das Vorgehen Nordkoreas sollte einem US-Unternehmen bedeutenden Schaden zufügen und das Recht der amerikanischen Bürger auf freie Meinungsäußerung aushebeln. Solche Akte der Einschüchterung liegen jenseits der Grenzen des akzeptablen Verhaltens eines Staates. Das FBI nimmt jeden Versuch, das wirtschaftliche und soziale Wohl unserer Bürger zu untergraben, sei es durch internetbasierte Mittel, durch die Androhung von Gewalt oder auf anderem Wege, sehr ernst.[385]

Ein Angriff im Stil von 9/11 fand niemals statt, aber die Angst war groß, und das Chaos und die Verwirrung, die sie hervorrief, beeinflussten die Entscheidungsprozesse privater US-Unternehmen und die Wahrnehmung ihrer Rechte. Präsident Obama kritisierte das Vorgehen Sonys und mahnte: »Wir können nicht in einer Gesellschaft leben, in der ein Diktator von irgendwo Zensur hier in den Vereinigten Staaten ausüben kann ... stellen Sie sich vor, dass Produzenten, Verleiher und andere mit Selbstzensur beginnen, weil sie nicht die Empfindlichkeiten von jemandem verletzen wollen, auf dessen Empfindlichkeiten man vermutlich keine Rücksicht nehmen darf.«[386] Peter Singer, einer der führenden amerikanischen Experten für Cyberkriege, sagte: »Das Problem ist nicht mehr der Hack. Sondern wie Sony darauf reagiert hat. Es ist das Einknicken ... Das war eine Ermutigung und ein Anreiz für Angriffe auf uns alle.«[387]

Die überzogene Reaktion Nordkoreas auf die Veröffentlichung des Films zeigte, dass die Druckmittel des Regimes über Raketen und Atomwaffen hinausreichten und Kim Jong-un gewillt und in der Lage ist, vermeintliche Angriffe auch jenseits der Grenzen seines Landes zu ahnden. »Der Film zeigt eine Alternative auf, über die das nordkoreanische Volk nicht einmal nachdenken kann, denn dazu fehlt ihm der Spielraum. Er zeigt eine andere Perspektive auf«, meinte Jang Jin-sung, der geflüchtete Top-Propagandist. »Es ist ja nicht so, dass die Leute wirklich diese ganze Propaganda, Kim Jong-un sei ein Gott, glauben und jemanden brauchen, der sie widerlegt oder ihnen ein anderes Denken näherbringt. Die Nordkoreaner sind Menschen wie alle anderen und keineswegs dumm. In ihrem Land muss man Kim preisen und Hymnen auf ihn singen, und das mit dem nötigen Ernst, auch wenn man es nur für ein beschissenes Narrativ hält.«[388] Und Kim Jong-un sorgt dafür, dass niemand dieses Narrativ infrage stellt, auch Amerikaner nicht. Der Fall Sony war die Folge von Kims Paranoia im Verein mit seiner Unverfrorenheit und seiner hohen Risikobereitschaft bei der Erprobung seines Potenzials. David Sanger von der *New York Times* kam zu dem Schluss: »Internetwaffen waren wie geschaffen für Nordkorea und seine Position in der Welt: derart isoliert, dass es nichts zu verlieren hatte, so knapp an Brennstoff, dass es keine andere Möglichkeit besaß, einen Konflikt mit größeren Mächten durchzustehen, und mit einer so unterentwickelten Infrastruktur, dass Gegenangriffe ihr nicht viel anhaben konnten.«[389]

DER VORLÄUFER … UND DER NACHFOLGER

Der Fall Sony war ein Weckruf für Washington und zerstreute jegliche Zweifel an den Internetkapazitäten Pjöngjangs. Allerdings benötigten die Vereinigten Staaten ein solches Signal eigentlich gar nicht. Schon seit Jahren gaben die Möglichkeiten des Regimes, Internetangriffe durchzuführen, Experten Anlass zur Sorge. Nordkoreanische Institutionen hatten sich bereits mehrmals in die Computersysteme südkoreanischer Banken, das Intranet der Armee und die E-Mail-Konten von Regierungsvertretern und Medien eingeschlichen. Damit war klar, dass die Familie Kim das Ziel verfolgte, diese neuen Instrumente zu nutzen, um Druck auszuüben, Spionage zu betreiben und Geld für das Regime zu generieren. Im April 2014, nur wenige Monate vor dem Sony-Hack, teilte General Curtis M. Scaparrotti, damals Befehlshaber der amerikanischen Streitkräfte in Südkorea, dem Streitkräfteausschuss des Repräsentantenhauses mit, dass »Nordkorea Computerhacker beschäftigt, die in der Lage sind, frei verfügbare und geheimdienstlich relevante Informationen zu sammeln, Spionage im Internet zu betreiben und zerstörerische Internetangriffe durchzuführen.« Seiner Einschätzung nach ist der »Cyberkrieg eine wichtige Dimension asymmetrischer Konflikte, auf die Nordkorea wahrscheinlich weiterhin großes Gewicht legen wird – zum Teil wegen der Bestreitbarkeit und der relativ geringen Kosten.«[390] Seine Warnungen deckten sich mit den Hinweisen der amerikanischen Geheimdienste seit 2013, als James Clapper erklärte, das Internet verdränge den Terrorismus vom Spitzenplatz auf der Liste der größten Bedrohungen für die Vereinigten Staaten.[391]

Während Nordkorea schon jahrzehntelang Atomwaffen und ballistische Raketen entwickelt, ist sein Interesse am Internet relativ neu und erst seit Anfang der 2000er-Jahre zu beobachten. Wie die New York Times berichtete, hat Kim Jong-il um 2003 begonnen, sein Augenmerk auf diese Technologie zu richten. Laut Kim Heung-kwang, zu jener Zeit Informatikdozent an der Universität für Computertechnologie in Hamhung, erklärte er damals seinen Militärs: »Während es im Krieg bislang um Munition und Öl ging, geht es im 21. Jahrhundert um Informationen.«[392] Pjöngjangs Kapazitäten auf diesem Gebiet waren nur rudimentär, aber Kim Jong-un hob sie auf ein höheres Niveau, so wie er auch die Raketen- und Atomwaffentechnik weiterentwickelt hatte.

Tatsächlich greifen Fortschritte in der IT-Technologie und Kim Jong-uns Wunsch nach schnellen Ergebnissen zu relativ geringen Kosten und nach der Aufpolierung seines Image als moderner Führer, der die technologischen Verbesserungen seines Landes leitet, gut ineinander. Als Digital Native, der sein ganzes Leben mit Videospielen, Handys, Videokameras und anderen Instrumentarien unserer Zeit verbracht hat, fällt es Kim leicht, das Internet für seine Provokationen nutzbar zu machen. »Der Cyberkrieg ist im Verbund mit Atomwaffen und Raketen ein ›Allzweckschwert‹, das die Fähigkeit unserer Armee sichert, unbarmherzig zuzuschlagen«, soll er erklärt haben.[393] Kim hat zu deren Unterstützung an die sechstausend Hacker und Internetspezialisten in mindestens acht Länder – China, Malaysia,

Neuseeland, Indien, Nepal, Indonesien, Mosambik und Kenia – entsandt, um zu verhindern, dass sie aufgespürt werden, und von der Online-Infrastruktur dieser Länder zu profitieren. Außerdem hat er Bildungsprogramme für Cyber-Intelligence und Internetkrieg aufgelegt und schickt die begabtesten Studenten auf die Hochschule für Computerwissenschaft an der Kim Il-Sung-Universität, auf die Technische Universität Kim Chaek, die Mirim-Universität und in andere Bildungseinrichtungen.[394]

Für Kims Hacker ist der Süden ein verlockendes Ziel. Laut südkoreanischen Regierungsvertretern hat der nördliche Nachbar seit 2010 mehr als sechstausend Internetangriffe auf ihr Land durchgeführt, die allerdings weniger ausgefeilt als der Sony-Hack und die darauf folgenden Attacken waren. Sie sollen bei privaten und staatlichen Einrichtungen Schäden in Höhe von etwa 650 Milliarden Dollar verursacht haben.[395]

2011 legte Nordkorea die Filialen einer Bank für zehn Tage lahm.[396] Zwei Jahre später landete nordkoreanische Schadsoftware bei drei südkoreanischen Medienunternehmen und drei großen Banken und blockierte dort Computer durch einen sogenannten Denial-of-Service-Angriff, sodass die Kunden keinen Zugriff auf ihre Konten mehr hatten. Sie löschte Kreditkartenauszüge und verursachte Kosten von etwa 800 Millionen Dollar.[397] Nordkoreas Angriffe auf den Finanz- und den Mediensektor des Südens sind ein Versuch, die Industrie und die Aufgeschlossenheit des Landes zu treffen, die zentral für seinen Wohlstand sind. Pjöngjang will vermutlich zeigen, dass das ärmere Korea seinem reicheren Verwandten südlich des achtunddreißigsten Breitengrads Schaden zufügen kann, während Abschottung und relative Armut Nordkorea unverwundbar für entsprechende Sanktionen aus Seoul oder Washington machen. Offenbar nutzt Pjöngjang seine zunehmenden Möglichkeiten, Devisen für das Regime zu generieren, um die unzähligen Sanktionen wettzumachen, die seine traditionellen Methoden zur Beschaffung harter Währung beeinträchtigen.

2016 konnte Kim bei Attacken auf die Bangladesh Bank 81 Millionen Dollar abgreifen und demonstrierte damit, dass er über neue, raffiniertere Techniken verfügte. Seine Hacker drangen in das globale Messaging-System der Society for Worldwide Interbank Financial Telecommunication ein, das als einer der sichersten Mechanismen für Finanztransfers gilt, und verschoben Geld aus den Beständen der Bank bei der Federal Reserve Bank in New York auf nordkoreanische Konten auf den Philippinen.[398] Die U.S. National Security Agency erklärte im März 2017, die Angriffe im Jahr 2016 stünden »forensisch« mit dem Sony-Hack in Zusammenhang.[399]

Abgesehen von dem Bangladesh-Raub nahmen nordkoreanische Hacker unter anderem 2015 die vietnamesische TPBank, 2017 die Far Eastern International Bank in Taiwan und 2018 Bancomext in Mexiko sowie die Banco de Chile ins Visier.[400] Insgesamt waren damit spätestens seit 2014 sechzehn oder mehr Organisationen in mindestens elf Ländern zu ihrer Zielscheibe geworden. Dies wirft ein deutliches Licht auf die zunehmend ausgefeilten und konstanten Internetaktivitäten Nordkoreas seit Kim Jong-uns Machtübernahme.

Eine im Oktober 2018 durchgeführte Studie der Foundation for Defense of Democracies gelangte jedoch zu einer noch beunruhigenderen Einschätzung. Sie verweist auf eine gemeinsame Warnung des amerikanischen Ministeriums für Heimatschutz und des FBI, dass nordkoreanische Instanzen die Luftfahrt-, die Telekommunikations- und die Finanzindustrie im Visier hätten. Somit verfüge Nordkorea über das Potenzial, die Sicherheitsstruktur der Vereinigten Staaten und Südkoreas zu schwächen und zum Erliegen zu bringen. Darüber hinaus verkündeten die Vereinigten Staaten 2017, Nordkorea sei für das Schadprogramm WannaCry verantwortlich, das 230.000 Computer in über 150 Ländern attackierte und Schäden in Milliardenhöhe verursachte.[401] Thomas P. Bossert, Berater des Weißen Hauses für Heimatschutz, betrachtete den Angriff mit diesem Computervirus als einen »entscheidenden Moment«. »Nordkorea hat damit gezeigt, dass es die ganze Welt unsicher machen will, ob durch sein Atomprogramm oder durch Cyberattacken.«[402] Kims Hacker lassen sich durch nichts abschrecken. Laut einem UN-Bericht vom August 2019 sind sie bei ihren Eingriffen in den Cyberspace raffinierter geworden und in der Lage, Finanzinstitute und den Handel mit Kryptowährungen zu attackieren.[403] Schätzungen zufolge haben sie damit bislang 2 Milliarden Dollar generiert. *The Interview* wollte sich über Kim Jong-un lustig machen. Doch wie sich mittlerweile herausgestellt hat, sind *wir* die Zielscheibe des Spottes.

KIMS SILICON VALLEY

Kims Cyberkrieger und ihre überfallartigen Attacken belegen die Absicht des Regimes, Chaos und Zerstörung anzurichten und auch außerhalb des Landes Furcht zu verbreiten. Aber Kim sorgt dafür, dass auch im Inland neue Technologien entwickelt werden, selbst auf die Gefahr hin, dass unzensierte Informationen die Menschen erreichen und die Widersprüche und Lügen der staatlichen Propaganda bloßlegen. Wie ein Unternehmer der Technologiebranche, dem der gesamte Reichtum des Landes zur Verfügung steht, gewährt Kim seinen Untertanen nicht nur in Pjöngjang, sondern auch in der Provinz umfassenderen Zugang zu Laptops, Tablets, Smartphones und anderen Requisiten des digitalen Lebens, die er kontrollieren kann – jedoch ohne Zugang zu dem, was er nicht kontrollieren kann, nämlich dem Internet. Und als Diktator versucht er zudem, der Bevölkerung digitale

Netzwerke schmackhaft zu machen, um den Konsum von Informationen besser beobachten und eingrenzen zu können. Er nutzt also die neuen Technologien, um seine Macht zu stärken und die Propaganda auszubauen.

Kim hat ein attraktives Umfeld für die Tech-Elite geschaffen und bedient sich der Ressourcen des Regimes, um Wissenschaftler und Techniker zu belohnen und ihnen Anreize zu bieten. Einer dieser Anreize ist die Mirae-Straße in Pjöngjang, ein Teil von Nordkoreas Silicon Valley: Diese heiß begehrte Gegend, die nahe dem Bahnhof und direkt am Fluss Taedong an einer sechsspurigen Straße liegt, ist ein Wohnviertel für Wissenschaftler.[404] Sein Markenzeichen ist ein Wolkenkratzer mit dreiundfünfzig Stockwerken, der von einer »goldenen« Kugel gekrönt ist, eine Art Leuchtturm für Nordkoreas aufstrebende Technikfreaks und Symbol ihrer Wertschätzung in Kims modernem Staat. In diesem Komplex befinden sich eine Kindertagesstätte, eine Schule, Läden, Sportparks und andere Annehmlichkeiten. All dies dient nicht nur dazu, die Beschäftigten und ihre Familien bei Laune zu halten, es soll auch künftige Generationen lehren, ihre Privilegien in dieser Gesellschaft wertzuschätzen. Laut Nat Kretchun, einem Kenner der technologischen Entwicklungen in Nordkorea, soll das gezielte Heranziehen dieser Wissenschaftler- und Technikerelite gewährleisten, dass sie ihre Fähigkeiten an der richtigen Stelle einsetzen – und damit verhindern, dass sich im Land eine »Hackerkultur« entwickelt, in der sie mehr Anreize hätten, die digitalen Kontrollen zu unterlaufen als sie umzusetzen.[405]

Im Januar 2016, nur einige Monate nachdem das Regime die Fertigstellung der Mirae-Straße gefeiert hatte, enthüllte die nordkoreanische Regierung den Sci-Tech Complex, um erneut zu demonstrieren, welch hohe Priorität sie der wissenschaftlichen Kompetenz zuweist.[406] Es handelt sich um einen High-Tech-Park, der die Form eines Atoms besitzt – womöglich eine Ohrfeige für die Vereinigten Staaten, die via Satelliten diese dreiste öffentliche Propaganda für Nordkoreas Engagement auf dem Feld der Atomwaffen und anderer technologischer Entwicklungen betrachten können. Laut der Schilderung eines CNN-Reporters arbeiten die Angestellten in diesem Gebäude fleißig an Computern, die mit dem nordkoreanischen Intranet verbunden sind. Nordkoreanischen Überläufern zufolge, die 2017 von Radio Free Asia interviewt wurden, reißen sich Eltern um Studienplätze für ihre Kinder in den relevanten Fächern, die aufgrund von Vergünstigungen wie Preisnachlässen in Kaufhäusern, einer besseren Wohnung, mehr Lebensmitteln, der Befreiung vom militärischen Pflichtdienst und einem höheren Status sehr begehrt sind. Laut einem Befragten verdienen Privatlehrer, die Mathematik, Physik und andere Naturwissenschaften unterrichten, überdurchschnittlich viel.[407]

Dass Kim die moderne Technologie – auch amerikanischer Herkunft – begrüßt und fördert, schlägt auch zu den Eliten durch, die sich den Luxus der digitalen Vernetzung leisten können. Die Propaganda des Regimes zeigt den Obersten Führer regelmäßig mit Smartphones, Computern und Laptops, darunter sogar ein MacBook Pro.[408] Auch ganz normale Nordkoreaner werden bei der Nutzung der modernen Technologien gezeigt. Schon Kim Jong-il förderte deren Entwicklung und Nutzung, obwohl er anfangs fürchtete, dass damit Informationen von außen einsickern und den Status quo und die Mythen des Regimes gefährden könnten. Doch sein Sohn hat keine Angst vor dieser Technologie und ihrer zunehmenden Bedeutung in der modernen Welt. Vielmehr hat er offensichtlich die damit verbundenen Chancen und ihr Potenzial erkannt, die Kontrolle über sein Volk auszuweiten. Diese Haltung zeigt deutlich, dass das Regime die unumkehrbaren Kräfte der Marktökonomie akzeptiert hat und mit modernen Mitteln horizontale Verbindungen zwischen Nordkoreanern erlaubt, anstatt sie zu unterdrücken. So belegte Inter-Media, eine Forschungsgruppe mit Sitz in Washington, in ihrer wichtigen Studie von 2017, dass »die Ausweitung der Vernetzungsmöglichkeiten auf einen breiten Ausschnitt der Bevölkerung die nordkoreanische Regierung mit einer ganzen Reihe neuer Zensur- und Überwachungsinstrumente ausstattet, die über das hinausgehen, was in anderen autoritären Staaten oder in geschlossenen Kommunikationssystemen zu beobachten ist.«[409] Unterm Strich lässt sich laut der Studie sagen, dass in Kim Jonguns Nordkorea der »Informationsraum aktiv strategisch gesteuert wird«, und zwar mit dem Ziel, »seine Überwachungs- und Sicherheitsbedürfnisse zu erfüllen, aber auch um das Wirtschaftswachstum zu fördern und sich den Anschein von Entwicklung und Modernisierung zu geben«. Den Nordkoreanern waren neue Technologien keineswegs fremd. Seit etwa 2000 besaßen immer mehr Menschen Fernsehgeräte, Videorekorder und DVD-Player. InterMedia stellte 2012 fest, dass fast drei Viertel der befragten Nordkoreaner fernsahen und etwa die Hälfte über einen eigenen Fernseher verfügte.[410] Laut einer UNICEF-Studie waren es 2017 schon fast hundert Prozent.[411] Auf der Basis seiner Untersuchungen in Grenzgebieten kam der Nordkorea-Experte Andrei Lankow zu dem Schluss, dass 2012 70 bis 80 Prozent aller Haushalte DVD-Player besaßen.[412] Wie bereits erwähnt, haben die meisten Nordkoreaner, also nicht nur die Eliten, mittlerweile Zugang zu Computern, USB-Sticks, chinesischen Smartphones und anderen neueren Geräten für die mediale Nutzung. Lankow schätzte, dass in Nordkorea mehrere Hunderttausend Computer stehen. Mit sage und schreibe vier Millionen Verträgen, Tendenz steigend, sind Mobilgeräte noch beliebter.

Die Smartphones und Tablets, die in Nordkorea für die Beschaffung von Informationen, Freizeitgestaltung und geschäftliche Aktivitäten genutzt werden, kommen laut Forschungsgruppe RecordedFuture mit den minimalen Mobilfunkstandards der dritten Generation aus und bieten die Möglichkeit der Stimm-, Text-, Bild- und Videoübertragung.[413] Ein Reporter der *New York Times*, der 2016 Pjöngjang besuchte, beobachtete in einem Restaurant nahe der Kim-Il-Sung-Universität junge Paare, die vor dem Essen mit ihren nordkoreanischen Smartphones, auf denen ein Android-Betriebssystem lief, Fotos von ihren Hamburgern machten – eine Szene, die in keinem anderen Land aufgefallen wäre, wohl aber in Nordkorea.[414] Dies auch wegen der Lässigkeit, mit der die jungen Pjöngjanger ihren Konsumartikel und die Errungenschaften der modernen, digitalen Gesellschaft für alle sichtbar zum Einsatz brachten, ganz zu schweigen von ihrem Appetit auf amerikanisches Fastfood. Diese Smartphones sind nicht billig – mit einem Vertrag kosten sie um die 200 Dollar, eine exorbitante Summe in Nordkorea –, aber ihre Verbreitung ist ein weiteres Zeichen für die Vermarktlichung und Schaffung von Wohlstand in Nordkorea seit dem Ende der Hungersnot. Die Journalisten Daniel Tudor und James Pearson weisen darauf hin, dass ein Smartphone für die Nordkoreaner sowohl unabdingbar als auch ein Statussymbol ist: Händler sind darauf angewiesen, um Informationen über Preise zu bekommen und Verbindungen zu Lieferanten und potenziellen Kunden zu unterhalten; junge Leute wollen damit Freunde beeindrucken und ihren Status in der Gesellschaft demonstrieren.[415] Laut einer Untersuchung von UNICEF nutzten 2017 über 80 Prozent der Bevölkerung ein Mobiltelefon.[416]

Aber ihre Erfahrung mit diesen Geräten ist eine völlig andere als bei uns. Die übliche Auffassung, das Internet und verwandte Technologien eröffneten neue – und unbeschränkte – Räume für die Kommunikation, trifft hier einfach nicht zu. Suki Kim, die in Pjöngjang Elitestudenten unterrichtet hat, stellte fest, dass die Teenager keinerlei Wissen über die Informationsrevolution und soziale Medien besaßen, denen Leute wie Steve Jobs und Mark Zuckerberg den Weg bereiteten.[417] Der Technologieexperte Martyn Williams erklärt, dass Kims Regime »etwas gelingt, was kein anderes Land schafft: Es unterhält ein landesweites Intranet, das E-Mails und Websites bietet, jedoch völlig vom Rest der Welt abgeschnitten ist. Das ist der gewagte Versuch, Vorteile der elektronischen Kommunikation zugänglich zu machen und dabei die vollständige Kontrolle über ein ganzes Volk zu behalten.«[418]

Das nordkoreanische Regime bedient sich aber nicht nur der Zensur, um Inhalte zu blockieren; es hat ein alternatives virtuelles Universum geschaffen. Das Intranet des Landes mit dem Namen Kwangmyong (»Helles Licht«) ermöglicht den Nutzern den Zugang zu inländischen Websites, deren Inhalt sich auf Artikel der Parteizeitung und Meldungen der staatlichen Nachrichtenagentur, eine Kochseite mit koreanischen Rezepten und Online-Unterricht beschränkt. 2016 gab es im Land etwa zwei Dutzend Webseiten,[419] 2017 waren es nach eigenen Angaben 168. Außerdem verfügt das Intranet über ein Video-on-Demand-System für Programme des staatlichen Fernsehens. »Das ist kein Netflix«, sagt Williams.[420] In den letzten Jahren wurde außerdem Onlineshopping eingeführt, vorwiegend für Smartphone-Nutzer gedacht, die an Kleidung, Accessoires für Frauen, Kosmetikartikeln, Feinkost und Möbeln interessiert sein könnten.[421] Laut Kretchun »lenkt Nordkorea seine Bevölkerung systematisch auf Netze, die es vollständig kontrolliert«.[422] Diese Kontrolle ist schärfer als in anderen repressiven Staaten wie China, das mit einer ähnlichen Informationszensur und -überwachung experimentiert. Nur eine äußerst geringe Zahl von Nordkoreanern – die Elite der Elite – hat Zugang zum World Wide Web.[423] Das heißt, nur eine winzige Minderheit und die oberste Führung erfahren, was in der Welt geschieht und wie Nordkorea von außen wahrgenommen wird, welche Entwicklungen es im Bereich der neuen Technologien gibt und was sich in der populären westlichen Kultur tut. Kim Jong-un ist höchstwahrscheinlich einer der Konsumenten dieser Informationen aus der Außenwelt. Die Regierung verbietet der Bevölkerung auch, ausländische Medien zu nutzen. Radios und Fernseher sind so eingestellt, dass nur inländische Sender empfangen werden können. Wer die Geräte manipuliert, muss mit schweren Strafen rechnen. Kims Kenntnis der internationalen Kritik an Nordkorea, seine Erfahrungen in der Schweiz sowie sein politisches und technisches Wissen haben möglicherweise dafür gesorgt, dass sich das Regime bemüht, die nordkoreanische Propaganda über die Landesgrenzen hinauszutragen. Das Korea Computer Center dient als Clearinghouse für das Intranet und gewährt lediglich Zugang zu von der Regierung genehmigten Informationen.[124] Das Regime besitzt einen offiziellen Twitter-Account und unterhält eine Reihe von Webseiten, die seine Propaganda und »Nachrichten« für Ausländer zugänglich machen sollen. Während der Westen das Internet, die sozialen Medien und virtuellen Communitys als Mittel der demokratischen Gleichberechtigung preist, in denen sich individuelle Freiheiten und Potenziale entfalten können, zeigt das nordkoreanische Beispiel, dass das Internet »den Griff autoritärer Regime nicht gelockert hat, ... [sondern] ein neues Instrument für den Erhalt ihrer Macht geworden ist«, wie die Verteidigungsexperten Peter Singer und Emerson Brooking darlegen.[425]

Vor diesem Hintergrund ist die selbstgewählte Abschottung Nordkoreas und die Repression zur Ausschaltung abweichender Meinungen kein Manko, sondern ein strategischer Vorteil. Dieser verschafft Kim den Freiraum, an einer der neuesten Erpressungsmethoden zur Zementierung seiner Macht zu feilen.

Gleichzeitig schränkt er damit die Möglichkeiten der Vereinigten Staaten und Südkoreas ein, seine schlechten Manieren zu bestrafen. Kim verfügt bereits über die jahrzehntealten Gefangenenlager und die ideologische Infrastruktur, um die Propaganda des Regimes zu verbreiten. Die neuen Cyber-Instrumente bieten ihm nun eine weitere Möglichkeit, die gewünschten Informationen unters Volk zu bringen, und statten seine Funktionäre mit den Werkzeugen aus, um die Gedanken und das Verhalten der Menschen im Land noch stärker zu überwachen.

Kim hat seinen Einflussbereich ausgeweitet. Man lädt ausländische Journalisten nach Pjöngjang ein, um dem Regime Legitimation zu verleihen und diese zu stärken, man nutzt neue Technologien und Internetangriffe zur Beherrschung des Informationsflusses und -konsums innerhalb und außerhalb Nordkoreas. Die Glorifizierung von Kims Macht ist die heimtückische Methode, mit der die repressiven Maßnahmen des Regimes in das Bewusstsein sowohl der nordkoreanischen Bevölkerung wie auch der ausländischen Besucher und Journalisten einsickern, die sich selbst zensieren, um nicht in Konflikt mit den nordkoreanischen Behörden zu geraten oder den Zugang zum Land zu verlieren.

Für die durchschnittlichen Nordkoreaner ist es eine Frage von Leben und Tod, ob sie sich der Einschüchterung durch Kims Regime beugen. Denn der Oberste Führer ist ein Meister in der Kunst der Unterdrückung, die er von seinen Vorgängern übernommen und auf den neuesten Stand gebracht hat, um sie den Anforderungen der modernen Technologie und den Realitäten einer Marktwirtschaft anzupassen.

Für seinen älteren Halbbruder, der sich jenseits der Landesgrenzen herumtrieb und von seinem warmen Nest in China aus Kritik übte, hatte Kim andere Pläne.

10

MORD IN MALAYSIA

Es ist der Morgen des 13. Februar 2017. Kim Jong-nam, Jong-uns Halbbruder und ältester Sohn seines Vaters, betritt den Kuala Lumpur International Airport in Malaysia.[426] Er trägt einen stylischen hellen Blazer, dazu Jeans und Designer-Slipper. Der Rucksack, den er lässig über die rechte Schulter geworfen hat, sieht aus wie das Modell von Louis Vuitton, mit dem er schon häufig gesehen worden war.[427] Er wirkt wie ein normaler, wohlgenährter Tourist oder Geschäftsmann mittleren Alters, der auf seinen Heimflug nach Macau wartet, auch bekannt als das Las Vegas von China, ein Hotspot für Glamour und Glücksspiel. Dort lebt er mit Frau, Sohn und Tochter im Exil. Zielstrebig geht er ins Flughafengebäude und blickt auf die Abflugtafel. Man merkt ihm an, dass er nicht zum ersten Mal in diesem Flughafen ist. Dann schlendert er in Richtung Check-in.

Plötzlich rennt eine Frau auf ihn zu und fährt mit den Händen über sein Gesicht. Eine zweite Frau folgt ihrem Beispiel. Bei dieser Blitzaktion verteilen die beiden einen Nervenkampfstoff namens Violaxanthin, kurz VX, auf seiner Haut, eins der tödlichsten Gifte der Welt. Schon ein einziger Tropfen davon kann einen Menschen umbringen. Die Frauen werden von dem Gift nicht geschädigt, entweder weil sie sich gleich darauf die Hände waschen oder weil jede von beiden nur einzelne Bestandteile des Stoffes appliziert hat, deren giftige Wirkung sich erst entfaltet, wenn man sie mischt.

Die Videoaufnahmen aus den Überwachungskameras des Flughafens sind schwer erträglich. Kim bittet um Hilfe und wird in die medizinische Notfallstation des Flughafens gebracht. Sein Gang ist merklich steifer als zuvor, und er windet sich vor Schmerzen, als er im Behandlungsraum wartet. Während das VX in seinen Körper eindrang, litt Kim vermutlich unter etlichen Symptomen: Sehstörungen, Atemnot, Übelkeit, Durchfall, Lungenversagen und Krämpfe, die laut der amerikanischen Seuchenschutzbehörde direkte Anzeichen für eine Vergiftung mit VX sind. Minuten später ist er tot. [428]

Die Aufnahmen zeigen Menschen in der Notambulanz, die sich über Jong-nam beugen, um ihm zu helfen, während Schaulustige durch die Fenster spähen. Zuletzt sieht man ihn auf einer Krankentrage mit hochgerutschtem T-Shirt und entblößtem Bauch. Der malaysische Gesundheitsminister sagte später, seine letzten Minuten seien schmerzvoll gewesen.

Die pathologischen Untersuchungen ergaben laut Berichten, dass sich VX auf Kims Gesicht, in seinen Augen, an seiner Kleidung und seinem Rucksack befand und auch in seinem Blut und Urin – mit tödlichen Folgen für Gehirn, Lunge, Leber und Milz. Eine der malaysischen Ärztinnen, die an der Autopsie beteiligt waren, sagte vor Gericht aus, die große Menge an Kot in Kims Unterwäsche und die Verengung seiner Pupillen habe sie zu dem Schluss kommen lassen, dass sein Tod auf eine akute Vergiftung mit VX zurückzuführen sei. [429]

Bilder dieses sehr öffentlichen Todes von Kim Jong-nam gingen um die Welt, und viele Finger zeigten auf seinen Halbbruder in Pjöngjang, der vermutlich seinen alltäglichen Pflichten nachging und gerade eine Fischfabrik besichtigte, während Jong-nam von fremden Menschen umgeben im Sterben lag. Für einen Mann, der von seinem Vater vergöttert und von Scharen ergebener Bediensteter verwöhnt worden war, ein äußerst schmachvoller Tod.

Der ganze Vorfall wirkte wie eine Szene aus einem schlechten Film. Natürlich wusste die Flughafenbehörde nicht, dass der Tote einst als Anwärter für das Amt des Obersten Führers der Demokratischen Volksrepublik Korea gegolten hatte. Was sie allerdings feststellen konnten, war, dass sein Pass ihn als »Kim Chol« auswies und er 120.000 US-Dollar in seinem Rucksack hatte.[430] Mit Sicherheit wussten sie damals nicht, dass er mit einem Nervenkampstoff vergiftet worden war oder dass die beiden Täterinnen später aussagen würden, sie hätten die Sache für einen Gag gehalten, der Teil einer Reality-Show im Fernsehen werden sollte. Eine der beiden trug ein fast ironisch wirkendes Sweatshirt mit der Aufschrift »LOL«.

Die beschuldigten Frauen, Doan Thi Huong und Siti Aisyah, beide Mitte zwanzig, reagierten geschockt, als sie ein paar Tage nach der Tat verhaftet wurden. Beide stammten aus ärmlichen Verhältnissen, Huong aus einem Dorf in Vietnam und Aisyah aus Indonesien. Sie hatten sich ein besseres Leben gewünscht, waren aber aus materieller Not in die Prostitution abgerutscht. Nun fanden sie sich plötzlich und vermutlich ungewollt im Mittelpunkt eines internationalen Komplotts wieder. Und es drohte ihnen die Todesstrafe, weil sie an der Ermordung des Halbbruders des unnahbarsten Diktators der Welt beteiligt waren.

Die nordkoreanischen Drahtzieher, die sie beauftragt hatten, und das dahinterstehende Regime kamen ungeschoren davon. Im März 2019 wurde Aisyah nach intensiven Bemühungen der indonesischen Regierung aus dem malaysischen Gefängnis entlassen.[431] Zwei Monate später setzte man auch Huong nach ähnlichen Interventionen aus Hanoi auf freien Fuß.[432]

Als Reaktion auf die Vorwürfe der südkoreanischen Regierung, der Vorfall sei »ein von Kim Jong-un in Auftrag gegebener Akt des systematischen Terrors« gewesen, dementierte Pjöngjang erbost und entschieden jede Beteiligung an der Tat.[433] Den Journalistenscharen, die damals die nordkoreanische Botschaft in Kuala Lumpur belagerten, erklärten Pjöngjangs Diplomaten: »Was andere über unseren Botschafter sagen, sind nichts als Lügen und Verleumdungen!«[434] Nordkorea blieb dabei, das Attentat sei eine Verschwörung zwischen Malaysia und Südkorea gewesen.[435] Das Land warf Washington und Seoul vor, eine »Schmierenkampagne gegen die DVRK« in Gang gesetzt zu haben, und verglich den Vorgang mit »der Geschichte über die angeblichen Massenvernichtungswaffen in Irak«. Die USA und Südkorea kamen allerdings zu dem Schluss, dass Nordkorea für den Mord verantwortlich war.[436]

Es war kein Geheimnis, dass Kim Jong-un seinem älteren Bruder, dem einstigen Liebling seines Vaters, nicht sonderlich gewogen war. Kim wollte den potenziellen Rivalen mit großer Sicherheit ebenso loswerden wie seinen Onkel Jang Song-thaek. Und mit der Art und Weise, wie er dies bewerkstelligte – schmerzhaft und entwürdigend für das Opfer, in aller Öffentlichkeit, sogar mit Videoaufnahmen und intimen Bildern –, sandte er zugleich eine Botschaft an alle seine Widersacher. Obwohl Kim die Ermordung sicherlich in Auftrag gegeben hat, bleibt unklar, ob er selbst den Anschlag im Detail geplant oder diese Aufgabe so wie die Ausführung seinen Schergen überlassen hat. Auf jeden Fall kann man sich vorstellen, dass er mit dem Ergebnis durchaus zufrieden war: Es handelte sich um einen ausgeklügelten Plan, eine Verwicklung in die Tat war leicht zu dementieren und die Wirkung äußerst dramatisch.

Niemand, der anders denkt, oder auch nur im Verdacht steht, eine abweichende Meinung zu haben, kann sich sicher fühlen, ganz gleich ob er sich wie Onkel Jang in Pjöngjang aufhält oder wie Jong-nam an einem scheinbar sicheren Ort wie dem internationalen Drehpunkt Kuala Lumpur – und unter dem vermeintlichen Schutz der chinesischen Regierung. Der Erfolg der nordkoreanischen Agenten, die einen heiklen, wohldurchdachten Anschlag an einem öffentlichen Ort verübt hatten, und der Einsatz einer chemischen Waffe waren für alle, die das Video sahen und Berichte über den Mord lasen, eine abschreckende Lektion. Mit diesem Attentat, über das in internationalen und lokalen Medien umfassend berichtet wurde, bewies Kim, dass sein Arm weit reichte und seine Rache keine Grenzen kannte.

DER PLAYBOY UND DER PURIST

Kim Jong-nam wusste, dass er sich im Fadenkreuz befand. Einer seiner Freunde erzählte: »Er war nicht paranoid, aber er machte sich schon Sorgen ... Wenn er ausging, war er vorsichtig, und er vermied den Kontakt mit Asiaten, weil er ständig Angst hatte, es könnten Spione sein.«[437] Der Direktor des südkoreanischen Geheimdiensts enthüllte 2017, Jong-nam habe schon seit 2011 gewusst, dass sein Bruder ihm nach dem Leben trachtete, und Jong-un 2012 in einem Brief angefleht, ihn und seine Familie zu verschonen.[438] Und gleichzeitig versuchte er, in China unter dem Schutz Pekings ein normales Leben zu führen.[439] Dort hatte er in den 1990er-Jahren geheiratet und Kinder bekommen. Er reiste regelmäßig nach Südostasien und auch nach Europa, da sein Sohn in Frankreich studierte. Auf der Facebook-Seite, die er unter dem Pseudonym Kim Chol betrieb, postete er von unterschiedlichen Orten Selfies.[440] Der Name Kim Chol stand auch in seinem Pass. Sein aufgedunsenes Gesicht, der dicke Bauch und der Dreitagebart zeugten von einem nicht gerade arbeitsreichen Leben, in dem Alkohol und gutes Essen eine große Rolle gespielt haben dürften, während die Ferragamo-Slipper, die ausgefallenen Kopfbedeckungen, Sonnenbrillen und andere Designer-Accessoires Ausdruck einer nicht gerade nordkoreanisch geprägten Ästhetik waren. Im Gegenteil, sie standen in starkem Kontrast zu dem tristen Mao-Anzug, dem strengen Haarschnitt und der dunklen Hornbrille seines jüngeren Bruders.

Berichten zufolge hat Kim Jong-nam diesen jüngeren Bruder, der die ganze Zuneigung des Vaters genossen hatte, niemals kennengelernt. Der dreizehn Jahre ältere Jong-nam verkörperte das, was in Nordkorea die Zukunft hätte sein können. Internationale Medien sahen in ihm einen möglichen Reformer und mutmaßten, welche Veränderungen er in Nordkorea einleiten könnte, falls er zum Führer des Landes erkoren würde. Mit seiner direkten oder indirekten Kritik am Regime in Pjöngjang, die er gelegentlich gegenüber der japanischen oder südkoreanischen Presse äußerte, machte er sich bei seinem Bruder gewiss nicht beliebt. Obwohl Jong-nam in den letzten Jahren eher Zurückhaltung geübt hatte, war Jong-un zweifellos darüber verärgert, dass sein Bruder nach wie vor im Licht der Öffentlichkeit stand und sich und seinen Lebensstil auf Facebook für jedermann sichtbar machte. Jong-un war ganz offensichtlich nicht in der Lage, seinen Bruder unter Kontrolle zu bekommen. Und für ein Regime, das in Bezug auf Stabilität und Kontrolle geradezu paranoid agierte, war dieser Bruder natürlich ein unliebsamer Ausreißer, nicht zuletzt, weil er trotz seines erklärten Rückzugs aus der Politik schon allein durch seine Existenz unerfüllten Träumen von Reformen in Nordkorea Vorschub leistete.

Vielleicht hasste Jong-un seinen vom Westen beeinflussten, genusssüchtigen und korrupten Bruder für alles, was er verkörperte. Jong-nam besuchte Bordelle und hatte angeblich zahlreiche Freundinnen, während sich Jong-un als der treue Ehemann präsentiert und oft mit seiner Frau in der Öffentlichkeit zeigt.

Während sein Bruder das Leben genoss und sich in Spielcasinos amüsierte, arbeitete Jong-un unermüdlich daran, das Erbe ihres gemeinsamen Großvaters und Vaters hochzuhalten und die Unabhängigkeit und Stärke des nordkoreanischen Staates zu gewährleisten. Jong-nam frönte seinem Luxusleben, während Jong-un durch Nordkorea reiste und sich um das Wohlergehen des Volkes kümmerte. Jong-nam war abhängig von China, weil es ihn schützte, während Jong-un Atomwaffen und Langstreckenraketen entwickelte, um seinem Land Würde und Selbstbestimmung zu sichern. Für Jong-un war sein älterer Bruder womöglich eine Art Alter Ego, ein dekadenter Mensch, dessen Beispiel zeigte, was passierte, wenn man sich nicht konsequent der Ideologie des Regimes unterwarf. Er verkörperte das völlige Gegenteil der Makellosigkeit, für die Kim Jong-un als loyaler Sohn, Vater, Ehemann und Führer seines Landes stand.

Kim Jong-nam war verloren. Wie schon bei Onkel Jang, der ebenfalls vom rechten Weg abgekommen war, gab es in den Augen des Regimes keine andere Lösung, als das Übel auszumerzen. Das Attentat selbst war eine Mischung aus Alt und Neu: Ein chemischer Kampfstoff aus den 1950er-Jahren wurde an einem öffentlichen Ort gegen das Zielobjekt eingesetzt, klassische Geheimagenten benutzten für die Ausführung zwei vermutlich ahnungslose junge Frauen, die sich für Akteurinnen in einer Reality-Show hielten, und der gesamte Angriff sowie sein Nachspiel wurden von Überwachungskameras aufgezeichnet. Es war eine Szene wie fürs Fernsehen, und genau das hatte Kim vermutlich auch gewollt.

Bei der Ermordung Jong-nams ging es nicht um seine Person allein – sie war zugleich als Warnung an die Nordkoreaner gedacht, mit welchen Konsequenzen Abtrünnige zu rechnen hatten. Weitaus beängstigender und weniger offensichtlich war der Umstand, dass es sich dabei auch um einen Test handelte: Es ging darum, die Wirksamkeit einer Massenvernichtungswaffe sowie die internationalen Reaktionen darauf auszuloten.

ANDERE MASSENVERNICHTUNGSWAFFEN

Während der Fokus der Öffentlichkeit bis dahin auf den Atomwaffen- und Langstreckenraketenprogrammen des Landes gelegen hatte, weckte die Ermordung Kim Jong-nams erneut den Verdacht, dass Nordkorea über biologische und chemische Waffen verfügt. Durch sie würde das Regime für die Welt und die Region noch gefährlicher. Anders als beim Atomwaffenprogramm, das durch Tests für jedermann sichtbar und in den staatlichen Medien gefeiert wurde, hatte Pjöngjang seine sonstigen verfügbaren Massenvernichtungswaffen bislang geheim gehalten. Einige Komponenten solcher Waffen können völlig legal in der Landwirtschaft oder Industrie eingesetzt werden. Das aber erschwert die Einschätzung der Absichten und Möglichkeiten Nordkoreas auf diesem Gebiet noch mehr, und erst recht ihre Überwachung.

Schon in den 1960er-Jahren gab es immer wieder Berichte, dass Nordkorea dabei sei, sich biologische und chemische Waffen zuzulegen. Zwei Jahrzehnte später erklärte Kim Il-sung, es sei dem Land gelungen, »mit Unterstützung sowjetischer Wissenschaftler aus eigener Kraft Giftgas und Biowaffen herzustellen«.[441] Laut verschiedenen Schätzungen und Quellen aus den USA und Südkorea verfügt Pjöngjang über eine geeignete Infrastruktur, um biologische und chemische Substanzen für Kampfzwecke nutzbar zu machen. Das Büro des Direktors der nationalen US-Nachrichtendienste berichtete 2006 dem US-Kongress, nordkoreanische Wissenschaftler und Labore besäßen die »rudimentäre biotechnologische Infrastruktur«, um infektiöse biologische Kampfmittel oder Gifte herzustellen.[442]

Zum vermuteten nordkoreanischen Inventar potenzieller biologischer Waffen gehören Erreger von Milzbrand, Cholera, Pest, Typhus und Gelbfieber, zu den chemischen Waffen Nerven-, Haut-, Blut- und Lungenkampfstoffe. Das Nervengift V X, das bei Jong-nam angewendet wurde, wird nach der Chemiewaffenkonvention der Vereinten Nationen von 1993 in Liste 1 der chemischen Kampfstoffe aufgeführt. Nordkorea hat sich dem Übereinkommen, das die Entwicklung, Herstellung und Lagerung sowie den Einsatz chemischer Waffen verbietet, nicht angeschlossen. Das Land verfügt nach Schätzungen des südkoreanischen Verteidigungsministeriums aus dem Jahr 2012 über 2500 bis 5000 Tonnen chemischer Kampfstoffe und eine jährliche Produktionskapazität von bis zu 12.000 Tonnen.[443] Laut Berichten einer US-Forschungsstelle unterhält der Norden außerdem vier Militärbasen, die mit chemischen Waffen bestückt sind, elf Anlagen zur Herstellung und Lagerung solcher Waffen und etwa ein Dutzend Forschungs- und Entwicklungsstätten.[444] Die von dem erfahrenen Analysten Joseph Bermudez gesammelten Aussagen von Überläufern aus der Koreanischen Volksarmee ergaben, dass Nordkorea über etwa zwanzig Chemikalien verfügt, die zur Produktion chemischer Waffen verwendet werden können.[445] Der Schwerpunkt liegt dabei auf Senfgas, Chlor, Phosgen, Sarin und Nervengiften der V-Reihe. Diese Waffen könnten mit Hilfe von Sondereinsatzkräften oder durch Langstreckenraketen bis nach Südkorea und darüber hinaus verbreitet werden.

Kim Jong-un hat in den letzten Jahren häufig das Wachstumspotenzial der biologischen und chemischen Industrie hervorgehoben und damit die Befürchtungen, er könne solche Kampfstoffe im Konfliktfall einsetzen oder an andere Länder verkaufen, noch weiter geschürt. Er prahlt schamlos mit dem Ausbau dieser Kapazitäten. Im Juni 2015 berichteten die staatlichen Medien über seinen Besuch im neuen Biotechnischen Institut von

Pjöngjang. Offiziell hieß es, dort würden biologische Pestizide zur Sicherung der Kohlernte hergestellt. Doch ein genauerer Blick auf die Videoaufnahmen von diesem Besuch löste im Ausland Besorgnis über Tempo und Bandbreite der Produktion aus. Melissa Hanham, Expertin für Massenvernichtungswaffen, kam nach der Auswertung der Fotos zu dem Schluss, dass die Anlage wahrscheinlich genutzt wird, um Milzbrand-Erreger in militärisch relevanten Mengen herzustellen.[446] Pjöngjang hätte sich durchaus auf legalem Weg kostengünstig Bio-Insektizide beschaffen können. Da Nordkorea aber »rechtswidrig die Dual-Use-Technologien einführt, nutzt es wahrscheinlich diese Anlage, um sich die latente Möglichkeit der Produktion [biologischer Waffen] zu sichern oder – noch schlimmer – aktiv Anthrax-Erreger zu produzieren«, erklärte Hanham. Die Vereinten Nationen zeigten sich 2018 besorgt über die nordkoreanische Produktion von Natriumcyanid, das für sich allein schon tödlich wirkt, aber auch zur Herstellung des vom Sicherheitsrat verbotenen Nervengifts Tabun verwendet werden kann.[447] Pjöngjang wurde aufgefordert, sich an die Resolution 2270 des UN-Sicherheitsrats von 2016 zu halten, in dem die internationale Staatengemeinschaft Nordkorea auffordert, alle chemischen und biologischen Waffen aufzugeben.

Neben der Möglichkeit des Einsatzes von Massenvernichtungswaffen im Falle eines Konflikts mit den USA oder Südkorea bergen die latent oder tatsächlich vorhandenen biologischen und chemischen Waffen Nordkoreas außerdem das Risiko einer Weiterverbreitung. Berichten zufolge liefert das Regime seit mindestens zwei Jahrzehnten Produkte und technische Geräte im Zusammenhang mit chemischen Waffen an Syrien, Iran, Ägypten und Libyen.[448] 2009 beschlagnahmten griechische Beamte bei der Kontrolle eines Handelsschiffs auf dem Weg nach Syrien vier Container mit dreizehntausend Chemieschutzanzügen und ähnlichen Erzeugnissen aus nordkoreanischer Produktion.[449]

Kim Jong-nams Ermordung im Jahr 2017 und die Missachtung internationaler Normen und Sanktionen durch Nordkorea, die sich in der kontinuierlichen Entwicklung potenzieller Massenvernichtungswaffen während der letzten Jahre zeigt, sind symptomatisch für Kim Jong-uns Impertinenz und seine Gewissheit, sich alles erlauben zu können. Teilweise als Reaktion auf das Attentat in Malaysia stufte Washington Nordkorea im November 2017 erneut als einen den Terrorismus unterstützenden Staat ein (Iran, Syrien und Sudan stehen ebenfalls auf dieser Liste) und verhängte weitere Sanktionen über das Land. Aber Kim Jong-un geht offenkundig davon aus, dass er mit den Konsequenzen seiner Handlungen leben kann. Pjöngjang stand schon von 1988 bis 2008 auf dieser beschämenden Liste – eine Folge der Entführungen japanischer Staatsbürger, mehrerer Bombenangriffe und Attentatsversuche gegen Südkorea sowie der Entführung von Verkehrsflugzeugen. Die Regierung George W. Bush strich das Land jedoch wieder von der Liste, um Atomverhandlungen zu ermöglichen. Und er wollte das Regime dazu bewegen, »in einer öffentlichen Erklärung zu bestätigen, dass es den internationalen Terrorismus nicht mehr unterstützt und auch in Zukunft nicht unterstützen wird.«[450]

Doch für Kim war dies eine Frage der Kosten-Nutzen-Abwägung, denn er sieht in der Entwicklung von Massenvernichtungswaffen offenbar eine Möglichkeit, seine Position gegenüber den USA zu stärken, die Verteidigungsmöglichkeiten seines Landes im Kriegsfall zu verbessern und seinem Image als starker Führer noch mehr Glanz zu verleihen. Das räumte schließlich sogar Außenminister Rex Tillerson ein, als er sagte, die Aufnahme in die Liste der den Terrorismus unterstützenden Staaten sei lediglich ein symbolischer Akt: »Die praktischen Auswirkungen mögen begrenzt sein, doch hoffentlich schließen wir damit ein paar Hintertüren.«[45] Unterdessen drohte zwei jungen Frauen in Malaysia für ihre Mitwirkung an der Ermordung Kim Jong-nams die Todesstrafe, während das Regime keine oder kaum reale Konsequenzen zu tragen hatte. Nachdem Huong und Aisyah Anfang 2019 aus dem Gefängnis entlassen wurden, sind alle an dem Mord Beteiligten von jeder Verantwortung entbunden worden.

Als die USA Nordkorea abermals auf die Liste der den Terrorismus unterstützenden Staaten setzte, hatten die Beziehungen zwischen den beiden Ländern einen Tiefpunkt erreicht, und die Welt befürchtete einen atomaren Flächenbrand. Kims Selbstbewusstsein, das durch die Reaktionen in seinem Umfeld noch angestachelt wurde, und sein offensichtlicher Erfolg beim Ausschalten potenzieller Rivalen gaben ihm die Kraft, seinem größten Gegner und mächtigsten Herausforderer die Stirn zu bieten: dem Präsidenten der Vereinigten Staaten von Amerika.

11

EIN TEST FÜR TRUMP

Als Kim Jong-uns siebtes Jahr als Nordkoreas Oberster Führer anbrach, konnte er auf mehrere Erfolge zurückblicken. Er hatte seine Macht gefestigt und loyale Mitstreiter um sich geschart. Er war mit seiner Byungjin-Politik, dem gleichzeitigen Ausbau von Wirtschaft und Atomwaffenprogramm, gut vorangekommen, er hatte Freizeiteinrichtungen wie auch nationale Verteidigungsanlagen gebaut und nach dem jahrzehntelangen Niedergang nach der Einstellung der sowjetischen Hilfeleistungen und der großen Hungersnot in den 1990er-Jahren nun offenbar die Weichen für ein neues, modernes Nordkorea gestellt. Er hatte seine Kern- und Langstreckenwaffen weiterentwickelt und von verschiedenen Standorten aus neue Modelle getestet. Damit hatte er sein Ziel, das Atomwaffenarsenal zu diversifizieren, erreicht. Er hatte auch seine nicht-atomaren Kapazitäten erfolgreich zur Schau gestellt und seinen Feinden Nordkoreas Expertise auf dem Gebiet der Cybertechnologie und der chemischen Waffen vorgeführt. Er hatte die Grenzen der internationalen Toleranz ausgereizt und sich weitgehend ungestraft über globale Normen hinweggesetzt – lediglich eine Handvoll Sanktionen wurden verhängt, die letztlich keine echte Bedrohung für sein Regime darstellten. Mehr noch, er hatte als Machthaber seine drei größten Gegenspieler überdauert: Barack Obama, Park Geun-hye und ihren Vorgänger Lee Myung-bak. Anders als Kim waren die Präsidenten Obama, Park und Lee demokratisch gewählt worden und hatten ihre Amtszeit beendet – Obama und Lee nach Wahlen in ihren Ländern und Park nach jahrelangen friedlichen Bürgerprotesten und einem Amtsenthebungsverfahren. Trotz aller Spekulationen darüber, dass er sich nicht lange im Amt würde halten können, nachdem er 2011 die Macht von seinem verstorbenen Vater übernommen hatte, war es nun Kim, der sich über politische Langlebigkeit freuen konnte.

Als Donald Trump 2016 zum Präsidenten gewählt wurde, versuchte Kim wahrscheinlich genau wie alle anderen, aus diesem unkonventionellen Staatschef schlau zu werden. Nach Trumps Aussagen im Wahlkampf gab es für Kim gute Gründe, dem neuen Präsidenten mit Argwohn zu begegnen und sich darauf gefasst zu machen, dass er einen harten Kurs gegen Nordkorea einschlagen würde. Im September 2015 hatte Trump Kim während einer Präsidentschaftsdebatte der Republikaner als einen »Wahnsinnigen« bezeichnet, der über Atomwaffen verfügt.[452] Im Februar 2016 prahlte er in einem Fernsehinterview mit der Behauptung, wenn er Präsident wäre, würde er China dazu bringen, Kim »auf die eine oder andere Art sehr schnell verschwinden zu lassen«.[453] Andererseits war bei Trump ein Funke Respekt für Kim zu spüren: »Ich meine, dieser Typ ist echt ein übler Bursche – und man darf ihn nicht unterschätzen ... So ein junger Typ, der es schafft, die Macht von seinem Vater zu übernehmen, trotz der vielen Generäle um ihn herum und all den anderen, die vermutlich auch scharf auf den Posten sind, den darf man auf keinen Fall unterschätzen.«[454] Und trotz der scharfen Töne erklärte Trump im Mai 2016, dass er kein Problem hätte, sich mit Kim zu unterhalten.[455]

Bei aller Unsicherheit über die veränderte politische Dynamik durch die Machtwechsel in den USA und Südkorea hatte

Kim nicht vor, tatenlos abzuwarten. Während die neue Regierung in Washington nach Trumps unerwartetem Wahlsieg Fuß zu fassen versuchte, machte sich Kim daran, die Fakten auf den Tisch zu packen. In seiner Neujahrsansprache 2017 legte er seine Erfolge und Absichten dar und nährte damit Befürchtungen und Spekulationen über seine Pläne für die Ära Trump.[456] Kim pries Nordkoreas angeblich ersten Wasserstoffbombentest im September 2016, den fünften und größten, und zwar, wie das Regime damals behauptete, mit einem »atomaren Sprengkopf, der für die Montage auf strategische Langstreckenraketen genormt ist«.[457] Kim drohte außerdem, sein Land befinde sich »in der Endphase der Vorbereitung auf Interkontinentalraketentests«, deren potenzielle Reichweite auch das Festland der USA einschloss.[458] Und er versprach, »unsere Verteidigungskapazitäten, deren Dreh- und Angelpunkt die Kernwaffen sind, und die Kapazitäten für einen Erstschlag weiter auszubauen, solange die USA und ihre Vasallen ihre Praxis der atomaren Bedrohung und Erpressung aufrechterhalten.« Einen Tag später twitterte der designierte Präsident Trump herablassend: »Nordkorea hat soeben verkündet, es sei in der Endphase der Entwicklung einer Atomwaffe, die Teile der USA erreichen könne. Das wird nicht passieren!«[459]

So begann ein Jahr der Tweets, Sticheleien und Drohgebärden zwischen Trump und Kim. Viele Korea-Experten und Analysten der nationalen Sicherheitsdienste zeigten sich besorgt, dass die Vorliebe des neuen Präsidenten, die sozialen Medien für verbale Angriffe gegen Kim zu nutzen, zu einer Fehleinschätzung der Lage führen und eine militärische Auseinandersetzung nach sich ziehen könnte. Kim war keiner, der sich von Drohungen auf Twitter in die Knie zwingen ließ. Er fuhr fort, Trump zu testen, indem er weiterhin neue Typen ballistischer Raketen ins All schickte. Wahrscheinlich wollte er damit provozieren und seinem Volk und den ausländischen Beobachtern demonstrieren, wer auf der koreanischen Halbinsel das Sagen hatte. Knapp einen Monat nach Trumps Vereidigung ließ Kim während eines Spitzentreffens zwischen dem US-Präsidenten und dem japanischen Premierminister Abe Shinzo in Mar-a-Lago eine neue ballistische Rakete testen.[460] Es handelte sich um eine Feststoffrakete mittlerer Reichweite, die Nordkorea laut Expertenmeinungen bei der Entwicklung einer Interkontinentalrakete einen Schritt weiterbringen konnte. Kim, bei nachfolgenden Tests fast ausnahmslos im Zentrum der Berichterstattung, befahl noch weitere Raketenstarts, wobei er Trumps Tweets und Drohungen geflissentlich ignorierte. Mit zwei weiteren Tests von Interkontinentalraketen (ICBMs) im Juli, einem dritten im November und seinem sechsten Atomwaffentest im September rundete er seine waffentechnische Jahresbilanz ab.

Falls sich Kim wegen des neuen Präsidenten Sorgen machte, zeigte er es jedenfalls nicht. Hatte er selbst als politischer Führer und Kenner der Region nicht wesentlich mehr Erfahrung als Trump, der bis dahin nur Geschäftsmann und Reality-TV-Star gewesen war? Und war Kim nicht in den vergangenen sechs Jahren schon mit seinen Provokationen und Affronts davongekommen?

Kim hatte nicht vor, klein beizugeben, und Trump ebenso wenig.

EINE FRAGE DER PERSÖNLICHKEIT

Obwohl die beiden Männer altersmäßig fast vierzig Jahre trennen – Kim war damals Anfang dreißig und Trump hatte die siebzig überschritten –, gibt es zwischen ihnen doch einige Ähnlichkeiten. Beide waren etwa Mitte zwanzig, als sie ein Vermögen und ein Imperium erbten: Trumps Erbe bestand aus Immobilien, Kims aus Atomwaffen und einem Land mit fünfundzwanzig

Millionen Einwohnern. Als Trump im New Yorker Stadtteil Queens aufwuchs, verfügte seine Familie über einen Reichtum, von dem andere nur träumen können. Das Vermögen der Familie Kim, die über ein ganzes Land herrschte, war sogar noch größer. Die Kims besaßen zahllose Villen und Ferienresorts, verfügten über ein Heer von Bediensteten, militärische Streitkräfte und die neuesten Errungenschaften auf dem Gebiet der Konsumgüter. Trump brüstete sich mit seinem Widerstand gegen Autoritäten. In der zweiten Klasse hatte er seinem Musiklehrer »eine reingehauen«, denn, so Trump: »Ich fand, er hatte keine Ahnung von Musik, und ich wäre deswegen fast von der Schule geflogen.« Das berichten Michael Kranish und Marc Fisher, zwei Journalisten der *Washington Post* und Verfasser des Buches *Die Wahrheit über Trump*, einer maßgeblichen Biografie über den fünfundvierzigsten US-Präsidenten.[461]

Während die uns vorliegenden Informationen über Kim Jong-un darauf hindeuten, dass er sich zumindest während seines Aufenthalts als Schüler in Europa eher zurückhaltend verhielt, spielte Trump die Rolle des großspurigen Immobilienerben, der schon in jungen Jahren vor Selbstbewusstsein strotzte. Er fuhr in Luxuslimousinen durch die Stadt und über den Campus, vertrieb sich die Zeit mit schönen Frauen, gab Partys und schikanierte sowohl seine Altersgenossen wie auch seine Lehrer. Aber wie Kim Jong-un war auch Trump bestenfalls ein mittelmäßiger Schüler. In *Die Wahrheit über Trump* wird ein Kommilitone von der University of Pennsylvania zitiert, der über Trump sagte: »[Er] war nicht blöd ... Ich glaube, er hat sich nie auf irgendeine Prüfung vorbereitet ... Er hat nur so viel getan, wie nötig war, um durchzukommen.«[462] Sportliches Können und eine kompetitive Grundhaltung kennzeichneten beide Männer: Trump erzielte Erfolge auf dem Spielfeld, er war gut in Dodgeball, Basketball, Football und Fußball. Sein Lieblingssport war Baseball.[463]

Kims bevorzugte Sportart war Basketball; seine aggressive Spielweise wurde von seinen Mitschülern in der Schweiz immer wieder betont. Und beide wuchsen in einem männlich geprägten Umfeld auf. Trump besuchte die New Yorker Militärakademie, wo die Kadetten Mörser abfeuern und ein M1-Gewehr reinigen mussten, während Kims ganze Welt und auch sein Selbstverständnis von der nordkoreanischen Songun-Ideologie (»das Militär zuerst«) geprägt waren. Bei beiden gehörten körperliche und verbale Übergriffe und beiläufige Brutalität zum Alltag, und Schwäche war ein Schimpfwort.

Beide hatten Väter, die überlebensgroß wirkten. Die Söhne verehrten sie und versuchten ihnen nachzueifern, allerdings jeweils auf ihre eigene Art. Der Patriarch Fred Trump war laut Timothy O'Briens ebenfalls akribisch recherchierter Trump-Biografie weniger extravagant und »ernst, diszipliniert«.[464] O'Briens kritischer Blick in die dunklen Winkel von Trumps Leben und die Entblößung der Wahrheit hinter den jahrzehntealten Mythen veranlasste den Protagonisten seiner Biografie zu einer Verleumdungsklage und einer Schadensersatzforderung in Höhe von 5 Milliarden Dollar.

Anders als sein Vater kleidete sich der junge Trump auffällig, zeigte sich gern mit Prominenten und legte einen unstillbaren Hunger nach Aufmerksamkeit und Anerkennung an den Tag. Mit seinem beharrlichen Größenwahn spannte er die Medien für sich ein, wobei er Reporter und Imagemacher abwechselnd becircte und tyrannisierte. Er produzierte ein breites Spektrum an Konsumgütern, von Selbsthilfebüchern für Geschäftsleute bis hin zu Wodka, Krawatten und Anzügen, um eine Marke zu prägen, die für ein exzessives Luxusleben stand. Dabei war er zeitweilig hoch verschuldet und geschäftlich weit weniger erfolgreich, als er behauptete. Er heftete seinen Namen an Vorzeigeimmobilien in Manhattan, was für einen Mann aus Queens, einem weniger prestigeträchtigen Außenbezirk von New York, die Ankunft im »Zentrum der Welt« bedeutete, wie er in seinem Buch *The Art of the Deal* erzählt.[465] Nachdem er zuerst das Land und die Wohnungen der Amerikaner mit seinen Markenartikeln übersät und dann mit seiner Yacht und seiner letztlich erfolglosen Airline auch noch das Meer und den Himmel vereinnahmt hatte, folgerte Trump in seinem 2000 erschienenen Buch *The America We Deserve*: »Es hat mich kein bisschen erstaunt, dass 97 Prozent der Amerikaner wissen, wer ich bin.«[466] Barbara Corcoran, eine der erfolgreichsten Maklerinnen in New York, sagte: »Er hat jede Menge Unsinn erzählt ... aber mit diesem Unsinn ... hat er seine Sachen verkauft. Ich kenne keinen besseren Marketer als ihn.«[467] Tony Schwartz, Trumps Ghostwriter bei *The Art of the Deal*, äußerte gegenüber Jane Mayer von *The New Yorker*: »Mehr als jeder andere, den ich kenne, besitzt Trump die Fähigkeit, sich selbst davon zu überzeugen, dass alles, was er sagt, wahr ist, oder doch in gewisser Hinsicht wahr ist, oder zumindest wahr sein *sollte*.«[468] Schwartz gestand Mayer auch, dass er es mittlerweile bereute, durch seine Rolle bei dem Buch an der Erschaffung des Trump-Mythos mitgewirkt zu haben.

Die Mythologie stand natürlich auch in der Familie Kim hoch im Kurs. Ähnlich wie Trump, der mit fünfundzwanzig in die Familienfirma einstieg und Präsident von Trump Management wurde,[469] war auch Kim noch keine dreißig, als er nach dem Tod seines Vaters in Nordkorea das Ruder übernahm. (Im April 2017 sprach Trump als frisch gewählter US-Präsident von seiner Empathie für Kim, obwohl dessen Regime gerade Raketentests durchführte und die USA bedrohte. Vielleicht hatte er seine eigenen Erfahrungen im Sinn, als er in einem Interview mit Reuters bemerkte, dass Kim bei seiner Machtübernahme noch sehr jung gewesen sei: »Er ist 27 Jahre alt. Sein Vater ist gestorben, und er hat die Regierung übernommen. Sie können sagen, was

Sie wollen, aber das ist nicht leicht, vor allem nicht in dem Alter.«[470]) Natürlich war Kim in einer recht komfortablen Position. Er hatte das Atomwaffenprogramm und eine seit den 1950er-Jahren reibungslos funktionierende Propagandamaschinerie, die seine Abstammung rühmte und ihm Legitimität verschaffte. Außerdem hatte sein Vater ihn bereits im Voraus bei den wichtigen Funktionären und Institutionen eingeführt und dem Sohn damit die Konsolidierung seiner Macht erleichtert. Wenn 97 Prozent der Amerikaner wussten, wer Trump war, dann wussten 100 Prozent der Koreaner, wer in ihrem Land die Macht innehatte.

Sowohl Trump als auch Kim setzten in ihrer Politik auf die direkte Ansprache der Massen. Da sie selbst wohlbehütet in einem luxuriösen Umfeld aufgewachsen waren, lag das keineswegs auf der Hand. Trump veranstaltete zu diesem Zweck große Kundgebungen und erreichte Millionen weitere Menschen über sein Twitter-Account. Kim nutzte seinen Propaganda-Apparat, aber auch die vielen Vor-Ort-Anweisungen, für die er durchs ganze Land reist, Schulkinder umarmt und Freizeitparks, Zoos, Landwirtschaftsbetriebe und Fabriken besichtigt, um seine Beamten zu ermahnen, stets zuerst an die Menschen zu denken. Trump »hielt sich für einen Mann des Volkes, der lieber von Taxifahrern und Bauarbeitern gelobt als von den Reichen und Mächtigen verehrt werden wollte«, schreiben Kranish und Fisher.[471] Seine barsche Ausdrucksweise und das ständige Herziehen über seine Gegner und den »Sumpf« in Washington brachten ihm die Bewunderung der Mittel- und Unterschichten ein. Seine Unterstützer »sahen ihn als einen offenen und ehrlichen Milliardär, der mit seinem Geld und seiner Unverschämtheit allen die Stirn bieten konnte.«[472] Was Kim betraf, so konnte er mit der Ermordung seines Onkels Jang und den regelmäßigen Säuberungsaktionen nicht nur die Funktionäre in Partei und Militär daran erinnern, für wen sie arbeiteten, sondern auch in der Öffentlichkeit demonstrieren, dass sein hartes Durchgreifen bei der Elite im Interesse des Volkes geschah. Die Menschen sollten glauben, dass sie in Kim einen Fürsprecher hatten.

Als selbsterklärte Verfechter einer vermeintlich idealen internen Ordnung bedienen sich beide Männer einer Rhetorik, welche die Außenwelt als feindselig beschreibt, und wollen damit die Sicht auf die außenpolitischen Beziehungen beeinflussen. In Pjöngjang blickte man schon seit langem hauptsächlich auf das eigene Land und stand dem Rest der Welt argwöhnisch gegenüber. Das Regime rühmte die Unverdorbenheit, den Optimismus, den aufrechten Zusammenhalt und die Selbstbestimmung des nordkoreanischen Volkes und Staates. Um die Kim-Dynastie zu legitimieren, die Militärprogramme zu rechtfertigen und die Bevölkerung in dem Glauben zu bestärken, dass Nordkorea nur unter Kims Herrschaft ein sicheres Land ist, braucht das Regime eine feindlich gesinnte Außenwelt, die das Land angeblich in böser Absicht belauert. Die USA gelten als ständige, omnipräsente Bedrohung, deren räuberische Soldaten mit den großen Nasen allzeit zum Angriff bereit sind und nur darauf warten, dass Nordkorea einen Moment nicht auf der Hut ist. Die Chinesen sind nicht vertrauenswürdig, denn Peking unterstützt Sanktionen gegen Nordkorea: Ein Parteifunktionär soll auf einer Konferenz gesagt haben: »Japan mag seit hundert Jahren unser Feind sein, doch China ist seit tausend Jahren unser Feind.«[173] Den Japanern war natürlich schon wegen der langjährigen Besetzung der koreanischen Halbinsel nicht zu trauen.

Donald Trumps Aussagen über die Welt sind ähnlich dystopisch geprägt: Für ihn ist sie ein finsterer, gefährlicher Ort, wo böse Menschen ständig versuchen, die Amerikaner, ihre Werte und ihren Lebensstil anzugreifen und ihnen das Geld aus der Tasche zu ziehen. Außer Gegenspielern wie dem Iran und der Terrorbedrohung sind nun auch traditionelle Verbündete ein Problem – und werden zur Zielscheibe von Trump, der die nationale Sicherheit und die Auslandsbeziehungen der USA geschäftsmäßig handhabt und dabei ein Nullsummenspiel anstrebt. Nach eingehendem Studium der Äußerungen und Handlungen Trumps seit den 1980er-Jahren kam Thomas Wright von der Brookings Institution zu dem Schluss, seine Meinung über die Außenpolitik sei über die Zeit weitgehend gleichgeblieben.[474] Er war und ist der Ansicht, dass Amerika sich in der Weltpolitik übermäßig engagiert. Und um seine Abneigung gegen dieses ›Overcommitment‹ zu zeigen, stößt er auch seine Freunde vor den Kopf.

Nehmen wir etwa seine Tiraden gegen die seit Jahrzehnten bestehende NATO, die nach den Verwüstungen des Zweiten Weltkriegs gegründet wurde, um die USA, Kanada und Westeuropa gemeinsam gegen die militärische Bedrohung durch die Sowjetunion abzusichern. Trump prahlte, dass jetzt »Zehntausende Milliarden Dollar mehr« fließen würden, »denn ich habe nicht zugelassen, dass die Mitgliedstaaten mit ihren Zahlungen in Verzug geraten, während wir ihre Sicherheit garantieren und bereit sind, für sie Kriege zu führen. Wir haben klar gemacht, dass Länder, die sehr reich sind, die USA dafür entschädigen müssen, dass wir sie verteidigen.«[475] Trump stellt wichtige Bündnisse in Ostasien infrage und kritisiert immer wieder Seoul und Tokio. Warum müssen wir (gemäß dem Vertrag über gegenseitige Kooperation und Sicherheit von 1960) Japan zu Hilfe kommen, wenn es angegriffen wird? Donald Trump erschien das nicht fair. Was Südkorea betraf, hatte er 2013 die Frage aufgeworfen: »Wir haben 25.000 Soldaten da drüben, die sie beschützen. Warum bezahlen sie nichts dafür?«[476] 2015 sollte er auf dieses Thema zurückkommen: »Wie lange wollen wir Südkorea noch ohne Bezahlung gegen Nordkorea verteidigen?«[477] Und als Präsident beharrte er 2017 darauf, Washington würde Südkorea subventionieren, und erklärte, »es macht absolut keinen Sinn«, dort weiterhin Truppen – inzwischen etwa 28.500 Soldaten – zu stationieren.[478]

Trumps Rufe nach einem Einreisestopp für Muslime in die USA und einer Mauer, um »Illegale« vom Grenzübertritt abzuhalten, zeigten seine Vorstellung von einem idealen Amerika. Hier zeigt sich eine gewisse Ähnlichkeit mit dem Bild von einem reinen Korea, auf dem die Kims ihren aggressiven Nationalismus gründen, um die Menschen auf den Obersten Führer einzuschwören. »Angst«, sagte Präsidentschaftskandidat Trump im März 2016 zu Bob Woodward, sei die »wahre Macht«,[479] und es liegt auf der Hand, dass Kims Herrschaft sich auf die Angst vor der Außenwelt und vor der Macht des Autokraten stützt.

Beide Männer mussten der Welt etwas beweisen. Und beide waren dünnhäutig. Trump, der Geschäftsmann, der Kandidat und der Präsident, war von dem Gedanken besessen, die Welt mache sich schon seit langem über die USA lustig.[480] Auch Kim reagierte hypersensibel auf jede Art von echter oder vermuteter Kritik. Er entmachtete hohe Funktionäre, die nicht laut genug Beifall klatschten, ließ einen Halbbruder ermorden, der seine Führungsfähigkeiten öffentlich angezweifelt hatte, und lancierte einen Internetangriff auf ein Filmstudio, das es gewagt hatte, einen Film zu drehen, in dem die CIA einen Mordanschlag auf ihn verübt. Obwohl beide mit Hohn und Spott, Zweifeln und abschätzigen Kommentaren über ihre mangelnde Erfahrung, ihr unberechenbares Verhalten und ihre Dreistigkeit überhäuft wurden, konnten sich Trump und Kim allen Kritikern zum Trotz behaupten und stellten politische und internationale Normen auf den Kopf. Das Selbstvertrauen und Konkurrenzdenken beider Männer, geboren aus dem Glauben an selbstformulierte Schlagzeilen und vermeintliche Triumphe, bestärkten sie in der Überzeugung, jeder Herausforderung gewachsen zu sein, 2017 sogar der eines potenziellen Atomkriegs. Hatte Trump die Präsidentschaftswahl, seine höchste Trophäe, nicht trotz aller Anfeindungen gewonnen? War Kim nicht der jüngste Diktator einer Atommacht geworden, dem man praktisch alles durchgehen ließ, und dies trotz aller Prophezeiungen, das Regime werde nach dem Tod seines Vaters zusammenbrechen?

Während Trump und Kim sich stur stellten und ihre Standpunkte mit Hilfe von maßloser Übertreibung bekräftigten, machte sich die Welt darauf gefasst, dass diese beiden unberechenbaren und aggressiven Staatsoberhäupter mit ihren Drohgebärden einen atomaren Flächenbrand auslösen könnten, um die eigene Überlegenheit unter Beweis zu stellen.

12

EIN TEST FÜR KIM

Als Donald Trump ins Weiße Haus einzog, warnte ihn der scheidende Präsident Obama, sein größtes Problem werde Nordkorea sein. Wie groß dieses Problem war, wurde offenkundig, als Kim Mittelstreckenraketen (Intermediate-Range Ballistic Missiles, IRBM, und Mediate-Range Ballistic Missiles, MRBM) mit einer Reichweite von 1000 bis 3000 beziehungsweise 3000 bis 5500 Kilometern sowie Langstreckenraketen (Intercontinental Ballistic Missiles, ICBM) mit einer Reichweite von mehr als 5500 Kilometern abfeuerte – alle in Trumps erstem Amtsjahr. Nach einer zweimonatigen Überprüfung der bisherigen Strategie, wie sie jede neue Regierung durchführt, kündigte das Trump-Team eine Politik »des maximalen Drucks und Engagements« an.[481] Trump erklärte zwar, die »Ära der strategischen Geduld [Obamas] mit dem nordkoreanischen Regime« sei vorbei,[482] tatsächlich aber wurde die Strategie der Vorgängerregierung fortgesetzt. Man übte wachsenden diplomatischen, wirtschaftlichen und militärischen Druck auf Pjöngjang aus, um das Kim-Regime zu zwingen, an den Verhandlungstisch zurückzukehren und glaubwürdige Schritte zur Beendigung seines Atomwaffenprogramms zu unternehmen.

2016 hatte die Obama-Regierung begonnen, gegenüber Nordkorea die Daumenschrauben anzuziehen, womit das Fundament für Trumps Strategie des maximalen Drucks gelegt wurde. Obamas neue Maßnahmen hatten es in sich.[483] Sie beschränkten Kims Möglichkeiten, durch den Export von Kohle, Meeresfrüchten und Arbeitskräften Gelder zu erwirtschaften. Damit ging Nordkorea jährlich schätzungsweise 1 Milliarde Dollar an Einnahmen verloren – angesichts der ohnehin gebeutelten nordkoreanischen Wirtschaft und jährlicher Exporteinnahmen des Regimes in Höhe von nur 3 Milliarden Dollar eine nicht unbedeutende Summe. Zur US-Strategie des maximalen Drucks gehörte es auch, Staaten ins Visier zu nehmen, die es Nordkorea erleichterten, die Sanktionen zu umgehen und Einnahmen zu generieren. Diese Länder sollten dazu gebracht werden, ihren Handel und ihre diplomatischen Beziehungen zu Nordkorea einzuschränken oder abzubrechen. Insbesondere China, Nordkoreas bei weitem wichtigster Handelspartner, sollte zur Umsetzung der Sanktionen bewogen werden.

Die Dinge wurden persönlich, als Pjöngjang erfolgreich seine erste Langstreckenrakete testete. Die Hwasong-14 erreichte eine Höhe von etwa 2735 Kilometern, bevor sie etwa 960 Kilometer vom Abschussort entfernt ins Japanische Meer stürzte. Das Regime testete die Rakete in einem steilen Abschusswinkel, damit sie nicht Japan überfliegen musste, was eine enorme Provokation gewesen wäre.[484] Bei einer normalen Flugbahn wäre die Rakete 6400 Kilometer weit geflogen. Kim wählte für den Test das Datum des 4. Juli 2017, den amerikanischen Unabhängigkeitstag, und übermittelte damit eine klare Botschaft. Der Abschuss sollte ein Meilenstein sein, der Nordkorea der Fähigkeit näherbrachte, mit einer Atomwaffe amerikanisches Festland zu treffen. Staatlichen Medien zufolge hatte Kim »ein breites Grinsen im Gesicht, [als er] zu Funktionären, Wissenschaftlern und

Technikern sagte, die Vereinigten Staaten seien gewiss nicht erfreut über die strategische Option der Demokratischen Volksrepublik Korea, die ihnen ... an ihrem ›Unabhängigkeitstag‹ ein ›Geschenkpaket‹ geschickt« habe.[485] Kim trieb den Spott gegenüber den USA noch weiter, als er die Wissenschaftler seines Landes aufrief, »den Yankees regelmäßig kleine ›Geschenkpakete‹ zu schicken«. Er erklärte, er werde »auf dem Weg ... der atomaren Bewaffnung der Streitkräfte keinen Schritt zurückweichen«, bevor die »feindselige Politik und die nukleare Bedrohung der Demokratischen Volksrepublik Korea durch die Vereinigten Staaten ein für alle Mal beendet« seien.

Alarmiert und überrascht vom Erfolg des Tests und von den unverhohlen feindseligen Äußerungen Pjöngjangs, verurteilten die Führungen Chinas und Russlands den Test als »inakzeptabel« und warnten vor »jeglichen Erklärungen oder Handlungen, die zu einer Verschärfung der Spannungen führen könnten«.[486] In einer gemeinsamen Erklärung der Außenminister beider Länder hieß es: »Die beiden Seiten schlagen vor, dass die Demokratische Volksrepublik Korea [Nordkorea] in freiwilliger politischer Entscheidung ein Moratorium für den Test nuklearer Sprengstoffe und den Abschuss ballistischer Raketen erklärt.« Besorgt, die Vereinigten Staaten und Südkorea könnten die Situation eskalieren lassen, forderten Moskau und Peking, Seoul und Washington sollten auf »großangelegte gemeinsame Manöver« verzichten.

US-Außenminister Rex Tillerson betonte: »Der Test einer Langstreckenrakete stellt für die Vereinigten Staaten, für unsere Verbündeten und Partner, für die Region und die ganze Welt eine neue Eskalation der Bedrohung dar.«[487] Tillersons Erklärung war eine angemessen scharfe Verurteilung – klare und deutliche Worte, wie man sie von einem hohen Regierungsvertreter der Vereinigten Staaten erwartete. Präsident Trump jedoch reagierte in der für ihn typischen Art und Weise. »Nordkorea«, twitterte er, »hat soeben eine weitere Rakete abgefeuert. Hat dieser Kerl nichts Besseres zu tun in seinem Leben? Kaum zu glauben, dass Südkorea und Japan dies noch länger hinnehmen werden. Vielleicht wird China harte Schritte gegen Nordkorea ergreifen und diesen Unsinn ein für alle Mal beenden!«[488]

Auf diese Verurteilungen und auf die Machtdemonstration der Vereinigten Staaten und Südkoreas – zu der im Rahmen des gemeinsamen Militärmanövers der Abschuss von Präzisionsgeschossen mit hoher Durchschlagskraft gehörte – reagierte Kim Jong-un mit der Erklärung, Nordkorea werde »den Vereinigten Staaten seine Entschlossenheit zeigen« und sein Nuklearwaffenprogramm niemals zum Gegenstand von Verhandlungen machen.[489] Als wollte es seinem Raketentest am amerikanischen Unabhängigkeitstag Nachdruck verleihen, führte Nordkorea nur zwei Wochen später einen zweiten Test mit einer Langstreckenrakete durch, die eine noch größere Höhe erreichte und eine Reichweite von 9656 Kilometern hatte; damit konnten große US-amerikanische Städte wie Los Angeles, Denver und Chicago getroffen werden. Im September folgte dann der sechste Atomtest.

KIM GIBT NICHT NACH

Die folgenden Monate des Jahres 2017 waren gekennzeichnet von einer verwirrenden Abfolge weiterer Tests ballistischer Raketen. Hinzu kam ein Überbietungswettlauf bei den Vereinten Nationen und in verschiedenen Hauptstädten, Statements abzugeben und zusätzliche Sanktionen zu verhängen, sowie von Tweets und gegenseitigen Drohungen Trumps und Kims. Somit entstand eine von Spannungen und Befürchtungen geprägte Krisenstimmung. Nordkoreas Verhalten war das eine, beispiellos aber waren auch die aufwieglerischen Tweets, die der US-Präsident von seinem Social-Media-Account absetzte. Deren Wirkung wurde verstärkt durch die sehr einflussreiche Plattform, von der er seine Mitteilungen verschickte, aber auch durch die Medien, die sie Wort für Wort wiederholten und verbreiteten.

Auch als sich die südkoreanische Moon-Regierung um eine Entschärfung der Spannungen bemühte und Außenminister Tillerson eine Dialogbereitschaft Washingtons signalisierte, schien Präsident Trump weiterhin den Krieg der Worte mit Kim zu genießen. In seinem 1987 erschienenen Buch *The Art of the Deal* hatte Trump geschrieben: »Wenn man mich schlecht oder unfair behandelt oder versucht, mich zu übervorteilen, kann ich ziemlich hart zurückschlagen, so habe ich es mein Leben lang gemacht.«[490] Ein paar Jahre später, 1990, sagte er im *Playboy*: »Wenn jemand versucht, mir einen Überraschungsschlag zu versetzen, wenn jemand mir ans Leder will, schlage ich sehr viel härter zurück. Wenn jemand versucht, mich zu bedrohen, wird er dafür bezahlen. Diese Leute kommen dann sekundenlang nicht mehr hoch. Ich mag es nicht, wenn man mich bedroht oder übervorteilt.«[491] Diese aggressive, kompetitive Grundhaltung behielt Trump auch in seinem Wahlkampf und während seiner Amtszeit bei. Er machte jeden zur Schnecke, der ihm widersprach, beschimpfte ihn und gab überzogene Erklärungen ab, manchmal ohne Rücksicht auf die Fakten. Ein gutes Beispiel für diese Bereitschaft zum Showdown ist seine Reaktion auf Kims provozierendes Handeln im Herbst und Winter 2017.

Kim jedoch fiel nicht darauf herein. Er hatte wahrscheinlich *The Art of the Deal* und andere Interviews und Bücher von und über Trump gelesen. (Dennis Rodman hatte auf seiner vierten Nordkorea-Reise im Juni 2017 seinen Gesprächspartnern ein für Kim bestimmtes Exemplar des Buches überreicht.[492]) Statt einen Rückzieher zu machen, legte Kim nach, vielleicht weil er durch seine Lektüre und durch Trumps zahllose Tweets die Taktik des

US-Präsidenten durchschaute. Oder es ging ihm darum, seine militärische Potenz in dieser provokativen Weise herauszustellen, unabhängig davon, wer Präsident der Vereinigten Staaten war. Vielleicht agierte Kim auf diese öffentliche Herausforderung auch einfach nur emotional und reflexhaft. Für seine Bereitschaft, die Spannungen eskalieren zu lassen, spielten wahrscheinlich alle diese Faktoren eine Rolle.

Während die Sanktionen verschärft und Nordkoreas Möglichkeiten der Devisenbeschaffung eingeschränkt wurden, führten die Vereinigten Staaten und Südkorea in einem bis dahin ungekannten Ausmaß Militärmanöver durch, um zu zeigen, wie schnell die Alliierten reagieren konnten und wie verheerend die Konsequenzen für Kim sein würden, falls er es wagen sollte, seine Androhung eines Angriffs auf Japan, Südkorea, die Vereinigten Staaten und Guam mit einer atomar bestückten ballistischen Rakete wahrzumachen.

Trotz Trumps Tweets und seiner Häme zeigte Kim wenig Neigung nachzugeben. Im August 2017, nach dem Test seiner zweiten Langstreckenrakete, drohte Nordkorea mit »schonungslosen strategischen Maßnahmen einschließlich physischer Aktionen« und mit einer Bestrafung der Vereinigten Staaten.[493] Die beiden brandgefährlichen Kommentare, mit denen Präsident Trump reagierte, alarmierten Korea-Beobachter, nationale Sicherheitsexperten und die Öffentlichkeit von Washington über Los Angeles bis nach Seoul und in den europäischen Hauptstädten. In seinem Golfclub in Bedminster, New Jersey, erklärte Trump gegenüber Reportern, es wäre besser, »Nordkorea unterlässt weitere Drohungen«, andernfalls werde Amerika mit »Feuer und Wut reagieren, wie es die Welt noch nie gesehen hat«.[494] Die *Washington Post* sprach von Trumps »bisher härtesten Worten«. Ein paar Tage später ging Trump noch einen Schritt weiter und deutete die Möglichkeit eines Militärschlags gegen Nordkorea an, als er twitterte: »Militärische Lösungen liegen parat, sollte Nordkorea unvernünftig reagieren. Hoffentlich wird Kim Jong-un einen anderen Weg finden!«[495]

Trumps Äußerungen versetzten die ganze Region in Angst und Schrecken und verschärften eine ohnehin brenzlige Situation. Russland verstärkte die Luftabwehr in seinem Fernen Osten, Japan installierte seine Raketenabwehr, und der südkoreanische Präsident Moon erklärte: »Es darf auf der koreanischen Halbinsel keinen Krieg mehr geben. Welche Höhen und Tiefen wir auch erleben, die atomare Situation Nordkoreas muss auf friedlichem Weg gelöst werden.«[496] In China warnte ein Leitartikel der staatlichen *Global Times*: »Sollte Nordkorea als Erstes Raketen abfeuern, die US-Territorium bedrohen, und sollten die Vereinigten Staaten Vergeltung üben, wird China neutral bleiben.«[497] Dies war ein Signal an Pjöngjang, dass China dem Regime nicht zu Hilfe kommen würde, wenn es einen militärischen Konflikt heraufbeschwor. Doch zugleich warnte der Kommentator: »Sollten die Vereinigten Staaten und Südkorea Militärschläge führen und versuchen, das nordkoreanische Regime zu stürzen und das politische Gefüge der koreanischen Halbinsel zu verändern, wird China sie daran hindern.« Einen Tag nach Trumps Tweet drängte der chinesische Präsident Xi in einem Telefonat den US-Präsidenten darüber hinaus zur Zurückhaltung.[498]

Derweil versuchten hohe US-Regierungsvertreter, die amerikanische Öffentlichkeit und die Verbündeten der Vereinigten Staaten in Ostasien zu beruhigen, deren Nerven blank lagen. Tillerson und Verteidigungsminister James Mattis bekräftigten im Herbst und Winter 2017 die Verpflichtung der USA zu einer friedlichen Lösung – trotz Präsident Trumps aggressiver Kommentare, die auf Drohungen statt auf Dialog setzten. Bei der UN-Vollversammlung am 19. September, zwei Wochen nach Nordkoreas sechstem und größtem Atomtest, bezeichnete Trump Kim zum ersten Mal als »Raketenmann«. Er erklärte, die Vereinigten Staaten würden »Nordkorea vollständig vernichten«, wenn sie gezwungen wären, sich und ihre Verbündeten zu verteidigen.[499] »Der Raketenmann« Kim »ist auf einer Selbstmordmission für sich selbst«, sagte Trump – eine Kriegsrhetorik, bei der die politischen Führer der Welt die Luft anhielten. Im Oktober twitterte er: »Ich habe zu Rex Tillerson, unserem wunderbaren Außenminister, gesagt, er verschwende nur seine Zeit, wenn er mit dem Kleinen Raketenmann verhandelt ... Spar dir deine Energie, Rex, wir werden tun, was getan werden muss!«[500] Stunden später setzte er nach: »Ein netter Umgang mit dem Raketenmann hat in den letzten 25 Jahren keinen Erfolg gehabt, warum sollte das jetzt Erfolg haben?«

Während der Präsident seine Bereitschaft zu militärischer Gewalt bekundete, betonten einige Regierungsvertreter die Notwendigkeit einer friedlichen Diplomatie. Doch diese verwirrenden Botschaften bezüglich der US-amerikanischen Absichten überdeckten die in Wahrheit konvergierenden Auffassungen innerhalb der Regierung angesichts der nordkoreanischen Bedrohung. In der Nationalen Sicherheitsstrategie (NSS) vom Dezember 2017, einem Dokument der Exekutive, das die Bedrohungen der nationalen Sicherheit und die Ziele der amerikanischen Sicherheitspolitik umfassend darlegte, hieß es, Nordkorea strebe »die Fähigkeit an, Millionen von Amerikanern mit Atomwaffen zu töten«.[501] Darin spiegelt sich die wachsende Sorge Washingtons nach den nordkoreanischen Tests von Langstreckenraketen und einem weiteren Atomtest. In dem Dokument klingen aber auch Äußerungen des Nationalen Sicherheitsberaters H. R. McMaster an, die Welt habe mit Nordkorea »keine Zeit mehr zu verlieren«.[502] Die Wahrscheinlichkeit eines Krieges mit Nordkorea wachse mit jedem Tag, sagte er. »Wir befinden uns in einem Wettlauf gegen die Zeit, um dieses Problem zu lösen.«[503] Das NSS-Papier betonte die Notwendigkeit, der Bedrohung entgegenzutreten:

In Nordkorea herrscht eine skrupellose Diktatur, die die Menschenwürde missachtet. Seit mehr als 25 Jahren strebt sie nach Atomwaffen und ballistischen Raketen, ungeachtet aller Zusagen, die sie getroffen hat. Heute bedrohen diese Raketen und Waffen die Vereinigten Staaten und unsere Verbündeten. Je länger wir Bedrohungen von Ländern ignorieren, die zur Proliferation und Entwicklung von Massenvernichtungswaffen entschlossen sind, desto größer werden solche Bedrohungen und desto weniger Verteidigungsoptionen haben wir.[504]

Solche Einschätzungen der Ziele Pjöngjangs lagen dem Ansatz der Trump-Regierung zugrunde, durch fortgesetzte Sanktionen dem Land den Zugang zu Devisen zu versperren, mit denen es sich finanzierte. Dazu gehörten die Isolierung Nordkoreas und militärische Aktivitäten, unter anderem die Stationierung von atomar bestückten Bombern auf der koreanischen Halbinsel und die Patrouille von Zerstörern der US-Navy an der Ostküste Nordkoreas. Während der US-Präsident unaufhörlich twitterte, im Umgang mit Nordkorea werde »nur eines fruchten«,[505] betonten hohe Regierungsvertreter weiterhin, dass man den diplomatischen Weg bevorzuge.

Aber sie sprachen auch immer und immer wieder von amerikanischen »Militäroperationen«. Damit suggerierten sie, ein umfassender Plan für Militäraktionen gegen Nordkorea sei in Arbeit oder werde zumindest ernsthaft erwogen. McMaster sprach von der Möglichkeit eines »Präventivkriegs«,[506] und Verteidigungsminister Mattis erklärte vor der Association of the United States Army, die Armee müsse »in der Lage sein sicherzustellen, dass wir militärische Optionen haben, die unser Präsident anwenden kann, falls es notwendig ist«. Tillerson wiederum versicherte gegenüber CNN: »Die diplomatischen Bemühungen werden fortgesetzt, bis die erste Bombe fällt.« Senator Lindsey Graham, der zu einem engen Vertrauten Präsident Trumps wurde, wiederholte auf dem Capitol Hill Kommentare über die Möglichkeit eines Krieges. Gegenüber CNN sagte er, Trump sei »notfalls bereit, dieses Regime zu zerstören, um Amerika zu schützen, und ich hoffe, das Regime versteht, dass Präsident Trump, wenn er sich zwischen der Zerstörung des nordkoreanischen Regimes und der Zerstörung der amerikanischen Heimat entscheiden muss, das Regime zerstören wird. Ich hoffe, das versteht auch China.«[507]

Die Ermordung Kim Jong-nams auf einem internationalen Flughafen, die offenkundige Folter und schließlich der Tod des amerikanischen Studenten Otto Warmbier, der aufgrund des Vorwurfs einer angeblich »feindlichen Aktion« gegen das Regime siebzehn Monate lang gefangen gehalten wurde,[508] sowie Kims skrupellose Aktionen und Erklärungen nährten außerdem den Verdacht, dass Kim Jong-un nicht »rational« handle und sich deshalb auch nicht von einem Einsatz von Atomwaffen gegen die Vereinigten Staaten abhalten lassen würde.

LOGIK UND UNLOGIK EINES ANGRIFFS AUF KIM JONG-UN

Angenommen, Washington beschließt, Nordkorea anzugreifen. Es gibt grob gesprochen drei Gründe, warum ein begrenzter Militärschlag positive Folgen haben könnte. Erstens: Eine US-Militäroffensive würde mutmaßlich Kims Zuversicht erschüttern, die Ereignisse auf der koreanischen Halbinsel steuern zu können. Der Angriff würde zudem Pjöngjangs Grundannahme einer mangelnden Bereitschaft Amerikas zur Anwendung militärischer Gewalt entkräften, die Kim darin bestärkt hat, die Grenzen der internationalen Langmut auszutesten. Eine solche Wende der Ereignisse würde ihn zwingen, sich zwischen seinem eigenen Überleben und seinen Atomwaffen zu entscheiden. Die Angst vor einem weiteren Angriff würde Pjöngjangs künftige Risikobereitschaft mindern. Zweitens: Akteure innerhalb des Regimes könnten nun zur Vorsicht mahnen oder Kims Ambitionen bremsen. Unter ihrem Einfluss könnten Kim oder seine Nachfolger Verhandlungen mit den Vereinigten Staaten über das nordkoreanische Atomwaffenprogramm in Erwägung ziehen, um sich Zeit und internationales Wohlwollen zu erkaufen. Drittens: Aus Furcht vor entschiedeneren oder weitergehenden US-Militäraktionen oder vor einem US-Präsidenten, der ihrer Forderung nach Mäßigung gleichgültig gegenübersteht, könnten Peking und Moskau versuchen, ihre wirtschaftlichen Beziehungen zu Nordkorea dramatisch zu drosseln, um Kim oder seine Nachfolger zum Einlenken zu bewegen.

Dass es dazu jemals kommen wird, ist allerdings höchst unwahrscheinlich, weil Kims Interpretation US-amerikanischer Aktionen durch andere Faktoren beeinflusst werden würde: durch die Nichtvorhersehbarkeit eines tatsächlichen Kriegs, aber auch durch eine potenzielle Verwirrung und Dysfunktion der politischen Strategie infolge des Gruppendenkens in seinem engsten Beraterstab, wo Dissens im Laufe der Jahre zum Schweigen gebracht wurde. Eine US-Militäroffensive wäre wahrscheinlich für Kims Herrschaft die erste große Herausforderung, und es lässt sich nicht voraussagen, wie er darauf reagieren würde. Ein Militärschlag gegen Nordkorea, der erste seit dem Koreakrieg, selbst mit einem klaren Signal aus den Vereinigten Staaten, es handle sich nicht um den Auftakt zu einem Enthauptungsschlag, würde Kim vor die Wahl zwischen einem atomaren Erstschlag und dem eigenen Tod stellen – im Wissen, dass seine Waffen einen

Angriff nicht verhindern und das Überleben des Regimes nicht sichern konnten.

Ein Präventivangriff auf Nordkorea anstelle von atomarer Abrüstung und einer Einsicht Kim Jong-uns wäre kontraproduktiv und würde möglicherweise einen Atomkrieg auslösen – mit hohen politischen und wirtschaftlichen Kosten für die Vereinigten Staaten. Eine weitere Folge wäre eine humanitäre Katastrophe unvorstellbaren Ausmaßes, auf die die Region und die Weltgemeinschaft kaum vorbereitet sind.

Erstens: Falls Kim überleben und Nordkorea als Staat weiterbestehen sollte, würde ein US-Angriff Kim wahrscheinlich in seiner Entschlossenheit, seine Waffen zu behalten, nur noch bestärken. Außerdem würde er den Angriff nutzen, um das nordkoreanische Volk hinter sich zu bringen. Das Streben nach Atomwaffen und der existenzielle Krieg gegen die Vereinigten Staaten sind in Kims DNA verankert; sein Großvater hatte in der verheerenden Zeit nach dem Koreakrieg Interesse an einem Nuklearprogramm bekundet. Den jüngeren Generationen in Nordkorea, die nur den Atomstaat kennen und für die der gescheiterte Versuch im Jahr 1950, den Süden mit militärischer Gewalt zu erobern, nur noch eine historische Erinnerung ist, würde ein US-Angriff die Notwendigkeit von Atomwaffen erneut vor Augen führen. Ein solcher Angriff, ob begrenzt oder nicht, würde die jahrzehntelange Propaganda des Regimes bezüglich amerikanischer Absichten gegenüber ihrem Land bestätigen und Kims Status als Beschützer der Nation festigen.

Zweitens: Auf einen begrenzten Militärschlag würde Kim wahrscheinlich mit einer symmetrischen Militäraktion antworten, etwa mit Artillerieangriffen auf Südkoreas Inseln entlang der Seegrenze oder mit dem Einsatz von Kurzstreckenraketen gegen Ziele in Südkorea und Japan, um die Initiative zu behalten und zu zeigen, dass er sich nicht einschüchtern lassen wird.

Kims aggressiver Charakter, sein Wunsch, Stärke und Entschlossenheit zu demonstrieren, um sich sein Standing im eigenen Land zu bewahren, dazu seine jahrelangen Bemühungen, das konventionelle Militärpotenzial Nordkoreas auszubauen und sein Atomwaffenarsenal und die Abschussorte zu diversifizieren – all dies deutet darauf hin, dass er bereit wäre, auf einen Angriff zu reagieren, selbst auf die Gefahr hin, den Konflikt zu verschärfen.

Drittens: Wenn ein amerikanischer Militärschlag Kims Tod oder seine Absetzung zur Folge hätte, wäre dies keine Garantie für eine atomare Abrüstung Nordkoreas. Die neue Führung könnte versuchen, Atomwaffen im Geheimen zu entwickeln, und die Einschätzung der Kim-Familie übernehmen, ein Atomwaffenarsenal sei ein Weg, um Druck auszuüben und sich in einem feindseligen strategischen Umfeld zu schützen und zu verteidigen. Unsere begrenzte Kenntnis des ganzen Ausmaßes des nordkoreanischen Waffenprogramms kommt erschwerend hinzu.

Viertens: Ein Angriff ohne eine vorausgehende unmittelbare Bedrohung würde von Amerikas Partnern und Verbündeten weltweit als illegaler Akt der Aggression und als Verstoß gegen die Charta der Vereinten Nationen und des Völkerrechts verurteilt werden. Amerikas Bündnis mit Südkorea würde beschädigt werden; Moskau und Peking würden ihre Wirtschaftshilfen für Nordkorea aufstocken und UN-Sanktionen mit dem Argument aussetzen, Washington und nicht Pjöngjang bedrohe die Stabilität in der Region. Peking könnte außerdem militärisch eingreifen, um seine Rolle zu festigen und in einer sich rasch verändernden Situation seine Interessen zu schützen.

Und schließlich: Wenn ein Erstschlag der Amerikaner einen konventionellen oder atomaren Krieg zur Folge hätte, wären die humanitären und wirtschaftlichen Kosten inakzeptabel hoch. Der nur 56 Kilometer von der nordkoreanischen Grenze entfernte Großraum Seoul – mit rund 25 Millionen Einwohnern, darunter etwa 200.000 US-amerikanische Zivilisten und Soldaten, die im nahe gelegenen Pyeongtaek stationiert sind (sowie rund eine Million wechselnde chinesische Touristen, Studenten und Geschäftsleute) – wäre gegen konventionelle Angriffe nur schwer und gegen Angriffe mit Massenvernichtungswaffen praktisch gar nicht zu verteidigen. Das Gleiche gilt für Tokio mit seinen rund 38 Millionen Einwohnern.[509] Laut Schätzungen des Congressional Research Service, einer Art Wissenschaftlicher Dienst des US-Kongresses, könnte Pjöngjang Seoul mit zehntausend Artilleriegeschossen pro Minute auslöschen und binnen weniger Tage 300.000 Südkoreaner töten. Nordkoreanische Chemiewaffen könnten in Südkorea bis zu 2,5 Millionen Menschenleben auslöschen.[510] Ein Artikel auf der Website Vox beschrieb das zu erwartende Massaker in düsteren Worten: »Männer, Frauen und Kinder würden in den Straßen einer der reichsten und lebendigsten Städte der Welt buchstäblich ersticken. Es wäre ein Massenmord von einem in der Menschheitsgeschichte seltenen Ausmaß.«

Würde Nordkorea eine Atomwaffe einsetzen, wäre das Ausmaß der Zerstörung gewaltig. Der Atomtest im September 2017 deutete auf eine Bombe hin, die mit rund 150 Kilotonnen etwa zehn Mal größer war als die Atombombe, die die Vereinigten Staaten 1945 auf Hiroshima abwarfen. Die noch größere 20-Kilotonnen-Bombe, die Nagasaki traf, erzeugte einen Feuerball mit einer Temperatur von 300 000 Grad Celsius in seinem Innern; die Bodentemperatur erreichte an manchen Stellen 3800 Grad Celsius. Nach zehnjährigen Recherchen und Interviews mit Überlebenden von Nagasaki beschreibt Susan Southard in ihrem eindrucksvollen Buch *Nagasaki: Life after Nuclear War*, was unmittelbar nach der Explosion geschah.[511] Die Hitze und die Druckwelle ließ Gebäude schmelzen und Backsteine verbrennen und spickte die ohnehin schwer verletzten Körper der Bewohner mit Geschossen aus Glassplittern. Ein Überlebender erzählte, er habe Menschen gesehen, die so stark verbrannt waren, dass man, obwohl sie nackt waren, nicht sagen konnte, ob es sich um Männer oder Frauen handelte. Er habe jemanden gesehen, dessen Augäpfel aus den leeren Höhlen hingen. Von der Druckwelle wurden Köpfe abgetrennt, innere Organe wurden zerrissen. Eine Frau, die ihre Augen mit den Händen vor der Druckwelle geschützt hatte, musste feststellen, dass die Haut ihrer Handflächen mit ihrem Gesicht verschmolzen war.

Über die sichtbare physische Zerstörung durch Atombomben hinaus leiden die Opfer und ihre Nachkommen unter der Langzeitwirkung der Strahlung auf ihr Erbgut und ihre psychische und physische Konstitution; tatsächlich sind die Folgen für Menschen, Tiere und Umwelt bis heute noch nicht gänzlich erforscht. Roberta Cohen, führende Expertin für Menschenrechts- und Flüchtlingsfragen, erklärte im März 2018 bei einer Veranstaltung in der Brookings Institution: »Noch so viele Schutzräume, Lebensmittel, Medikamente und Gasmasken könnten die Zivilbevölkerung bei einem direkten militärischen Angriff nicht vollständig schützen.«[512] Kim würde außerdem Cyber Tools einsetzen, um Verwirrung zu stiften, zeitliche Verzögerungen zu schaffen und militärische Aktionen und Hilfsmaßnahmen zu unterminieren.

Selbst wenn es den Vereinigten Staaten gelänge, sich herauszuhalten: Ein zweiter Koreakrieg – an dem China, Japan und Südkorea beteiligt sein könnten, die zweit-, dritt- und elfgrößte Weltwirtschaft – hätte globale wirtschaftliche Auswirkungen im Bereich der Elektronik, der Autoindustrie und der Energiemärkte. Dies würde in den Vereinigten Staaten wiederum zu einem Anstieg der Staatsverschuldung führen und die binnenwirtschaftlichen Prioritäten auf den Kopf stellen. Scott Seaman, Experte für die Wirtschaft und den Handel Ostasiens, äußerte im März 2018 auf einer Tagung der Brookings Institution, er erwarte »massive Störungen des Handels und den Zusammenbruch wichtiger Versorgungsketten, was zu einer schweren globalen Rezession führen würde«.[513] Ein Angriff auf Nordkorea dürfte somit eine unbeabsichtigte Kette von Ereignissen in Gang setzen, die die Vereinigten Staaten einem Atomkrieg näherbringen würden.

Im Jahr 2017 spielten die Vereinigten Staaten und Nordkorea mit der Katastrophe, doch zur Erleichterung der ganzen Welt kam es zu keinem Schlagabtausch. In diesen angespannten Monaten jedoch wurden die beunruhigenden Wahrheiten offenbar, mit denen beide Seiten irgendwann in der Zukunft zu rechnen haben werden. Nordkorea sah sich in der Situation, dass der vom Regime behauptete Grund für die Entwicklung und den Ausbau seines Nuklear- und Raketenarsenals – die Abschreckung einer US-Invasion und die Verhinderung militärischer Aktionen der Amerikaner – für die Vereinigten Staaten geradezu eine Einladung zu einem Militärschlag sein konnte. Gleichzeitig zeigten Kims Kompromisslosigkeit und Aggressivität ungeachtet militärischer Drohungen der Amerikaner, dass ein kleines, verarmtes und isoliertes Land unter Führung eines risikobereiten Diktators der Millennial-Generation das mächtigste Land der Welt schwächen und in die Klemme bringen konnte.

KIM BLEIBT KIM

Im Bewusstsein der wachsenden Gefahr eines US-Militärschlags schaltete Kim, aggressiv, feindselig und wütend, auf seinen Standardmodus um – eine komfortable Position und womöglich eine Demonstration nicht nur seines Selbstbewusstseins und seiner Arroganz, sondern auch seiner Sturheit. Nur wenige Tage nach Trumps Rede vor der UN-Vollversammlung im September 2017, in der der US-Präsident den nordkoreanischen Machthaber als »Raketenmann« tituliert hatte, reagierte Kim lautstark und persönlich, was bei ihm eher selten vorkam.[514] Die von der nordkoreanischen Nachrichtenagentur KCNA veröffentlichte Erklärung war begleitet von einem Foto, auf dem Kim, an seinem Schreibtisch sitzend, direkt in die Kamera blickt. Bücher stehen ordentlich aufgereiht in edlen Schränken aus dunklem Holz, wie man sie im Büro eines Vorstandsvorsitzenden in New York oder Washington finden könnte. Er hielt ein Blatt Papier in der Hand, vermutlich seine Rede, vor sich ein Mikrofon. Die relativ statische Optik stand im Kontrast zu der starken Emotionalität von Kims Rede. Aus jedem seiner Worte sprach eine kaum unterdrückte Wut.

Kim verurteilte Trumps Äußerungen vor den Vereinten Nationen. Es klang, als wolle er Trump rügen, weil seine Rede eines amtierenden US-Präsidenten unwürdig sei. Trump habe »beispiellosen und unverschämten Blödsinn« von sich gegeben, »wie man ihn von keinem seiner Vorgänger je gehört hat«, sagte er. Und als ob er in der Beziehung der Elder Statesman wäre, fuhr er fort: »Ich würde Trump raten, seine Worte mit Sorgfalt zu wählen und zu bedenken, zu wem er spricht, wenn er vor der Weltöffentlichkeit eine Rede hält.« Wie zuvor bei den Schmähungen gegenüber seinem Onkel Jang und anderen älteren nordkoreanischen Funktionären spielte Kim auf Trumps Alter und Geisteszustand an und nannte ihn laut der englischen Übersetzung der staatlichen nordkoreanischen Medien »mentally deranged« (geisteskrank) und einen »dotard« (Tattergreis). Trumps Senilität, seine Schwäche und »Schwerhörigkeit« würden ihn »ungeeignet [machen], das Oberkommando eines Landes zu führen, und er ist ganz gewiss ein Schurke und Gangster, der gern mit dem Feuer spielt, aber kein Politiker«. Trumps Androhung einer mi-

litärischen Konfrontation, so Kim weiter, »hat mich nicht ein-
geschüchtert oder gebremst, sondern nur darin bestärkt, dass
ich auf dem richtigen Weg bin und dass dies der Weg ist, dem
ich bis zum Ende folgen muss.« Trump habe ihm keine Angst
gemacht, weil er selbst es sei, der Angst habe. »Ein verängstigter
Hund bellt lauter«, behauptete Kim.

Dass er im Besitz eines Atomwaffenprogramms sei, bekräftigte Kim vier Monate später in seiner vom Fernsehen übertragenen Neujahrsansprache im Januar 2018.[515] In einem hellgrauen
Anzug im westlichen Stil und mit dicker Hornbrille bestieg er
ein großes Podium und erklärte: »Die Vereinigten Staaten würden es niemals wagen, Krieg gegen mich und unser Land zu führen.« Sie sollten wissen, dass »ihr gesamtes Festland in Reichweite unserer Atomwaffen liegt und dass sich der Atomwaffenknopf
immer auf meinem Schreibtisch befindet; die Vereinigten Staaten sollten sich darüber im Klaren sein, dass dies keine bloße
Drohung, sondern Realität ist.« Nordkorea sei eine verantwortungsvolle Atommacht – ein seit Jahren oft wiederholter Satz des
Kim-Regimes – und werde nur angreifen, wenn »feindliche Truppen« die Souveränität seines Landes verletzten. Dann jedoch, so
versprach Kim, werde er »massenhaft Atomsprengköpfe und
ballistische Raketen produzieren«. Erneut betonte er, er allein
kontrolliere die Atomwaffen, und prahlte mit dem, was Nordkorea seit seinem Machtantritt erreicht habe. Und erneut gab er
seinen nordkoreanischen Zuhörern zu verstehen, dass er allein
sein Volk vor den Vereinigten Staaten schützen könne.

Trump, keiner, der sich die Gelegenheit entgehen lässt, einen
solchen persönlichen Angriff auf seine Männlichkeit und seine
Führung zu kontern, twitterte noch am selben Tag: »Der nordkoreanische Führer Kim Jong-un hat soeben erklärt, sein ›Atomwaffenknopf befinde sich immer auf seinem Schreibtisch‹. Könnte jemand aus seinem verarmten und ausgehungerten Regime

ihn bitte darüber informieren, dass auch ich über einen Atomwaffenknopf verfüge. Aber meiner ist viel größer und mächtiger als seiner, und mein Knopf funktioniert!«[516]

Der verbale Schlagabtausch zwischen Kim und Trump über die Größe des jeweiligen »Atomwaffenknopfs« verschärfte die Spannungen und schuf weltweit ein Gefühl der Bedrohung. Hohe US-Regierungsvertreter hatten die Drohungen des Präsidenten wiederholt und somit Ängste geschürt, dass es sich hier nicht um einen Alleingang Trumps handelte, sondern dass tatsächlich Pläne für einen Militärschlag gegen Nordkorea in Vorbereitung seien. Nach dem jüngsten nordkoreanischen Test einer Langstreckenrakete erklärte Nikki Haley, die US-amerikanische Botschafterin bei den Vereinten Nationen, auf einer Sitzung des UN-Sicherheitsrats Ende November 2017: »Wir stehen erneut an einem Punkt der Entscheidung.« Kim habe »einen Weg gewählt... der die Welt einem Krieg näherbringt.« Die Vereinigten Staaten wollten keinen Krieg gegen Nordkorea, versicherte sie, doch »täuschen Sie sich nicht: Wenn es zum Krieg kommt, wird das nordkoreanische Regime vollständig zerstört werden.«[517] Anfang Dezember erklärte McMaster bei einer Veranstaltung in Washington, die nordkoreanische Bedrohung »wachse mit jedem Tag«, und »es bleibt nicht mehr viel Zeit«.[518]

Die Zeit schien abzulaufen. Im *Bulletin of the Atomic Scientists* hieß es im Januar, es sei »jetzt zwei Minuten vor Mitternacht«. So nahe dem »Weltuntergang« sei man »zuletzt im Jahr 1953 auf dem Höhepunkt des Kalten Kriegs« gewesen.[519] Mit der symbolischen Zeitanzeige der Weltuntergangsuhr, der Doomsday Clock, warnen die Wissenschaftler vor einer atomaren Katastrophe, deren Grund sie in der »übersteigerten Rhetorik und den provozierenden Aktionen« Nordkoreas und der Vereinigten Staaten sahen, durch die »sich die Gefahr eines Atomkriegs durch ein Versehen oder eine Fehleinschätzung erhöht« habe.[520]

Ende 2017 beherrschte Angst die Berichterstattung. Glaubwürdige Medienberichte von Ende Dezember deuteten darauf hin, dass die Trump-Regierung ihre Vorbereitungen auf einen Militärschlag – die Strategie der »blutigen Nase« – »dramatisch« gesteigert hatten. Man wolle Kim zeigen, dass es Amerika ernst sei mit seiner Entschlossenheit, ihn zum Verzicht auf sein Atomwaffenprogramm zu zwingen, auch um den Preis einer militärischen Auseinandersetzung.[521] Die Gefahr eines Krieges war so mit Händen greifbar, dass der Mitte Januar in Hawaii ausgelöste falsche Alarm, eine ballistische Rakete sei im Anflug auf die Insel, absolut plausibel erschien.[522] (Achtunddreißig qualvolle Minuten lang glaubten die Hawaiianer, sie würden angegriffen. Sie schickten Textbotschaften an ihre Lieben, um sich von ihnen zu verabschieden, und Eltern versuchten hektisch, ihre Kinder in Regenwasserkanälen in Sicherheit zu bringen.) Hinzu kam, dass die US-Regierung ihren Kandidaten Victor Cha für den Botschafterposten in Südkorea zurückzog. Angeblich gab es Unstimmigkeiten mit dem Wissenschaftler und Ex-Berater von Präsident George W. Bush wegen des »Blutige-Nase-Angriffs« und Trumps Absicht, sich aus dem Freihandelsabkommen mit Südkorea zurückzuziehen. Daraufhin erschienen in den Zeitungen Artikel über den Widersinn eines Militärschlags und die unermesslich hohe Zahl von Opfern, die ein solcher Angriff fordern würde.

Während sich Trump und Kim mit ihrer schrillen Rhetorik und ihrem Handeln auf einen, wie es schien, unausweichlichen militärischen Konflikt zubewegten, konnte niemand, vielleicht nicht einmal Kim oder Trump selbst, die dramatische Wende vorhersehen, die sich 2018 vollziehen sollte.

13

DIE METAMORPHOSE

An einem warmen Frühlingstag Ende April 2018 verfolgten die internationalen Medien den spektakulären Autokonvoi, der den südkoreanischen Präsidenten Moon Jae-in zum ersten innerkoreanischen Gipfel seit 2007 brachte. Es war seine erste Begegnung mit Kim Jong-un. An den beiden vorausgegangenen Gipfeltreffen hatte Kims Vater teilgenommen; dieser Gipfel sollte der erste seines Sohnes sein. Mit heulenden Sirenen schob sich die Wagenkolonne mühelos durch die an normalen Tagen notorisch verstopften Straßen Seouls Richtung Panmunjom. Das Grenzdorf bildet seit 1953 die Pufferzone zwischen den geteilten koreanischen Staaten. Hier wurde der Waffenstillstand geschlossen, der die Kampfhandlungen des Koreakriegs beendete. Die Stille zwischen den verstreuten Gebäudekomplexen in der Entmilitarisierten Zone, die sich fast zwei Kilometer nach Nordkorea und zwei Kilometer nach Südkorea hinein erstreckt und durch die militärische Demarkationslinie geteilt wird, täuscht über die Geschichte des Ortes als Schauplatz latenter Spannungen hinweg. Der 241 Kilometer lange Streifen Land zählt zu den am stärksten gesicherten und spannungsreichsten Orten der Welt.

Kameras nördlich und südlich der militärischen Demarkationslinie waren auf die Konferenzgebäude beiderseits der Linie gerichtet: auf den Tongil-gak (»Wiedervereinigungspavillon«) im Norden und das »Haus des Friedens« im Süden. Präsident Moon wartete darauf, dass Kim aus dem Tongil-gak heraustrat. Es herrschte eine Atmosphäre fast wie bei einem Hochzeitszeremoniell: Männer in dunklen Anzügen flankierten wie Trauzeugen den südkoreanischen Präsidenten, und das Vorgefühl dieses historischen Augenblicks ließ die Herzen höher schlagen. Endlich öffneten sich die Türen des Tongil-gak, und Kim erschien, das Gesicht zeitweilig verdeckt von seinen groß gewachsenen, athletisch wirkenden Leibwächtern.

Als er sich aus der Gruppe löste und auf Moon zuging, wirkte er beinahe verletzlich, was nur möglich war, weil hier die Weichzeichner der nordkoreanischen Medien, die bizarre und polternde Rhetorik, die Raketen im Hintergrund und die Generäle an seiner Seite fehlten. Während er zielstrebig und entschlossen auf Moon zuschritt, wirkte er selbstbewusst, doch eine leichte Atemlosigkeit und sein sich hebender und senkender Brustkorb am Ende dieses kurzen Wegs verrieten die Nervosität des an Übergewicht leidenden starken Rauchers Kim. Mit seinen Pausbacken und dem Bauch, der sich unter dem üblichen, locker sitzenden dunklen Mao-Anzug hervorwölbte, wirkte er auf paradoxe Weise sowohl jünger als auch älter als Moon. Dieser war zwar fast doppelt so alt, wirkte aber mit seinem maßgeschneiderten Anzug, dem vollen, graumelierten Haar und dem kantigen, wie gemeißelten Gesicht telegen, schlank und elegant.

Falls Kim auf einen Effekt aus war, hatte er Erfolg. Als er auf Moons Aufforderung die militärische Demarkationslinie überschritt und – erstmals seit der Ära Kim Il-sung – seinen Fuß auf südkoreanisches Territorium setzte, war dies sein Moment. Wie es sich gehörte, stellten sich Kim und Moon den Fotografen. Kameras klickten, um das Ereignis festzuhalten. Und als Moon sagte, er würde eines Tages gern den Norden besuchen, forderte

Kim ihn auf, die nördliche Seite der militärischen Demarkationslinie zu betreten. Das stand zwar nicht im Drehbuch dieser sorgfältig orchestrierten Zusammenkunft, doch ein überraschter Moon nahm die Einladung freudig an und überschritt die Linie, zur Freude der Presse und unter bewundernden Ohs und Ahs.

Im Verlauf des Gipfels tranken die beiden Staatsführer Tee unter Bäumen und unterhielten sich dabei unter vier Augen. Es war eine in mehrfacher Hinsicht merkwürdige Konstellation. Moon war der Sohn armer nordkoreanischer Flüchtlinge; sein Vater hatte nach seiner Flucht in einem Kriegsgefangenenlager gearbeitet, und seine Mutter hatte Eier verkauft, um die Familie über die Runden zu bringen.[523] Als Student hatte Moon in den 1970er-Jahren Proteste gegen die autoritäre Regierung seines Landes organisiert und war verhaftet worden. Seinen Militärdienst hatte er als Fallschirmspringer in einer Spezialeinheit abgeleistet, später wurde er Menschenrechtsanwalt. »Er war ein echter Nerd«, meinte ein ehemaliger Kollege. Zwischen 2003 und 2008 war Moon Stabschef von Präsident Roh Moo-hyun, er arbeitete sich nach oben und wurde 2017 zum Präsidenten gewählt.

Ihm gegenüber auf einer Waldlichtung saß Kim, der mit Privilegien und Zugang zu Reichtum und Macht aufgewachsen war. Er hatte zwei nahe Verwandte ermorden lassen und war der Fackelträger eines jahrzehntealten repressiven Regimes, das nachweislich Folter, Entführungen und Sklavenarbeit einschließlich der Ausbeutung von Kindern auf seinem Konto hatte. 2016 warfen ihm die Vereinigten Staaten Menschenrechtsverstöße vor.

Sie lächelten, nickten einander zu und unterhielten sich angeregt. Im Verlauf des Gipfeltreffens wurden ihnen von zwei südkoreanischen Kindern Blumen überreicht, sie pflanzten zur Erinnerung einen Baum und aßen gemeinsam zu Abend. Kim hatte sogar eine Nudelmaschine und einen Spitzenkoch aus einem Restaurant in Pjöngjang mitgebracht – Nordkorea ist stolz auf sein *naengmyeon*, ein kaltes Gericht mit Nudeln aus Buchweizen. »Da das Menü unseres Dinners heute Abend große Aufmerksamkeit erfährt, habe ich von weither aus Pjöngjang *naengmyeon* für Sie mitgebracht«, sagte er zu Moon.[524]

Das Foto der beiden nudelschlürfenden Staatsmänner verbreitete sich in den sozialen Medien Südkoreas.[525] Südkoreaner ließen sich zu poetischen Versen über das populäre Gericht inspirieren, und eine Welle der Begeisterung für die kalten Nudeln rollte über das Land. Vor den Restaurants, die das Gericht auf der Speisekarte hatten, bildeten sich lange Schlangen.

Einmal fassten sich Kim und Moon sogar an der Hand, und sie beendeten den Gipfel mit dem Besuch eines Konzerts. Die kognitive Dissonanz war enorm.

Kims Metamorphose hatte begonnen.

TAUWETTER BEI DEN OLYMPISCHEN WINTERSPIELEN

Kim Jong-uns Versuch, sein Image zu verbessern, begann mit der Neujahrsansprache. In dieser Rede hatte er mit dem »Atomwaffenknopf« auf seinem Schreibtisch gedroht, Nordkoreas »mächtige nukleare Abschreckung« gefeiert und – angesichts der vom Regime bekundeten erfolgreichen Entwicklung von Langstreckenraketen – mehr oder weniger deutlich auf das Potenzial seines Landes hingewiesen, das Territorium der Vereinigten Staaten zu treffen.[526] Zugleich jedoch äußerte er den Wunsch, die Beziehungen zu Südkorea zu verbessern, die mindestens seit seinem Machtantritt eingefroren waren. Außerdem erklärte er das Atomwaffenprogramm und die Konsolidierung seiner Macht und nicht die Knüpfung internationaler Beziehungen zu seinen Prioritäten. Frühere südkoreanische Präsidenten, die Konservativen Lee

Myung-bak und Park Geun-hye, waren nicht bereit gewesen, angesichts von Kims provokativen Aktionen auch nur das geringste Entgegenkommen zu zeigen, insbesondere nach den militärischen Angriffen Nordkoreas im Jahr 2010, seinen zig Raketentests und mehreren Atomversuchen, aber auch in Anbetracht von drastischen Beschimpfungen und Drohungen Nordkoreas, eine Rakete auf das Blaue Haus abzufeuern.

Doch mit dem progressiven Moon, der nach einem Jahr der Massenproteste gegen Park und nach deren Amtsenthebung Präsident geworden war, fand Kim im südkoreanischen Blauen Haus endlich ein offenes Ohr.[527] Moon hatte vor seinem Amtsantritt versprochen, Seoul werde »auf der koreanischen Halbinsel das Steuer in der Hand haben«. Dies stand im Einklang mit den jahrzehntelangen Bestrebungen der südkoreanischen Progressiven nach größerer Unabhängigkeit von den Vereinigten Staaten vor allem in der Nordkorea-Politik – eine Position, die ihnen den Vorwurf des Antiamerikanismus und einer Beschwichtigungspolitik gegenüber Pjöngjang eintrug. Obwohl die Feindseligkeit Nordkoreas, Kims mangelnde Dialogbereitschaft und seine Konfrontation mit Trump dem südkoreanischen Präsidenten kaum eine andere Wahl ließen, als die UN-Sanktionen und die amerikanische Strategie des maximalen Drucks zu unterstützen – einschließlich großangelegter Militärmanöver und der Demonstration militärischer Stärke –, bot er Nordkorea immer wieder einen Ausweg an. Nach Trumps Drohung mit »Feuer und Wut« im August 2017 übermittelte Moon in einer Fernsehansprache eine unmissverständliche Botschaft: »Nur [Südkorea] kann die Entscheidung zu militärischem Handeln auf der koreanischen Halbinsel treffen.« Er werde die US-Strategie der wirtschaftlichen und diplomatischen Isolation Nordkoreas unterstützen, aber »das Ziel einer Verschärfung der Sanktionen und des Drucks auf den Norden besteht nicht darin, die militärischen Spannungen zu erhöhen, sondern Nordkorea an den Verhandlungstisch zurückzubringen.«[528]

Einen Monat später, während Kim und Trump einander weiter beschimpften, Trump mit der »totalen Zerstörung« Nordkoreas drohte und der nordkoreanische Außenminister den möglichen Test einer Wasserstoffbombe Ende September über dem Pazifik ankündigte, versuchte Moon in einer Rede vor der UN-Vollversammlung die Spannungen zu entschärfen. »Die wichtigste Aufgabe der Vereinten Nationen besteht darin, einen Weg zu finden, um diesen Teufelskreis aus Provokationen und Sanktionen zu durchbrechen«, erklärte er. »Eine Wiedervereinigung streben wir weder durch eine Übernahme noch durch fragwürdige Mittel an. Wenn Nordkorea sich entscheidet, auf der richtigen Seite der Geschichte zu stehen, sind wir zusammen mit der internationalen Gemeinschaft bereit, dies zu unterstützen.«[529] Angesichts des schwierigen Balanceakts zwischen seinem Bündnis mit den Vereinigten Staaten, einer atomaren Abrüstung Nordkoreas und einer Verbesserung der innerkoreanischen Beziehungen versprach Moon, er werde sich während seiner Präsidentschaft sowohl für Fortschritte bei der atomaren Abrüstung als auch für einen Friedensvertrag einsetzen, um den Koreakrieg zu beenden.[530]

Kim hatte Seouls Drängen auf eine Annäherung monatelang ignoriert. Als er jedoch in seiner Neujahrsansprache den Wunsch nach einer Verbesserung der Beziehungen zum Süden äußerte, erkannte die Regierung Moon ihre Chance. Der nordkoreanische Machthaber erklärte außerdem, er sei bereit, zu den Olympischen Winterspielen in Seoul im Februar 2018 eine Delegation zu entsenden. »Wir sind Landsleute von gleichem Blut wie die Südkoreaner«, sagte er, »und deshalb ist es ganz natürlich für uns, dass wir ihre Freude über dieses glückliche Ereignis teilen und sie unterstützen.«[531] Die Führung in Seoul packte die Gelegenheit beim Schopf und schickte Nordkorea eine offizielle Einladung zur Teilnahme an den Olympischen Spielen, die am 9. Februar eröffnet werden sollten, während man Kims Drohungen in derselben Rede bequemerweise ignorierte.[532] Moon war alarmiert durch Trumps aggressive Äußerungen und fürchtete weitere provokative Schritte Kims. Hinzu kamen die mäßigen Ticketverkäufe für die Olympischen Spiele, die nicht zuletzt den amerikanischen-nordkoreanischen Spannungen geschuldet waren (bis Dezember hatte Südkorea lediglich rund 30 Prozent der verfügbaren Tickets verkauft). Daher ergriff er nun die Chance, die überhitzte Atmosphäre abzukühlen und die Zügel in die Hand zu nehmen.[533] (Wahrscheinlich hatte er sich auch besorgt gefragt, was Nordkorea unternehmen würde, um einen Erfolg der Olympischen Spiele zu vereiteln. 1987, ein Jahr vor den Olympischen Spielen in Seoul, hatte Kim Jong-il zwei Spione entsandt, um in einer Maschine der Korean Air Lines auf dem Flug 858 eine Bombe zu platzieren; 115 Menschen kamen ums Leben. In einem mittlerweile freigegebenen CIA-Bericht aus jenem Jahr heißt es, die »öffentlichen Drohungen Pjöngjangs gegen die Olympischen Sommerspiele in Seoul 1988 und der Anschlag auf das südkoreanische Flugzeug im vergangenen November zeigen klar und deutlich, dass Nordkorea für die Spiele das größte Sicherheitsrisiko darstellt.«[534])

Der Eifer der Moon-Regierung ließ einige Korea-Beobachter zusammenzucken. Sie warnten, Kims Angebot sei eine Falle und eine erprobte Taktik Pjöngjangs, um einen Keil in die amerikanisch-südkoreanischen Beziehungen zu treiben und die Durchsetzung der Sanktionen zu bremsen. Damit wolle sich das Regime Zeit für die Weiterentwicklung seiner Atomwaffen erkaufen. Kritiker warfen Moon vor, er verschaffe Kim einen Propagandasieg, da die südkoreanischen und die internationalen Medien das Skigebiet Masik-ryong als Trainingsort für die Olympischen

Spiele propagierten und von Hyon Song-wol schwärmten, einer Sängerin der nordkoreanischen Girlband Moranbong, die Auftrittsmöglichkeiten für das gleichfalls nordkoreanische Samjiyon-Orchester erkundete.[535] In der Tat: Wenn man Nordkorea im euphorischen Licht der »Friedensolympiade« betrachtete, erschien das brutale, verarmte und isolierte Regime beinahe normal, ja sogar exklusiv und modern – und genau darauf hatte Kim abgezielt.

Während die Regierung Moon erklärte, das Tauwetter bei den innerkoreanischen Beziehungen werde den Grundstein für amerikanisch-nordkoreanische Gespräche über eine atomare Abrüstung legen, gab das Regime in Pjöngjang keinen Zentimeter nach. Es lehnte Verhandlungen über eine Denuklearisierung weiter ab, äußerte sich abfällig über Seouls Bemühungen, im Rahmen seiner Pläne für eine Teilnahme Nordkoreas an den Olympischen Spielen schmerzhafte Sanktionen zu vermeiden, und bereitete eine große Militärparade für den Tag vor dem Beginn der Olympischen Spiele vor. Und während die beiden koreanischen Staaten Gespräche führten und Verlautbarungen über Versöhnung und Zusammenarbeit abgaben, hielt Washington an seiner Strategie des maximalen Drucks fest, verhängte neue Sanktionen und erklärte unmissverständlich, die USA seien nicht an einem Treffen mit nordkoreanischen Regierungsvertretern vor oder nach den Olympischen Spielen interessiert, solange Nordkorea nicht zu »ernsthaften und glaubwürdigen« Gesprächen über eine atomare Abrüstung bereit sei.[536] Mitte Januar 2018 erklärte Außenminister Tillerson, die Vereinigten Staaten würden »so lange weiter Druck ausüben, bis Nordkorea entscheidende Schritte in Richtung einer Denuklearisierung« unternehme. Er betonte, wie wichtig es sei, standhaft zu bleiben: »Ich glaube, wir müssen die gegenwärtige Situation ganz klar und nüchtern betrachten ... Wir müssen erkennen, dass die Bedrohung wächst.«[537]

Derweil schickte Kim – neben nordkoreanischen Sportlern und Cheerleadern, die an den Olympischen Spielen teilnahmen – seine jüngere Schwester Kim Yo-jong und Kim Yong-nam, den neunzigjährigen Vorsitzenden des Präsidiums der Obersten Volksversammlung, zur Eröffnungszeremonie nach Seoul.[538] Mit Kim Yo-jong, Mitglied des Politbüros und stellvertretende Direktorin der Propaganda- und Agitationsabteilung der Partei (und von den Vereinigten Staaten der Menschenrechtsverstöße beschuldigt), besuchte erstmals ein Mitglied der Kim-Familie Südkorea. Ihre Teilnahme bekundete das große Vertrauen, das Kim Jong-un in seine Schwester setzte.

US-Vizepräsident Mike Pence und seine Frau nahmen zusammen mit Otto Warmbiers Vater an der Eröffnung der Spiele teil. Bei seinem Treffen mit Präsident Moon betonte Pence, Südkorea müsse nach den Olympischen Spielen weiter maximalen Druck ausüben. Eine Würdigung der Teilnahme Yo-jongs und der nordkoreanischen Delegation an den Olympischen Spielen lehnte er ab. Damit blieben die amerikanisch-nordkoreanischen Beziehungen weiter eingefroren. Angeblich plante der US-Vizepräsident ein Treffen mit der nordkoreanischen Delegation, das diese jedoch ablehnte, wohl weil sie wusste, dass Pence nicht in versöhnlicher Stimmung sein würde. Die widersprüchlichen Botschaften – auf der einen Seite Moons Bereitschaft zu einem offenen Dialog mit Nordkorea, auf der anderen Seite das Festhalten der Trump-Regierung an ihrem Kurs des maximalen Drucks und der Konfrontation – befeuerten Spekulationen über ein Zerwürfnis innerhalb des Bündnisses.

Und genau das war vermutlich Kim Jong-uns Ziel. Seine freundliche Haltung und das präzedenzlose – und herzliche – Treffen seiner Schwester mit dem südkoreanischen Präsidenten nahmen der amerikanischen Strategie des maximalen Drucks den Wind aus den Segeln und unterminierten Forderungen,

Nordkorea eine »blutige Nase« zu verpassen. Je mehr Kim auf Südkorea zuging, desto schwieriger wurde es, Argumente für einen Präventivschlag zu finden, insbesondere da Seoul versuchte, die Olympischen Spiele als den Beginn einer neuen Ära der innerkoreanischen Beziehungen darzustellen.

KIMS MAXIMALER DRUCK UND SEIN ANNÄHERUNGSKURS

In den ersten sechs Jahren seiner Herrschaft trieb Kim sein Atom- und Raketenprogramm unerbittlich und ungerührt voran, um Nordkoreas strategische Bedeutung zu unterstreichen und ein Druckmittel in der Hand zu haben. Jetzt schien es, als verfolgte er mit seinem Annäherungskurs genau dieselbe Strategie. Er verstand sich nicht nur auf die Ausübung maximalen Drucks, er konnte auch maximale Annäherung demonstrieren und die nationalen Prioritäten der regionalen Akteure nutzen, um den Sanktionsdruck abzumildern.

Kims Neujahrsansprache und die »Friedensolympiade« bildeten den Auftakt zu einem wahren »Gipfelfrühling«. Van Jackson, Asienexperte und ehemaliger Pentagon-Mitarbeiter, beschrieb in seinem Buch *On the Brink* das Tauwetter folgendermaßen: »Die Olympischen Spiele trugen dazu bei, das herrschende Narrativ über Korea mit der Hoffnung auf einen diplomatischen Fortschritt zu erfüllen, bei dem Südkorea vorangeht.« Kims Schritte aus seiner Isolation heraus »übertönten« die Kriegsrhetorik aus Washington.[539] Kims Schwester überreichte Moon einen Brief ihres Bruders, in dem dieser den südkoreanischen Präsidenten zu einem Besuch in Pjöngjang einlud.

Bald nach dem Ende der Olympischen Spiele schickte Moon seinen Nationalen Sicherheitsberater Chung Eui-yong und Suh Hoon, den Direktor seines Geheimdienstes NIS (National Intelligence Service), zu einem Treffen mit Kim nach Pjöngjang.[540]

Sie führten eine mehr als vierstündige »offenherzige Unterredung«.

Ermuntert durch Kims Äußerungen über eine Verbesserung der innerkoreanischen Beziehungen, eine Entschärfung der militärischen Spannungen auf der koreanischen Halbinsel und seine Bereitschaft zu atomarer Abrüstung, erklärten die amerikanischen Emissäre triumphierend: »Die nordkoreanische Seite betonte klar und deutlich ihre Bereitschaft zur atomaren Abrüstung ... Sie hat deutlich gemacht, dass sie keinen Grund habe, weiter Atomwaffen zu besitzen, wenn es keine militärische Bedrohung des Nordens mehr gibt und wenn [Nordkorea] Sicherheitsgarantien erhielte.« Nordkorea wolle einen »aufrichtigen Dialog mit den Vereinigten Staaten über die Frage der Denuklearisierung und die Normalisierung seiner Beziehungen zu den Vereinigten Staaten«. Es wolle keine Atom- und Raketentests durchführen, »während der Dialog weitergeht«.[541] Peking begrüßte diese Entwicklung und appellierte an »alle Beteiligten, die derzeitige Chance zu nutzen«.[542] Und das tat Präsident Trump, als er twitterte: »In den Gesprächen mit Nordkorea gibt es einen möglichen Fortschritt. Zum ersten Mal seit vielen Jahren wurden von allen Beteiligten ernsthafte Anstrengungen unternommen. Die Welt schaut zu und wartet! Vielleicht ist es eine falsche Hoffnung, aber die Vereinigten Staaten sind bereit, in beide Richtungen entschieden vorzugehen!«[543] Und dann verblüffte der US-Präsident seine Berater, die südkoreanische Delegation, die akademische Welt, die Thinktanks und die globalen Medien, als er im März offenkundig spontan erklärte, er werde Kims Angebot zu einem Treffen annehmen, und zwar Ende Mai 2018.[544]

In der Zwischenzeit hielt Kim Gipfeltreffen mit Moon ab, deren Ergebnis die Erklärung von Panmunjom war.[545] Darin vereinbarten sie eine Zusammenarbeit mit dem Ziel einer Wiedervereinigung der koreanischen Halbinsel »unter Führung der

Koreaner«, wirtschaftliche Zusammenarbeit, die Entschärfung militärischer Spannungen durch Einstellung aller feindseligen Handlungen entlang der Entmilitarisierten Zone und der umstrittenen nördlichen Grenzlinie im Gelben Meer, wo es zahlreiche Zusammenstöße gab, die Errichtung einer Friedensordnung und »eine Beendigung des gegenwärtigen unnatürlichen Status des Waffenstillstands« sowie die Unterstützung einer »vollständigen Denuklearisierung der koreanischen Halbinsel«. Moon und Kim vereinbarten außerdem regelmäßige Treffen und direkte Telefonate »zur Stärkung des beiderseitigen Vertrauens«.

Kims Erklärungen zur Errichtung einer Friedensordnung, zu Denuklearisierung, wirtschaftlicher Zusammenarbeit und Sicherheitsgarantien waren nicht neu. Sein Vater hatte sich ähnlich geäußert, um die Durchsetzung von Sanktionen zu bremsen und einen Keil zwischen die Vereinigten Staaten und ihre Verbündeten zu treiben. Dennoch wurde es als eine erstaunliche Wende der Ereignisse betrachtet, dass Kim, der in seiner gesamten bisherigen Amtszeit jede Annäherung abgelehnt hatte, einen solchen Kurswechsel um 180 Grad vollzog.

Kims Vorgehen sowie Moons und Trumps Bereitschaft, Kims Äußerungen für bare Münze zu nehmen und seine »Aufrichtigkeit« zu unterstreichen, durchkreuzten gängige Ansichten über die Ziele Nordkoreas.[546] Sie verwirrten und frustrierten Trumps Berater, aber auch Korea-Experten, die argumentierten, das Regime werde sein Nuklearprogramm nicht vollständig aufgeben. Gleichzeitig beflügelten sie all jene, die schon lange der Ansicht waren, Zuckerbrot statt Peitsche, also politische und wirtschaftliche Anreize und Sicherheitsgarantien der Amerikaner, seien der einzige Weg zur atomaren Abrüstung Nordkoreas. Fast alle, die einen Atomkrieg auf der koreanischen Halbinsel befürchtet hatten, waren erleichtert über diese Chance für Kim, Trump und Moon, ihre Rhetorik zu mäßigen. Doch wie Jackson hervorhob, reagierten »Südkorea, die Vereinigten Staaten und die Medien auf die nordkoreanischen Angebote zwar radikal anders als in den Jahrzehnten zuvor, Stil und Inhalt der nordkoreanischen Angebote aber standen ganz im Einklang mit der bisherigen Linie des Regimes.«[547] Jackson nannte dieses Szenario eine »kollektive Amnesie, getarnt als hochmütige Weigerung, die geschichtlichen Tatsachen zur Kenntnis zu nehmen«.

Was stand hinter Kims Schwenk in Richtung Diplomatie? Der Präsident und andere in Washington waren davon überzeugt, Trumps knallharte Rhetorik und seine Strategie des maximalen Drucks hätten Kim zum Einlenken bewegt. Das hatten ihm schließlich die südkoreanischen Gesandten gesagt, die ihm Kims Einladung übermittelten. Trump schien die Begegnung gar nicht erwarten zu können, als er twitterte: »Großer Fortschritt wurde erzielt, aber die Sanktionen werden aufrechterhalten, bis eine Vereinbarung erreicht ist. Die Planungen für ein Treffen laufen!«[548] Der republikanische Vorsitzende des Auswärtigen Ausschusses des Repräsentantenhauses äußerte: »Kim Jong-uns Wunsch zu reden zeigt, dass die Sanktionen der Regierung zu wirken beginnen.«[549] Und Senator Lindsey Graham erklärte: »Ich bin nicht naiv. Wenn die Vergangenheit Anhaltspunkte für die Zukunft gibt, wird Nordkorea reden und nicht handeln. Allerdings glaube ich wirklich, dass Nordkorea jetzt glaubt, dass Präsident Trump zu militärischer Gewalt greifen wird, wenn er muss.«[550] Der Präsident und diese Regierungsvertreter bekundeten die sehr menschliche Tendenz, nach kausalen Erklärungen zu suchen, und ließen sich infolgedessen dazu verleiten, die Fähigkeit der Vereinigten Staaten zu einer Einflussnahme auf Kim zu überschätzen. Heuer hingegen warnte seine Analysten davor, solche kausalen Erklärungen für bare Münze zu nehmen:[551] »Wenn das Handeln eines anderen Landes den Wünschen der Vereinigten Staaten entspricht, ist die naheliegende Erklärung, dass die amerikanische Strategie diese Entscheidung beeinflusst hat.«[552]

Washington hatte Recht, allerdings nur bis zu einem gewissen Punkt. Kim erkannte zweifellos, dass die internationalen Sanktionen nie schärfer und der globale Druck auf Nordkorea nie größer gewesen waren als bei der US-Strategie des maximalen Drucks, deren Wurzeln ins letzte Jahr der Obama-Regierung zurückreichen. Doch angesichts des Ausmaßes und der schnellen Folge seiner strategischen Provokationen sowie angesichts seiner kriegerischen Sprache im Jahr 2017 konnte ihn diese Reaktion kaum überrascht haben. Die UN-Sanktionen hinderten Nordkorea am Export seiner lukrativsten Güter (darunter Kohle, Eisen, Meeresfrüchte und Textilien) im Wert von fast 2,7 Milliarden Dollar und schränkten die nordkoreanischen Ölimporte ein.[553]

Die intensive Diplomatie Washingtons gegenüber Staaten mit politischen, wirtschaftlichen und militärischen Beziehungen zu Nordkorea hatte zur Folge, dass zwanzig dieser Länder ihre Botschaften in Pjöngjang schlossen, den diplomatischen Status nordkoreanischer Botschafter herabstuften oder die Botschafter auswiesen und die Geschäfte staatlicher nordkoreanischer Firmen unterbanden, mit deren Einnahmen das Regime sein Atomwaffenprogramm finanzierte und Luxusgüter für die Elite kaufte. Im September 2017 unterzeichnete der US-Präsident einen Erlass, der umfangreiche sekundäre Sanktionen gegen jene Einzelpersonen und Unternehmen verhängte, die mit dem Schurkenstaat Geschäfte machten. Auf diese Weise konnten Nordkoreas Geldflüsse gekappt werden, mit denen Kim sein Atomwaffenprogramm und andere vorrangige Projekte finanzierte. Maximaler Druck versperrte zudem nicht nur den Eliten die Möglichkeit, sich Einnahmen zu verschaffen und zum Beweis ihrer Loyalität Zahlungen an das Regime zu leisten; dieser

Druck beschnitt auch Kims Möglichkeiten, die Eliten zu belohnen, um sich ihren Rückhalt weiter zu sichern. Nordkorea veröffentlicht seine Statistiken nicht, doch laut Schätzungen der südkoreanischen Zentralbank schrumpfte im Jahr 2017 die nordkoreanische Wirtschaft um 3,5 Prozent, der schlechteste Wert seit der Hungersnot im Jahr 1997. Der Export der wichtigsten Güter Nordkoreas – Kohle, Eisen und Textilien – ging demnach um 40 Prozent zurück.[554]

Der durch diese Sanktionen entstandene Druck spielte gewiss eine Rolle für Kims Kurswechsel – eine übliche Taktik des nordkoreanischen Regimes, um den internationalen Druck zu verringern, während es insgeheim sein Waffenprogramm weiterentwickelte. Kims Zustimmung zur atomaren Abrüstung und einer Umwandlung des Waffenstillstands in einen Friedensvertrag entspricht dem Drehbuch, dem schon sein Vater und sein Großvater folgten. Es ist der Versuch, durch bilateralen Austausch mit Südkorea, China, den Vereinigten Staaten und möglichst auch Russland eine Strategie des »Teile und Herrsche« zu verfolgen und gleichzeitig Japan auf Abstand zu halten. So erinnert Kims erklärte Bereitschaft zur Zusammenarbeit mit Südkorea, um den Friedensprozess voranzubringen, an Versuche seiner Vorgänger, Washington in langwierige Diskussionen über nichtnukleare Fragen zu verstricken. Pjöngjang nutzt solche Diskussionen dazu, den von ihm beanspruchten Status einer Nuklearmacht zu festigen und sich mit dem Prestige zu schmücken, mit einer Weltmacht zu verhandeln. Dieser Schwenk Nordkoreas in Richtung Diplomatie zielt auch darauf ab, die Durchführung von Sanktionen zu verhindern oder wenigstens zu erschweren, internationale Forderungen nach Achtung der Menschenrechte zurückzudrängen und Zeit zu gewinnen, um die eigenen strategischen Kapazitäten auszubauen. Und wenn Pjöngjang für seine illegalen und inhumanen Maßnahmen zur Rede gestellt wird, hat es eine wohlfeile Ausrede – die Sanktionen –, um Washington und Kritikern eine Verschleppungstaktik vorzuwerfen, während es selbst seine Verpflichtungen nicht einhält.

Kim fand zudem in Seoul ein offenes Ohr, als nach zehn Jahren konservativer Hardliner in Südkorea endlich eine progressive Regierung an die Macht kam, die nicht auf Druck, sondern auf Anreize setzte. Als nach dem Amtsenthebungsverfahren und der Absetzung der konservativen Präsidentin Park Geun-hye im Mai 2017 Moon Jae-in die vorgezogenen Präsidentschaftswahlen gewann, legte der neue progressive Präsident den Schwerpunkt auf Vertrauensbildung, »friedliche Koexistenz und gemeinsame Prosperität«. In einer seiner ersten großen Reden rief er zu wirtschaftlicher Zusammenarbeit zwischen Nord- und Südkorea auf, während er gleichzeitig die Denuklearisierung Nordkoreas forderte.[555] Moon, ehemaliger Stabschef des liberalen Präsidenten Roh Moo-hyun, der gegenüber Nordkorea die Sonnenschein-Politik seines Vorgängers Kim Dae-jung fortgesetzt hatte, rief Pjöngjang auf, gemeinsam mit Seoul die Olympischen Winterspiele in Pyeongchang zu einer »Friedensolympiade« zu machen, da »Sport die Macht hat, die Herzen zu verbinden«.[556] Erschrocken über die Spannungen im Sommer und Herbst 2017, deutete er Kims Bereitschaft zur Teilnahme an den Olympischen Spielen als ein positives Signal, den Weg der Annäherung zwischen dem Norden und dem Süden fortzusetzen.

Nachdem Kim jedoch erklärt hatte, er habe das Atomwaffenprogramm seines Landes abgeschlossen, verfolgte er womöglich bereits den Plan, umzuschwenken und sich auf die Wirtschaft seines Landes zu konzentrieren, ungeachtet des maximalen Drucks der USA und Trumps Drohungen, das Regime zu vernichten. In seiner Neujahrsansprache 2018 sagte Kim, Nordkorea habe 2017 sein »großes historisches Ziel erreicht, den Aufbau einer nationalen Atomstreitmacht abzuschließen … [und] der Weltöffentlichkeit dessen definitiven Erfolg zu beweisen … Unsere Republik besitzt nun eine starke und zuverlässige Abschreckung, die keine Macht und nichts beseitigen kann«.[557] Auf einer der seltenen Sitzungen des Zentralkomitees der Partei im April 2018 bekräftigte er abermals, Nordkorea habe »die Entwicklung von Atomwaffen abgeschlossen«. Er kündigte an, Atom- und Raketentests noch im selben Monat auszusetzen, und versprach, Nordkorea werde Atomwaffen nur dann verbreiten oder zum Einsatz bringen, wenn es nuklear bedroht werde. Er werde das Testgelände Punggye-ri schließen, auf dem das Regime sechs Atomversuche durchgeführt hatte: »Wir brauchen keine Atomtests oder Testabschüsse für Mittelstreckenraketen größerer Reichweite [IRBM] und Langstreckenraketen [ICBM] mehr.«[558] Mit anderen Worten: Hinter Kims aggressivem Bestreben, seine Kapazitäten für Langstreckenraketen unter Beweis zu stellen, könnte der Plan stehen, sich im Rahmen seiner Byungjin-Politik – einer Doppelstrategie, die er bereits 2013 angekündigt hatte – nach der militärischen Aufrüstung seines Landes nun auf dessen wirtschaftliche Modernisierung zu konzentrieren.

Und seinen Schwenk in Richtung Annäherung betrachtete er wahrscheinlich als eine Chance zur Durchsetzung seiner strategischen Ziele, Nordkoreas Status als Atommacht zu etablieren und die amerikanische Präsenz in Ostasien sowie das Bündnis der USA mit Südkorea zu schwächen. Dabei betrachtete er neben Moon, der nicht auf Druck, sondern auf Anreize setzte, auch Trump als einen aufgeschlossenen Partner. Trump belächelte zwar die amerikanisch-südkoreanische Allianz, rechnete sich aber die Annäherung der beiden koreanischen Staaten als Verdienst an, begrüßte Kims Erklärungen und äußerte Bewunderung für den innerkoreanischen Gipfel. Am Tag von Kims Rede vor dem Zentralkomitee twitterte Trump: »Nordkorea hat sich bereit erklärt, alle Atomtests zu stoppen und ein großes Testgelände zu schließen. Das ist eine gute Nachricht für Nordkorea und die Welt – ein großer Fortschritt! Freue mich auf unseren Gipfel.«[559] Kims Verhalten betrachtete er als die unmittelbare Folge des von ihm ausgeübten Drucks. Skeptische Beobachter meinten hingegen, Kim habe keinerlei Absicht bekundet, seine Atomwaffen aufzugeben, und Kritiker monierten, durch die Aussicht auf ein Treffen mit einem amtierenden US-Präsidenten habe Trump Kim ein entscheidendes Zugeständnis gemacht. Diesen Kritikern hielt Trump in einem Tweet entgegen: »Merkwürdig, dass all diese Experten, die es nicht geschafft haben, einen Deal mit Nordkorea auszuhandeln, mir jetzt Ratschläge geben, wie man einen Deal machen soll!«[560]

Was auch immer Kim im Einzelnen bewog, aus seiner Isolation herauszutreten, so erkannte er jedenfalls, dass das alte Drehbuch immer noch funktionierte, zumindest unmittelbar nach seinem Kurswechsel. Angesichts seiner erklärten Absicht, eine neue Ära des Friedens zu beginnen, war die südkoreanische Regierung bereit, ihre Lautsprecherpropaganda entlang der innerkoreanischen Grenze einzustellen.[561] Angeblich überreichte Präsident Moon Kim einen USB-Stick mit dem Entwurf eines »neuen Wirtschaftsplans« und Vorschlägen für eine künftige Zusammenarbeit, darunter Energiehilfen. Peking wiederum begann seine Sanktionen zu lockern, und es gab Berichte, die darauf hindeuteten, dass nordkoreanischen Arbeitskräften die Rückkehr nach China erlaubt wurde – ein potenzieller Verstoß gegen UN-Sanktionen.[562] Anfang Mai 2018 empfing Kim erstmals den chinesischen Außenminister Wang Yi, der Nordkorea die Unterstützung Pekings bei seiner wirtschaftlichen Entwicklung und eine Lösung für Pjöngjangs »legitime Sicherheitsbedenken« zusicherte.[563] Damit bestärkte er Kim in seiner Zuversicht, China stehe nach wie vor an seiner Seite. Kims Metamorphose vom »Raketenmann« zum internationalen Staatsmann beflügelte in der südkoreanischen Öffentlichkeit und in den Vereinigten Staaten die Hoffnung, er sei »aufrichtig«. Kim genoss sehr wahrscheinlich die wohlwollende mediale Aufmerksamkeit. Laut einer Umfrage des Forschungsinstituts Korea Research Center hielten ihn nach dem innerkoreanischen Gipfel im April 2018 erstaunliche 78 Prozent der Südkoreaner für vertrauenswürdig; kurz zuvor hatte dieser Wert bei mageren 10 Prozent gelegen.[564] Sein offenkundiger Sinn für Humor, der Respekt, den er Präsident Moon entgegenbrachte, und die Selbstironie, die er bei dem vom Fernsehen übertragenen innerkoreanischen Gipfel bekundete – angeblich gestand er Moon, dass er sich für die »schlechte Transitinfrastruktur« Nordkoreas schäme –, nährten gleichfalls die Hoffnung, dass Kim kein polternder Diktator mehr war, sondern ein geläuterter und bescheidener junger Mann, der bemüht war, das Richtige zu tun.[565]

Die nachfolgenden Monate zeigten, wie abrupt Kim das Kräftespiel in Ostasien verändern und die amerikanischen Optionen einschränken konnte, indem er Risse in den amerikanisch-südkoreanischen Beziehungen ausnutzte und die nationalen Prioritäten regionaler Akteure zu seinem eigenen Vorteil manipulierte. Er war im Begriff, einen Imagewandel zu vollziehen: den Wandel von einem strengen, unnachgiebigen Diktator, der mit atomaren Angriffen drohte, zu einem lächelnden, zugänglichen jungen Mann, der, wie manche meinten, eine transformative Kraft darstellte und Geschichte schreiben würde. Dabei half ihm nicht nur der südkoreanische Präsident Moon, sondern auch seine Frau Ri Sol-ju.

14

DIE KÖNIGIN VON PJÖNGJANG

Als sich Moon Jae-in und Kim Jong-un bei ihrem ersten inner-koreanischen Gipfeltreffen auf besagter Waldlichtung niederließen, schien sich Kim im Zuhörmodus zu befinden. Aufmerksam folgte er Moons Ausführungen. Die südkoreanischen Medien zogen Lippenleser zu Rate, laut denen die beiden anscheinend am häufigsten von Donald Trump, atomaren Anlagen und den Vereinigten Staaten sprachen.[566] Doch auch um Persönliches soll es gegangen sein bei ihrem Versuch, ein gutes Verhältnis zueinander aufzubauen.[567] »Vater hat mich angesehen und gesagt, heirate diese Frau«, soll Kim gesagt haben, »also habe ich ihm vertraut.« Diese Offenheit war überaus erstaunlich, wenn man bedenkt, dass sowohl Kim Il-sung als auch Kim Jong-il ihr Privatleben und alle Informationen über ihre Familien so gut wie möglich vor der Öffentlichkeit verborgen gehalten hatten. Vielleicht zielte Kims Bemerkung darauf ab, eine persönliche Nähe zu Präsident Moon herzustellen. Vielleicht hat er in diesem Gespräch auch seine Frau erwähnt, um Ri Sol-ju einzuführen, denn für den Abend war ein Bankett geplant, an dem auch die beiden Ehefrauen teilnehmen sollten.

Ris Anwesenheit beim Gipfeltreffen im April 2018 und den folgenden Treffen mit Moon und dem chinesischen Präsidenten

Xi Jinping lässt vermuten, dass Kim sie als eine Komponente seiner Macht betrachtet. In der Rolle der First Lady von Pjöngjang verkörpert sie den Charmefaktor bei der sprichwörtlichen nordkoreanischen Charmeoffensive. Und durch sie wird Kims Status als Führer einer Atommacht um die Rolle des Ehemanns, Vaters und legitimen Regierungschefs ergänzt, der den Präsidenten Xi, Moon und Trump auf Augenhöhe begegnet. Die durchgeplanten Auftritte von Ri Sol-ju – die wie in Korea üblich ihren Mädchennamen behalten hat – verleihen auch dem Regime ein sanfteres Image. Mit ihren stilvollen Outfits und ihrer Heiterkeit kann sie von der Brutalität, dem Hunger und den Entbehrungen, die das Volk erdulden muss, ablenken. Berichte über mutmaßliche Kinder verweisen auf die Fruchtbarkeit des Paares und die Möglichkeit, dass ein weiterer männlicher Erbe die Kim-Dynastie fortsetzen wird. Für das arbeitende Volk wie für die Elite ist Ri, die glamouröse, hingebungsvolle Ehefrau, ein Vorbild und Beispiel für sozialen Aufstieg. Für ausländische Beobachter haben Ris öffentliche Auftritte noch eine weitere Bedeutung: Sie sind Zeichen der Hinwendung zu einer eher materiell und konsumorientierten Lebensweise, die Kim aktiv zu unterstützen scheint. Die Präsentation seiner Frau in der Öffentlichkeit zeigt, dass sie sowohl intern als auch extern eine Rolle spielt. Und sie passt zu Kims Bestreben, sich als modernen Führer zu inszenieren.

DIE FRAU IN SCHWARZ. UND GRÜN. UND PINK. UND BLAU

Nur sieben Monate nachdem Kim Jong-un Oberster Führer Nordkoreas wurde, veröffentlichte die staatliche Nachrichtenagentur Fotos, die ihn mit einer unbekannten Frau bei einer Konzertveranstaltung zeigten. Die Wahl dieser Veranstaltung, bei der Popstars und Disney-Figuren auftraten, kam überraschend und weckte Hoffnungen, dass Kim das Land stärker zum Westen hin öffnen würde, als sein stets zurückgezogen lebender Vater es getan hatte. Die physische Nähe der Frau zu Kim – sie saß direkt neben ihm – löste in Südkorea und den USA eine große Medienresonanz aus. Man fragte sich, wer sie wohl sei und welche Rolle sie für Kim spielte. Anlässlich der Berichterstattung über Kims und Ris Besuch im Vergnügungspark Rungna teilte das Regime später mit, dass es sich um Kims Ehefrau, »Genossin Ri Sol-ju«, handele. Die beiden liefen Hand in Hand durch den neuen Freizeitpark und winkten den Besuchern, die sich dort in Badekleidung vergnügten, fröhlich zu. Auch Ris Erscheinung bedeutete einen Bruch mit früheren Gewohnheiten.[568] Kims Großvater hat einmal »Make-up«, »Lockenwickler«, »hübsche Kleider« und »ausgefallene Hüte« als Ablenkung vom Kampf für die Revolution bezeichnet, obwohl er zugleich forderte: »Frauen sollen trotz allem weiblich sein.«[569] Unter der Herrschaft von Kim Jong-il war es Frauen verboten, außerhalb der Arbeit Hosen zu tragen, und selbst das Radfahren war ihnen nicht gestattet.[570] Das erinnert an die im Europa und Amerika des 19. Jahrhunderts herrschende Meinung, Radfahren sei für Frauen unsittlich, widerspreche den Geschlechternormen und fördere die Emanzipation.

2012 versuchten die Analysten gerade, die über Kims Herkunft verfügbaren Daten zu einem Gesamtbild zusammenzusetzen, doch das Erstellen eines kohärenten Narrativs über Ri war aufgrund der lückenhaften Informationen noch viel schwieriger, zumal Gerüchte und Spekulationen die spärlich vorhandenen Fakten zusätzlich verzerrten. Nach Informationen der südkoreanischen Regierung wurde Ri 1989 geboren und heiratete Kim 2009.[571] Wie sein Vater hatte Kim augenscheinlich eine Künstlerin zur Frau genommen. Ri gehörte Berichten zufolge zum Unhasu-Orchester, einer staatlichen Musikgruppe, deren handverlesene Mitglieder nach Aussehen, Regimetreue und Talent ausgewählt wurden. Sie stammte aus einer »normalen Familie« und war 2005 als Cheerleader nach Südkorea gereist, um nordkoreanische Athleten zu unterstützen.

Falls Kim vorhatte, die Gerüchteküche anzuheizen und Ri öffentlich ins Gespräch zu bringen, um zu zeigen, dass er Nordkorea von seinem Image als einem trostlosen Land mit einem gefährlichen, autoritären Regime befreien wollte, so ist ihm das gelungen. Ris Jugend, ihre Attraktivität und ihr Modebewusstsein weckten großes Interesse bei den Medien. Angesichts des Mangels an Informationen über sie war es naheliegend, dass man sich auf ihr Aussehen konzentrierte. Ein Vergleich mit anderen prominenten Frauen blieb nicht aus. Beschwor sie die vielgerühmte Eleganz der Jackie Kennedy? Ließ sie sich in Modefragen von Kate Middleton, der Herzogin von Cambridge, inspirieren? Beim Konzert im Juli 2012 erschien sie in einem schicken schwarzen Minirock mit passendem Blazer und wirkte mit ihrem kurzen Bob entschieden modern. Beim Spaziergang durch den Vergnügungspark trug sie eine hellgrüne Bluse mit engem Rock und dazu schwarze Peep-Toe-Pumps.[572] »Sie hat wirklich Stil!« schwärmte die *Huffington Post*. 2014 sieht man sie als Zuschauerin eines Flugwettbewerbs unter hohen Offizieren der Luftwaffe der Koreanischen Volksarmee: Ihr inzwischen längeres Haar ist teilweise zurückgebunden, der Lippenstift dezent rosa, und sie trägt ein blaues Kleid mit einem dreiviertellangen Blazer, der mit einer glitzernden Brosche geschmückt ist.[573]

In dem Meer von Männern in beigen Militäruniformen und dunklen Anzügen sticht sie in ihrem farbenfrohen Outfit heraus und sorgt für einen angenehmen Kontrast.

DEN NORDKOREANISCHEN TRAUM LEBEN

Da das nordkoreanische Regime nur durchinszenierte Bilder veröffentlicht, sind diese Darstellung Ris und ihre ungewöhnlich große Sichtbarkeit mit Sicherheit kein Zufall. Ihre unverhohlene Weiblichkeit, ihr moderner Kleidungsstil und die zur Schau getragene Beziehung zu ihrem Mann reflektieren vermutlich bestehende Trends in der nordkoreanischen Gesellschaft. Auch auf Kim Jong-uns Zukunftsvision dürften sie hinweisen und darauf, wie er sich selbst und die Stellung seines Landes in der Welt betrachtet. Indem er Ri schon bald nach seinem Machtantritt zur Repräsentantin dieser Ideale und zum Symbol des sozialen Aufstiegs machte, schien er sie buchstäblich und im übertragenen Sinne darauf vorzubereiten, Pjöngjangs First Lady zu werden.

Jahrzehntelang hatte das Regime Kim Il-sungs Mutter Kang Pan-sok und Kim Jong-ils Mutter Kim Jong-suk als Verkörperungen des jeweiligen nordkoreanischen Frauenideals gerühmt. Wie die Korea-Experten Bronwen Dalton, Kyungja Jung und Jacqueline Willis in ihrem faszinierenden Artikel über Mode und die gesellschaftliche Konstruktion von Weiblichkeit in Nordkorea schreiben, werden diese beiden Frauen »sowohl als leidenschaftliche Kämpferinnen der Revolution gepriesen als auch zum Inbegriff der aufopferungsvollen, liebenden Mutter stilisiert«.[574] Kangs Bedeutung besteht darin, dass ihr als Kim Il-sungs Mutter im übertragenen wie auch wörtlichen Sinn die Geburt der Nation zu verdanken ist. Kim Jong-suk ist die Frau, die nicht nur Kim Jong-il großgezogen, sondern auch die Songun-Ideologie ihres Sohnes unterstützt hat. Kang wird in der Hagiografie des Regimes meistens in traditionellen koreanischen Kleidern gezeigt, während Kim Jong-ils Mutter in einer feminisierten Variante der Militäruniform mit Rock und schmaler Taille gezeigt wird, um an die Revolution zu erinnern.[575]

Als Kim Jong-un an die Macht kam, hat das Regime auch den Status seiner Mutter Ko Yong-hui angehoben. Sie wurde »Unsere verehrte Mutter« genannt, um ihre herausragende Stellung zu betonen. Durch die historische und biologische Verankerung wollte man Kim Jong-uns Machtanspruch legitimieren. Das Regime spielte Kos problematische Herkunft herunter – sie wurde in Japan geboren, wodurch sie als weniger »rein« galt und innerhalb des festgeschriebenen Kastensystems *songbun* eine niedrige Stellung einnahm, ganz zu schweigen von dem Umstand, dass sie bereits Kim Jong-ils dritte Ehefrau war. Zum Ausgleich mythologisierte das Regime Ko in einem Dokumentarfilm über ihr Leben. Der 2011 veröffentlichte Film zeigt Ko als eine Frau, die auf die Rückkehr ihres Sohnes aus der Schule wartet, Pullover strickt und gut mit Waffen umgehen kann.[576] »Die Mutterrolle entspricht der symbolischen Rolle, die Frauen für den Staat spielen sollten«, schrieb die Koreaexpertin Darcie Draudt, und Kos Bedeutung lag in ihrer Fähigkeit, »Kim Jong-il in Gestalt von Kim Jong-un zu reproduzieren (in direkter Abstammungslinie von Kim Il-sung), was sie zu einer geschätzten und verehrungswürdigen Bürgerin machte«. Laut der Historikerin Suzy Kim wird die Mutter hier zur »idealen, selbstlosen Staatsdienerin, zum Vorbild, an dem sich alle Nordkoreaner bei der Erfüllung ihrer gesellschaftlichen Pflichten orientieren können.«[577]

Obwohl die Glorifizierung Ris zur Strategie des Regimes passt, ein bestimmtes Frauenbild zu propagieren, entspricht sie doch nicht mehr der revolutionären, militaristischen Mutterfigur, die die Kim-Frauen vor ihr repräsentierten. Ris Platzierung im zeitgenössischen nordkoreanischen Narrativ weist darauf hin, dass sie eher mit Kim Jong-uns Prioritäten und Vorlieben übereinstimmt. Ihr Bild passt zu seinem Wunsch, nicht nur am Vermächtnis seines Vaters und Großvaters festzuhalten, sondern gleichzeitig seinen eigenen, persönlichen Stil für das einundzwanzigste Jahrhundert zu prägen.

Dalton, Jung und Willis argumentieren in ihrem Artikel, dass »der fortschreitende Niedergang der Planwirtschaft, der Aufstieg des Kapitalismus, die zunehmende Sichtbarkeit der ausländischen Populärkultur und die Entstehung einer immer größer werdenden neuen Geldelite die Konstruktion des Frauenbildes auf eine Art und Weise beeinflussen, die zu einer Abkehr von früheren staatlich geleiteten Idealen führt«.[578] Während sich Kim Jong-un bemühte, ein alternatives Narrativ aufzubauen, in dem Nordkorea ein modernes, florierendes Land ist, und seine Vision durch die Einrichtung von Vergnügungsparks und Ski-Resorts verstärkte, diente Ri als wandelnde Reklame für dieses Programm. Ihr Glanz, ihr Ansehen (im April 2018 gab das Regime ihr den Beinamen »Verehrte First Lady«) und die hingebungsvolle Liebe zu ihrem Mann machten sie sowohl für die Elite als auch für die Durchschnittskoreaner zu einem Vorbild, dem man gerne nacheiferte.[579] Draudt zufolge verleiht sie Kim in einer Gesellschaft, in der ein unverheirateter Mann noch als Junge betrachtet wird, durch ihre Rolle als »First Wife« das Gewicht und die Würde eines Ehemannes.[580]

Das Paar, das Hand in Hand in der Öffentlichkeit auftritt, begeistert applaudierenden Nordkoreanern zuwinkt und in einem Kindergarten lebhafte Kleinkinder (nicht die eigenen) auf den Arm nimmt, gibt ein attraktives, von Jugendlichkeit, Vitalität und Zuversicht geprägtes Bild ab. Ris farbenfrohe Outfits mit den glitzernden Accessoires und ihr überschäumendes Temperament verstärken dieses Bild der Hoffnung noch. John Park, Korea-Experte an der Harvard University, hat Kim und Ri als Protagonisten einer nordkoreanischen Version von Camelot bezeichnet, ähnlich der mythischen Verklärung der vielbewunderten Welt des jugendlichen John F. Kennedy und seiner anmutigen Frau Jacqueline, mit der die optimistische Stimmung nach dem Zweiten Weltkrieg so wunderbar eingefangen wurde.[581] »Es existiert die Vorstellung von einem nordkoreanischen Traum und von Kim Jong-un als dem Schöpfer dieses Traums und seiner Frau Ri Sol-ju als dem Gesicht, das diesen Traum verkörpert«, erklärt Park. »Diese Dynamik lässt sich als Analogie zur Zukunft Nordkoreas im Allgemeinen betrachten.«

Zu dieser Zukunft gehört auch die Erfüllung von *byungjin*, der zweigleisigen Politik des Ausbaus, die sich nicht nur auf das Atomprogramm, sondern auch auf die Wirtschaft erstreckt. Ri zeigt sich mit ihrem Mann an ganz unterschiedlichen Orten: Militäreinrichtungen, Baustellen, Fabriken, Fertigungsstätten, Schulen und Waisenhäusern. Im Oktober 2017, auf dem Höhepunkt der Spannungen zwischen Nordkorea und den USA, fand Kim noch die Zeit, mit seiner Frau eine Kosmetikfabrik in Pjöngjang zu besuchen. Ein lächelnder Kim lobte die »Weltklasse«-Produkte und ihre Verpackungen, während seine Frau brav neben ihm stand und sich die Maschinen und Schaukästen ansah.[582] Das Regime betonte damit, dass Kim durchaus in der Lage war, von Kriegsandrohungen auf die Bewunderung von Kosmetikprodukten in Gesellschaft seiner Frau umzuschwenken. Man war offenbar darauf bedacht, die Komplementarität – letztendlich die Notwendigkeit – von Atomwaffen zur Sicherung des Wohlstands in Nordkorea hervorzuheben und gleichzeitig zu zeigen, dass die Menschen beides haben konnten, genau wie Kim es ihnen schon seit seiner Machtübernahme verspricht. Ris Anwesenheit unterstreicht diese Botschaft, denn sie symbolisiert den sozialen Aufstieg.

Mit Ri als First Lady kann das Regime das Konsumverhalten der Nordkoreaner kanalisieren, ganz besonders das der nicht zur Elite gehörenden Frauen, die die offiziellen und inoffiziellen Märkte bevölkern, während ihre Männer mit Fabrikarbeit oder militärischen Pflichten beschäftigt sind. Ein Überläufer erzählte der Online-Zeitschrift *Daily NK*, dass »die Frauen in Pjöngjang von Ri Sol-ju beeinflusst werden … daher tragen sie gern High Heels mit Riemchen.«[583] Doch Ri ist für das Volk nicht die einzige Trendsetterin in Modefragen, denn auch der wachsende Informationsaustausch und die Liebe der Nordkoreaner zu Soaps aus Südkorea und China bestimmen den Kleidungsstil. Suki Kim, die Journalistin, die undercover an der Pjöngjang University of Science and Technology lehrte, berichtete: »Die Leute in den Straßen von Pjöngjang wirkten auf mich wie Chinesen ... Die meisten Frauen hatten Dauerwellen und trugen Hochsteckfrisuren mit strassbesetzten Spangen, genau wie ich es in China gesehen hatte.«[584] Überläufer aus Nordkorea schilderten, wie sie heimlich ausländische Sender schauten und sich wie die weiblichen Hauptfiguren in den Filmen und Serien kleideten.[585] Ein Geflüchteter sagte im Interview mit der nordkoreanischen Nichtregierungsorganisation Liberty, seine Landsleute würden Schmuggler mit der Beschaffung der in ausländischen Filmen und Sitcoms gezeigten Produkte beauftragen, um diese Waren auf den Märkten zu verkaufen. Die Leute kopierten Haarschnitte, Spangen, Kleidung und Accessoires.

Das Regime versuchte, Ri als Modell für heimische Alternativen aufzubauen: Ihre ausdrückliche Vorliebe für nordkoreanische Erzeugnisse, die sie bei ihren Besuchen in Kosmetik- und Schuhfabriken demonstrierte, sollte dafür sorgen, dass auch Artikel aus nationaler Produktion zu heiß begehrter Ware wurden.

Doch all das erzeugt auch eine gewisse Spannung im Innern des Landes. Mit dem steigenden Interesse an Mode und Äußerlichkeiten wachsen auch die Erwartungen der Menschen, was die wirtschaftliche Entwicklung und das Konsumangebot betrifft. Die Gefahr, diese Erwartungen nicht erfüllen zu können, folgt auf dem Fuße. Ein nordkoreanischer Informant der *Daily NK* formulierte es so: »Die Verwendung der neuesten südkoreanischen Produkte weist auf eine bestimmte gesellschaftliche Klasse und einen gewissen Lebensstandard hin, deshalb wollen die Menschen unbedingt Schritt halten.«[586] In den Memoiren von

Überläufern wird von sozialen Konflikten und einer größer werdenden Kluft zwischen Arm und Reich berichtet. Schon unter Kindern und Familien der Jangmadang-Generation, die offenkundig wohlhabender sind als ihre Nachbarn, bilden sich Cliquen. In anderen Gesellschaften ist das nichts Ungewöhnliches. Obwohl sich das Kim-Regime große Mühe gibt, mit Ri eine nordkoreanische Marke und ein Vorbild für sozialen Aufstieg zu schaffen, ist die Konkurrenz durch Waren von angesagten Herstellern aus China und Südkorea doch groß, denn dort ist man näher an den neuesten Konsumtrends dran. Höchstwahrscheinlich ist sich Kim dieses Mankos bewusst. Vermutlich bestärkt es ihn noch in seiner Überzeugung, die Einfuhr und Verbreitung ausländischer Waren und kultureller Einflüsse kontrollieren und einschränken zu müssen.

DIE WEIBLICHE NOTE

Ri Sol-jus Debüt auf dem diplomatischen Parkett fand am 5. März 2018 statt. Kim Jong-un empfing zum ersten Mal eine Delegation aus Südkorea, zu der der Nationale Sicherheitsberater Chung Eui-yong und andere hohe Staatsbeamte gehörten. Sie kamen nach Pjöngjang, um den ersten Gipfel zwischen Moon und Kim vorzubereiten, der einen Monat später stattfinden sollte. Es war also ein sehr wichtiges Treffen, bei dem viel auf dem Spiel stand. Ob nun unter dem Einfluss des Alkohols, der zum Abendessen serviert wurde, oder weil sich während der Begegnung ein freundschaftliches Verhältnis entwickelt hatte oder einfach aus väterlichen Gefühlen dem sehr viel jüngeren Mann gegenüber – jedenfalls sagte Chung Berichten zufolge zu Kim: »Wollen Sie nicht mit dem Rauchen aufhören? Es schadet Ihrer Gesundheit.«[587]

Alle am Tisch erstarrten. Niemand kritisiert Kim. Der Diktator kann in einem Land, das ihn genau wie seinen Vater und Großvater als unantastbar ansieht, absolut nichts falsch machen. Man kann sich daher vorstellen, wie die Anwesenden erbleichten und die Luft zum Schneiden dick wurde. Doch die wunderbare Ri rettete die Situation, indem sie in die Hände klatschte und sagte: »Ich bitte ihn ständig, das Rauchen aufzugeben, aber er hört einfach nicht auf mich.«[588] Schon war alle Anspannung verflogen, und sie hatte die Weichen wieder so gestellt, dass beide Seiten unbelastet das Gipfeltreffen am 27. April vorbereiten konnten.

Ri hat ihren Mann auch bei anderen Spitzentreffen begleitet. So reiste sie im März 2018 mit Kim zur Begegnung mit Präsident Xi nach Peking. Es war Kims erste Auslandsreise als Machthaber Nordkoreas, und auch seine erste Begegnung mit Xi, den er während seiner ersten sechs Amtsjahre übergangen hatte. Auch an dem innerkoreanischen Treffen im September 2018 in Pjöngjang nahm Ri teil, und bei nachfolgenden Treffen in China fungierte sie als First Lady und Pendant zu Moons Frau Kim Jung-sook und Xis Frau Peng Liyuan.

Die chinesischen und südkoreanischen Medien überschlugen sich mit Kommentaren über ihren Kleidungsstil – ein Zeichen, dass Nordkoreas Bemühungen, die Familie Kim als Marke zu exportieren, Erfolge zeigten. Da Ri zwar zu sehen, aber nicht zu hören war, lag der Fokus der Berichterstattung zwangsläufig auf ihrer äußeren Erscheinung. Die *South China Morning Post* erklärte nach diesem ersten Besuch in Peking im März, sie sei »mit ihrem modischen Look in China ein großer Hit« gewesen.[589] Die Zeitung berichtete, die chinesischen Internetnutzer hätten Ris Outfits begeistert gelobt – sehr zum Ärger der chinesischen Zensoren, die prompt alle Beiträge aus den sozialen Medien entfernten, in denen Ri besser abschnitt als die Frau des Gastgebers. Auf Weibo, einer der größten chinesischen Social-Media-Plattformen, schwärmte ein Nutzer: »Ri Sol-ju ist wirklich wunderschön und liebenswert. Man sieht gleich, dass sie in der ›First-

Lady-Diplomatie‹gut sein könnte.«[590] In einem anderen Post wird sie mit südkoreanischen Stars verglichen, denn das chinesische Publikum konsumiert mit Begeisterung Filme, Musik und Sitcoms aus Südkorea. Hier heißt es, sie sei»ebenso hübsch wie Song Hye-kyo«, eine in China sehr beliebte südkoreanische Schauspielerin.[591] Im Grunde kamen alle drei Outfits, die sie im Laufe des Treffens trug, gut an. Für eine kurze kamelhaarfarbene Jacke mit passendem Rock, ein grünes Kleid mit weißer Jacke und einen elfenbeinfarbenen Blazer mit Schößchen und dreiviertellangen Glockenärmeln erntete sie hymnische Kommentare. Mit ihrem stylischen Outfit, dem anmutigen Lächeln, mit dem sie sich von Xi und seiner Frau Peng verabschiedete, und ihrem fröhlichen Winken, ehe sie mit Kim bei der Abreise ins Auto stieg, verlieh Ri dem Staatsbesuch zum Abschluss eine sympathische, vertraute Note, so als wären sie und ihr Mann nur ein normales junges Paar, das gerade eine Dinnerparty bei einem älteren Nachbarsehepaar verlässt.

Auch als Ri und Kim Jung-sook, die First Lady Südkoreas, während des dritten Spitzentreffens zwischen Moon und Kim in Pjöngjang gemeinsame Ausflüge unternahmen, wurde Ri wohlwollende Aufmerksamkeit zuteil.[592] Während ihre Männer mit der Politik beschäftigt waren, besuchten die beiden Frauen die Universität für Musik und Tanz in Pjöngjang, eine naheliegende Wahl, denn beide haben sich in der Vergangenheit mit Musik beschäftigt (Kim Jung-sook hat an der südkoreanischen Kyung Hee University Gesang studiert). Außerdem machten sie einen Besuch in der Okryu-Kinderklinik. Diese Touren durch Bildungs- und Gesundheitseinrichtungen in Pjöngjang gaben Einblick in Nordkoreas moderne Institutionen und boten eine angemessene, unpolitische und unverfängliche Kulisse für den Staatsbesuch. Die Auswahl der Orte betonte zugleich die Normalität des nordkoreanischen Alltags. Langstreckenraketen und Atomwaffen, Hinrichtungen, Säuberungsaktionen und militärische Drohungen rückten für eine Weile in den Hintergrund.

Die Ehe zwischen Kim Jong-un und Ri Sol-ju ist somit eine Metapher für die Byungjin-Politik, die gewissermaßen organische Verbindung von Militarismus und wirtschaftlichem Fortschritt, und ein Versprechen im Hinblick auf Nordkoreas Zukunft und den Status des Landes als gleichberechtigter Partner auf der Weltbühne. Ri sorgte während dieser Begegnungen, bei denen sonst vielleicht nur die Spannungen zwischen den Staatschefs im Vordergrund gestanden hätten, für einen Ausgleich, indem sie das Interesse der Medien von Themen wie Atomwaffenprogramm und Mordanschlägen auf ihre Frisur und ihre Kleidung umlenkte. Die Gegenwart einer jungen Frau signalisierte die Möglichkeit sanfter Machtausübung und enthielt die Verheißung eines veränderten Nordkoreas, das friedlicher, flexibler und charmanter sein würde als bisher.

FAMILIENPLANUNG

Die Verklärung Ris durch das Regime und ihre wachsende öffentliche Präsenz verrät einiges über die Zukunftspläne ihres Mannes. Kim ist sich durchaus der Umtriebe bestimmter Gruppen bewusst, die durch Bündnisse mit potenziellen Nachfolgern Einfluss zu gewinnen suchen. Schließlich hat er als Sohn eines Vaters, der mit mehreren Frauen und Geliebten jeweils mehrere Kinder hatte, selbst genug Erfahrung in diesen Dingen. Ris öffentliche Erhöhung ist vielleicht ein bewusster Versuch, potenzielle Herausforderer abzuwehren und jeder Palastintrige zuvorzukommen. Indem die Ehe von Kim und Ri als die einzig legitime Verbindung präsentiert wird, soll sichergestellt werden, dass auf jeden Fall einer ihrer Abkömmlinge Kims Nachfolger wird. Damit wird deutlich, dass Kim schon mit Mitte dreißig nicht nur die eigene Zukunft, sondern auch die seiner Kinder im Blick hat. Das Paar hat mindestens ein Kind, das Dennis Rodman bei seinem zweiten Besuch im Arm gehalten hat.[593] Laut Informationen der südkoreanischen Regierung haben die beiden aber noch zwei weitere Kinder. Angesichts von Kims offensichtlichem Wunsch, ein unabhängiges, starkes Nordkorea als Vermächtnis zu hinterlassen, dürften mit Sicherheit auch Atomwaffen zum Erbe seines Nachfolgers gehören.

Ris Stellung und Ansehen allerdings hängen ganz von Kim ab. Ohne ihn wäre sie nur irgendeine Sängerin mit einem hübschen Gesicht. Ri hat Kims Wunsch unterstützt, Nordkoreas Bild in der Öffentlichkeit neu zu erfinden und ihm genau das Image geliefert, das er der Außenwelt präsentieren wollte. Doch die ultimative Anerkennung sollte Kim durch einen anderen Mann erlangen – Donald Trump. Im Juni 2018 erreichte Kim etwas, das weder seinem Großvater noch seinem Vater je gewährt worden war: ein Treffen mit einem amtierenden US-Präsidenten.

15

TRUMPS TREFFEN MIT KIM

Kims Treffen mit den Präsidenten Xi und Moon waren nur der Auftakt zum Hauptevent: seinem Gipfel mit Donald Trump. Wie sein Biograf Tim O'Brien berichtet, hatte Trump einst davon geträumt, ins Showbusiness statt ins Immobiliengeschäft einzusteigen und die Filmhochschule zu besuchen.[594] Als er sich nun mit Kim Jong-un traf, dem Sohn eines filmbegeisterten Diktators und einer ehemaligen Tänzerin, waren Dramatik und Entertainment so gut wie garantiert.

Und die Einschaltquoten waren fantastisch. Die globalen Medien übertrugen die historische Begegnung zwischen einem amtierenden US-Präsidenten und dem nordkoreanischen Führer um 18.00 Uhr Eastern Standard Time, der Hauptsendezeit für Fernsehzuschauer in Washington und New York. Doch ganz unabhängig von der Uhrzeit – für Trump, Kim und die dreitausend Journalisten in Singapur war es 9.00 Uhr morgens – saßen auf der ganzen Welt Menschen wie gebannt vor den Fernsehapparaten und gaben in den sozialen Medien Kommentare ab, während Experten jede Geste und jedes Wort der beiden Protagonisten sowie der Nebendarsteller analysierten. Nach Einschätzung der Trump-Biografen Michael Kranish und Marc Fisher profitierte der US-Präsident von seinen jahrzehntelangen Auftritten in

Talkshows und Sitcoms, bei WrestleMania und in der Reality TV-Show *The Apprentice*, die er vierzehn Jahre lang moderiert hatte.[595] Doch sein kinematografisches Talent wurde besonders bei seinem aktuellen Gambit deutlich, wo Kim mehr als bereit war, seinen Part zu spielen.

Schon die Vorbereitungen für den Gipfel besaßen alle Elemente eines spannenden Films. Es gab zwei Hauptdarsteller von massiver Statur, die gern den Störenfried spielten und für ihre Unberechenbarkeit bekannt waren. Es gab eine Überraschung, als der damalige CIA-Direktor Mike Pompeo Ende März über die Osterfeiertage nach Pjöngjang reiste, um sich mit Kim Jong-un zu treffen. Es gab Spekulationen: Wo würden sie sich treffen? Worüber würden sie sprechen? Wie gut würden sie sich verstehen? Es gab Geheimdienstagenten, die bei der Planung des Treffens eine maßgebliche Rolle spielten. Es gab eine triumphale Freilassung von drei Amerikanern, die in Nordkorea wegen »Spionage und feindseliger Akte gegen die Regierung« inhaftiert worden waren.[596] Es gab sogar eine Beteiligung der Zuschauer. Am 30. April twitterte Trump: »Zahlreiche Länder werden für das TREFFEN erwogen, aber wäre das Haus des Friedens/Haus der Freiheit an der Grenze zwischen Nord- & Südkorea nicht repräsentativer, bedeutender und bleibender als ein Drittland? Ich frage ja nur!«[597]

Der US-Präsident rührte mit weiteren Tweets und Verlautbarungen die Werbetrommel für das bevorstehende Treffen mit Kim, statt die Erwartungen in die richtigen Bahnen zu lenken. Trump hatte guten Grund, die ziemlich kargen Erklärungen des Regimes zur Denuklearisierung der koreanischen Halbinsel als Voraussetzung für positive Schritte der Amerikaner gegenüber Nordkorea hochzuspielen. Solche Erklärungen hatten sich jedoch im Lauf der Jahrzehnte immer wieder als bedeutungslos erwiesen, da Nordkorea erkennbar anders gehandelt hatte als versprochen und bereits getroffene Vereinbarungen immer wieder gebrochen hatte. Laut einer Umfrage des Pew Research Center Ende April/Anfang Mai 2018 befürworteten 71 Prozent der Amerikaner direkte Gespräche mit Nordkorea.[598] Eine Umfrage von CNN etwa zur selben Zeit bestätigte diese Zahlen. Demnach billigten überwältigende 77 Prozent der Amerikaner Trumps Pläne für ein Treffen mit Kim;[599] sieben Monate zuvor, auf dem Höhepunkt der Spannungen, waren nur 35 Prozent mit Trumps Handhabung des Nordkorea-Problems einverstanden gewesen. Jetzt, da ein Gipfeltreffen geplant war, stiegen Trumps Beliebtheitswerte auch bei den Südkoreanern: von 9 Prozent im Jahr zuvor auf nunmehr 32 Prozent.[600]

Für Trump war die Einwilligung in ein Treffen mit Kim ein außenpolitischer Erfolg über alle parteipolitischen und geographischen Grenzen hinweg, und er genoss Spekulationen darüber, dass er den Friedensnobelpreis erhalten könnte.[601] Auch Kims Beliebtheitswerte stiegen – ein Ausdruck der Hoffnung, dass Nordkorea endlich zu einem Kurswechsel bereit war. Sein verbessertes globales Profil verdankte er der ungebetenen Hilfe des US-Präsidenten. Denn Trump war entschlossen, sich als derjenige zu inszenieren, der die Situation im Griff hatte; er knüpfte seinen politischen Erfolg an die vagen Zusicherungen Kims, um dieses Narrativ zu verstärken, und versuchte, für den Erfolg der beiden Staatsmänner in der Öffentlichkeit Stimmung zu machen. Für Trump (und Moon) war Kim jetzt »ehrenwert« und »aufrichtig« in seinem Wunsch nach einer Denuklearisierung und seinem Engagement für den Frieden auf der koreanischen Halbinsel. Ihre Erklärungen trugen dazu bei, Kim menschlich zu machen, und unterstützten sein Bemühen, sein Image als irrationaler, verrückter Mörder aus Pjöngjang loszuwerden.

In den nachfolgenden Monaten trafen sich Trump und Kim mehrmals, sie wechselten Briefe und beteuerten, dass die Chemie zwischen ihnen stimmte, auch dann noch, als die Welt bereits erkannte, dass sich in Sachen atomare Abrüstung wenig bewegte.

ERKENNE DEINEN GEGNER

Am 10. Mai gab Präsident Trump bekannt, das Treffen mit Kim werde am 12. Juni in Singapur stattfinden, Während die Weltöffentlichkeit die Tage bis zu diesem ersten Gipfel zählte, kursierten im Fernsehen, im Rundfunk und in den Printmedien Expertenkommentare, politische Ratschläge, Warnungen und optimistische Einschätzungen; manche zogen den voreiligen Schluss, der Frieden sei in greifbarer Nähe. Im Licht der ungewöhnlichen Ereignisse, die zu Kims erstaunlichem Schwenk in Richtung Annäherung führten, sowie von Trumps und Moons durch nichts erhärteter Behauptung, Kim sei bereit, auf sein Atomwaffenarsenal zu verzichten, überprüften Korea-Beobachter verständlicherweise ihre Einschätzungen von Kims Beweggründen und fragten sich, ob seine Haltung zu Atomwaffen tatsächlich einen strategischen Wandel erkennen ließ.

Während also Korea-Experten privat und öffentlich darüber diskutierten, in welcher Weise die in der Vergangenheit von Nordkorea immer wieder gebrochenen Vereinbarungen ihre Einschätzungen beeinflusst haben könnten und ob es Hinweise auf einen wirklichen Kurswechsel Pjöngjangs gab, schien der Einzige, der nichts hinterfragte, Präsident Trump selbst zu sein. Seine Überzeugung, er werde das Nordkorea-Problem, an dem andere US-Präsidenten gescheitert waren, ein für alle Mal lösen, schien unerschütterlich. Der Grund dafür könnte in seiner spiegelbildlichen Wahrnehmung (*mirror-imaging*) liegen – der Vorstellung, genau zu wissen, was bei Kim funktionierte, weil Kim letztlich genauso gestrickt sei wie er selbst oder wie die vielen Geschäftsleute, mit denen er in der Vergangenheit zu tun gehabt hatte.

Der ehemalige CIA-Analyst Richards Heuer definiert *mirror-imaging* als die Annahme, andere würden unter den gleichen Umständen genauso handeln wie man selbst: Man schließt »die Leerstellen [im eigenen Wissen] … indem man annimmt, dass die andere Seite in einer bestimmten Weise agiert, weil die Vereinigten Staaten unter den gleichen Umständen so agieren würden«.[602] In diesem Unvermögen, »zu verstehen, dass andere ihre nationalen Interessen anders wahrnehmen, als wir diese Interessen wahrnehmen«, erkannte Heuer eine »permanente Fehlerquelle bei der nachrichtendienstlichen Analyse«. Und deshalb waren bei den Entscheidungsfindungsprozessen unserer Nachrichtendienste Leitplanken und Sicherheitsnetze eingebaut: divergierende Sichtweisen, Kreativität, strukturierte Analysetechniken und umfassende Expertise, ganz zu schweigen vom Input politischer Entscheider, die unsere Analysen infrage stellten. Bei unserer Arbeit war es zudem wichtig, die Perspektive immer wieder zu verlagern und ein Ereignis oder die Absichten der anderen Seite aus dem Blickwinkel eines ausländischen Staatsmanns zu interpretieren.

»Der menschliche Geist ist wie ein Fallschirm. Er funktioniert nur, wenn er geöffnet ist«, schrieb Heuer.[603] Präsident Trump war entschlossen, etwas anderes zu versuchen. Seine Vorgänger hatten sich an die Empfehlung gehalten, den nordkoreanischen Führer nicht mit einem Spitzentreffen zu belohnen. Trump jedoch schlug diese Ratschläge in den Wind und entschied sich für direkte Verhandlungen mit Kim, um herauszufinden, wie die atomare Abrüstung vorangebracht werden konnte. Trumps unkonventionelle Herangehensweise, seine Bereitschaft, einen anderen Weg auszuprobieren, um das Paradigma der US-amerikanischen Beziehung zu Nordkorea zu verändern, erinnerte erfahrene Analysten an das Phänomen der Betriebsblindheit. In *A Tradecraft Primer: Structured Analytic Techniques for Improving Intelligence analysis*, einem Referenzdokument, das alle CIA-Analysten kennen, wird gewarnt, dass »erfahrene Analysten infolge ihrer Expertise und ihrer Erfolge bei der Anwendung erprobter mentaler Modelle in der Vergangenheit für diesen Wahrnehmungsfehler besonders anfällig sind«.[604] Das Handbuch listet auch »die wichtigsten Fallstricke der Wahrnehmung« auf: »Analysten sehen das, was sie zu sehen erwarten; sobald sich bestimmte [Sichtweisen] herausgebildet haben, sind sie veränderungsresistent; neue Informationen werden, manchmal fälschlicherweise, in bestehende Denkmodelle eingebaut, widersprechende Informationen abgetan oder ignoriert.«

Der direkte Dialog mit Kim, dem obersten Entscheider in einem hochzentralistischen, autoritären Staat, war logisch und sinnvoll, insbesondere deshalb, weil Kim deutlich machte, dass er allein das Atomwaffenprogramm kontrollierte. Aber Trumps Außenpolitik war sprunghaft. Oft verzichtete er darauf, seine Berater zu konsultieren und vertraute auf seinen Geschäftssinn – ein Mythos, den er selbst kultivierte und der durch Produzenten von Reality-TV-Shows gestärkt wurde. Ihr Streben nach Profit und hohen Einschaltquoten kam Trumps Ego entgegen, seinem Gefühl, er selbst wisse am besten, wie man vorzugehen habe. Patrick Radden Keefe vom *New Yorker* schrieb: »Im Jahr 2003 war er eine schrille Figur von rein lokalem Interesse – eine Knallcharge ... ›The Apprentice‹ machte ihn dann erneut zum Mythos, allerdings auf einer sehr viel breiteren Ebene, und zu einer Ikone des amerikanischen Erfolgs«, auch wenn es mit seinen Geschäften steil bergab ging.[605] Trump verwarf Berichte der CIA und anderer Nachrichtendienste und fegte ihre unbequemen Einschätzungen vom Tisch.[606] Dan Coats, der Direktor der Nationalen Nachrichtendienste, erklärte 2019 in seinem jährlichen

Bericht zur Bedrohungslage, es sei »unwahrscheinlich, dass Nordkorea seine Atomwaffen und seine Produktionsanlagen ganz aufgibt«, da Kim sie »als entscheidend für das Überleben des Regimes« betrachte. Die Medien berichteten, Trump sei darüber »aufgebracht« und halte den Geheimdienstkoordinator für »nicht loyal« – was offenkundig daran lag, dass Coats seine rosigen Erwartungen in Hinblick auf die Verhandlungen mit Kim Jong-un nicht teilte.[607]

Trump hatte seine Strategie gegenüber Kim aus der Perspektive eines New Yorker Geschäftsmanns heraus entwickelt. In seiner Rede vor der südkoreanischen Nationalversammlung im November 2017 lobte er in den höchsten Tönen den Aufstieg Südkoreas von einem verwüsteten, vom Krieg zerrissenen Land zu einer starken Wirtschaftsmacht – und die Hilfestellung der Vereinigten Staaten bei dieser Umgestaltung. Im Vergleich dazu sei Nordkorea »eine Hölle, die kein Mensch verdient hat«.[608] Die Vereinigten Staaten, so versprach er, würden Nordkorea »einen Weg in eine viel bessere Zukunft« weisen, »wenn seine Führer mit ihren Drohungen aufhören und ihr Atomprogramm beenden«. Wie im Fall von Südkorea sei Washington zu einer Partnerschaft mit dem Norden bereit, damit das Land wirtschaftlich ebenso erfolgreich werde wie der Süden. Im Mai 2018 äußerte er sich noch unverblümter: Er versicherte Kim, er verfolge nicht das Libyen-Modell, bei dem Muammar al-Gaddafi sein im Aufbau befindliches Atomwaffenprogramm aufgab, dann aber von pro-amerikanischen Rebellen gefangengenommen und getötet wurde. Vom Oval Office aus sagte Trump: »Bezüglich Nordkorea haben wir nicht das Libyen-Modell im Blick ... Kim Jong-un ... wäre dort. Er wäre in seinem Land an der Macht. Sein Land würde sehr reich werden.«[609] (Außenminister Pompeo, der gleichfalls Geschäftsmann gewesen war, bevor er in die Politik ging und in den Kongress gewählt wurde, äußerte sich ähnlich. Nach seinem ersten Treffen mit Kim im April 2018 sagte er in der Sendung *Face the Nation*, ein Verzicht auf sein Atomprogramm würde sich für den nordkoreanischen Machthaber finanziell lohnen: »Was der Vorsitzende Kim von Amerika bekommen wird, ist das Beste, was wir haben. Unsere Unternehmer ... sie werden privates Kapital erhalten, das reinkommt.«[610] Er versprach »amerikanisches Know-how« und versicherte, »Wissensunternehmer und risikofreudige Geschäftsleute« würden »zusammen mit dem nordkoreanischen Volk am Aufbau einer robusten Wirtschaft arbeiten.«)

Indem Trump dem nordkoreanischen Machthaber seine eigenen Präferenzen aufdrückte, bestärkte er sich selbst in der Überzeugung, anders als bei den gescheiterten Atomverhandlungen der Vergangenheit werde er ein Abkommen zustande bringen. »Weitblick ist meine größte Stärke«, erklärte er 1990 im *Playboy*. »Ich weiß, was sich verkauft, und ich weiß, was die Leute wollen.«[611] Vor dem Treffen mit Kim berichtete das *Time Magazine* Mitte Mai unter Berufung auf einen hohen Regierungsvertreter, Präsident Trump glaube nicht, dass er sich vorbereiten müsse.[612] Und ein republikanischer Berater bekannte gegenüber der *HuffPost*: »Er [Trump] denkt, es reiche, wenn er sich zwei Stunden lang mit Kim in einen Raum setzt, um alle Probleme zu lösen.«[613] Trump habe wenig Ahnung von der Abrüstungsthematik und wisse nicht, dass Kim nur deshalb ein Gipfeltreffen mit einem amtierenden US-Präsidenten wolle, um seine eigenen Ambitionen voranzutreiben. Und weniger als eine Woche vor dem Treffen in Singapur prahlte Trump sogar: »Ich glaube, ich bin sehr gut vorbereitet ... ich glaube nicht, dass ich mich groß vorbereiten muss. Wichtig ist die Einstellung. Wichtig ist die Bereitschaft, die Dinge zu erledigen.«[614] Damit suggerierte er, dass er Kim allein mit seinem Charme und seinem Verhandlungsgeschick zu der Einsicht bringen werde, es sei besser, wenn er auf seine Atomwaffen verzichte. Und offenkundig hatte das Weiße Haus keine Kabinettsitzung zur Erörterung des bevorstehenden Gipfels einberufen, weil Präsident Trump die üblichen Entscheidungsfindungsprozesse ablehnte, bei denen in Fragen der nationalen Sicherheit die gesamte Regierung eingebunden ist.[615] Dies waren beunruhigende Entwicklungen, denn wenn Trump mit Kim in einem Raum saß, würde niemand dabei sein, der seine Vorstellungen davon, was Kim wollte und Trump ihm zu geben imstande war, kontrollieren konnte.

Wäre Kim ein Geschäftsmann wie einer der vielen Bauunternehmer, Projektentwickler und Investoren, mit denen Trump in all den Jahren zuvor zu tun gehabt hatte, hätte diese Strategie der Verhandlungen von Mann zu Mann vielleicht funktioniert. Es ist gut vorstellbar, dass der Immobilienmogul Trump Kim als jemanden betrachtete, der jenen Reichtum, jenen Glanz und jene Anerkennung ersehnte, die er selbst einst seinen Geschäftspartnern verheißen hatte. »Ich glaube wirklich, dass Nordkorea ein brillantes Potenzial hat und eines Tages eine große Wirtschafts- und Finanznation sein wird«, twitterte der Präsident im Vorfeld des Gipfels.[616] Seine Regierung hielt an dieser Linie auch nach Singapur fest, obwohl wenig darauf hindeutete, dass dies für Kim ein zwingender Grund war, seine Atomwaffen aufzugeben. Vor dem zweiten Gipfel am 27. und 28. Februar 2019 in Hanoi erklärte das Weiße Haus: »Der Präsident hat klargemacht, dass wir, wenn Nordkorea seiner Verpflichtung zu einer vollständigen atomaren Abrüstung nachkommt, sicherstellen werden, dass es Optionen für eine wirtschaftliche Entwicklung gibt.«[617] Vier Monate später war der Präsident immer noch überzeugt, der Schlüssel zur Lösung dieser komplizierten nationalen Sicherheitsfrage liege in seinem persönlichen Verhältnis zu Kim.[618] Nur Stunden vor ihrer dritten Begegnung, diesmal in der Entmilitarisierten Zone, prahlte Trump damit, dass die »Chemie« zwischen ihm und Kim stimme, und unterstrich deren Bedeutung: »Manchmal kommt etwas sehr Gutes dabei heraus.«

Aber Kim ist kein Geschäftsmann, und Reichtum, wie Trump ihn versteht, war nicht das, was er erstrebte, als er seine Strategie der maximalen Annäherung fortsetzte. Trumps spiegelbildliche Wahrnehmung, sein *mirror-imaging*, konnte ihn zu einem Vorgehen verleiten, das mit den Realitäten dieses heiklen Problems nicht vereinbar war. Es ist höchst unwahrscheinlich, dass Kim auf seine Atomwaffen verzichtet, nur um in Pjöngjang eine McDonald's-Filiale eröffnen zu können. Und wir wissen mittlerweile, dass sein Annäherungskurs aller Wahrscheinlichkeit nach darauf abzielte, die Umsetzung der Sanktionen hinauszuzögern und die wirtschaftliche und politische Abhängigkeit seines Landes von China zu reduzieren, sich gleichzeitig aber Pekings Unterstützung auch für die Zukunft zu sichern. Kim Jong-un erklärte, er habe das Atomprojekt abgeschlossen, das sein Großvater begonnen und sein Vater weitergeführt hatte. Die Identität Nordkoreas fußt auf dem Konzept, ein Atomstaat zu sein – ein Gedanke, der in der Verfassung, den Denkmälern, der Rhetorik und der Kultur des Landes festgeschrieben ist. Dieses Selbstverständnis gegen Geld von den Amerikanern einzutauschen wäre die schlimmste Form der Schande und der Verrat an einem der Grundprinzipien des Landes.

Während es also der Interpretation der Trump-Regierung zufolge beim ersten Gipfel mit Kim um die Unterstützung Nordkoreas und seiner Entwicklung durch den amerikanischen Kapitalismus ging, nahm Kim vermutlich an, dass amerikanische »Imperialisten« versuchen wollten, die Bevölkerung und die Ressourcen seines Landes auszubeuten. Ein hoher nordkoreanischer Funktionär reagierte auf entsprechende Äußerungen der Amerikaner mit der Bemerkung: »Wir hatten nie die Erwartung, dass die Vereinigten Staaten uns bei unserem wirtschaftlichen Aufbau unterstützen, und ein solcher Deal ist auch in Zukunft völlig ausgeschlossen.«[619] Angesichts der Bereitschaft der Amerikaner, Investitionen und amerikanisches Know-how nach Nordkorea zu schicken – aber auch angesichts von Trumps Versicherung, die Chemie zwischen ihnen stimme –, könnte Kim versuchen, auch andere Länder zu ähnlichen Erklärungen zu bewegen. Auf diese Weise könnte er hoffen, die mit dem Annäherungskurs verbundenen Vorteile einzuheimsen, ohne bei seinem Atomprogramm echte Zugeständnisse machen zu müssen.

Die eigenen Annahmen sind schwer zu identifizieren und noch schwerer zu korrigieren, wenn die Lernbereitschaft fehlt und der Wille, neue oder andere Informationen aufzunehmen. Während Präsident Trump offen erklärte, er bereite sich nicht sonderlich auf das Treffen vor, machte Kim fleißig seine Hausaufgaben.

ERKENNE TRUMP

Trump glaubte, »improvisieren sei seine große Stärke«, wie es Bob Woodward formulierte,[620] und bei der Außenpolitik komme es auf die persönlichen Beziehungen an. Kim dagegen bereitete sich auf den Gipfel vor – allerdings ohne vorherzusehen, dass er die erste Hälfte des Jahres 2018 mit der Planung des Treffens mit dem US-Präsidenten zubringen würde. Im März hatte Trump überraschend angekündigt, er sei zu einem Treffen mit Kim bereit, doch Nordkorea bestätigte die Möglichkeit eines bilateralen Gipfels erst einen Monat später. Am 9. April erklärte Kim auf einer Sitzung des Politbüros, er habe »die Ausrichtung der Entwicklung der Beziehungen zwischen dem Norden und dem Süden und die Aussicht auf einen Dialog zwischen der Demokratischen Volksrepublik Korea und den Vereinigten Staaten tiefgreifend analysiert und bewertet«.[621] Die Verzögerung deutet darauf hin, dass Kim, von Trumps Vorstoß überrascht, seine Antwort sehr genau erwog. Und er nutzte seine Begegnungen mit Präsident Moon, um Informationen über Präsident Trump einzuholen. Laut Lippenlesern, die Moon und Kim bei ihrem Vier-Augen-Gespräch im März 2018 beobachteten, hatte Kim Moon nach den US-amerikanischen Absichten gefragt und seinen Wunsch nach »positiven Ergebnissen« eines Gipfeltreffens mit Trump zum Ausdruck gebracht. Bei seinem Besuch in Peking Ende März sprach Kim sehr wahrscheinlich mit Präsident Xi über die Vereinigten Staaten und über die Agenda des US-Präsidenten, bevor er endlich öffentlich bestätigte, dass er bereit sei, sich mit Trump an einen Tisch zu setzen.

Diese Serie von Gipfeln und Begegnungen im Vorfeld von Singapur verschaffte Kim einen klaren Vorteil. Vor seiner Begegnung mit Trump am 12. Juni traf er sich zweimal mit Moon und Xi. Und als auch noch Spekulationen über ein Treffen mit Putin die Runde machten, manövrierte sich der japanische Ministerpräsident Abe geradezu ins Aus, als er in einem Klima der Versöhnung und der Geschichtsvergessenheit auf der Beibehaltung des maximalen Drucks und auf einer Lösung im Streit um die Entführung japanischer Staatsbürger durch Nordkorea beharrte. Gipfeltreffen, die sonst im Laufe von ein paar Jahren stattgefunden hätten, absolvierte Kim in den ersten sechs Monaten des Jahres 2018, ohne in Fragen des nordkoreanischen Atomwaffenprogramms, der eklatanten Menschenrechtsverletzungen und der fortdauernden Cyberangriffe irgendwelche Zugeständnisse machen zu müssen. Obendrein wurden die regionalen und globalen Schlagzeilen von dem beherrscht, was Kim tat. Bilder des nordkoreanischen Machthabers erschienen in allen Medien: Kim Seite an Seite mit Xi auf einem roten Teppich; mit Trump in Singapur, grinsend bis über beide Ohren; mit südkoreanischen K-Pop-Musikern. Kim, wie er einem hohen chinesischen Funktionär bei dessen Besuch herzlich die Hand schüttelt oder wie er mit Präsident Moons Sonderdelegation scherzend und lachend ein weinseliges Bankett genießt.

Bei seinen Treffen mit der südkoreanischen und der chinesischen Führung war Kim zweifellos auch bemüht, die Agenda seiner Begegnung mit Trump zu erarbeiten und einzugrenzen und seine eigenen Vorannahmen über den US-Präsidenten und die Absichten regionaler Führer zu überdenken. Sein Ziel war es vermutlich, sich die Unterstützung Seouls und Pekings für die Aufhebung internationaler Sanktionen zu sichern. Wenn er Südkorea und China auf seiner Seite hatte, konnte er Washington unter Druck setzen, Anreize für eine atomare Abrüstung Nordkoreas zu schaffen und die diplomatische Atmosphäre beizubehalten. Dabei verwendete Kim Jong-un die Gemeinplätze, die Korea-Beobachter und politische Entscheidungsträger schon von seinem Vater und Großvater kannten: Er sicherte eine »Denuklearisierung der koreanischen Halbinsel« zu und erklärte sich bereit, Probleme im Dialog zu lösen. Zugleich äußerte er sich bewundernd über Chinas wissenschaftliche und technologische Entwicklungen, um bisher nicht eingelöste chinesische Hoffnungen auf Wirtschaftsreformen in Nordkorea wachzuhalten.

Wie erfolgreich Kim in seinem Bestreben war, die Rückendeckung Pekings zu erhalten, zeigte sich, als Xi mit den Worten zitiert wurde, China halte »am Ziel einer Denuklearisierung der Halbinsel [so der von Nordkorea bevorzugte Begriff]« fest und fordere »alle Beteiligten auf, die Verbesserung der innerkoreanischen Beziehungen zu unterstützen und konkrete Schritte zur Erleichterung von Friedensgesprächen zu unternehmen«.[622] Die vier nachfolgenden Treffen mit dem chinesischen Staatspräsidenten im Mai und Juni 2018 sowie im Januar und Juni 2019 stärkten zweifellos Kims Selbstvertrauen. Xis Appell, den die chinesische Führung schon in der Vergangenheit an »alle Beteiligten« gerichtet hatte, entspricht der Überzeugung, Washington sei für die Verschärfung der Spannungen nicht weniger verantwortlich als Pjöngjang. Die Worte waren mit großer Sicherheit an Trump gerichtet, um ihn zu warnen, seine Drohungen mit »Feuer und Wut« von Ende 2017 nicht zu wiederholen. Xis vor dem Gipfel in Singapur veröffentlichte Erklärung dürfte Kim beruhigt haben. Darin hieß es: »Unabhängig davon, wie sich die internationale und regionale Situation verändert, werden wir beide an der eingeschlagenen globalen Entwicklung und der Gesamtsituation der Beziehungen zwischen China und der Demokratischen Volksrepublik Korea entschieden festhalten, unsere strategische Kommunikation vertiefen, unseren Austausch und unsere Zusammenarbeit ausbauen, zum Wohl der Bevölkerung beider Staaten und der Bevölkerung aller Staaten.«[623] Obwohl Nordkorea mehr als sechs Jahre lang Distanz zu Peking gehalten und die Chinesen brüskiert hatte, ließ Xi das Land nicht im Stich.

Beflügelt von diesem Rückenwind – und mit ausdrücklicher Unterstützung Xis und Moons – hatte Kim noch mehr Grund zu glauben, vor seiner Reise nach Singapur eine Position der Stärke beanspruchen zu können. Auch wenn Kims diplomatische Bemühungen der Welt einiges über den nordkoreanischen Machthaber verrieten, blieben seine Absichten und Präferenzen im Dunkeln. Kim dagegen konnte auf zigtausende Tweets von Donald Trump und Informationen über seinen Verhandlungsansatz zurückgreifen. Hinzu kamen Biografien und Erinnerungen ehemaliger Regierungsmitarbeiter sowie Verlautbarungen und Interviews über die US-amerikanischen Auslandsbeziehungen der letzten Jahrzehnte, die in diesem Zeitraum mehr oder weniger unverändert geblieben waren. Er hatte also genügend Material, um sich einen Reim auf seinen Gegner zu machen. Ende 2017 entsandte Kim seine Diplomaten, um Experten US-amerikanischer Think Tanks und ehemalige Regierungsmitarbeiter über »die unkonventionelle Strategie des Präsidenten« zu befragen, wie die *Washington Post* schrieb.[624] Dank seiner Gespräche mit Xi und Moon und aufgrund der Handvoll Treffen, zu denen er und hohe nordkoreanische Funktionäre mit Außenminister Mike Pompeo zusammengekommen waren, besaß Kim Mitte 2018 wahrscheinlich einen soliden Eindruck von der Persönlichkeit und der Mentalität des Präsidenten. In einem Interview in der Sendung *Face the Nation*, das er nach einem Treffen mit Kim gab, sagte Pompeo: »Er ist sehr kompetent in dem Sinn, dass er die Akten kennt. Er ist absolut in der Lage, über komplexe Themen zu diskutieren. Wenn ich ihm zu irgendetwas eine Frage stelle, beantwortet er sie ... er hat keine Notizzettel. Der Vorsitzende Kim führt mit mir eine fundierte Diskussion über die Grundlinien erfolgreicher Verhandlungen zwischen unseren beiden Ländern.«[625]

Dass Kim sich so gut auskannte und mit der Trump-Regierung umzugehen verstand, hing vermutlich nicht zuletzt mit seiner Wahrnehmung zusammen, es zahle sich aus, seine Aufmerksamkeit ganz auf Trump zu konzentrieren. Dabei machte er es sich zunutze, dass der US-Präsident die Sache zu seinem persönlichen Anliegen machte; dass er bei den Verhandlungen Fortschritte vorweisen und zeigen wollte, dass er das Heft des politischen Handelns in der Hand hatte. Mitte März wurde Außenminister Rex Tillerson durch den bisherigen CIA-Direktor und Trump-Getreuen Mike Pompeo ersetzt, und im April folgte die Ablösung H. R. McMasters als nationaler Sicherheitsberater durch John Bolton. Beide Maßnahmen dürfte Kim mit ziemlicher Sicherheit als Indizien für Chaos und politische Desorientierung innerhalb der Trump-Regierung gedeutet haben.[626] Und Trumps Vorgehensweise könnte er als die eines knallharten und selbstbewussten Staatschefs interpretiert haben, der unerschrocken und unbekümmert bereit ist, sich überkommenen Vorgehensweisen zu widersetzen – Eigenschaften, die Kim sicherlich auch sich selbst zuschrieb.

Vizepräsident Pence und Trumps nationaler Sicherheitsberater Bolton hatten wiederholt vom »Libyen-Modell« gesprochen, was Ende Mai zu erbosten Reaktionen Pjöngjangs führte. Pence wurde in einer Erklärung des Regimes als »politischer Dummkopf« bezeichnet. An dieser impulsiven Reaktion wurde deutlich, wie ähnlich sich die beiden Kontrahenten waren. Die Lage spitzte sich zu, und es schien, als könnte der Gipfel platzen.[627] Die nordkoreanischen Unterhändler blieben einem Planungstreffen mit der amerikanischen Gegenseite in Singapur fern, was die Befürchtung nährte, Kim könnte in letzter Minute einen Rückzieher machen. Stattdessen aber sagte Präsident Trump den Gipfel in einem offenen Brief an Kim ab: »Aufgrund des ungeheuren Grolls und der unverhohlenen Feindseligkeit, die in Ihrer jüngsten Erklärung sichtbar wurden, habe ich derzeit das Gefühl, dass dieses seit langem geplante Treffen zum gegenwärtigen Zeitpunkt unangebracht wäre.« Trumps Ton jedoch suggerierte, dass er eigentlich an dem Gipfel festhalten wollte. »Ich hatte mich sehr darauf gefreut, Sie dort zu treffen«, schrieb er und beendete seinen Brief mit den Worten: »Sollten Sie Ihre Meinung ... ändern, zögern Sie bitte nicht, mich anzurufen oder mir zu schreiben.«[628]

Daraufhin schickte Kim seinen ehemaligen Geheimdienstchef Kim Yong-chol, der nun eine neue Aufgabe als sein Chefunterhändler übernahm, zu einem fast zweistündigen Treffen mit Trump im Weißen Haus.[629] Viele Korea-Experten waren bestürzt über die Ernennung Kim Yong-chols, denn er galt als Drahtzieher des tödlichen Angriffs auf eine südkoreanische Korvette im Jahr 2010 (bei dem sechsundvierzig Matrosen starben) sowie des Hacker-Angriffs auf den US-Filmkonzern Sony Pictures im Jahr 2014. Es war das erste Mal seit zwanzig Jahren, dass ein nordkoreanischer Funktionär im Weißen Haus empfangen wurde. Bei dem offenkundig freundlichen Gespräch – Kim übergab Trump einen überdimensionalen Brief Kim Jong-uns, über den sich der Präsident zu freuen schien – bekräftigten beide Seiten ihre Entschlossenheit, den Gipfel in Singapur weiter vorzubereiten.

Doch dann geschah etwas, das Kim überrascht haben dürfte und neben Korea-Experten auch Trumps eigene Berater verblüffte: Nachdem man ein Scheitern des Gipfels gerade noch abgewendet hatte, zeichnete der Präsident gegenüber der Presse ein rosiges Bild der amerikanischen Beziehungen zu Nordkorea. Er erklärte, Nordkorea und die Vereinigten Staaten kämen »miteinander klar«, und die »Beziehung, die wir derzeit mit Nordkorea haben«, sei »so gut wie seit langem nicht«.[630] Er wolle, sagte er, »nicht mehr von ›maximalem Druck‹ sprechen«, und er ermunterte die Nordkoreaner, sich »Zeit zu nehmen« – vermutlich mit der atomaren Abrüstung. Damit torpedierte er frühere Erklärungen hochrangiger US-Regierungsmitarbeiter zur Dringlichkeit einer Denuklearisierung Nordkoreas. Trump gab auch zu, dass er mit Kim Yong-chol nicht über Menschenrechte geredet hatte, ein Thema, das er stets als zentralen Bestandteil seiner Nordkorea-Politik betrachtet hatte und auf das Pjöngjang stets mit harschen Kommentaren reagierte. Stattdessen wiederholte Trump seine lange gehegten Zweifel an der Nützlichkeit der US-amerikanischen Militärpräsenz in Ostasien (»Und, sehen Sie, wir sind sehr weit weg ... Es ist ihre Nachbarschaft«) und erklärte, er sei offen für die Unterzeichnung eines Dokuments, um den Krieg zu beenden (»Können Sie glauben, dass wir über das Ende des Koreakriegs sprechen? Es sind schon fast 70 Jahre.«).

Die Unterredung seines Chefunterhändlers im Weißen Haus musste Kim den Eindruck vermitteln, dass er und der US-Präsident zumindest konvergierende Interessen hatten, die den Gipfel attraktiv machten. Trumps seit langem bestehende Skepsis gegenüber Amerikas politischen Bündnissen, seine offenkundige Fixierung darauf, Korea den »Frieden« zu bringen, sowie seine Bereitschaft, die Menschenrechtsfrage fallen zu lassen, gaben Kim allen Grund, dem Singapur-Gipfel optimistisch entgegenzusehen.

FANTASY ISLAND

Sentosa Island in dem Stadtstaat Singapur, wo sechs Millionen Einwohnern auf 725 Quadratkilometern leben, ist eine üppig grüne Ferieninsel: fünf Quadratkilometer mit Themenparks, Aquarien, Golf- und Beachclubs, Restaurants und Bars, wo man »sich amüsieren ... und einfach Spaß haben« kann, wie es auf der Webseite von Lonely Planet heißt.[631] Es war schwülheiß, als sich Donald Trump und Kim Jong-un am 12. Juni 2018 dort trafen. Die Journalisten, die angereist waren, um über das Ereignis zu berichten, wischten sich den Schweiß von der Stirn und fächelten sich Luft zu. Auf dem Gelände des luxuriösen Hotels Capella, wo der Gipfel stattfand, spazierten Pfauen umher – Zeichen für einen Neuanfang, wie das Hotelmanagement in einem Werbe-Tweet schrieb.[632]

Kim Jong-un stand im Mittelpunkt des Geschehens, noch bevor der Gipfel begann. Er hatte sich von Air China eine Boeing 747 ausgeliehen, weil sein eigener, schon in die Jahre gekommener Jet die fast 5000 Kilometer lange Strecke von Pjöngjang nach Singapur nicht bewältigt hätte, und unternahm nach seiner Ankunft überraschend einen Abendspaziergang. Die Medien (darunter auch das Sprachrohr der nordkoreanischen Regierung) und neugierige Passanten schossen Fotos und applaudierten. Kim machte sogar ein Selfie mit dem Außenminister und dem Erziehungsminister von Singapur, auf dem alle drei breit grinsten. Kim winkte der Menge zu, und die Blitzlichter der Kameras tauchten sein Gesicht in helles Licht.[633] Er zeigte sich beeindruckt von der wirtschaftlichen Entwicklung Singapurs – »Singapur ist sauber und wunderschön, und jedes Gebäude hat Stil« – und sagte, er hoffe, »in Zukunft von dem reichen Wissen und der Erfahrung Singapurs in vielen Bereichen eine Menge zu lernen«.

Kim schien die Aufmerksamkeit zu genießen und präsentierte sich als Star und als ein dem US-Präsidenten ebenbürtiger Staatsmann. Damit setzte er den Ton des Treffens, das zwölf Stunden später stattfinden sollte.

Durch ein Spalier nordkoreanischer und US-amerikanischer Flaggen – ein doch sehr befremdlicher Anblick – schritten Kim Jong-un und Donald Trump über einen leuchtend roten Teppich aufeinander zu. Beide trugen die für sie typische Kluft – Kim einen Mao-Anzug, Trump einen dunkelblauen Anzug mit roter Krawatte – und reichten einander die Hand. Trump ergriff mit seiner linken Hand Kims rechten Arm. Sie tauschten Höflichkeiten aus und wandten sich anschließend den Kameras zu. Dreitausend Journalisten schickten Bilder des historischen Treffens in alle Winkel der Erde. Später, in einer intimeren Szene mit dem Rücken zu den Kameras, sagte Kim, übersetzt von seinem Dolmetscher: »Viele Leute in der Welt werden dies für eine Szene aus einem Fantasy- oder Science-Fiction-Film halten.«[634] Mit dieser Bemerkung spielte er offensichtlich auf die historische Bedeutung dieses ersten Treffens amtierender Staatschefs von Nordkorea und den Vereinigten Staaten und auf die Kehrtwende nach der Konfrontation wenige Monate vor dem Gipfel an. Kims Worte verrieten wohl auch seine Verwunderung darüber, dass er sich nun an diesem Ort befand und dass ihn ein erstaunliches Zusammenwirken historischer Kräfte in diese Position katapultiert hatte, Schulter an Schulter mit dem Präsidenten der Vereinigten Staaten. Was weder sein Großvater noch sein Vater im Verlauf ihres Lebens zustande gebracht hatten, hatte Kim in weniger als sieben Jahren geschafft, im Alter von vierunddreißig Jahren. Das

Regime, erpicht darauf, Kims Sieg mit den fünfundzwanzig Millionen Nordkoreanern zu teilen, übertrug den Gipfel live – nicht wie sonst üblich mit zeitlicher Verzögerung – über die Koreanische Zentrale Nachrichtenagentur im Fernsehen: ein höchst ungewöhnlicher Schritt.

Während des fast einstündigen Vier-Augen-Gesprächs, bei dem zwei Dolmetscher anwesend waren, spielte Präsident Trump Kim ein Video vor, den Trailer zu einem Film, der das Fantastische des Treffens zu unterstreichen schien.[635] Das kitschige, reißerische und dramatische vierminütige Video zeigte die beiden Männer als Hauptdarsteller, die im Begriff waren, die Zukunft zu gestalten. Die pathetische Sprache sollte die Begegnung der beiden Männer mit geschichtlicher Bedeutung aufladen und ein Narrativ schaffen, in dem sie als Helden aus den sieben Milliarden Menschen dieser Erde herausgehoben werden: »In den Hauptrollen Präsident Donald Trump und der Vorsitzende Kim Jong-un. Bei einem Treffen, um die Geschichte neu zu schreiben. Um in der Sonne zu glänzen. Eine einmalige Chance. Eine Entscheidung.« Trump und Kim waren die Protagonisten, doch der Film ließ keinen Zweifel daran, dass Kim es war, der eine weitreichende Entscheidung zu treffen hatte. Der Trailer verwies auf Chancen und Gefahren. »Die Geschichte entwickelt sich immer weiter«, deklamierte der Sprecher feierlich. »Die Vergangenheit muss nicht die Zukunft sein. Aus Dunkelheit kann Licht kommen.« Diese Sätze wurden begleitet von einer Fotomontage reich gefüllter Supermärkte; einer geschäftigen Stadt mit Wolkenkratzern; Wissenschaftlern, die in High-Tech-Laboren bahnbrechende Entdeckungen machen; fleißigen Männern und Frauen bei der Arbeit in Fabriken und Produktionsbetrieben. Wenn Kim jedoch, so der Sprecher weiter, seine Atomwaffen über den wirtschaftlichen Wohlstand und die »Freundschaft« stelle, wären Krieg und sich verschärfende Armut die Folge.

Trump meinte: »Ich glaube, es hat ihm gefallen.«[636] Kim jedoch fand den Tenor des Videos vermutlich überheblich und sah sich in seiner Überzeugung bestätigt, er könne nur mit Hilfe von Atomwaffen verhindern, dass die Vereinigten Staaten umsetzten, was sie nicht nur im Herbst 2017 angedroht hatten, sondern mit diesem Video bekräftigten. Der Film demonstrierte jene spiegelbildliche Wahrnehmung, wie sie in den Erklärungen Trumps und hoher US-Regierungsvertreter im Vorfeld des Gipfels immer wieder zum Ausdruck gekommen war: die Überzeugung, sich aus der nuklearen Sackgasse mit Nordkorea herauskaufen zu können. Trump wiederholte später, was er zu Kim gesagt hatte: »Beispielsweise haben sie tolle Strände. Man sieht das immer, wenn sie ihre Kanonen in Richtung Ozean abfeuern. Ich sagte: ›Schauen Sie sich diese Aussicht an. Wäre das nicht ein tolles Wohnungsbauprojekt?‹ Ich habe es erklärt und gesagt: ›Statt das zu machen, könnten Sie dort die besten Hotels der Welt haben.‹ Man muss es aus einer Immobilienperspektive betrachten. Da ist Südkorea, da ist China, und ihr Land ist in der Mitte.«[637] Aus Kims Sicht war es freilich der Bau von Atomwaffen und nicht von Wohnungen, dem er diesen Gipfel verdankte.

Mehr noch: Die gemeinsame Erklärung in Singapur, Trumps offenkundig einseitige Zugeständnisse, die er in seiner Pressekonferenz ankündigte, sowie seine Ehrenrunde, die er in den Wochen nach dem Gipfel drehte, konterkarierten all das, was seine Regierung mit dem Film zu erreichen gehofft hatte. In dem Kommuniqué, dessen ehrgeiziger, aber wenig konkreter Inhalt von Asien-Experten nahezu einhellig kritisiert wurde, heißt es, die Vereinigten Staaten und Nordkorea »verpflichten sich, neue Beziehungen zwischen den Vereinigten Staaten und der Demokratischen Volksrepublik Korea aufzubauen« und »auf der koreanischen Halbinsel eine dauerhafte und stabile Friedensordnung zu errichten«.[638] Beide Seiten würden zusammenarbeiten, um die sterblichen Überreste von US-Soldaten, die im Koreakrieg gefallen waren, zu bergen und in die Vereinigten Staaten zu überführen. Doch am wichtigsten und, wie sich zeigen sollte, enttäuschendsten war Nordkoreas Verpflichtung, »auf eine vollständige Denuklearisierung hinzuarbeiten«. Diese dürre Erklärung verdeutlichte die Schwäche der amerikanischen Position und offenbarte Trumps Naivität sowie das Unvermögen seiner Regierung, Nordkorea konkretere Schritte abzuringen, um zu beweisen, dass es ihm mit der atomaren Abrüstung ernst war. Das Kommuniqué blieb weit zurück hinter früheren Verlautbarungen wie der Gemeinsamen Erklärung der Vierten Runde der Sechs-Parteien-Gespräche von 2005. Damals hatte sich Pjöngjang verpflichtet, »sämtliche Atomwaffen und bestehenden Atomprogramme aufzugeben und möglichst schnell wieder dem Atomwaffensperrvertrag und den Safeguards-Abkommen der Internationalen Atomenergieorganisation IAEO beizutreten«.[639]

Außer schwammigen Erklärungen, lächelnden Gesichtern und Händeschütteleien brachte der Gipfel wenig Substanzielles, und es gab keine konkrete Zusage Kim Jong-uns, sein Atomprogramm abzuwickeln und seine Atomwaffen zu verschrotten. Trump aber kreierte ein Erfolgsnarrativ, als er in Singapur sagte: »Es war ein wirklich fantastisches Treffen, viele Fortschritte ... Besser, als man es hätte erwarten können.«[640] Alle Fragen zum Thema der nach Nordkorea entführten Japaner, das Japan besonders am Herzen lag, und zu den Menschenrechtsverletzungen Nordkoreas, die Trump nur Monate zuvor in den Vordergrund gestellt hatte, wischte er beiseite. Zudem relativierte er die Verpflichtung der Vereinigten Staaten zur Bündnistreue mit Seoul und Tokio, kritisierte die gemeinsamen Militärmanöver mit Südkorea und stellte die Zukunft der amerikanischen Truppenpräsenz in Südkorea und Japan infrage – ein Bruch mit der bisherigen US-Politik und eine Überrumpelung des Pentagon und südkoreanischer Regierungsvertreter, die sich anschließend um Schadensbegrenzung bemühen mussten.

Stattdessen gab Trump überflüssige Kommentare ab, und er machte Kim Komplimente: »Er ist sehr talentiert. Jemand, der wie er im Alter von 26 Jahren ein Land übernimmt und es führen kann, es hart führen kann ... nur sehr wenige in diesem Alter – man kann einen von zehntausend nehmen – können das vermutlich schaffen.« Gleichzeitig dachte er darüber nach, Kim weitere Geschenke zu machen, beispielsweise eine Einladung ins Weiße Haus.[641] Fragen nach konkreteren Maßnahmen wie Inspektionen und nach seiner Einschätzung von Kims Aufrichtigkeit und der Fortschritte auf dem Weg einer Denuklearisierung wischte der US-Präsident beiseite. Das Wichtigste sei ihr gutes persönliches Verhältnis und sein – Trumps – Verhandlungsgeschick, und dies würde zur Denuklearisierung Nordkoreas führen. Überdies schien der Präsident Kim aufs Wort zu glauben. Kim habe zu ihm gesagt, sie seien »noch nie so weit gegangen. Ich glaube, ehrlich gesagt, nicht, dass sie jemals so großes Vertrauen in einen Präsidenten gehabt haben wie jetzt, dass die Dinge erledigt werden und dass er dazu imstande ist. Und er hat sehr deutlich gemacht, dass er das will.«[642] Auf der Heimreise von Singapur twitterte der Präsident: »Gerade gelandet. Eine lange Reise, aber jedermann kann sich jetzt sicherer fühlen als an dem Tag, bevor ich ins Amt gekommen bin. Es gibt nun keine nukleare Bedrohung durch Nordkorea mehr.«[643] Es zeugt von einer frappierenden Unaufrichtigkeit, von Naivität oder von beidem, Kims Phrasen, die das Regime seit zwanzig Jahren gebetsmühlenhaft wiederholt, um die atomare Abrüstung zu verzögern und abzuwenden, als einen Erfolg für die nationale Sicherheit zu würdigen.

Obgleich gewiss im Einklang mit seinem persönlichen Stil, war Trumps Demonstration von Zuversicht auch das Ergebnis dessen, was Heuer *Vividness Bias* nennt, einen auf dem Lebendigkeitseffekt beruhenden Wahrnehmungsfehler: der Tatsache, dass »Informationen, die wir direkt erhalten, mit eigenen Ohren hören oder mit eigenen Augen sehen, unsere Urteilsfindung stärker beeinflussen als solche, die wir aus zweiter Hand erhalten und die wahrscheinlich eine stärkere Aussagekraft und einen höheren Erkenntniswert besitzen«.[644] Trumps persönlicher Austausch mit dem nordkoreanischen Machthaber – die Begegnung von Angesicht zu Angesicht und die Briefe, die Kim ihm sandte – hatte für seine Wahrnehmung größeres Gewicht als die nüchternen, objektiven Analysen seiner Nachrichtendienste und die Warnungen erfahrener Sicherheitsexperten. In den folgenden Tagen und Monaten bekräftigte Trump seine Zuversicht und erklärte: »Nordkorea tut so viel. Und auf dem Weg in Richtung Denuklearisierung sind wir schon weit gekommen.«[645] Er nutzte die Gelegenheit, um erneut gegen den Verbündeten Südkorea zu sticheln: »Ich habe [die gemeinsamen Militärmanöver] seit dem Tag gehasst, an dem ich ins Amt gekommen bin. Ich sagte, warum bekommen wir das nicht vergütet?« Trump bezeichnete die gemeinsamen Übungen zudem als »Kriegsspiele«, ein Lieblingsbegriff des nordkoreanischen Regimes, weil er impliziert, die Militärmanöver seien feindselig und dienten der Vorbereitung einer Invasion.

Kim Jong-un hingegen äußerte sich nur ganz selten öffentlich. Da Trumps Erklärungen Kims Ziel einer Schwächung der amerikanischen Bündnisse in der Region und der Anerkennung Nordkoreas als Atommacht entgegenkamen, erkannte er vielleicht, dass er nicht viel anzubieten brauchte. Nachdem er verkündet hatte, das nordkoreanische Atomwaffenprogramm sei abgeschlossen, und nachdem er demonstriert hatte, wozu er in der Lage war, hatte er wenig zu verlieren, als er die Schließung seines im Fokus der Öffentlichkeit stehenden Atomtestgeländes Punggye-ri ankündigte und sich bereit erklärte, ein Raketentestgelände in Sohae abzubauen.[646] Diese reversiblen und symbolischen Schritte, die von Trump, Moon und anderen als Zeichen der Aufrichtigkeit Kims und der Umsetzung seines Versprechens einer Denuklearisierung interpretiert wurden, bestärkten ihn wohl in dem Glauben, Theater zu spielen sei wichtiger, als konkrete und überprüfbare Schritte zur Abrüstung zu unternehmen.

Auf dem Gipfel überging Kim die Frage, ob er einer Denuklearisierung zugestimmt habe, und antwortete nur ganz allgemein: »Die Welt wird einen großen Wandel erleben ... Es war nicht einfach, so weit zu kommen. Die Vergangenheit lag wie Fesseln um unsere Beine, und die alten Vorurteile und Praktiken waren Hindernisse auf unserem Weg. Aber wir haben sie alle überwunden und sind heute hier.«[647]

Womöglich meinte Kim lediglich das historische Treffen selbst. Aber vielleicht blickte er auch voller Stolz und Selbstzufriedenheit darauf zurück, wie er es trotz anfänglicher Kritik und Zweifel an seiner Führung geschafft hatte, Nordkorea in den Mittelpunkt zu rücken. Als Trump an seiner Seite den Reportern versicherte, Kim sei ein »sehr kluger und überzeugender Verhandler«, hielt der nordkoreanische Machthaber sich vielleicht wirklich für den Helden in diesem Fantasy-Film, der scheinbar Wirklichkeit geworden war.[648]

Aber Optik, Meinungsmache und öffentliche Auftritte können nicht über die Realität hinwegtäuschen, die das Narrativ des Erfolgs infrage stellt, das die Regierungen von Trump und Moon zu propagieren suchen. Nach wie vor spielen Washington und Seoul Berichte herunter, die belegen, dass Kim Uran anreichert, seine Basen für Langstreckenraketen erweitert, neue ballistische Raketen baut und seine Atomwaffenanlagen modernisiert.[649] Derweil bemisst Trump die Fortschritte bei Fragen der atomaren Abrüstung nur daran, ob Pjöngjang auf weitere Atomwaffentests und den Test ballistischer Raketen verzichtet. Und selbst wenn die Behauptung stimmt, Kim sei nur infolge der Strategie des maximalen Drucks an den Verhandlungstisch gekommen, hat sein 2018 begonnener Aufstieg zum Star im Fernsehen und in den sozialen Medien die Infrastruktur der Sanktionen untergraben, deren Aufbau eine Herkulesaufgabe gewesen war. Während sich maximaler Druck in maximale Flexibilität gegenüber Nordkorea verwandelt, dürfte Kim erkennen, dass rücksichtslose Provokationen im Zusammenspiel mit passiv-aggressiver diplomatischer Unnachgiebigkeit ausreichen, um ihm das politische Überleben zu sichern, seinem Land Anerkennung zu verschaffen und dessen Unabhängigkeit zu bewahren. Die nordkoreanische Bedrohung existiert weiter, und Trumps unaufrichtige Behauptungen des Gegenteils verschleiern die vielschichtigen Gefahren dieser Bedrohung für die regionale und globale Sicherheit.

Während die Regierung in Washington begann, sich auf einen zweiten Trump-Kim-Gipfel vorzubereiten, räumte der nationale Sicherheitsberater John Bolton Anfang Dezember ein, dass Nordkorea seit Singapur keine Schritte in Richtung Denuklearisierung unternommen hat.[650] Vizepräsident Pence bestätigte gleichfalls den fehlenden Fortschritt, als er gegenüber *Fox News Sunday* sagte, beim nächsten Gipfel werde Präsident Trump Kim zu »konkreten Schritten« in Richtung Denuklearisierung drängen und »unsere Erwartungen an Nordkorea darlegen«.[651]

In den Monaten nach dem Singapur-Gipfel gab es zwischen den Vereinigten Staaten und Nordkorea keine Atomverhandlungen. Kim stellte klar, dass er nicht die Absicht hat, seine Atomwaffen aufzugeben. Als das Regime Ende Dezember verlautbarte, es bleibe bei seiner Position der Ablehnung einer »einseitigen Abrüstung«, klang fast so etwas wie Enttäuschung darüber durch, dass Vertreter der Trump-Regierung weiterhin eine »vollständige, überprüfbare und unumkehrbare Denuklearisierung« als zentrale Vorbedingung für eine Aufhebung der Sanktionen verlangten. Die »richtige Definition einer Denuklearisierung der koreanischen Halbinsel«, so Pjöngjang, »ist die ›vollständige Beendigung der atomaren Bedrohung Nordkoreas durch die Vereinigten Staaten‹, bevor sie unsere atomare Abschreckung loswerden«.[652] Dies zeigt, wie weit in Washington und Pjöngjang die Ansichten darüber auseinandergingen, was »Denuklearisierung« konkret bedeutet.

Um seine Ziele zu bekräftigen, wiederholte Kim in seiner Neujahrsansprache 2019 die langjährigen Forderungen des Regimes – ein Ende der amerikanisch-südkoreanischen Manöver, einen Friedensmechanismus anstelle des Waffenstillstandsabkommens von 1953, das die Kampfhandlungen des Koreakriegs ohne Friedensschluss beendet hatte, sowie die Aufhebung von Sanktionen. Zugleich erklärte er sich bereit, »den US-Präsidenten jederzeit wieder zu treffen«.[653] Kim stellte die Einheit Koreas in den Kontext »Wir gegen sie«, wahrscheinlich um an den Ethnonationalismus sowohl im Norden als auch im Süden zu appellieren. »Wir werden niemals die Einmischung und Intervention von ausländischen Kräften dulden, die einer nationalen Versöhnung im Weg stehen«, erklärte er. Die Koreaner seien »die Gestalter des Friedens auf der Halbinsel«. Der südkoreanische Präsident Moon meinte lobend, Kims Rede werde sich »auf eine reibungslose Lösung der Frage der koreanischen Halbinsel im neuen Jahr positiv auswirken«.[654] Und Trump twitterte: »Ich freue mich auch darauf, den Vorsitzenden Kim zu treffen, der so klar erkennt, dass Nordkorea ein großes wirtschaftliches Potenzial besitzt!«

Am 27. und 28. Februar 2019 trafen Trump und Kim zu einem zweiten Gipfel in Hanoi zusammen. Trotz des Wetters – die Temperatur betrug 23 Grad Celsius bei einer dampfenden, unangenehmen Luftfeuchtigkeit von über 90 Prozent – fühlte sich Kim bei diesem Treffen sichtlich wohler als Trump. Ihre Körpersprache war synchron: Beide Staatsmänner stützten zwanglos die Ellbogen auf den Tisch zwischen ihnen. Sie berührten einander am Ellbogen, während sie redeten, und lachten unbeschwert, als wären sie alte Freunde. Auf ihrem Weg von einem zum anderen Veranstaltungsort war Kims Gang selbstbewusster, er ließ die Arme schwingen, und seine Gesten beim Sprechen waren lässig und entspannt. Seit Singapur schien er an Gewicht zugelegt zu haben, die rundlichen Gesichtszüge strafften seine Haut, und seine größere Körperfülle wirkte wie eine Metapher für sein seit dem Beginn seiner Gipfeldiplomatie gewachsenes Format. Mit einem zufriedenen und anerkennenden Lächeln quittierte es Kim, als Trump mehrmals von seinem Wunsch sprach, Nordkorea als »starke Wirtschaftsmacht« zu erleben.[655] Und mit Sicherheit entging ihm auch nicht, dass Trump die Denuklearisierung herunterspielte, als er bekräftigte: »Das Tempo ist nicht wichtig für mich … Für mich ist wichtig, dass wir das richtige Abkommen hinkriegen.« Zugleich stellte er weitere Gipfel in Aussicht. »Ich bin sicher, dass wir uns in Zukunft häufig sehen werden«, sagte er. Tatsächlich trafen sie sich nur wenige Monate später erneut.

Aber der Gipfel endete frühzeitig. Und es gab keine gemeinsame Erklärung, wie es weithin erwartet worden war. Tausende fassungslose Journalisten, die im Freien kampiert hatten, um darüber zu berichten, packten ihre Sachen und verschwanden. Die Mitglieder von Kims Entourage sprangen eilends in die bereitstehenden Wagen, bevor die Kolonne losfuhr. Die weit auseinanderklaffenden Erwartungen der US-amerikanischen und der nordkoreanischen Seite machten aus dem Gipfel eine reine Showveranstaltung. Schuld daran war die Hybris der beiden Staatsmänner und ihre Vermessenheit, zu glauben, die schiere Macht ihres Charismas und ihrer beginnenden Freundschaft werde ihnen zu einem guten Abkommen verhelfen. Und das, obwohl sie von ihren Unterhändlern gewiss über die Grenzen dessen aufgeklärt worden waren, was die jeweils andere Seite verlangte und zu geben bereit war. Wie Trump hatte sich auch Kim verkalkuliert, wenn er glaubte, es mit einem nachgiebigeren Partner zu tun zu haben.[656] Kim hatte geglaubt, über das heikle Thema Denuklearisierung Gespräche auf Arbeitsebene führen zu können, und zeigte sich indifferent gegenüber einer Friedenserklärung und dem amerikanischen Vorschlag, in Washington und Pjöngjang ein Verbindungsbüro zu eröffnen – ein wichtiger Schritt in Richtung Normalisierung der diplomatischen Beziehungen. Damit machte er deutlich, dass er nicht ernsthaft an »Frieden« interessiert war und dass ihm die Aufhebung von Sanktionen wichtiger war als die Verbesserung der Beziehungen Nordkoreas zu den Vereinigten Staaten. Und so reiste er ab, ohne im Tausch für die Schließung eines nicht genauer bekannten Teils seiner veralteten kerntechnischen Anlage Yongbyon die Aufhebung eines Großteils der schmerzlichen Sanktionen gegen die nordkoreanische Exportindustrie ausgehandelt zu haben. Damit entgingen Pjöngjang Einnahmen in Milliardenhöhe (in Dollar gerechnet), die das Regime in die von den Vereinigten Staaten mit Sanktionen belegten Programme hätte fließen lassen können.

Doch Trumps Überzeugung von der Effizienz seines guten Verhältnisses zu Kim sowie seine Affinität und sein Talent für glanzvolle symbolische Schritte, für Improvisation und Dramatik waren kaum zu erschüttern. Vier Monate nach Hanoi bot der Präsident im Einklang mit seiner ganz persönlichen Art der Diplomatie dem nordkoreanischen Führer per Twitter ein Treffen in der Entmilitarisierten Zone an, »einfach um Hallo zu sagen«.[657] Trump war an jenem Wochenende zu einem Gipfeltreffen mit Moon zwar ohnehin auf der koreanischen Halbinsel, aber wenn er die Demarkationslinie überschritt, um sich mit Kim zu treffen, war er der erste amtierende US-Präsident, der seinen Fuß in den Norden setzte. Wie in Singapur und Hanoi grinsten die beiden Männer breit in die Kameras, begrüßten einander herzlich und versprachen die Fortsetzung der Verhandlungen. Kim wusste inzwischen, wie wirksam es war, Trumps Hang zur Theatralik nachzugeben, und spielte mit. Und gewiss erkannte er auch, wie wichtig es war, die Illusion von Fortschritten aufrechtzuerhalten, auch wenn die Versprechungen des Diktators, seinem Volk wirtschaftlichen Wohlstand zu schenken, zunehmend hohl klangen. Trumps Vorliebe für persönliche Treffen auf höchster Ebene und seine Hinweise auf einen weiteren Gipfel – er lud Kim erneut ins Weiße Haus ein –, ohne irgendwelche atomaren Zugeständnisse von ihm zu erhalten, bestärkten Pjöngjang zusätzlich darin, sein militärisches Potenzial weiter auszubauen und an seiner Trump-zentrierten Diplomatie festzuhalten.

Nach all den eindrucksvollen Wagenkolonnen in Singapur und Hanoi, den historischen »Erstmaligkeiten«, den Fähnchen schwenkenden Zuschauern, einem großen Medienaufgebot und Präsident Donald Trumps und Kim Jong-uns Bekundungen des gegenseitigen Respekts und der Bewunderung war das Ergebnis der amerikanisch-nordkoreanischen Begegnungen ... die Fortsetzung des Status quo.

AUSBLICK – METASTASEN

Im November 2018 löste der öffentlich-rechtliche südkoreanische Sender EBS (Educational Broadcasting System) eine Kontroverse aus, als er ein dreidimensionales Puzzle von Kim Jongun für Kinder zum Kauf anbot. Dabei wurde der Diktator als »der jüngste Staatschef der Welt« bezeichnet, als »ein Führer, der einen weiteren Schritt in Richtung Weltfrieden geht, indem er die koreanische Halbinsel von Atomwaffen befreit«. Moons politische Gegner, die ohnehin schon Seouls Annäherung an Kim kritisierten, griffen den Sender heftig an, weil er für »einen Diktator wirbt, zu dem Kinder niemals aufschauen sollten«. Der Sender gab umgehend nach, stampfte das Puzzle ein und erklärte, er werde die bereits verkauften Exemplare zurückrufen.[658]

Allein die Idee, ein Kinderpuzzle herauszubringen, das Kims Image weichzeichnete und seine Führerschaft lobend erwähnte, zeigte einen dramatischen Wahrnehmungswandel. Er spiegelte die Bemühungen der Regierung Moon wider, Kims Rolle als Gegner in die eines Partners bei der Suche nach Frieden und Einheit der Halbinsel zu verwandeln. Damit demonstrierte es die Wirksamkeit von Kims eigenen Bestrebungen, seinen Ruf als mörderischer Diktator durch Diplomatie und vage Abrüstungsversprechen abzustreifen. Natürlich hatte auch Präsident Trump seit dem Gipfel in Singapur seinen Anteil an Kims Imagewechsel der folgenden Welle diplomatischer Aktivitäten.

Die Versuchung, Kim Jong-un als Comicfigur darzustellen, ist anscheinend groß. Schaut man sich das Kinderpuzzle an, könnte man leicht vergessen, was Dan Coats, der Direktor der nationalen Geheimdienste, 2019 vor dem amerikanischen Kongress aussagte. Er erklärte, Nordkorea habe »jahrelang sein Bekenntnis zu Atomwaffen unterstrichen«, das Land sei »eine ernstzunehmende Gefahr für die Internetsicherheit«, es habe die Bereitschaft gezeigt, mithilfe chemischer Waffen zu töten, und verfüge über »konventionelle Kapazitäten, [die] nach wie vor [die Region und die dort stationierten US-Streitkräfte] gefährden«.[659] Das Problem entsteht, wenn wir von der Comicfigur Rückschlüsse auf die Politik ziehen, das heißt aus dem Blick verlieren, wer dieser Mann wirklich ist und welches seine wahren strategischen Ziele sind. Die Folge ist, dass wir auf seine Taktiken entweder überzogen oder zu schwach reagieren, sodass er Spielraum erhält, die Konflikte auf der koreanischen Halbinsel weiter anzuheizen.

KIMS ZIELE

Trotz all der Ungewissheiten und Täuschungsmanöver im Zusammenhang mit einem der hartnäckigsten Probleme der nationalen Sicherheit der Vereinigten Staaten ist eines klar: Kim Jong-un setzt alles daran, den Fortbestand der Kim-Dynastie zu sichern. Er betrachtet den Besitz von Atomwaffen als entscheidendes Mittel, um die nordkoreanische Wirtschaft zu entwickeln und die strategische Bedeutung und Autonomie des Landes zu zementieren. All das sind wichtige Zutaten zur Festigung der eigenen Macht. Nach dem Vorgehen und der Propaganda des Regimes seit 2011 zu urteilen, verfolgt Kim dieses Programm nicht nur, um seine Macht und Unabhängigkeit und die Einheitlichkeit der nationalen Ziele zu betonen, sondern auch um sich von Südkorea abzugrenzen, das trotz seines Wohlstands und internationalen Ansehens bei der nationalen Sicherheit auf sein Bündnis mit den USA angewiesen ist. Kim Jong-un betrachtet die Verteidigungsprogramme Nordkoreas als Symbol für das Prestige und die Fortschrittlichkeit seines Landes und macht sie zum Aushängeschild der Kim-Dynastie und seines persönlichen Vermächtnisses. Er idealisiert die Atomwaffen, verankert den Glauben daran im Bewusstsein des Volkes und bettet sie in den ideologischen, realen und kulturellen Raum ein, indem er ihren Besitz in die Verfassung aufgenommen hat und auch Nordkoreas Wohlstand daran knüpft.

Nach außen nutzt Pjöngjang sein Atomwaffenprogramm, um die USA von einem Angriff beziehungsweise einer Invasion abzuschrecken und – notfalls auch mit begrenzter Gewalt – Erzwingungsdiplomatie zu betreiben, um Washingtons Bündnisse mit Seoul und Tokio zu schwächen, seine Eigenständigkeit gegenüber Peking zu behaupten und Nordkoreas strategische Bedeutung inmitten reicherer und mächtigerer Nachbarn zu wahren. Kim Jong-un beschwört Krisensituationen herauf und nutzt sie für sich, indem er provokative Operationen durchführt und die Furcht vor der Unberechenbarkeit seines Regimes geschickt ausnutzt, um wirtschaftliche und politische Zugeständnisse zu erreichen. Die technologischen Fortschritte und die unter Beweis gestellte Fähigkeit, die Vereinigten Staaten mit einem atomaren Marschflugkörper zu treffen, binden Washingtons Aufmerksamkeit. Dies wiederum verschafft dem Diktator Spielraum, die Beziehungen zu seinen Nachbarn zu gestalten und voranzutreiben. Er kann dies nach seinen eigenen Bedingungen tun, indem er sich deren Interessen zunutze macht: Peking wünscht Stabilität und fürchtet, bei Atom- und Friedensverhandlungen übergangen zu werden; Seouls Hauptanliegen sind die Zusammenführung der durch den Koreakrieg getrennten Familien und der ehrgeizige Plan, die Wirtschaft beider Koreas miteinander zu verflechten; Tokio sorgt sich, bei alledem eine reine Zuschauerrolle zu spielen, und drängt vor allem darauf, das Problem der nach Nordkorea verschleppten Japaner zu lösen. Wie sein Vater bevorzugt Kim bilaterale Beziehungen, die ihm die Möglichkeit bieten, regionale Rivalitäten, strategischen Wettstreit und historische Animositäten auszuspielen. Und er kann einige Erfolge bei der Umgehung von Sanktionen durch Ausweichmanöver und diplomatische Schritte vorweisen.

Einen Großteil seiner Denk- und Vorgehensweise hat Kim von seinem Vater Kim Jong-il übernommen, doch es ist ihm gelungen, Nordkoreas Leistungskraft zu steigern und zu nutzen – trotz einer sich verschärfenden Isolierung und einer immer länger werdenden Liste von Sanktionen. Seine Unverfrorenheit und hohe Risikobereitschaft rühren daher, dass er bei seiner Machtübernahme bereits ein weit vorangetriebenes Atomwaffenarsenal vorfand. Kim Il-sung und Kim Jong-il haben das entsprechende Programm ersonnen; Kim Jong-un behauptet, es vollendet zu haben. Kim Il-sung und Kim Jong-il strebten nach internationalem Ansehen; Kim Jong-un hat es bis zum jetzigen Zeitpunkt auf drei Treffen mit einem amtierenden US-Präsidenten gebracht. Kim Jong-il spielte die Aussichten auf wirtschaftliche Entwicklung herunter und ermahnte die Bevölkerung, den Gürtel enger zu schnallen; Kim Jong-un schuf ein sozialistisches Märchenland und erklärte seinen Leuten, dass sie beides haben können: Atomwaffen und Wohlstand. Kim Jong-il bahnte sich mühsam seinen Weg durch die nordkoreanische Parteibürokratie; Kim Jong-un gelangte sogleich an ihre Spitze. Kim Jong-il scheute das Rampenlicht, Kim Jong-un liebt wie sein Großvater die Öffentlichkeit und vermarktet gezielt sein Image als charismatischer Mann des Volkes. Und Kim Jong-un hatte das Glück, dass es seinem Vater gelang, »die Kontrolle über das Regime zu wahren, als sich die Wirtschaft von der Hungersnot erholte«, dass er ein erfolgreiches Atomprogramm als Garant für die nationale Sicherheit vorweisen konnte und seinem Sohn einen intakten Staat hinterließ«, wie Patrick McEachern, Analyst im amerikanischen Außenministerium, feststellte. [660]

All das deutet darauf hin, dass Kim höchstwahrscheinlich sein Atomwaffenprogramm nicht aufgeben wird, wie die Geheimdienst-Community seit langem betont. Wahrscheinlich war diese Einschätzung niemals zutreffender als heute. Kim Jong-il war eher bereit, über die Aufgabe seiner Atomwaffen im Tausch gegen Wirtschaftshilfe zu verhandeln – vielleicht, um Zeit zu gewinnen, während er insgeheim seine militärischen Kapazitäten ausbaute. Doch diese Bereitschaft war womöglich auch ein Eingeständnis seiner relativ geringen Möglichkeiten, Druck auszuüben, weil sich die Wirtschaft im Niedergang befand und das Atomprogramm noch in den Kinderschuhen steckte. Doch ist bis heute unklar, ob Kim Jong-un auch nur in Erwägung ziehen würde, irgendeinen Bestandteil des Programms auf den Verhandlungstisch zu legen. Mehrere Faktoren sprechen dagegen: Das Regime weigert sich hartnäckig, seine Waffen »wegzuverhandeln«; Kim identifiziert sich persönlich mit dem Programm; es ist mit der wirtschaftlichen Prosperität und der nationalen Sicherheit verknüpft; und es verschafft ihm einen Platz auf der internationalen Bühne.

Gleichzeitig ist Kim kein irrationaler junger Diktator, der entschlossen ist, mit den Vereinigten Staaten Krieg zu führen. Senator Lindsey Graham erklärte: »Wir werden nicht zulassen, dass dieser Verrückte in Nordkorea in die Lage kommt, unsere Heimat anzugreifen.« [661] Nikki Haley, die US-Botschafterin bei den Vereinten Nationen, sagte auf einer Sitzung des UN-Sicherheitsrats, Kim Jong-un »bettle« förmlich um Krieg, und verlangte die

»schärfsten Gegenmaßnahmen«.[662] Verteidigungsminister James Mattis meinte, »jegliche Bedrohung der Vereinigten Staaten, ihrer Außengebiete einschließlich Guams oder ihrer Verbündeten wird eine massive militärische Reaktion nach sich ziehen«.[663] Diese Rhetorik spiegelte die damalige Anspannung in den Beziehungen wider und war wohl ein Versuch, Pjöngjang vor den Folgen seines Vorgehens zu warnen und die Verbündeten zu beruhigen. Doch sie bringt auch die Ansicht zum Ausdruck, dass Kim ein irrationaler Draufgänger ist, eine Meinung, die hartnäckig die Debatte über ihn prägt, seit er 2011 die Zügel übernahm. Dabei aber werden Absichten mit echten Möglichkeiten verwechselt, und man unterstellt Kim ein strategisches Ziel, das er mit hoher Wahrscheinlichkeit gar nicht verfolgt: eine atomare Auseinandersetzung mit den Vereinigten Staaten.

Im Lauf der Jahre haben die Geheimdienste immer wieder erklärt, Kim gehe rational vor und sein Hauptziel bestünde darin, mit seinem Atomwaffenarsenal abzuschrecken und von der internationalen Gemeinschaft ernst genommen zu werden, um das Überleben des Regimes zu sichern. Höchstwahrscheinlich wird Kim seine Atomwaffen nur dann gegen die USA oder einen ihrer Verbündeten richten, wenn er zu der Einschätzung gelangt, dass ein Angriff auf sein Land unmittelbar bevorsteht. Sehr viel spricht dafür, dass die Atomwaffen für Kim eine Quelle großen Nationalstolzes und ein entscheidendes Element seines Image sind: der persönliche Stempel, den er dem Programm aufgedrückt hat, die öffentliche Feier verschiedener technischer Meilensteine durch Paraden, die Förderung von Wissenschaftlern und Technikern sowie Fotos und Medienkommentare. Darüber hinaus bekräftigt das Regime wie 2013 mit dem Gesetz zur »Konsolidierung des Atomwaffenbesitzes«, dass sein Atomwaffenarsenal der Abschreckung dient und die Vereinigten Staaten die Ursache für die Haltung Pjöngjangs sind. Damals erklärte Kim:

Wenn man über eine starke Ausrüstung für atomare Präzisionsschläge gegen Aggressoren und Bastionen der Aggression verfügt, wo immer sich diese auf dem Antlitz der Erde befinden, kann es sich kein Aggressor erlauben, leichtsinnig anzugreifen, und je größer und stärker der mögliche Atomschlag, desto größer wird die Abschreckung gegen die Aggression sein. Vor allem im Fall unseres Landes, dessen Gegner die Vereinigten Staaten sind ... ist es notwendig, die atomar bewaffneten Streitkräfte sowohl quantitativ wie qualitativ zu stärken. [664]

Auch spätere Verlautbarungen des Regimes bekräftigten diese Linie. In seiner Neujahrsansprache 2018 erklärte Kim, Nordkorea werde »als friedliebende und verantwortungsvolle Atommacht ... keine Atomwaffe einsetzen, solange die aggressiven feindlichen Kräfte die Souveränität und die Interessen unseres Landes nicht antasten und auch kein Land und keine Region mit Atomwaffen bedrohen. Doch auf jeden Akt der Zerstörung des Friedens und der Sicherheit auf der koreanischen Halbinsel werden wir mit Entschlossenheit antworten«. [665] Parallel zu dieser Botschaft bastelt Kim sorgfältig an seinem Image als Staatsmann, das sich zweifellos durch seine wiederholten Gipfeltreffen mit Staatschefs der Region und dem amerikanischen Präsidenten verbessert hat. Wie es schien, sollte seine Neujahrsansprache 2019 sein Ansehen als verantwortungsbewusster Staatschef erhöhen. Die dunkle Mao-Jacke, die er in früheren Jahren trug, hatte er bereits bei der Ansprache 2017 mit Anzug und Krawatte vertauscht, und außerdem saß er bequem in einem dick gepolsterten Ledersessel. Dieses äußere Erscheinungsbild unterstrich den milderen Ton der Rede und ihre Botschaft: Kim ist ein moderner Führer, das berechenbare, mächtige und verantwortungsbewusste Oberhaupt eines Atomstaates. Evans Revere, der frühere Asien-Experte im US-Außenministerium, schrieb 2017 vorausschauend: »Pjöngjangs neues Ziel ist es, die Bedingungen auszuloten, unter denen die Vereinigten Staaten ein atomares Nordkorea akzeptieren und mit ihm leben werden und unter denen sie bereit sind, die ›Feindseligkeiten‹ zu beenden.«[666]

Kim behauptet, sein Atomprogramm vollendet zu haben, und daher ist die Wahrscheinlichkeit, dass er diese Errungenschaft aufgibt, geringer als bei seinem Vater. Und in gewisser Weise rehabilitiert Kim Jong-uns heutige Stellung in der Welt Kim Jong-il, der sich in den härtesten Jahren des Landes behauptet hat, um seinem Sohn Sicherheit und Prestige zu hinterlassen.

DIE ÜBERPRÜFUNG DER ANNAHMEN

Anfang 2018 wurden die an Kim Jong-uns Drohgebärden gewöhnten Analysten durch seinen abrupten Schwenk zur Diplomatie überrascht. »Wenn sich ein Beobachter einmal ein Bild gemacht hat ... wenn er eine Haltung oder Erwartung hat«, mahnte Richards Heuer, »so prägt das jede zukünftige Wahrnehmung.«[667] Noch 2017 bezeichneten US-Experten Kim als »verrückt« und »irrational«, doch im Jahr darauf schwang das Pendel in die andere Richtung. Viele Beobachter befürworteten nun Maßnahmen, die Kims Sicherheitsbedürfnisse befriedigen und ihn in die internationale Staatengemeinschaft integrieren würden. Statt eines »Irren«, der die Vereinigten Staaten mit Atomwaffen bedrohte und die Welt in Angst und Schrecken versetzte, sah man nun einen Staatsmann, dessen Äußerungen über eine »neue Ära« des Friedens und der Auslandsbeziehungen die optimistische Erwartung weckte, es könne echte Verbesserungen im Verhältnis zwischen Pjöngjang und Washington geben. Die Debatten in und zwischen den Sicherheitsdiensten in der Region und in den Vereinigten Staaten sind bis heute von diesen weit auseinandergehenden Einschätzungen über die Absichten Nordkoreas geprägt.

Fasziniert von den Möglichkeiten der Diplomatie räumen manche Korea-Experten Anreizen eine höhere Priorität ein als der Ausübung von Druck. Die nordkoreanische PR kann den Eindruck erwecken, dass das Land Frieden will. Dieser Eindruck wird noch unterstützt durch freundliche Tweets des amerikanischen Präsidenten, Fotos eines lächelnden Kim Jong-un mit seiner hübschen, modisch gekleideten Frau in den sozialen Medien und im Fernsehen übertragene Gipfeltreffen, bei denen sich Kim als weltgewandter, mit diplomatischen Gepflogenheiten vertrauter Staatsführer präsentiert.

Die Vorstellung einer befriedeten koreanischen Halbinsel und eines wirtschaftlich integrierten Nordkoreas ist verlockend. Nach Meinung von wohlmeinenden Friedensaktivisten und Wissenschaftlern, die sich durch Kims Schwenk zur Diplomatie bestätigt fühlen, ging es Nordkorea schon immer um eine Sicherheitsgarantie seitens der Vereinigten Staaten. Die Entwicklung von Atomwaffen sei daher nur eine logische Antwort auf die Bedrohung Pjöngjangs durch Washington: Das Land fürchte einen zweiten Koreakrieg und müsse daher über ein Arsenal zur Abschreckung verfügen. Für einige dieser Friedensanwälte tragen die Vereinigten Staaten die Schuld an der Teilung der Halbinsel: Der Charakter des amerikanischen Bündnisses mit Südkorea, vor allem das Verteidigungsabkommen zwischen den beiden Ländern, sowie die gewaltige militärische Überlegenheit der USA hätten im Norden einen paranoiden und repressiven Staat entstehen lassen.[668] Sie und andere halten es für logisch, dass sich Nordkorea ohne Friedensvertrag und bei Aufrechterhaltung der Sanktionen einer Denuklearisierung widersetzt. Schließlich befänden sich beide Seiten rechtlich gesehen noch immer im Kriegszustand.[669] Mithilfe schmerzhafter Sanktionen hofften die Regierungen Moon und Trump Kims Augenmerk auf die wirtschaftliche Entwicklung zu richten und Nordkorea mit ausreichenden ökonomischen Anreizen eine Abrüstung schmackhaft zu machen. Einige Wissenschaftler betonen, Kim wolle ein großer *Wirtschafts*reformer sein; laut einem Asienexperten möchte er, »dass Nordkorea eine normale ostasiatische Volkswirtschaft wird, [ökonomisch] mit der Region gleichzieht und sich in sie integriert«.[670]

All diese Stimmen könnten recht haben, doch nur dann, wenn wir von der Annahme ausgehen, dass sich Nordkorea nur durch die Vereinigten Staaten bedroht fühlt und das Atomwaffenprogramm ausschließlich zu Verteidigungs- und Abschreckungszwecken entwickelt wurde. Doch die Familie Kim sieht ihre Position durch mehrere Kräfte gefährdet: zunächst natürlich von den Vereinigten Staaten, aber auch von Südkorea und China und schließlich durch das eigene Volk. Mit dem Atomwaffenprogramm, seiner Erzwingungsdiplomatie und der Unterdrückung des Volkes geht Kim Jong-un systematisch gegen diese Gefahren vor.

An dieser Stelle möchte ich darlegen, warum ich nicht glaube, dass Kim einen Friedensvertrag mit den Vereinigten Staaten anstrebt. Zunächst einmal würde dies voraussetzen, dass Kims Vorstellung von Frieden mit der Aufgabe von Atomwaffen verbunden ist. Tatsächlich wurden bei dem Gipfel mit Trump in Hanoi eine Friedenserklärung und die Einrichtung von Verbindungsbüros in Washington und Pjöngjang erwogen. Dann jedoch ging das Treffen abrupt zu Ende, zum Teil deshalb, weil Kim der Rücknahme von Sanktionen höhere Priorität einräumte als Schritten hin zu einer Normalisierung der Beziehungen zwischen den beiden Ländern. Der bisherige Verlauf von Nordkoreas atomaren Bestrebungen, die ideologische Infrastruktur, die die Kim-Dynastie über Jahrzehnte aufgebaut hat, und die Stellungnahmen des Regimes lassen stark vermuten, dass Pjöngjang Frieden nur darum für möglich hält, *weil* das Land über Atomwaffen verfügt.

Das Regime braucht eine »feindselige« Außenwelt, um zu rechtfertigen, dass es die knappen Ressourcen in Militärprogramme steckt, um die Probleme in der Wirtschaft anderen zur Last legen zu können und um den Mythos aufrechtzuerhalten, die Familie Kim sichere die Existenz des Landes. Sheila Miyoshi Jager, Professorin für Ostasien-Studien, meint, dass »die *Verhinderung* des Friedens Nordkoreas wichtigstes strategisches Ziel ist, seit es 1950 in Südkorea einmarschierte«.[671] Propaganda, Erziehung und Denkmäler zur Erinnerung an den Koreakrieg und die Partisanenkämpfe zielen darauf ab, die Angst vor den Vereinigten Staaten immer wieder neu zu thematisieren und lebendig zu halten. Insbesondere für Kim Jong-un, der all die Widrigkeiten der Nachfolge und Zweifel wegen seines jugendlichen Alters überwunden und der amerikanischen Drohung mit »Feuer und Zorn« getrotzt hat, war die angebliche Vollendung des Atomwaffenprogramms »ein großer Sieg« und ein »willkommenes machtvolles Schwert zur Verteidigung des Friedens«, das Nordkoreas Sicherheit und Wohlstand »zuverlässig garantieren« würde.[672] Nach dem sechsten Atomtest im September 2017 und den Tests von Interkontinentalraketen im selben Jahr berichtete NK News von offiziellen Kundgebungen, mit denen »die Vollendung der staatlichen Atomstreitmacht« gefeiert wurde. Man sah, wie Funktionäre dem Obersten Führer dankten, weil er dem Land »auf ewig eine rosige Zukunft« gesichert habe.[673]

Kim dürfte gute Gründe dafür haben, seinen Garnisonsstaat aufrechtzuerhalten. Mit seinem Selbstbewusstsein, seinem politischen Willen und entschlossener Führung hat er erreicht, dass sich sein Regime mehrerer Begegnungen mit einem US-Präsidenten rühmen kann, nachdem es ein strategisches Gleichgewicht erlangt hat. Kim vertraut nur sich selbst, wenn es um die

Wahrung der Sicherheit Nordkoreas und sein eigenes Überleben geht. Kim hat klargestellt, dass sich der rote Knopf auf *seinem* Schreibtisch befindet. Wenn er etwas aus der Geschichte seines Landes gelernt hat, dann dass man niemand anderem vertrauen kann, nicht einmal Verbündeten wie China und Russland, die ihre Beziehungen mit Südkorea normalisiert und sich den Sanktionen der Vereinten Nationen angeschlossen haben. Japan, der einstigen imperialistischen Kolonialmacht, kann man ohnehin nicht trauen, genauso wenig Südkorea, dessen frühere Präsidenten das nordkoreanische Regime wegen terroristischer Aktivitäten und wegen seines Atomwaffenprogramms bestraft haben. Hinzu kommt die unberechenbare Politik demokratischer Regierungen in den Vereinigten Staaten, Südkorea und Japan – die USA halten alle vier Jahre Präsidentschaftswahlen ab, weshalb sich der politische Kurs des Landes ständig ändert; der südkoreanische Präsident hat lediglich eine einzige fünfjährige Amtszeit, was eine dauerhafte und nachhaltige Politik zum Vorteil Pjöngjangs unwahrscheinlich macht. Darauf zu bauen, ist für Nordkorea vermutlich zu riskant.

Kim traut auch seinem eigenen Volk nicht, und wie sein Vater und sein Großvater fürchtet er das Eindringen ausländischer Informationen, das mit einer wirtschaftlichen Einbindung in den Kreis der Regionalmächte einherginge. Beispiele dafür, was geschieht, wenn die Menschen sich erheben und zusammenschließen, findet er vor der eigenen Haustür. Kim ist sich der mutmaßlich destabilisierenden Folgen von Reformen und der Lockerung der repressiven Maßnahmen für sein Land bewusst. Daher die hermetisch abgeriegelten Grenzen, die drakonischen Strafen für jeden, der zu fliehen versucht, sich an verbotenen Marktaktivitäten beteiligt oder südkoreanische Soaps, Filme, Bücher und Musik konsumiert, und der riesige Überwachungsapparat. Neben diesen Abwehrmaßnahmen zeigen andere Schritte, dass sich Kim auch offensiv bemüht, das Bewusstsein seiner Bevölkerung zu prägen und zu kontrollieren. Neben der Schaffung eines landesweiten Intranets, der Förderung einer Konsumkultur, der inländischen Produktion von Luxusgütern und der Bereitstellung anspruchsvoller Dienstleistungen betreibt er auch die Modernisierung der Regierungspropaganda, um sie einer zunehmend von südkoreanischen und chinesischen Waren angezogenen Bevölkerung schmackhaft zu machen.

Kim mag von einer blühenden Wirtschaft in seinem Lande träumen, doch Wirtschaftsreformen und eine ökonomische Einbindung in die Region würden ausländische Investitionen, Innovationen, eine Unternehmerschaft und die dazugehörigen Anreize zur Förderung der Entwicklung voraussetzen. Das aber würde einen freieren Informationsfluss erfordern, der auch vor den Landesgrenzen nicht haltmacht. Damit jedoch könnte der Mythos ins Wanken geraten, der die Herrschaft der Familie umgibt und zementiert. Das prosperierende Südkorea, dessen Bevölkerung angeblich unter dem Joch des amerikanischen Imperialismus ächzt, das aber wirtschaftlich zu den globalen Playern gehört und Geschichte und Sprache mit dem Nachbarstaat im Norden teilt, stellt schon jetzt eine Bedrohung für Kims Regime dar. Jager fasst dies treffend mit folgenden Worten zusammen: »Südkoreas wundersame Geschichte von Wirtschaftswachstum und demokratischem Fortschritt gefährdet den Machterhalt des Regimes gerade deshalb, weil sich die Nordkoreaner umso weniger mit Armut und Unterdrückung im eigenen Land abfinden werden, je mehr sie über den Süden erfahren.«[674]Darüber hinaus würden nach einer Wiedervereinigung die Elite der Partei und die Militärs, die die Handelsfirmen kontrollieren, sowie die Repräsentanten der kleineren Marktsegmente gegenüber den erfahreneren, besser organisierten und sachkundigeren südkoreanischen Kapitalisten den Kürzeren ziehen.

Kims Ziel ist also nicht Frieden, sondern die Aufrechterhaltung des Konflikts, Autarkie statt Integration und statt Denuklearisierung der Besitz von Atomwaffen als Voraussetzung für sein Überleben und die langfristige Herrschaft der Familie Kim über das Land.

HYBRIS

Tatsächlich sollten wir uns mit dem Gedanken beschäftigen, dass Kim noch einen umfassenderen Plan in der Schublade hat, um mit seinen Atom- und Raketenprogrammen offensive Vorhaben voranzubringen – etwa Bedingungen zu schaffen, die der von seinem Großvater erträumten Wiedervereinigung der koreanischen Halbinsel förderlich sind. Er ist seit 2011 deutlich dreister geworden, hat dafür gesorgt, dass die Toleranzschwelle der internationalen Staatengemeinschaft gegenüber seinem schlechten Benehmen deutlich angehoben wurde, und steht mit seinen Aktionen häufig kurz davor, militärische Reaktionen der USA oder ihrer Verbündeten auszulösen, die sein Regime gefährden könnten. Nordkorea scheint weder einen Atomkrieg noch Frieden und eine Normalisierung der Beziehungen zu den Vereinigten Staaten anzustreben. Das Vorgehen, die Stellungnahmen sowie Geschichte und Ideologie des Regimes weisen eher darauf hin, dass es den alten Anspruch des Landes auf Wiedervereinigung nach seinen eigenen Bedingungen verfolgt. Vieles widerspricht Nordkoreas Behauptung, sein Ziel sei lediglich die Abschreckung. Zu nennen sind hier Kim Jong-uns Bemühungen um eine Diversifizierung der Atomwaffen, die Entwicklung einer Zweitschlagskapazität, die Modernisierung der konventionellen Rüstung und die Verbesserung der militärischen Ausbildung sowie die Steigerung der Überwachungs- und Aufklärungskompetenz. 1998 kam ein Forum ehemaliger Sicherheitsbeamter, wissenschaftlicher Experten und CIA-Analysten zu dem bis heute gültigen Schluss, dass »das Regime seine ideologische Rechtfertigung aus seiner Mission ableitet, Korea zu vereinen«.[675]

Richard Bush, Ostasien-Experte von der Brookings Institution und ehemaliges Mitglied des National Intelligence Council, schrieb 2017, »die eigentliche Gefahr« des Tempos und Erfolgs von Nordkoreas atomaren Entwicklungsprogrammen liege in der »Möglichkeit, dass Bündnisse geschwächt werden und es zu einer ungebremsten Eskalation auf der koreanischen Halbinsel kommt, die zunehmend außer Kontrolle geraten könnte«. Bush schlug Alarm wegen des »Entkopplungs«-Problems: Wenn Nordkorea die Kapazität für einen Angriff auf die Vereinigten Staaten besitze, könnte Washington nicht bereit sein, San Francisco aufs Spiel zu setzen, um Seoul zu retten. Damit aber würden die Glaubwürdigkeit der USA und ihr Einfluss in der Region untergraben. Außerdem würde Kim womöglich das Vertrauen in sein Abschreckungspotenzial gegenüber den Vereinigten Staaten zu dem Glauben verleiten, er könne Südkorea mit konventionellen Waffen bedrohen, um Seouls Entschlossenheit auf die Probe zu stellen, den Spielraum für seine Machenschaften zu erweitern, in Südkorea Zwietracht zu säen und einen Keil zwischen die USA und ihre Verbündeten zu treiben. All dies wäre möglich, ohne eine Atomwaffe einzusetzen – sogar ohne einen einzigen Schuss abzugeben. Kim hat bereits erfolgreich die Friedens- und Diplomatiekarte ausgespielt, um die Allianz zwischen Washington und Seoul zu schwächen und sein internationales Renommee zu verbessern, indem er die Kritik am atomaren Status Nordkoreas und seinen brutalen Menschenrechtsverstößen neutralisiert hat. Und wir können davon ausgehen, dass er diese Linie fortsetzen wird.

Möglicherweise beruht Kims Selbstsicherheit auch darauf, dass er anders als sein Vater und sein Großvater noch nie mit einer echten »Krise« konfrontiert war. Kims Überzeugung, dass er auch in Zukunft mit Provokationen seinen Kopf durchsetzen und anschließend seinen Charme spielen lassen kann, um die internationale Gemeinschaft wieder zu besänftigen, wurde zweifellos dadurch gestärkt, dass er Gipfeltreffen vereinbaren konnte, ohne Zugeständnisse bei seinem Atomwaffenprogramm zu machen. Sein Gefühl, freie Bahn zu haben, beruht wahrscheinlich auf der Annahme, dass Washington vor militärischen Maßnahmen zurückschrecken würde. Weiterhin ging er wohl davon aus, dass Peking und Moskau seinem Regime nicht den Rücken kehren und die USA und China etwaige südkoreanische oder japanische Militäraktionen gegen sein Land unterbinden würden. Überdies würde Washington Seoul und Tokio vermutlich daran hindern, eigene Atomwaffen zu entwickeln.

Seit Kim Jong-un an der Macht ist, haben sich diese Annahmen bestätigt, selbst auf dem Höhepunkt seiner Drohgebärden und Provokationen. Über die Jahre hat die Führung in Peking an ihrer Linie festgehalten, dass »alle Seiten« – also nicht nur Nordkorea, sondern auch die Vereinigten Staaten und Südkorea – »ruhig bleiben und sich zurückhalten« und die Probleme auf dem Weg des Dialogs lösen sollen, »um Frieden und Stabilität in der Region zu wahren«.[676] Xi Jinpings erster Besuch in Pjöngjang im Juni 2019 – trotz fehlender Fortschritte bei den Denuklearisierungsverhandlungen – und sein Versprechen, die Verbindungen zum Norden zu festigen, dämpften sicherlich Befürchtungen von Kims Regime, Peking könne sich von ihm abwenden.[677] Auch Moskau ist ein relativ zuverlässiger Partner. Bei einer Sitzung des UN-Sicherheitsrats im September 2018 und einer weiteren im Dezember 2019 schloss sich Russland trotz der Berichte über die Fortsetzung des nordkoreanischen Atomprogramms der Forderung Chinas an, die Sanktionen zu lockern und dem Land Zugeständnisse zu machen.[678] Dass Moskau 2014 Nordkorea 90

Prozent seiner Schulden in Höhe von 11 Milliarden Dollar erließ[679] und im April 2019 ein erstes Treffen mit Putin stattfand, zeigte Kim vermutlich, dass seine Bemühungen um Unterstützung durch seine mächtigen Nachbarn Früchte trugen. Beide hatten nun deutlich gemacht, dass sie sein Land nicht im Stich lassen würden.

Außerdem hat Kim erkannt, dass die USA einen militärischen Konflikt vermeiden wollen und Washington und Seoul einander von Maßnahmen abhalten, die einen Krieg auslösen könnten. Präsident Moon hat sich eindeutig gegen einen amerikanischen Angriff auf den Norden ausgesprochen. Alle US-Regierungen vor Trump zogen einen atomaren oder konventionellen Schlag gegen den Norden in Erwägung, schreckten dann aber wegen der damit verbundenen verheerenden Verluste an Menschenleben davor zurück, was Kim zweifellos bewusst ist.[680] Desgleichen widersetzt sich Washington Schritten Südkoreas, die zu einer Eskalation führen könnten. Als Kim Jong-un 2010 zum Nachfolger seines Vaters aufgebaut wurde, feuerte Nordkorea Granaten auf die südkoreanische Insel Yeonpyeong-do ab, während Seoul Militärübungen abhielt. Nachdem der Norden im selben Jahr bereits das südkoreanische Kriegsschiff *Cheonan* versenkt hatte, war Seoul nicht geneigt, sich durch Pjöngjangs Drohungen einschüchtern zu lassen. Van Jackson erinnert in seinem Buch *On the Brink* daran, dass die Regierung Obama aggressive Maßnahmen der konservativen Regierung Lee Myung-bak befürchtete, erreichte aber schließlich, dass Seoul auf Vergeltungsschläge gegen den Norden verzichtete.[681]

Hat Kim diese Gewissheiten erst einmal verinnerlicht, wird er wahrscheinlich seine begrenzten Akte der Aggression mithilfe von Cyber-Technologie und anderer Druckmittel fortsetzen, um Unruhe bei seinen Gegnern zu stiften. Es ist zu befürchten, dass er sich zu Provokationen hinreißen lassen könnte, um zu testen, ob er damit ungestraft davonkommt. Selbst wenn Washington erneut die Option eines Militärschlags ernsthaft in Erwägung zieht, könnten sich die Vereinigten Staaten verrechnen und schließlich einen unbeabsichtigten Zusammenstoß riskieren. Kim könnte die Androhung einer militärischen Konfrontation als Papiertiger missdeuten, analog zu Trumps folgenloser Rede von »Feuer und Zorn« im Jahr 2017. Sollten sich die Beziehungen zwischen den USA und Nordkorea in diesem Ausmaß verschlechtern und die Vereinigten Staaten ohne Unterstützung ihrer Verbündeten dastehen, wird Kims Selbstbewusstsein weiter wachsen, und er wird seine Stärke im Verhältnis zu Washington noch höher einschätzen.

Aber Kim ist nicht unverwundbar. So wies der erfahrene Nordkorea-Experte Jonathan Pollack darauf hin, dass »Nordkoreas Grundverbindlichkeiten systemisch sind und nicht abnehmen werden« und dass »die Vorstellung eines autarken Landes wenig mit den tatsächlichen Bedürfnissen Nordkoreas zu tun hat«.[682] Dies gilt insbesondere für Kims hochfliegende Versprechen auf wirtschaftlichen Fortschritt bei gleichzeitiger atomarer Aufrüstung. Das Vorgehen des Regimes und die Isolation des Landes fordern ihren Tribut: Der Pool an Handelspartnern ist im Grunde auf einen einzigen zusammengeschrumpft – China, auf das über 90 Prozent des nordkoreanischen Warenaustauschs entfallen.

Zu diesen Problemen kommt noch der Druck der Sanktionen hinzu. 2017 belief sich der Wirtschaftsaustausch mit Indien, Nordkoreas Handelspartner Nummer zwei, auf wenig mehr als 7 Millionen Dollar (ein Rückgang um 10 Prozent gegenüber dem Vorjahr) und mit Russland, der weit abgeschlagenen Nummer drei, auf etwa 2 Millionen Dollar (eine Abnahme um 70 Prozent.[683]) Der innerkoreanische Handel stürzte in jenem Jahr auf etwa eine Million Dollar gegenüber 333 Millionen Dollar 2016 ab.[684] Damit vertiefte sich die Kluft zwischen den beiden Ländern, und Nordkoreas Ängste, bei einer Wiedervereinigung absorbiert zu werden, nahmen massiv zu. (Laut dem Marktforschungsunternehmen IHS Markit betrug der Gesamtumfang des nordkoreanischen Handels 2016 etwa 6,4 Milliarden Dollar und lag damit unter dem von Malta – einem Land mit knapp einer halbe Million Einwohnern, während in Nordkorea 25 Millionen Menschen leben. Das Handelsvolumen Südkoreas betrug 835 Milliarden Dollar, das 130-Fache von dem des Nordens.[685]) Nordkoreas Handelsdefizit mit China stieg 2017 auf fast 2 Milliarden Dollar: Der Export nach China ging um nahezu 90 Prozent auf 210 Millionen Dollar zurück (die niedrigste Zahl seit 2001), und der Import sank um 33 Prozent auf 2,2 Milliarden Dollar.[686] Infolge der Beteiligung Pekings an den Sanktionen fiel Nordkoreas Handel mit China 2018 um fast 50 Prozent gegenüber dem Vorjahr, womit das gesamte Außenhandelsvolumen aufgrund der massiven Abhängigkeit von dem mächtigen Nachbarn etwa in derselben Größenordnung sank.[687] Die Wirtschaftskraft Nordkoreas schrumpfte 2018 um etwa 5 Prozent und erreichte damit ein Niveau, das mit der wirtschaftlichen Lage des Landes im Jahr 1997 vergleichbar ist, als die verheerende Hungersnot wütete.[688] Und zum ersten Mal seit seiner Machtübernahme musste Kim mitansehen, wie der Außenhandel unter 3 Milliarden Dollar fiel. Der Oberste Führer ist sich zweifellos bewusst, dass sein Aufrüstungsprogramm seinem Bemühen um wirtschaftliche Prosperität entgegensteht.

Natürlich veröffentlicht Nordkorea seine Wirtschaftsstatistiken nicht, doch im Jahr 2019 deuteten vereinzelt durchgesickerte Informationen und Berichte darauf hin, dass das Regime die Produktion in staatlichen Fabriken und Bergwerken wegen des massiv abnehmenden Handels und der eingeschränkten Öllieferungen drosselte oder einstellte. Zudem scheint das Regime den im Ausland arbeitenden Staatsbürgern mehr Geld abzupressen, um verschiedene Projekte im Land zu finanzieren.[689] Die Entsendung von Diplomaten in die Nachbarländer sowie nach Europa und Südostasien dient sicherlich dazu, für Investitionen zu werben und die Handelsbeziehungen zu stärken. Entwicklungen und Trends im Land wie der zunehmende Informationsfluss von außen, die Vermarktlichung und das Heranwachsen einer neureichen Klasse, der mehr an Geld als an der Ideologie liegt, setzen Pjöngjang vermutlich zusätzlich unter Druck. All dies dürfte beim Regime Ängste vor einem Zusammenbruch schüren, herbeigeführt durch interne Widersprüche und zunehmende Erwartungshaltungen.

Kim Jong-un kennt zweifellos zumindest die groben Konturen der Herausforderungen, vor denen er steht. Und wahrscheinlich wird er mit diplomatischen Mitteln versuchen, die negativen Folgen seines Vorgehens abzumildern. So wird er alles daransetzen, dass China seinem Land nicht den Rücken kehrt, jeden Zwist in der Region für sich nutzen, Südkorea und andere Länder zu Investitionen und Entwicklungshilfe motivieren, um seine Abhängigkeit von China zu verringern, und versuchen, einen Abbau der Sanktionen herbeizuführen. Es gibt kaum Zweifel, dass Kim die nordkoreanische Wirtschaft ankurbeln möchte, anstatt sich durchzuwursteln, wie es sein Vater getan hat. Denn vermutlich will er die nächsten Jahrzehnte an der Macht bleiben und einem seiner Kinder einen stabilen, blühenden, atomar bewaffneten Staat hinterlassen. Angesichts der steigenden Erwartungen an ihn – insbesondere unter den jungen Leuten und der Jangmadang-Generation, die individualistischer denkt als die älteren Menschen –, der lähmenden Sanktionen und der selbstgewählten Isolation des Landes wird es für Kim schwierig sein, die Realität mit seinen Bestrebungen und seiner Rhetorik in Einklang zu bringen.

Doch seine Fähigkeit, einen raschen Schwenk zur Diplomatie zu vollziehen und innerhalb weniger Monate mehrere Gipfeltreffen mit den Vereinigten Staaten, China, Südkorea und Russland herbeizuführen, hat ihn vermutlich in seiner Zuversicht bestärkt, diese Ziele ohne große Abstriche an seinem Waffenprogramm erreichen zu können. Ein ausgewogenes Verhältnis von Provokationen und Diplomatie und Kims geschickter Wechsel zwischen Ausweichmanövern und Charmeoffensiven machen noch einmal deutlich, dass wir seine mutmaßlichen Ziele stets im Auge behalten und bei der Analyse seines Vorgehens flexibel bleiben müssen, um zu jedem Zeitpunkt Chancen und Risiken abwägen zu können.

DAS PUZZLE GIBT WEITERHIN RÄTSEL AUF

Wenn man die Ergründung von Kims Absichten mit dem Zusammensetzen eines Puzzles vergleicht, dann ist das Nordkoreaproblem ähnlich schwer zu knacken wie der Zauberwürfel. Das 3-D-Puzzle verwirrt mit scheinbar unendlichen Kombinationsmöglichkeiten. Umso frustrierender ist es, wenn man eine Seite gelöst hat, nur um festzustellen, dass sich auf den anderen fünf weiterhin ein wildes Farbdurcheinander zeigt.

Oberstes Ziel ist die Denuklearisierung Nordkoreas und damit verbunden die drastische Einschränkung von Kims Möglichkeiten zur Geldbeschaffung für sein Atomprogramm, das seit seiner Machtübernahme rasch vorangeschritten ist. Es ist vielfältiger, flexibler und gefährlicher geworden – und bedroht die globale Sicherheit in einem nicht hinnehmbaren Ausmaß.

Wir müssen aber auch die Mehrdimensionalität der nordkoreanischen Bedrohung im Auge behalten, zu der seit Kims Amtsantritt noch etliche Metastasen hinzugekommen sind. Dasselbe gilt für die Frage, wie sich seine Wahrnehmung der innen- wie außenpolitischen Gefahren entwickelt und verändert. Dass Kim das Atomwaffenprogramm und die Verheißung eines sozialistischen Märchenlands eng an seine Person geknüpft hat – und er der Urheber der Vier-Augen-Diplomatie mit Trump, Xi, Moon und Putin ist –, könnte sein Versagen beim Ausbau der Wirtschaft umso deutlicher ins Rampenlicht rücken. Wollen wir Kims Vertrauen in seine Handlungsfreiheit erschüttern, langfristig den Wechsel von Provokation und Charmeoffensiven durchbrechen und schlechtes Benehmen unattraktiver für ihn machen, müssen bestimmte Bedingungen erfüllt sein. Erstens muss Washington seine Glaubwürdigkeit bewahren; zweitens müssen die Vereinigten Staaten, die nordostasiatischen Länder sowie die internationale Staatengemeinschaft Kims Abenteurertum durch enge Zusammenarbeit Einhalt gebieten; und drittens brauchen wir Geduld – vermutlich der frustrierendste Faktor.

Um Nordkoreas innere Widersprüche zu verschärfen, Kims Entscheidungsspielraum einzuschränken und seine Risikowahrnehmung zu schärfen, müssen die USA, ihre Verbündeten in der Region und die Weltgemeinschaft gut abgestimmte Maßnahmen ergreifen und dabei das Verhältnis zwischen Druck und offiziellen oder inoffiziellen Gesprächen fein justieren, um Kim davon zu überzeugen, dass Atomwaffen sein Überleben eher gefährden als sichern. Sanktionen, Angebote von Wirtschaftshilfen als Köder und die Androhung militärischer Maßnahmen werden ihn wahrscheinlich nicht dazu bewegen, seine Atomwaffen abzuschaffen, wenn wir uns nicht zugleich auch Kims Ängste, Sorgen und Wünsche bewusst machen und sie nutzen. Unsere Politik sollte darauf abzielen, sowohl Druck auszuüben als auch Wege zu finden, die innenpolitischen Risiken für Kim zu erhöhen. Die zentrale Frage lautet also nicht, ob wir Kims Sicherheitsgefühl stärken können, indem wir auf seine Forderungen eingehen, wie manche Friedensaktivisten und Wissenschaftler vorschlagen, sondern eher, wie wir ihn zu der Einsicht bringen, dass seine Atomwaffen keinen Gewinn, sondern eine Gefahr für seine Herrschaft und den Erhalt der Dynastie darstellen.

Dazu müssen wir unser Augenmerk zunächst auf die Bündnisse richten. Jegliche Risse zwischen den Verbündeten und Partnern sowie die Infragestellung der Glaubwürdigkeit der USA und ihres Engagements in der Region spielen Kim in die Hände und geben ihm den Freiraum, die Stabilität in der Region durch Gewaltakte zu unterhöhlen, die gerade noch unterhalb der Toleranzschwelle der Nachbarstaaten oder anderer Länder bleiben, sodass regimegefährdende militärische Reaktionen nur knapp umgangen werden. Nordkorea droht damit, im Pazifik eine Wasserstoffbombe zu testen, und arbeitet weiterhin an der Entwicklung von Waffen, mit denen es Japan und Südkorea angreifen könnte – nachdem Pjöngjang dem Süden bereits fatale Schläge versetzt hat. Nordkorea hält an seinen Cyber-Attacken fest, um Geld für das Regime zu beschaffen. Durch den Verkauf von Raketen und technischem Zubehör an den Iran und Syrien ist Pjöngjang zusätzlich an der Verbreitung konventioneller und nicht konventioneller Waffen beteiligt. All das findet auch in Zeiten diplomatischer Bemühungen statt.

Nötig wären Erklärungen und Signale, die unmissverständlich klarmachen, dass die USA zu ihren Bündnissen stehen und die Sicherheit ihrer Bündnispartner garantieren. Weiterhin bedarf es zunehmender Kooperationen in der Region in Fragen der Sicherheit, vor allem zwischen Südkorea und Japan, um Nordkoreas Neigung entgegenzuwirken, die Stabilität der Region durch Provokationen zu gefährden. In einer Stellungnahme zur amerikanischen Außenpolitik für die Brookings Institution haben Ryan Hass, der ehemalige Leiter der Abteilung China im Nationalen Sicherheitsrat, und ich dargelegt, dass Washington im Verbund mit Seoul und Tokio als Erstes eine Liste möglicher Maßnahmen zur Eindämmung der Bedrohung durch Nordkorea aufstellen sollten, zu denen alle drei Länder bereit wären.[690] Diese Liste sollte auch Peking mit der Aufforderung vorgelegt werden, sich entweder daran zu beteiligen oder Zurückhaltung zu üben, während die drei Bündnispartner weitere Schritte unternehmen. Die Liste könnte verdeckte und offene Maßnahmen gegen Pjöngjang enthalten, aber auch Wege aufzeigen, wie Seoul und Tokio ihre eigene Sicherheit gewährleisten könnten, sobald ein bestimmtes Bedrohungsszenario erreicht wird. Eine solche Übereinkunft würde die Möglichkeiten Japans und Südkoreas einschränken, unilaterale Maßnahmen zu ergreifen, welche internationale Bemühungen im Konflikt mit Nordkorea untergraben könnten. Gleichzeitig könnte sie Peking motivieren, Druck auf Pjöngjang auszuüben, statt sich schützend hinter das Land zu stellen.

Zweitens müssen wir das höchstmögliche Maß an Sanktionen aussprechen, die bei Verhandlungen einen Hebel bieten, die Verbreitung der nordkoreanischen Technologien für atomare und ballistische Raketen zu verhindern und ihre Weiterentwicklung hinauszögern. Doch auch bereits verhängte Sanktionen greifen erst nach einer gewissen Zeit. Daher bedarf es der Führung und der Initiative der USA sowie der Bemühungen von Verbündeten und Partnern einschließlich Chinas, um Nordkoreas Verhalten zu überwachen. Und es muss Einigkeit über das gemeinsame Ziel und die Notwendigkeit von Sanktionen geben, wenn wirklich die Chance bestehen soll, dass Nordkorea seine Atomwaffen aufgibt.

Die Bedeutung eines koordinierten internationalen Vorgehens zeigt der im März 2019 veröffentlichte Bericht der UN-Expertengruppe, die die Umsetzung der Sanktionen des UN-Sicherheitsrats gegen Nordkorea überwacht. Das Dokument belegt den Umfang der Verstöße und Umgehungsstrategien Nordkoreas und Dritter. So haben in Singapur ansässige Unternehmen wissentlich verbotene Luxusgüter an Nordkorea geliefert. Sogar südkoreanische Regierungsvertreter haben Erdölerzeugnisse in den Norden ausgeführt, und das trotz Warnungen der USA, dass Pjöngjang bereits die Höchstgrenze für solche Importe überschritten hatte. Hinzu kommt noch, dass Seoul diese Vorgänge verschwiegen hat – eine Missachtung der Vorschriften und Auflagen der UN.[691] Vertreter von Finanzinstitutionen des nordkoreanischen Regimes reisen weiterhin unbehelligt in eine Vielzahl verschiedener Länder, um dort Geschäfte zu tätigen, darunter China, Syrien, die Vereinigten Arabischen Emirate sowie Russland. Die internationale Staatengemeinschaft muss außerdem ihre Bemühungen verstärken, Nordkorea von Internetangriffen abzuschrecken, denn laut dem UN-Bericht umgeht das Land auf diesem Weg die Finanzsanktionen. Wir benötigen insbesondere die Kooperation Pekings, um den Leuten, die über chinesische Netze oder direkt von China aus Schadsoftware ins Internet stellen, das Handwerk zu legen. China ist wegen seiner laxen Bestimmungen besonders attraktiv für solche Akteure. All diese Verstöße stabilisieren das Kim-Regime und fördern seine Missachtung gegenüber internationalen Vorschriften und Normen.

Drittens sollte Washington seine Bemühungen um einen dauerhaften offiziellen Dialog mit regionalen Akteuren verstärken, am besten in Form von Fünf-Parteien-Gesprächen mit Südkorea, Japan, China und Russland. Damit würde eine international einheitliche Linie signalisiert. Die Staaten könnten sich darüber verständigen, in welchem Umfang Nordkorea wirtschaftliche und sonstige Erleichterungen zugestanden werden sollen, falls Pjöngjang sein Atomwaffenprogramm aufgibt. Gleichzeitig würde man damit Pjöngjang die Sorge nehmen, Vereinbarungen könnten durch Wahlen und Führungswechsel in der Region und den

Vereinigten Staaten ihre Gültigkeit verlieren. Die beteiligten Akteure sollten darüber hinaus Szenarien und Optionen entwickeln für den Fall, dass Nordkorea in der Zukunft weitere Vorstöße unternimmt, die Verwirrung stiften und den internationalen Zusammenhalt schwächen sollen.

Viertens müssen wir unsere Anstrengungen darauf richten, die Infrastruktur der Unterdrückung auszuhöhlen, die die Familie Kim errichtet und die Kim Jong-un mit modernen Instrumentarien und Techniken verschärft hat. Die Vereinigten Staaten und die Weltgemeinschaft sollten nach Wegen suchen, auch hier den Druck auf das nordkoreanische Regime zu erhöhen. Ferner empfiehlt sich die Ernennung eines Sondergesandten für Menschenrechte durch den amerikanischen Präsidenten, eine Idee, die die Regierung Trump allerdings verworfen hat. Sollten Sanktionen aufgehoben werden, ohne dass Kim die brutale Repression seines Volkes deutlich lockert, würde eine internationale Kontrolle des Fortschritts der Denuklearisierung unmöglich werden. Denn zurzeit ist in Nordkorea ein offener Informationsaustausch unmöglich, und Wissenschaftler, Techniker und Mitglieder des Militärs können keine präzisen Daten übermitteln, ohne Vergeltungsmaßnahmen des Regimes fürchten zu müssen.

Und schließlich sollte Washington in Programme investieren, die den Informationsfluss nach Nordkorea fördern, sowie eine glaubwürdige Vision für die Zeit nach der Denuklearisierung entwickeln und kommunizieren. Auf diese Weise ließe sich die Brüchigkeit des Regimes verstärken oder erreichen, dass Kim das Regime zunehmend als fragil wahrnimmt und er und seine Führungsriege sich veranlasst sehen, dem internationalen Druck nachzugeben. Das Ziel dabei wäre, eine bisher vernachlässigte Gruppe von Beteiligten als Akteure einzubeziehen – das nordkoreanische Volk. Nach zehnjähriger Recherche und zahllosen Gesprächen mit Hunderten nordkoreanischer Flüchtlinge betont Jieun Baek, die Autorin von *North Korea's Hidden Revolution*, die Notwendigkeit, den Informationsfluss nach Nordkorea zu verstärken, um einen positiven Wandel herbeizuführen: »Die Verbreitung von Informationen ist deshalb von großer Bedeutung, weil die Nordkoreaner sie fordern ... der Zugang zu mehr Informationen verschafft den Nordkoreanern das Maß an Handlungsmacht, Unabhängigkeit und Wissen, um ihre Zukunft und ihr Schicksal als Nation mitzubestimmen.«[692] James Clapper, der ehemalige Direktor der Nationalen Geheimdienste, für den ich als stellvertretende Nachrichtendienstoffizierin für Korea gearbeitet habe, hätte dieser Einschätzung beigepflichtet. In seinen Erinnerungen beklagt er, dass unsere »Mittel, den Hunger der [nordkoreanischen] Bürger nach Informationen zu stillen, begrenzt waren«. Sein Fazit lautete: »Ich vertrete nach wie vor die Meinung, dass die Vereinigten Staaten am ehesten etwas gegen Nordkorea ausrichten werden, wenn wir unsere größten Stärken nutzen: Offenheit und Information.«[693] Das koreanische Volk muss ermächtigt werden, Kims Entscheidungen in eine positive Richtung zu lenken. Dies ist eine notwendige Ergänzung zum internationalen Druck und zu den diplomatischen Bemühungen.

Eine Patentlösung gibt es nicht, und alle politischen Maßnahmen werden erst nach einer gewissen Zeit Wirkung zeigen. Eine Politik, die sich an den oben skizzierten Leitlinien orientiert, bedarf der Führung durch die USA, einer konsequenten Umsetzung und einer internationalen Koalition auf Basis der Verständigung über die damit einhergehenden Risiken und Chancen. Gleichzeitig sollten die USA weiterhin für Gespräche mit dem Norden offen sein.

Kims Rückkehr zu provokativen Aktionen ist nur eine Frage der Zeit. Seit dem Gipfeltreffen in Hanoi scheint sein »Plan B« Gestalt anzunehmen, und der erinnert sehr an die Erzwingungsdiplomatie seines Vaters. Kim Jong-il stellte Nordkorea als Opfer hin, setzte Provokationen und Stellungnahmen gezielt ein, um Washington zum Nachgeben zu bewegen, und pflegte bilaterale Beziehungen zu Staatsführern in der Region. Während Kim einerseits mit seinem guten persönlichen Verhältnis zu Trump prahlte und die Bedeutung von Dialog und Verhandlungen hervorhob, betonte er andererseits am 12. April 2019 in einer Rede vor der Obersten Volksversammlung: »Die Vereinigten Staaten werden uns nicht dazu bringen, uns auch nur ein Jota zu bewegen, und sie werden keinesfalls bekommen, was sie wollen, auch wenn sie sich hundert Mal, tausend Mal mit uns an einen Tisch setzen.« Er warnte vor einer »düsteren und sehr gefährlichen« Situation, sollten die USA nicht von ihrer »feindseligen« Politik gegenüber Nordkorea ablassen, und erklärte: »Wir werden Geduld haben und bis zum Ende dieses Jahres abwarten, ob die Vereinigten Staaten eine mutige Entscheidung treffen oder nicht.«[694]

Kim hatte zuvor schon harte Worte gefunden und angedeutet, er werde seine Druckmittel ausweiten. Im April 2018 hatte er dem Test einer neuen taktischen Waffe beigewohnt, die laut Angabe der staatlichen Medien mit einem leistungsstarken Sprengkopf bestückt werden konnte.[695] Im Monat darauf verkündete Nordkorea, Kim Jong-un habe ein Manöver am Japanischen Meer überwacht, bei dem »Mehrfach-Raketenwerfer mit Großkaliber-Langstrecken-Marschflugkörpern und taktische Waffen vorgeführt wurden« – die ersten Raketentests seit November 2017.[696] Dies war ein Verstoß gegen die UN-Sanktionen und die Erklärung von Panmunjom, in der sich Nord- und Südkorea darauf verständigt hatten, die »akute militärische Spannung zu entschärfen«. Im Juli 2019 meldeten die staatlichen Medien Nordkoreas, Kim habe ein neues U-Boot inspiziert, von dem möglicherweise ballistische Raketen abgeschossen werden sollten, und seine Offiziere angewiesen, »die Verteidigung des Landes stetig und zuverlässig zu verstärken«.[697] Drei Monate später, im Oktober 2019, startete Nordkorea eine ballistische Rakete von einer seegestützten Plattform, ein Hinweis darauf, dass Kim die militärischen Kapazitäten des Regimes trotz seiner diplomatischen Bemühungen auch weiterhin ausbaut. Noch im selben Monat leitete er eine Reihe von Raketentests.[698] Insgesamt hat Nordkorea mit Stand Dezember 2019 zwei Dutzend Tests ballistischer Raketen durchgeführt.[699] Und wir haben wahrscheinlich noch mehr Provokationen von Kim zu erwarten. In seiner Neujahrsansprache erklärte er trotzig, dass »die Welt eine neue strategische Waffe sehen wird«, und deutete eine Wiederaufnahme von Atom- und ICBM-Tests an.[700] Kim scheint fest entschlossen, seine militärischen Optionen zu erweitern, was uns die Grenzen der Diplomatie vor Augen führt und seine ehrgeizigen Ziele verdeutlicht.

Vor dem Hintergrund von »Feuer und Zorn« ist die Wahrscheinlichkeit einer katastrophalen Fehleinschätzung noch gewachsen, da Kim inzwischen erkannt hat, dass die militärischen Drohungen der USA nicht ernst zu nehmen sind. Bei künftigen Auseinandersetzungen mit den Vereinigten Staaten könnte Kim noch mehr geneigt sein, die Spannungen zuzuspitzen, sofern er nicht erkennt, dass sich das Bedrohungskalkül Washingtons, Pekings, Seouls und Tokios verändert hat und die Schwelle für einen Militäreinsatz in diesen Ländern womöglich gesunken ist. Krieg ist einfach keine Option, auch wenn US-Regierungen sie in Erwägung gezogen haben oder erwägen sollten. Aber ebenso dürfen wir unsere Sicherheit nicht von den Launen und persönlichen Zielen eines jungen, aggressiven und risikofreudigen Diktators abhängig machen. Mit seinen Wolkenkratzern, Raketentests und Versprechungen, die er nicht erfüllen kann, riskiert Kim wie Ikarus, sich beim Höhenflug zu überschätzen und der Sonne zu nahe zu kommen.

Auch wenn wir mittlerweile mehr Erkenntnisse über Nordkorea gewonnen haben, gibt es immer noch viele Gleichungen mit Unbekannten und Wissenslücken. Unsere Korea-Experten werden noch lange damit beschäftigt sein, die neuesten Entwicklungen eingehend zu studieren: Stellungnahmen des Regimes, Kims Gesundheitszustand und seine Gewohnheiten, die Frage, wer im ewigen Karussell der Säuberungen, Degradierungen und Beförderungen gerade im Rampenlicht steht, die Schlagkraft der neuesten Waffen, die Haltung der »Generation Markt« gegenüber der Regierung, die Auswirkungen von Sanktionen auf die Regimetreue der Elite – die Liste ließe sich noch weiter fortsetzen. In den Vereinigten Staaten, Südkorea und Japan und selbst in Russland und China werden neue Führer auf der politischen Bühne erscheinen und wieder abtreten, doch eine atomar bewaffnete Kim-Dynastie wird wahrscheinlich die absehbare Zukunft überdauern.

Mein Exemplar von Richards Heuers Buch hat mittlerweile Eselsohren, ganze Passagen sind unterstrichen, und etliche Seiten sind mit bunten Post-its markiert. Kim Jong-uns zweite Dekade als Oberster Führer Nordkoreas beginnt 2021, und Heuers mittlerweile zwanzig Jahre altes Buch wird nicht an Bedeutung verlieren, denn die Akteure, Ereignisse und Umstände werden sich wandeln und mit ihnen auch die Dynamik und Politik in der Region. Neue Untersuchungen und Analysen werden notwendig sein, ebenso eine Überprüfung überkommener Annahmen. Heuers Mahnung, uns unsere Voreingenommenheit bewusst zu machen, wird bei Analysten stets Nachhall finden, denn »eine vorgefasste Denkweise ist weder gut noch schlecht, sondern unvermeidlich«. Heuer, der im August 2018 im Alter von einundneunzig Jahren starb, schrieb auch, dass unsere Wahrnehmung der Wirklichkeit unausweichlich von »vergangenen Erfahrungen, Bildung, kulturellen Werten, Rollenanforderungen und institutionellen Normen« beeinflusst wird.[70] Das gilt auch für den Diktator in Pjöngjang. Kim Jong-uns Denken ist von seinem Verständnis der Geschichte seiner Familie und seines Landes sowie der eigenen Rolle darin geprägt, vom Verhalten der Nachbarländer, seinen Erfahrungen bei der Manipulation seines Umfelds im In- und Ausland sowie dem Bewusstsein für seine Stärken und Schwächen angesichts der politischen, militärischen und wirtschaftlichen Herausforderungen, mit denen er konfrontiert ist.

Dennoch befindet sich Kim immer noch in einem Entwicklungsprozess – er lernt, passt sich an und justiert. Wir müssen auf seine Ambitionen und Illusionen einwirken und sie im Zaum halten, denn seine Visionen von seinem Vermächtnis und der Zukunft Nordkoreas werden neue und gefährlichere Dimensionen erreichen.

DANK

Dieses Buch zu schreiben, war eine spannende Herausforderung und hat mich zugleich demütig gemacht. Denn mir ist bewusst geworden, wie viele Menschen mich unterstützt und damit ihre Freundschaft einmal mehr unter Beweis gestellt haben. Ihre Großzügigkeit, ihr Wissen und ihr Humor schenkten mir Energie und Kraft.

Zunächst danke ich Strobe Talbott, dem damaligen Präsidenten der Brookings Institution. Er hat mich ermutigt, den Artikel »The Education of Kim Jong Un« für Brookings zu schreiben, aus dem dieses Buch hervorgegangen ist. Zudem hat er mir Mittel dieser Institution und das enorme Talent ihrer Redaktions-, Kreativ- und Kommunikationsteams zur Verfügung gestellt, ohne die ich dieses Buch nicht hätte erfolgreich abschließen können. Bruce Jones glaubte an mich von dem Moment an, als ich bei Brookings durch die Tür trat, und sorgte dafür, dass ich alles hatte, was nötig war, um mich bei Brookings zu Hause zu fühlen. Mike O'Hanlon war mein Lehrmeister, Mentor und Freund. Nachdem er mein Manuskript vollständig durchgesehen hatte, kümmerte er sich um den Prozess der Begutachtung durch drei anonyme externe Wissenschaftskollegen, deren wohlüberlegte

Vorschläge zu wesentlichen Verbesserungen geführt haben. Der Kenntnisreichtum von Richard Bush und Mireya Solis gibt mir tagtäglich Kraft und Inspiration. Außerdem bin ich dankbar für ihre Kommentare zu meinem ersten Entwurf. Meine lieben Freunde und Kollegen Ryan Hass und Jonathan Pollack ließen mich nach der Lektüre des Manuskripts an ihren Erkenntnissen teilhaben. Nat Kretchun las freundlicherweise ein Kapitel und gab mir wichtige Hinweise, Mark Lippert machte hilfreiche Vorschläge und ermutigte mich stets aufs Neue. Außerdem danke ich der SK Group, der Korea Foundation und anderen Geldgebern für ihre großzügige finanzielle Unterstützung des Korea-Lehrstuhls.

Paul Park, dem begabten Forscher, Autor und Organisator, bin ich zu Dank verpflichtet, weil er mir beim Übertritt in die Welt der Denkfabriken, aber auch beim Jonglieren mit meinen vielen Korea-Projekten half. Jasmine Zhao, Eun Dubois, Sam Crosby und Ethan Jewell boten ebenfalls wertvolle Hilfe bei der Entstehung des Buches, und Laura Mooney und Sarah Chilton, die Bibliothekarinnen bei Brookings, erledigten geduldig auch meine Bestellungen abseitiger Zeitschriftenartikel und Bücher. Alle Fehler in diesem Buch gehen auf mein Konto.

Ich war fasziniert, auch jenseits von Brookings eine kollegiale Community von Korea-Beobachtern, Asien-Kennern und Experten für die Nichtverbreitung von Atomwaffen vorzufinden, zu denen viele ehemalige Kollegen aus meiner Zeit als Beraterin der US-Regierung gehörten.

Obwohl ich die Geheimdienst-Community hinter mir gelassen habe, lässt sie mich nicht los. Ich habe immer noch das Gefühl, eine Mission erfüllen zu müssen und objektive, präzise und für die Politik relevante Analysen zu liefern. Es war ein Privileg, bei der CIA und im National Intelligence Council mitarbeiten zu dürfen. Auch meinen Mentoren, Sponsoren, Managern und Kollegen, die noch in der Geheimdienst-Community tätig sind, möchte ich danken. Weiterhin geht mein aufrichtiger Dank an die Mitarbeiter im Publications Review Board der CIA, die dieses Manuskript in der gewünschten Zeit begutachtet haben.

Meine Agentin Bridget Matzie begleitete und ermutigte mich während der gesamten Arbeit an diesem Buch. Meine Lektorin, die geniale Susanna Porter, und ihr Team bei Ballantine lieferten sachkundige Beiträge zum Manuskript und machten dieses Buch um so viel besser, wie ich es mir nie hätte vorstellen können.

Schließlich danke ich meinem Mann Jay und meinen Kindern, die mir sehr viel Freude bereiten und meine Tage mit Liebkosungen und Gelächter erfüllen, sowie Dick und Carol Habermann, die mich herzlich in ihrem Leben willkommen geheißen haben und mich wie ihr eigenes Kind behandeln. Die Entstehung dieses Buches aber wäre nicht möglich gewesen ohne meine Eltern Ok Sook und Kwan S. Pak, die alles aufgegeben haben, um in die Vereinigten Staaten auszuwandern und mich Mut und Ausdauer lehrten.

ANMERKUNGEN

ABKÜRZUNGEN

AP   *Associated Press*
LAT   *Los Angeles Times*
NYT   *The New York Times*
SCMP *South China Morning Post*
WP   *The Washington Post*
WSJ   *The Wall Street Journal*

1   Steven Erlanger, »Doctor Confirms Kim Jong-il Stroke«, NYT, 11. De-
    zember 2008.
2   »North Korean Leader Kim Jong Il Dead after Heart Attack, State
    Media Reports«, CNN, 19. Dezember 2011.
3   »Reactions to Kim Jong Il's Death«,« *The Huffington Post,* 19. Dezem-
    ber 2011; »North Koreans Mourn Kim Jong-il after › Heart Attack‹«,
    BBC News, 19. Dezember 2011.
4   »North Korea Agency Officially Informs Citizens about Dear Leader's
    Death«, *BBC Monitoring Asia Pacific*, 19. Dezember 2011, Zugang
    über LexisNexis.
5   Choe Sang-Hun, »North Korea's › Dear Young General‹ Has Made His
    Mark«, NYT, 30. September 2011.
6   Ebd.
7   Andrew Salmon, »Power Behind Kim Jong-Un's Throne: The › Gang of
    Seven‹ Emerges from the Shadows«, *The Telegraph*, 31. Dezember 2011.

8   Patrick McEachern, »Centralizing North Korean Policymaking under Kim Jong Un«, *Asian Perspectives* 43, Nr. 1 (2019), S. 60 f., doi:10.1353/apr.2019.0001.

9   Chico Harlan, »In North Korea, Kim Jong Un Rises and Advisers Are Shoved Aside«, W P, 15. Dezember 2013.

10 Central Intelligence Agency, »Analytic Positions«, Careers & Internships, letztes Update 12. April 2019, https://www.cia.gov/careers/opportunities/analytical.

11 Richards J. Heuer, Jr., *Psychology of Intelligence Analysis* (Washington, D.C.: Center for the Study of Intelligence, Central Intelligence Agency, 1999), S. 10.

12 Marc Fisher, »Too Much Power for Young Hands?«, W P, 23. Dezember 2011.

13 Don Oberdorfer, *The Two Koreas: A Contemporary History* (New York: Basic Books, 2001), S. 349.

14 Martin Fackler, »On North Korean T V, a Dash of (Unapproved) Disney Magic«, N Y T, 9. Juli 2012.

15 »North Korea Threatens ›Sea of Fire‹ for South Korea Presidential Office«, *The Telegraph,* 22. November 2013.

16 Anna Fifield, »Kim Jong Un Calls Trump a ›Mentally Deranged U.S. Dotard‹«, W P, 22. September 2017.

17 Zachary Cohen and Kevin Liptak, »Trump Praises Kim Jong Un as Honorable, Refuses to Explain Why«, C N N, 25. April 2018.

18 Bradley K. Martin, *Under the Loving Care of the Fatherly Leader: North Korea and the Kim Dynasty* (New York: Thomas Dunne Books, 2006), S. 1.

19 Helen-Louise Hunter, *Kim Il-song's North Korea* (Westport, Conn.: Praeger, 1999), S. 27.

20 Martin, *Under the Loving Care of the Fatherly Leader*, S. 5.

21 Jung H. Pak, »Disoriented in the Orient: A U.S. Historian Goes Transnational«, in *Why We Write: The Politics and Practice of Writing for Social Change*, Hg. Jim Downs (New York: Routledge, 2006), S. 56.

22 Isabella Bird Bishop, *Korea and Her Neighbours: A Narrative of Travel, with an Account of the Recent Vicissitudes and Present Position of the Country* (1898; Nachdruck, Seoul: Yonsei University Press, 1970), S. 40.

23 Horace G. Underwood, »Korea's Crisis Hour«, *Korea Mission Field*, 15. September 1908.

24 Bishop, *Korea and Her Neighbours*, S. 43 f.

25 Carter J. Eckert, Ki-baik Lee, Young Ick Lew, Michael Robinson und Edward W. Wagner, *Korea Old and New: A History* (Cambridge, Mass.: Harvard University Press, 1990), S. 238.

26 Martin, *Under the Loving Care of the Fatherly Leader*, S. 14.

27 *Kim Il Sung: Condensed Biography* (Pyongyang: Foreign Languages Publishing House, 2001), S. 5.

28 Kim Il Sung, *With the Century* (Pyongyang: Korea Friendship Association, 2003), Kap. 1, http://www.korea-dpr.info/lib/202.pdf.

29 *Kim Il Sung: Condensed Biography,* S. 7.

30 Dae-sook Suh, *Kim Il Sung: The North Korean Leader* (New York: Columbia University Press, 1988), S. 5.

31 Ebd., S. 37 f.

32 Bruce Cumings, *Korea's Place in the Sun: A Modern History* (New York: W. W. Norton, 1997), S. 196.

33 Kim Il-sung, *With the Century*, Kap. 1.

34 Eckert u. a., *Korea Old and New*, S. 341.

35 James F. Schnabel, Policy and Direction: The First Year (Washington, D.C.: Center of Military History, United States Army, 1992), S. 11, https://history.army.mil/html/books/020/20-1/CMH_Pub_20-1.pdf.

36 Victor Cha, *The Impossible State: North Korea, Past and Future* (New York: HarperCollins, 2013), S. 70.

37 Cumings, *Korea's Place in the Sun*, S. 231–35.

38 Zitiert nach Paul J. Heer, *Mr. X and the Pacific: George F. Kennan and American Policy in East Asia* (Ithaca, N.Y.: Cornell University Press, 2018), S. 141.

39 Schnabel, *Policy and Direction*, S. 39.

40 Eckert u. a., *Korea Old and New*, S. 344.

41 Central Intelligence Agency, »The Korean War Controversy: An Intelligence Success or Failure?«, zuletzt aktualisiert am 25. Juni 2015, https://www.cia.gov/news-information/featured-story-archive/2015-featured-story-archive/korean-war-intelligence-success-or-failure.html.

42 Minnie Chan, »China's Korean War Veterans Still Waiting for Answers, 60 Years On«, SCMP, 28. Juli 2013.

43 David Halberstam, *The Coldest Winter: America and the Korean War* (New York: Hyperion, 2007), S. 631.

44 Cumings, *Korea's Place in the Sun*, S. 290–293. Siehe auch Schnabel, *Policy and Direction*, S. 288.

45 Charles K. Armstrong, »The Destruction and Reconstruction of North Korea, 1950–1960«, *Asia-Pacific Journal* 7 (16. März 2009), https://apjjf.org/-Charles-K.-Armstrong/3460/article.html.

46 Oberdorfer, *Two Koreas*, S. 9 f.

47 Walter G. Hermes, *Truce Tent and Fighting Front: United States Army in the Korean War* (Washington, D.C.: Center of Military History, United States Army, 1992), S. 501, https://history.army.mil/html/books/020/20-3/CMH_Pub_20-3.pdf.

48 Armstrong, »Destruction and Reconstruction of North Korea«.

49 *Military Situation in the Far East: Hearings before the Committee on Armed Services and the Committee on Foreign Relations, to Conduct an Inquiry into the Military Situation in the Far East and the Facts Surrounding the Relief of General of the Army Douglas MacArthur from His Assignments in That Area*, 82. Kongress, 1. Sitzung (Washington, D.C.: U.S. Government Printing Office, 1951), S. 82, https://babel.hathitrust.org/cgi/ptid=uc1.$b643205&view=1up &seq=11.

50 »G.I.s Tell of a U.S. Massacre in Korean War«, NYT, 30. September 1999.

51 Armstrong, »Destruction and Reconstruction of North Korea«.

52 Martin, *Under the Loving Care of the Fatherly Leader*, S. 91.

53 Sung-Yoon Lee, »Welcome to the Showdown over South Korea's Seoul«, *National Interest*, 5. November 2018.

54 Andrei Lankow, »Kim Takes Control: The ›Great Purge‹ in North Korea, 1956–1960«, *Korean Studies* 26, Nr. 1 (2002), S. 87–119, doi:10.1353/ks.2002.0010.

55 James Person, Hg., »New Evidence on North Korea in 1956«, *Cold War International History, Project Bulletin*, Heft 16, https://www.wilsoncenter.org/sites/default/files/CWIHPBulletin16_p51.pdf.

56 Andrei Lankow, *The Real North Korea: Life and Politics in the Failed Stalinist Utopia* (New York: Oxford University Press, 2015), S. 69.

57 Robert Collins, *Marked for Life: Songbun, North Korea's Social Classification System* (Washington D.C.: Committee for Human Rights in North Korea, 2012).

58 Helen-Louise Hunter, »The Society and Its Environment«, in *North Korea: A Country Study*, 5. Aufl., Hg. Robert L. Worden (Washington, D.C.: Library of Congress, Federal Research Division, 2008), S. 122.

59 Kang Chol-hwan und Pierre Rigoulot, *The Aquariums of Pyongyang: Ten Years in the North Korean Gulag* (New York: Basic Books, 2001), S. 4 f.

60 Hunter, *Kim Il-song's North Korea*, S.26.

61 Central Intelligence Agency, *North Korea: A Sociological Perspective*, Januar 1983, https://www.cia.gov/library/readingroom/document/cia-rdp84s00553r000100010001-7.

62 Hunter, *Kim Il-song's North Korea*, S.26 f.

63 Kang und Rigoulot, *Aquariums of Pyongyang*, S.5.

64 Cha, *Impossible State*, S.7.

65 Yeonmi Park, *In Order to Live: A North Korean Girl's Journey to Freedom* (New York: Penguin Press, 2015), S.49.

66 B.R. Myers, *The Cleanest Race: How North Koreans See Themselves – and Why It Matters* (Brooklyn, N.Y.: Melville House, 2010), S.47.

67 Christine Kim, »North Korea's Kim, the Second of His Line to Be Embalmed«, Reuters, 20. Dezember 2011.

68 Anna Fifield, »The Secret Life of Kim Jong Un's Aunt, Who Has Lived in the U.S. Since 1998«, WP, 27. Mai 2016.

69 Cha, *Impossible State,* S.188.

70 *Kim Jong Il: Brief History* (Pjöngjang: Foreign Languages Publishing House, 1998), S.1.

71 Ebd.

72 Ebd., S.1 f.

73 Paul Fischer, *A Kim Jong-Il Production: The Extraordinary True Story of a Kidnapped Filmmaker, His Star Actress, and a Young Dictator's Rise to Power* (New York: Flatiron Books, 2015), S.34.

74 Choe In Su, *Kim Jong Il: The People's Leader*, Bd. 1 (Pjöngjang: Foreign Languages Publishing House, 1983), S.46,75.

75 Park, *In Order to Live*, S.47.

76 Ebd.

77 Jae-Cheon Lim, *Kim Jong Il's Leadership of North Korea* (London und New York: Routledge, 2009), S.11 f.; siehe auch Kwang Joo Sohn, »Kim Jong Il's Birth and Growth«, *Daily NK,* 11. Februar 2005.

78 Suh, *Kim Il Sung*, S.51.

79 Kim, *With the Century*, Kap. 23.

80 Martin, *Under the Loving Care of the Fatherly Leader,* S.204.

81 Ebd., S.187.

82 John Cha and K. J. Sohn, *Exit Emperor Kim Jong-il: Notes from His Former Mentor* (Bloomington, Ind.: Abbott Press, 2012), S.17.

83 Martin, *Under the Loving Care of the Fatherly Leader,* S.208.

84 Lim, *Kim Jong Il's Leadership,* S.23 ff.

85 Ebd., S.23.

86 Ra Jong-yil, *Inside North Korea's Theocracy: The Rise and Sudden Fall of Jang Song-Thaek,* Übers. Jinna Park (Albany: State University of New York Press, 2019), S. 2.

87 Martin, *Under the Loving Care of the Fatherly Leader,* S. 196

88 Ebd.

89 Hunter, *Kim Il-song's North Korea,* S. 136 f.

90 Martin, *Under the Loving Care of the Fatherly Leader,* S. 216 f.

91 Fischer, *A Kim Jong-Il Production,* S. 42 f.

92 Lim, *Kim Jong Il's Leadership,* S. 27.

93 Lim Dong-won, *Peacemaker: Twenty Years of Inter-Korean Relations and the North Korean Nuclear Issue* (Stanford, Kalifornien: Walter H. Shorenstein Asia-Pacific Research Center, 2012), S. 64.

94 Hunter, *Kim Il-song's North Korea,* S. 133 f.

95 Lim, *Kim Jong Il's Leadership,* S. 23 ff.

96 Martin, *Under the Loving Care of the Fatherly Leader,* S. 195.

97 Ra, *Inside North Korea's Theocracy,* S. 2.

98 Central Intelligence Agency, *The North Korean Succession: An Intelligence Assessment,* Oktober 1978, https://www.cia.gov/library/readingroom/document/cia-rdp81b00401r002100110012-7.

99 Ebd.

100 Ebd.

101 Peter Maass, »The Last Emperor«, *New York Times Magazine,* 19. Oktober 2003.

102 Central Intelligence Agency, *North Korea: The Dynasty Takes Shape,* 3. März 1982, https://www.cia.gov/library/readingroom/document/cia-rdp08s02113r000100210001-5.

103 Andrei Lankow, *North of the DMZ: Essays on Daily Life in North Korea* (Jefferson, N.C.: McFarland, 2007), S. 82 f.

104 Ebd.

105 Cha und Sohn, *Exit Emperor Kim Jong-il,* S. 28 ff.

106 Mark Savage, »Kim Jong-il: The Cinephile Despot«, BBC News, 19. Dezember 2011.

107 »Choi Eun-Hee: South Korean Actress Who Was Kidnapped by North Dies«, BBC News, 17. April 2018.

108 Barbara Demick, »Secret Tape Recordings of Kim Jong Il Provide Rare Insight into the Psyche of His North Korean Regime«, LAT, 27. Oktober 2016.

109 Fischer, *A Kim Jong-Il Production,* S. 273.

110 Ebd.

111 Cha, *Impossible State,* S. 53.

112 Central Intelligence Agency, *North Korean Military Capabilities and Intentions: A Special National Intelligence Estimate,* 23. Mai 1979, https://www.cia.gov/library/readingroom/docs/DOC_0001171647.pdf.

113 Ebd.

114 Ebd.

115 Zitiert nach Max Boot, *Invisible Armies: An Epic History of Guerrilla Warfare from Ancient Times to the Present* (New York: Liveright, 2013), S. xxiii.

116 Samuel Huntington, *The Clash of Civilizations and the Remaking of World Order* (New York: Simon & Schuster, 1996), S. 187 f.

117 National Intelligence Council memorandum, *North Korea: Likely Response to Economic Sanctions,* 10. Dezember, 1991, https://www.cia.gov/library/readingroom/docs/DOC_0005380437.pdf.

118 Jonathan Pollack, *No Exit: North Korea, Nuclear Weapons and International Security* (New York: Routledge, 2011), S. 53 ff.

119 Joel Wit, Daniel Poneman, und Robert Gallucci, *Going Critical: The First North Korean Nuclear Crisis* (Washington, D.C.: Brookings Institution Press, 2004), S. 38; National Intelligence Council, *Foreign Missile Developments and the Ballistic Missile Threat to the United States through 2015,* September 1999, https://www.dni.gov/files/documents/Foreign%20Missile%20 Developments_1999.pdf.

120 Kevin Sullivan, »N. Korea Has A-Weapons, Defector Quoted as Saying«, WP, 23. April 1997.

121 National Intelligence Council, *Foreign Missile Developments and the Ballistic Missile Threat.*

122 Kevin Sullivan, »N. Korea Admits Selling Missiles«, WP, 17. Juni 1998.

123 Jang Jin-sung, *Dear Leader: My Escape from North Korea, Übers. Shirley Lee* (New York: Atria Books, 2014), S. 111 f..

124 Lim, *Kim Jong Il's Leadership,* S. 100.

125 Ra, *Inside North Korea's Theocracy,* S. 16.

126 Martin, *Under the Loving Care of the Fatherly Leader,* S. 686.

127 Ebd., S. 686 ff.

128 Cha und Sohn, *Exit Emperor Kim Jong-il,* S. 34.

129 Jenny Lee, »Death of North Korea's Onetime Heir Sheds Light on Secretive Kim Dynasty«, VOA News, 17. Februar 2017.

130 Kim Hakjoon, *Dynasty: The Hereditary Succession Politics of North*

Korea (Stanford, Kalifornien: Walter H. Shorenstein Asia-Pacific Research Center, 2015), S.109.

131 Ralph Hassig and Kongdan Oh, *The Hidden People of North Korea: Everyday Life in the Hermit Kingdom* (Lanham, Md.: Rowman & Littlefield, 2009), S.50f.

132 Martin, *Under the Loving Care of the Fatherly Leader,* S.688.

133 Ebd.

134 Cha and Sohn, *Exit Emperor Kim Jong-il,* S.36.

135 Martin, *Under the Loving Care of the Fatherly Leader,* S.689.

136 Kim, *Dynasty,* S.109.

137 Ebd., S.109 ff.; Lee, »Death of North Korea's Onetime Heir«.

138 Kim Yo-jong's Geburtsjahr findet sich hier: U.S. Treasury Department, »North Korea Designations«, Office of Foreign Assets Control, Special Designated Nationals List Update, 11. Januar 2017, https://www.treasury.gov/resource-center /sanctions/OFAC-Enforcement/Pages/20170111.aspx.

139 Cumings, *Korea's Place in the Sun,* 177; siehe auch Tai-hwan Kwon, »International Migration of Koreans and the Korean Community in China«, *Korea Journal of Population and Development* 26, Nr. 1 (Juli 1997): 6, http://s-space.snu.ac.kr /bitstream /10371 /85280/ 1/1.INTERNATIONAL_MIGRATION _OF _KOREANS _AND_ THE_KOREAN_COMMUNITY_IN _CHINA %5 DTAI -HWAN%20 KWON.pdf.

140 Lee, »Death of North Korea's Onetime Heir«.

141 Kim, *Dynasty,* S.110.

142 Ebd., S.110 f.

143 »Kim Jong-Nam Says N. Korean Regime Won't Last Long«, *Chosun Ilbo,* 7. Januar 2012.

144 Kim, *Dynasty,* S.144.

145 Ebd., S.145

146 Ra, *Inside North Korea's Theocracy,* S.139.

147 Kim, *Dynasty,* S.146.

148 Choe Sang-Hun, »Book Explores Kim Jong Un's Feelings about His Mother, and Other Family Tales«, NYT, 24. Mai 2018.

149 James Pearson, »Wonderful Tonight: Taking Kim Jong Un's Brother to a Clapton Concert«, Reuters, 3. Februar 2017.

150 Fifield, »The Secret Life of Kim Jong Un's Aunt«.

151 Kim, *Dynasty,* S.145 ff.

152 Allan Hall, »›He Couldn't Speak English, Didn't Pass Any Exams and

Was Obsessed with Basketball and Computer Games‹: Kim Jong Un's Swiss School Days Revealed«, *Daily Mail,* 22. Dezember 2011.

153 Andrew Higgins, »Who Will Succeed Kim Jong Il?«, WP, 16. Juli 2009; Anna Fifield, *The Great Successor: The Divinely Perfect Destiny of Brilliant Comrade Kim Jong Un* (New York: PublicAffairs, 2019), S. 58 f.

154 Higgins, »Who Will Succeed Kim Jong Il?«

155 Ra, *Inside North Korea's Theocracy,* S. 139.

156 Keir Simmons, Amy Perrette, Serena Tinari, and Stella Kim, »Trump Can Win over Kim Jong Un by Appealing to Sense of Humor, Teacher Says«, NBC News, 11. Juni 2018.

157 Fifield, »The Secret Life of Kim Jong Un's Aunt«.

158 Kim, *Dynasty,* S. 147.

159 Fifield, »The Secret Life of Kim Jong Un's Aunt«.

160 Cha, *Impossible State,* S. 188.

161 Sandra Fahy, *Marching through Suffering: Loss and Survival in North Korea* (New York: Columbia University Press, 2015), S. 106.

162 Ebd., S. 11.

163 Stephan Haggard und Marcus Noland, *Hunger and Human Rights: The Politics of Famine in North Korea* (Washington, D.C.: U.S. Committee for Human Rights in North Korea, 2005), 14, https://www.researchgate.net/publication /40904797 _Hunger_and_Human_Rights_The_Politics_of_Famine_in _North _Korea.

164 Cha, *Impossible State,* S. 355.

165 Fahy, *Marching through Suffering,* S. 10.

166 Haggard und Noland, *Hunger and Human Rights,* S. 14.

167 Ebd., S. 8.

168 Ebd., S. 28.

169 Fahy, *Marching through Suffering,* S. 40.

170 Ebd., S. 120.

171 Amnesty International, »Starving North Koreans Forced to Survive on Diet of Grass and Tree Bark«, 15. Juli 2010.

172 Fahy, *Marching through Suffering,* S. 83.

173 Ebd., S. 71.

174 Barbara Demick, *Nothing to Envy: Ordinary Lives in North Korea* (New York: Spiegel & Grau, 2009), S. 169.

175 Fahy, *Marching through Suffering,* S. 53.

176 Terry Atlas, »CIA Director Fears N. Korea's Collapse, New War«, *Chicago Tribune,* 12. Dezember 1996.

177 Mary Jordan, »Speculation Grows on Demise of N. Korea«, WP, 6. April 1996.

178 Central Intelligence Agency, *Exploring the Implications of Alternative North Korean Endgames: Results from a Discussion Panel on Continuing Coexistence between North and South Korea,* Intelligence Report, 21. Januar 1998, https://www.cia.gov /library/readingroom/docs/DOC_0001085294.pdf.

179 Kim, *Dynasty,* S.147.

180 Ebd., S.155.

181 »Kim Jong-Un Attends North Korean Military Parade«, *The Guardian,* 10. Oktober 2010.

182 Chico Harlan, »North Korean Ruler and Heir Attend Parade«, WP, 11. Oktober 2010.

183 »N. Korean Official: Nation Will Serve Kim Jong Un«, NPR, 8. Oktober 2010.

184 Mark Bowden, »Understanding Kim Jong Un, the World's Most Enigmatic and Unpredictable Dictator«, *Vanity Fair,* März 2015.

185 The White House, The President's State of the Union Address, 29. Januar 2002, https://georgewbush-whitehouse.archives.gov/news/releases/2002/01/20020129-11.html.

186 Mary-Beth Nikitin, »North Korea's Nuclear Weapons: Technical Issues«, Congressional Research Service Report for Congress, RL34256, 3. April 2013, https://fas.org/sgp/crs/nuke /RL34256.pdf.

187 R. Jeffrey Smith, »Perry Sharply Warns North Korea«, WP, 31. März 1994.

188 Oberdorfer, *Two Koreas,* 306; siehe auch: Jamie McIntyre, »Washington Was on Brink of War with North Korea 5 Years Ago«, CNN, 4. Oktober 1999.

189 Oberdorfer, *Two Koreas,* S.313.

190 Ebd., S.328f.

191 Cha, *Impossible State,* S.254f.

192 Myers, *Cleanest Race,* S.51.

193 »N. Korea Withdraws from Nuclear Pact«, BBC News, 10. Januar 2003.

194 Eric Schmitt, »North Korea MIG's Intercept U.S. Jet on Spying Mission«, NYT, 4. März 2003.

195 Nikitin, »North Korea's Nuclear Weapons«, S.4.

196 Volltext des *Joint Statement* der Sechsparteiengespräche vom 19. September 2005 unter https://www.ncnk.org/resources publications/September_19_2005_Joint_Statement.doc.

197 U.S. Department of the Treasury, »Treasury Designates Banco Delta Asia as Primary Money Laundering Concern under USA Patriot Act«, 15. September 2005, https://www.treasury.gov/press-center/press-releases/Pages/js2720.aspx.

198 »North Korea Missile Tests – a Timeline«, CBS News, 6. September 2017.

199 Sue Mi Terry, »North Korea's Strategic Goals and Policy towards the United States and South Korea«, *International Journal of Korean Studies* 17, Nr. 2 (Herbst 2013), http://www.icks.org/data/ijks/1482461379_add_file_3.pdf.

200 Kim, *Dynasty,* S.148.

201 Ebd., S.168.

202 Quoted in Emma Chanlett-Avery and Sharon Squassoni, »North Korea's Nuclear Test: Motivations, Implications, and U.S. Options«, Congressional Research Service Report for Congress, RL33709, 24. Oktober 2006, https://fas.org/sgp /crs/nuke/RL33709.pdf.

203 »North Korea Claims Nuclear Test«, BBC News, 9. Oktober 2006.

204 Chanlett-Avery and Squassoni, »North Korea's Nuclear Test«.

205 Terry, »North Korea's Strategic Goals«, S.71.

206 »North Korea Says Its Nuclear Weapons State Status Will Remain Unchanged«, *BBC Monitoring Asia Pacific,* 17. Januar 2009.

207 Choe Sang-Hun, »North Korea Says It Tested Nuclear Device«, NYT, 25. Mai 2009.

208 Glenn Kessler, »During Visit by Bill Clinton, North Korea Releases American Journalists«, WP, 5. August 2009.

209 Cha, *Impossible State,* S.388.

210 Jack Kim and Lee Jae-won, »North Korea Shells South in Fiercest Attack in Decades«, Reuters, 23. November 2010.

211 David Sanger, »North Koreans Unveil New Plant for Nuclear Use«, NYT, 20. November 2010.

212 Mark Manyin, »Kim Jong-il's Death: Implications for North Korea's Stability and U.S. Policy«, Congressional Research Service Report for Congress, R42126, 11. Januar 2012, https://fas.org/sgp/crs/row/R42126.pdf; Ian E. Rinehart, Steven A. Hildreth, und Susan V. Lawrence, »Ballistic Missile Defense in the Asia-Pacific Region: Cooperation and Opposition«, Congressional Research Service Report for Congress, R43116, 3. April 2015, https://fas.org/sgp/crs/nuke/R43116.pdf.

213 »North Korean TV Shows Young Kim Threatening War in 2009«, *The*

Journal, 8. Januar 2012, http://www.thejournal.ie/north-korean-tv-shows-young-kim-threatening-war-in-2009-323104-Jan2012/#slide-slideshow3. (zuletzt aufgerufen am 9. Mai 2020)

214 Jack Kim and Sung-won Shim, »North Korea Calls for ›Human Shields‹ to Protect New Leader«, Reuters, 31. Dezember 2011.

215 »Report: Kim Jong Un Won't ›Last Long‹, Half-Brother Says«, NBC News, 17. Januar 2012.

216 Ernesto Londoño, »North Korean Leader Kim Jong Un Offers Many Faces, Many Threats«, WP, 13. April 2013.

217 Barbara Demick and Jung-yoon Choi, »North Korea Satellite Launch Fails Quickly after Liftoff«, LAT, 13. April 2012.

218 Jonathan Marcus, »New ICBM Missiles at North Korea Parade ›Fake‹«, BBC News, 27. April 2012; Jeffrey Lewis und John Schilling, »Real Fake Missiles: North Korea's ICBM Mockups Are Getting Scary Good«, 38 North, 4. November 2013.

219 Choe Sang-Hun, »North Korean Leader Stresses Need for Strong Military«, NYT, 15. April 2012.

220 Chico Harlan, »New North Korean Leader Kim Jong Eun Speaks Publicly for First Time,« WP, 15. April 2012.

221 Choe Sang-Hun und David Sanger, »North Koreans Launch Rocket in Defiant Act«, NYT, 11. Dezember 2012.

222 James R. Clapper, Director of National Intelligence, »Statement for the Record. Worldwide Threat Assessment of the US Intelligence Community«, Senate Committee on Armed Services, 18. April 2013, https://www.dni.gov/files/documents/Intelligence%20Reports/UNCLASS_2013%20ATA%20SFR%20FINAL%20for%20SASC%20 18%20Apr%202013.pdf. (zuletzt aufgerufen am 9. Mai 2020)

223 Leon Watson, »We ARE a Nuclear Power: North Korea's Chilling Claim in New Constitution«, *Daily Mail,* 31. Mai 2012.

224 Will Ripley und Mariano Castillo, »Report: North Korea Tests Ballistic Missile«, CNN, 9. Mai 2015.

225 »Kim Jong Un's Media Moments«, CBS News, verschiedene Daten, https://www.cbsnews.com/pictures/kim-jong-un-media-moments/2/. (zuletzt aufgerufen am 9. Mai 2020)

226 Ebd.

227 U.S. Office of the Secretary of Defense, »Report to Congress: Military and Security Developments Involving the Democratic People's Republic of Korea«, 2017, https://fas.org/irp/world/dprk/dod-2017.pdf. (zuletzt aufgerufen am 9. Mai 2020)

228 Barbara Demick, »North Korea Has Long Put Weapons Ahead of Food for Its People«, LAT, 13. April 2012.

229 »N.K. Leader Watches Rocket Firing Contest, Combat Flight Drill«, Yonhap News Agency, 21. Dezember 2016.

230 U.S. Office of the Secretary of Defense, »Military and Security Developments Involving the Democratic People's Republic of Korea«.

231 Ebd.

232 Ebd.

233 Ebd.

234 Choe Sang-Hun, »North Korea Threatens South with Military Action«, NYT, 23. April 2012.

235 Bonnie Berkowitz, Laris Karklis, Tim Meko, »What Is North Korea Trying to Hit?«, WP, 25. Juli 2017.

236 »North Korea Suspends Works at Kaesong Industrial Zone«, BBC News, 8. April 2013.

237 Choe Sang-Hun, »U.S. and South Korea Put Forces on Alert for Missile Test by North«, NYT, 11. April 2013.

238 Ebd.

239 Center for Strategic and International Studies, »Musudan at a Glance«, zuletzt geändert am 15. Juni 2018, https://missilethreat.csis.org/ missile/musudan/. (zuletzt aufgerufen am 9. Mai 2020)

240 Bill Gertz, »On the Border: China Confirms Military Exercises near N. Korean Border«, *The Washington Free Beacon,* 8. April 2013.

241 Center for Strategic and International Studies, »Musudan at a Glance«.

242 Jack Kim, »South Korea Extending Ballistic Missile Range to Counter North's Threat«, Reuters, 3. April 2014.

243 Londoño, »Kim Jong Un Offers Many Faces, Many Threats«.

244 Heuer, *Psychology of Intelligence Analysis,* S.1.

245 Jon Schwarz, »Trump Intel Chief: North Korea Learned from Libya War to ›Never‹ Give Up Nukes«, *The Intercept,* 29. Juli 2017.

246 Peter Beaumont und Chris Stephen, »Gaddafi's Last Words as He Begged for Mercy: ›What Did I Do to You?‹«, *The Guardian,* 22. Oktober 2011.

247 Schwarz, »Trump Intel Chief«.

248 Adam Cathcart, »Kim Jong-un Syndrome: North Korean Commemorative Culture and the Succession Process«, in *Change and Continuity in North Korean Politics*, hg. von Adam Cathcart, Robert Winstanley-Chesters und Christopher Green (London: Routledge, 2017), S.13.

249 Suzy Kim, »Specters of War in Pyongyang: The Victorious Fatherland Liberation War Museum in North Korea«, Cross-Currents: East Asian History and Culture Review, E-Journal Nr. 14 (März 2015), S.145, https://cross-currents.berkeley.edu/sites/default/files/e-journal/articles/s._kim.pdf.

250 Jean H. Lee, »For North Koreans, the War Never Ended«, *Wilson Quarterly*, Frühjahr 2017, https://wilsonquarterly.com/quarterly/trump-and-a-watching-world/for-north-koreans-the-war-never-ended/.

251 Kim, »Specters of War in Pyongyang«, S.145.

252 Cathcart, »Kim Jong-un Syndrome«, S.15.

253 Choe Sang-Hun und Martin Fackler, »North Korea's Heir Apparent Remains a Mystery«, NYT, 14. Juni 2009.

254 »North Korea Propaganda Slogans Urge ›Socialist Fairyland‹«, BBC News, 12. Februar 2015.

255 Megan Willett, »North Korea Releases Photos of Colorful New Water Park in Pyongyang«, *Business Insider*, 17. Oktober 2013.

256 Tongil Tours, aufgerufen am 26. September 2018, https://tongiltours.com/travel-guide/pyongyang/attractions/mirim-riding-club.

257 »New DPRK Site Spotted: Mirim Equestrian Riding Club«, Uri Tours, aufgerufen am 26. September 2018, https://www.uritours.com/blog/new-dprk-site-spotted-mirim-equestrian-riding-club/.

258 Oliver Wainwright, »The Pyonghattan Project: How North Korea's Capital Is Transforming into a ›Socialist Fairyland‹«, *The Guardian*, 11. September 2015.

259 Kim Wall, »A Tourist in North Korea«, *The Atlantic*, 30. Oktober 2014.

260 Mike Firn, »British Diplomat Takes Roller Coaster Ride with North Korea's Leader Kim Jong-un«, *The Telegraph*, 2. August 2012.

261 Wainwright, »Pyonghattan Project«.

262 Rüdiger Frank, »North Korea's Economic Policy in 2018 and Beyond: Reforms Inevitable, Delays Possible«, 38 North, 8. August 2018, https://www.38north.org/2018/08/rfrank080818/; siehe auch Elizabeth Shim, »North Korea Legalizing Marketplaces to ›Manage‹ Population«, UPI, 29. März 2017.

263 Wall, »A Tourist in North Korea.«

264 Wainwright, »Pyonghattan Project.«

265 Ju-min Park und James Pearson, »In Kim Jong Un's Summer Retreat, Fun Meets Guns«, Reuters, 10. Oktober 2017.

266 Ebd.

267 Christopher Green, »Wrapped in a Fog: On the DPRK Constitution

and the Ten Principles«, in *Change and Continuity in North Korean Politics*, hg. von Adam Cathcart, Robert Winstanley-Chesters und Christopher Green (London: Routledge, 2017), S. 25.

268 World Report 2019, Human Rights Watch, aufgerufen am 12. September 2019, https://www.hrw.org/sites/default/files/world_report_download/hrw_world_report_2019.pdf.

269 Christopher Richardson, »Hagiography of the Kims and the Childhood of Saints«, in *Change and Continuity in North Korean Politics*, hg. von Adam Cathcart, Robert Winstanley-Chesters und Christopher Green (London: Routledge, 2017), S. 123.

270 »N. Korean TV Shows Childhood Photos of Kim Jong-un«, *Chosun Ilbo*, 23. April 2014.

271 Richardson, »Hagiography of the Kims«, S. 123.

272 Wainwright, »Pyonghattan Project.«

273 »North Korea's Economic Policy in 2018 and Beyond.«

274 Anna Fifield, »Life under Kim Jong Un«, WP, 18. November 2017, https://www.washingtonpost.com/graphics/2017/world/north-korea-defectors/?utm_term=.2be15641e8f4.

275 Ebd.

276 Ebd.

277 Demick, *Nothing to Envy*, S. 61f.

278 John Everard, *Only Beautiful, Please: A British Diplomat in North Korea* (Stanford, Kalif.: Walter H. Shorenstein Asia-Pacific Research Center, 2012), S. 94.

279 Park, *In Order to Live*, S. 50.

280 Demick, *Nothing to Envy*, S. 172.

281 Jieun Baek, *North Korea's Hidden Revolution: How the Information Underground Is Transforming a Closed Society* (New Haven, Conn.: Yale University Press, 2016), S. 69 ff.

282 Ebd., S. 71.

283 William A. Brown, »North Korea's Economic Strategy, 2018«, in *A Whirlwind of Change in East Asia: Assessing Shifts in Strategy, Trade, and the Role of North Korea*, Bd. 29, *Joint U.S.-Korea Academic Studies*, hg. von Gilbert Rozman (Washington, D.C.: Korea Economic Institute, 2018), S. 326 ff, http://www.keia.org/sites/default/files/publications/kei_jointus-korea_2018_180801_final_digital.pdf.

284 Shim, »North Korea Legalizing Marketplaces.«

285 Everard, *Only Beautiful, Please*, S. 100.

286 Robert E. Kelly, »A New Economy for North Korea«, *Centre for Inter-*

national Governance Innovation, 3. August 2018, https://www.cigi-online.org/articles/new-economy-north-korea.

287 Aussage von Ex-Minister Thae Yong-ho, Auswärtiger Ausschuss des US-Repräsentantenhauses, 1. November 2017, https://docs.house.gov/meetings/FA/FA00/20171101/106577/HHRG115-FA00-Wstate-Yong-hoT-20171101.pdf.

288 Shim, »North Korea Legalizing Marketplaces«; Baek, *North Korea's Hidden Revolution*, S. 38.

289 Park, *In Order to Live*, S. 58.

290 Daniel Tudor und James Pearson, *North Korea Confidential: Private Markets, Fashion Trends, Prison Camps, Dissenters and Defectors* (Tokio: Tuttle Publishing, 2015), S. 37.

291 Jean H. Lee, »Soap Operas and Socialism: Dissecting Kim Jong-un's Evolving Policy Priorities through TV Dramas in North Korea«, Korea Economic Institute Academic Paper Series, 30. November 2017, http://www.keia.org/sites/default/files/publications/lee_soap_operas_and_socialism.pdf.

292 Baek, *North Korea's Hidden Revolution*, S. 54 f.

293 Ebd., S. 59.

294 Fifield, »Life under Kim Jong Un.«

295 Ebd.

296 Baek, *North Korea's Hidden Revolution*, S. 70.

297 United Nations, »2019 DPR Korea: Needs and Priorities«, 6. März 2019, https://www.undp.org/content/dam/unct/dprk/docs/DPRK_NP_2019_Final.pdf.

298 Der vollständige Text der Rede vom 1. Janauar 2014 findet sich unter https://www.ncnk.org/resources/publications/kju-ny2014.pdf/file_view.

299 Ra, *Inside North Korea's Theocracy*, S. 29.

300 Der vollständige Text in Tin Chad O'Carroll, »North Korea Executes ›Traitor‹ Jang Song Thaek«, NK News, 12. Dezember 2013, https://www.nknews.org/2013/12/north-korea-executes-jang-song-thaek-for-factionalism/.

301 Ra, *Inside North Korea's Theocracy*, S. 165.

302 Choe Sang-Hun, »In Hail of Bullets and Fire, North Korea Killed Official Who Wanted Reform«, NYT, 12. März 2016.

303 Nicholas Eberstadt, »North Korea Could Be in Store for a Purge – and Destabilization«, WP, 13. Dezember 2013.

304 Lankov, *Real North Korea*, S. 154.

305 »Pyongyang Recalls Senior Official«, Daily NK, 31. Dezember 2013.

306 Shin Hyon-hee, »N.K. Seen Spurring Leadership Shakeup«, *The Korea Herald*, 6. Januar 2014.

307 »N. Korea Purges 340 during 5-Year Rule of Kim Jong-un: Think Tank«, Yonhap News Agency, 29. Dezember 2016.

308 Chico Harlan, »North Korea Names Kim Jong Un ›Marshal‹ of the Military«, WP, 18. Juli 2012.

309 Choe Sang-Hun und David Sanger, »Korea Execution Is Tied to Clash over Businesses«, NYT, 23. Dezember 2013.

310 Ra, *Inside North Korea's Theocracy*, S.163.

311 Dick K. Nanto, »North Korean Counterfeiting of U.S. Currency«, Congressional Research Service Report for Congress, RL33324, 12. Juni 2009, https://fas.org/sgp/crs/row/RL33324.pdf.

312 Justin V. Hastings, *A Most Enterprising Country: North Korea in the Global Economy* (Ithaca, N.Y.: Cornell University Press, 2016), S.10ff.

313 Sheena Chestnut Greitens, *Illicit: North Korea's Evolving Operations to Earn Hard Currency* (Washington, D.C.: Committee for Human Rights in North Korea, 2014), https://www.hrnk.org/uploads/pdfs/SCG-FINAL-FINAL.pdf.

314 Carol Morello, »U.N. Caps N. Korean Coal Sales in Bid to Deprive It of Hard Currency after Nuclear Tests«, WP, November 30, 2016.

315 »N.K. Mineral Resources May Be Worth $ 9.7 Trillion«, *The Korea Herald*, 26. August 2012; siehe auch Leonid Petrov, »Rare Earths Bankroll North Korea's Future«, *Asia Times*, 8. August 2012.

316 U.S. Mission to the United Nations, »Fact Sheet: Resolution 2371 (2017) Strengthening Sanctions on North Korea«, 5. August 2017, https://usun.usmission.gov/fact-sheet-resolution-2371-2017-strengthening-sanctions-on-north-korea/?_ga=2.127536526.220785168.1569552870-707405175.1564779131.

317 U.S. Mission to the United Nations, »Fact Sheet: Resolution 2397 on North Korea«, 22. Dezember 2017, https://usun.usmission.gov/fact-sheet-un-security-council-resolution-2397-on-north-korea/?_ga=2.15513014.1072312274.1569553067-221063855.15688330 43.

318 Suki Kim, *Without You, There Is No Us: My Secret Life Teaching the Sons of North Korea's Elite* (London: Rider Books, 2015), S.101.

319 United Nations, Report of the Detailed Findings of the Commission of Inquiry on Human Rights in the Democratic People's Republic of Korea, 7. Februar 2014, S.203, https://www.ohchr.org/EN/HRBo-

dies/HRC/CoIDPRK/Pages/ReportoftheCommissionofInquiryDPRK.aspx.

320 Robert Collins, *Pyongyang Republic: North Korea's Capital of Human Rights Denial* (Washington, D.C.: Committee for Human Rights in North Korea, 2016), S. 71 u. 73, https://www.hrnk.org/uploads/pdfs/Collins_PyongyangRepublic_FINAL_WEB.pdf.

321 Hyonhee Shin, »North Korea Bought at Least $640 Million in Luxury Goods from China in 2017, South Korea Lawmaker Says«, Reuters, 22. Oktober 2018.

322 United Nations, Report of the Detailed Findings of the Commission of Inquiry, S. 203.

323 United Nations, Report of the Panel of Experts Established Pursuant to Resolution 1874 (2009), 27. Februar 2017, https://www.undocs.org/S/2017/150; United Nations, Report of the Panel of Experts Established Pursuant to Resolution 1874 (2009), 30. August 2019, https://undocs.org/S/2019/691.

324 Colin Zwirko und Oliver Hotham, »High-End Appliances, Watches on Sale at Recently-Renovated N. Korean Dept. Store«, NK News, 16. April 2019.

325 Ken E. Gause, *North Korean House of Cards: Leadership Dynamics under Kim Jong-un* (Washington, D.C.: Committee for Human Rights in North Korea, 2015), S. 68 f.; Chico Harlan, »N. Korea Says It Executed Leader's Uncle«, WP, 12. Dezember 2013.

326 Zitiert in Ra, *Inside North Korea's Theocracy*, S. 157.

327 Lee Young-jong und Kang Jin-kyu, »Pyongyang Purges More Jang Song Thaek Loyalists«, *Korea JoongAng Daily*, 1. Dezember 2014.

328 Kim Jong Un, »Let Us Hasten the Final Victory through a Revolutionary Ideological Offensive«, Achte Konferenz der ideologischen Arbeiter der Koreanischen Partei der Arbeit, 27. Februar 2014, https://www.ncnk.org/resources/publications/let-us-hasten-final-victory-through-revolutionary-ideological-offensive.pdf.

329 »Kim Jong Un Supervises KPAN Swim Test and Inspects Hwa Islet«, North Korea Leadership Watch, 2. Juli 2014, http://www.nkleadershipwatch.org/2014/07/02/kim-jong-un-supervises-kpan-swim-test-and-inspects-hwa-islet/.

330 »Kim Jong-un Sends Navy Officers for a Swim«, Chosun Ilbo, 3. Juli 2014.

331 »North Korean Leader Flays Officials during Amusement Park Visit«, BBC Monitoring Asia Pacific, 10. Mai 2012, aufgerufen über LexisNexis.

332 »North Korean Minister Offers Apology over Building Collapse to Bereaved Families«, BBC Monitoring Asia Pacific, 18. Mai 2014, aufgerufen über LexisNexis.

333 »North Korean Leader Flays Officials' Incompetence during Terrapin Farm Visit«, BBC Monitoring Asia Pacific, 19. Mai 2015, aufgerufen über LexisNexis.

334 Kang Mi Jin, »Terrapin Farm Manager Executed Post Onsite Visit«, *Daily NK*, 7. Juli 2015.

335 Simon Denyer, »North Korea Slams U.S. over Internet Shutdown, Calls Obama a ›Monkey‹«, WP, 27. Dezember 2014.

336 Tania Branigan, »North Korea Labels South's President as ›Crafty Prostitute‹ after Obama Visit«, *The Guardian*, 27. April 2014.

337 Jane Perlez, »North Korean Leader, Young and Defiant, Strains Ties with Chinese«; NYT, 13. April 2013.

338 Julian Ryall, »Kim Jong-un ›Ordered Girl Group Home over Chinese Snub‹«, *The Telegraph*, 14. Dezember 2015.

339 »›I Love Him‹, Dennis Rodman Says of North Korean Leader Kim Jong Un«, NPR, 28. Februar 2013; Fifield, Kim, Kapitel 11.

340 Ebd.

341 Peter Walker, »Dennis Rodman Gives Away Name of Kim Jong-un's Daughter«, *The Guardian*, 9. September 2013.

342 Curtis Melvin, »Identifying the Ibiza of N. Korea: Where Kim Jong Un Met Rodman«, NK News, 21. Oktober 2013.

343 Heuer, *Psychology of Intelligence Analysis*, S. 33.

344 »What Do We Know about Kim Jong Un? Very Little. That Makes This Guy an Expert«, WP, 8. Januar 2016.

345 David Hawk und Amanda Mortwedt Oh, *The Parallel Gulag: North Korea's ›An-jeon-bu‹ Prison Camps* (Washington, D.C.: Committee for Human Rights in North Korea, 2017), V, S. 57, https://www.hrnk.org/uploads/pdfs/Hawk_The_Parallel_Gulag_Web.pdf.

346 United Nations, Report of the Detailed Findings of the Commission of Inquiry, S. 365.

347 Ebd., S. 232.

348 Hyeonseo Lee, *The Girl with Seven Names* (London: William Collins, 2015), S. 67.

349 Ebd., S. 66.

350 United Nations, Report of the Detailed Findings of the Commission of Inquiry, S. 215.

351 Ebd., S. 220.

352 Ebd., S. 228 f.

353 Ebd., S. 228.

354 Ebd., S. 229.

355 Kang, Aquariums of Pyongyang, S. 73.

356 »Report: Inquiry on Crimes against Humanity in North Korean Prison Camps«, War Crimes Committee of the International Bar Association, 12. Dezember 2017, https://www.ibanet.org/Article/New-Detail.aspx?ArticleUid=8aeof29d-4283-4151-a573-a66b2c1ab480.

357 U.S. Department of the Treasury, »Treasury Sanctions North Korean Senior Officials and Entities Associated with Human Rights Abuses«, Presseerklärung, 6. Juli 2016, https://www.treasury.gov/press-center/press-releases/Pages/jl0506.aspx.

358 U.S. Treasury Department, »Treasury Sanctions Additional North Korean Officials and Entities in Response to the North Korean Regime's Serious Human Rights Abuses and Censorship Activities«, Presseerklärung, 11. Januar 2017, https://www.treasury.gov/press-center/press-releases/Pages/jl0699.aspx.

359 Collins, Pyongyang Republic, S. 28.

360 Gause, North Korean House of Cards, siehe Teil 2, Kapitel 7.

361 Sheena Chestnut Greitens, Dictators and Their Secret Police: Coercive Institutions and State Violence (Cambridge: Cambridge University Press, 2016), S. 25.

362 Lee, Girl with Seven Names, S. 38.

363 Paul Fischer, »North Korea's Fear of Hollywood«, NYT, 4. Juli 2014.

364 Martina Stewart, »Activist to Drop 100,000 Copies of ›The Interview‹ on North Korea by Balloon«, WP, 31. Dezember 2014.

365 Katie Engelhart, »Former North Korean Poet Laureate Says ›The Interview‹ Is as Explosive as a Real Bomb Being Dropped on Kim Jong-un«, Vice News, 2. Januar 2015.

366 Martyn Williams, »Kim Jong Un Tries Out Virtual Reality«, North Korea Tech, 2. April 2018.

367 Marc Prensky, »Digital Natives, Digital Immigrants«, https://www.marcprensky.com/writing/Prensky%20-%20Digital%20Natives,%20Digital%20Immigrants%20-%20Part1.pdf, Oktober 2001.

368 Amanda Hess, »Inside the Sony Hack«, Slate, November 22, 2015.

369 Ju-min Park, »North Korea Slams U.S. Movie on Leader Assassination Plot«, Reuters, 25. Juni 2014.

370 Choe Sang-Hun, »North Korea Warns U.S. over Film Mocking Its Leader«, NYT, 25. Juni 2014.

371 »North Korea Threatens War on US over Kim Jong-un Movie«, BBC News, 26. Juni 2014.

372 Kim Zetter, »Sony Got Hacked Hard: What We Know and Don't Know So Far«, *Wired*, 3. Dezember 2014.

373 Alexandra Alter, »North Korea's Love-Hate of Movies«, NYT, 31. Dezember 2014, https://www.nytimes.com/2015/01/01/business/media/a-kim-jong-il-production-looks-at-north-koreas-film-past.html.

374 Ebd.

375 David Sanger, *The Perfect Weapon: War, Sabotage, and Fear in the Cyber Age* (New York: Crown, 2018), S. 127.

376 Hess, »Inside the Sony Hack«.

377 Ebd.

378 Brooks Barnes und Nicole Perlroth, »Sony Films Are Pirated, and Hackers Leak Studio Salaries«, NYT, 2. December 2014.

379 Kahyun Yang und Jim Finkle, »North Korea Says Its Supporters May Be Behind Sony Attack«, Reuters, 7. Dezember 2014.

380 Siehe Sean Gallagher, »Sony Pictures Attackers Demand: ›Stop the Terrorist Film!‹«, Ars Technica, 8. Dezember 2014.

381 Choe Sang-Hun, »North Korea Denies Role in Sony Pictures Hacking«, NYT, 7. December 2014, https://www.nytimes.com/2014/12/08/business/north-korea-denies-hacking-sony-but-calls-attack-a-righteous-deed.html.

382 Seth Rosenblatt und Ian Sherr, »Sony to Release *The Interview* After All?« CNET, 19. Dezember 2014.

383 Michael Cieply und Brooks Barnes, »Quandary for Sony in Threats over ›The Interview‹«, NYT, 17. Dezember 2014.

384 James R. Clapper in Zusammenarbeit mit Trey Brown, *Facts and Fears: Hard Truths from a Life in Intelligence* (New York: Viking, 2018), S. 283.

385 U.S. Federal Bureau of Investigation, »Update on Sony Investigation«, Presseerklärung, 19. Dezember 2014, https://www.fbi.gov/news/pressrel/press-releases/update-on-sony-investigation.

386 Elizabeth Weise, Kevin Johnson und Andrea Mandell, »Obama: Sony ›Did the Wrong Thing‹ When It Pulled Movie«, *USA Today*, 19. Dezember 2014.

387 Jose Pagliery, »Why North Korea's Attack Should Leave Every Company Scared Stiff«, CNN, 19. Dezember 2014.

388 Engelhart, »Former North Korean Poet Laureate«.

389 Sanger, *Perfect Weapon*, S. 136.

390 U.S. Congress, House Committee on Armed Services, »Statement of General Curtis M. Scaparrotti, Commander, United Nations Command; Commander, United States–Republic of Korea Combined Forces Command, United States Forces Korea«, 113. Kongress, 2. Sitzung, 2. April 2014, https://docs.house.gov /meetings/AS/AS00/20140402/101985/HHRG-113-AS00-Wstate -ScaparrottiUSAC-20140402.pdf.

391 Aaron Boyd, »DNI Clapper: Cyber Bigger Threat Than Terrorism«, *Federal Times*, 4. Februar 2016.

392 David Sanger, David Kirkpatrick und Nicole Perlroth, »The World Once Laughed at North Korean Cyberpower. No More«, NYT, 15. Oktober 2017.

393 Ebd.

394 Matthew Ha und David Maxwell, »Kim Jong-un's ›All-Purpose Sword‹: North Korean Cyber-Enabled Economic Warfare«, Foundation for Defense of Democracies, Oktober 2018, https://www.fd d. org/analysis/2018/10/03/kim-jong-uns-all-purpose -sword/.

395 Emma Chanlett-Avery, Liana Rosen, John Rollin und Catherine Theohary, »North Korean Cyber Capabilities: In Brief«, Congressional Research Service Report for Congress, R44912, 3. August 2017, https://fas.org/sgp/crs/row/R44912.pdf.

396 Ha und Maxwell, »Kim Jong-un's ›All-Purpose Sword‹«.

397 Ebd.

398 »$81 Million Bangladesh Bank Heist Sparks Push for Stepped-Up Cybersecurity«, NPR, 24. Mai 2016.

399 Chanlett-Avery u. a., »North Korean Cyber Capabilities«.

400 »North Korean Hackers Blamed for a Wave of Cyberattacks on Banks«, SCMP, 3. Oktober 2018.

401 Ebd.

402 Ellen Nakashima und Philip Rucker, »U.S. Declares North Korea Carried Out Massive WannaCry Cyberattack«, WP, 19. Dezember 2017.

403 United Nations, Report of the Panel of Experts Established Pursuant to Resolution 1874 (2009), 30. August 2019.

404 Laya Maheshwari, »Pizzas, Pony Rides and Dolphin Shows: Balms for North Korea's Elite«, NYT, 25. Oktober 2016; Alexander Walter, »›Pyongyang Speed‹: North Korea Miraculously Cranks Out Massive Residential Development for Scientists in Only One Year«, Archinect News, 18. Dezember 2015.

405 Austausch der Autorin mit Nat Kretchun, 18. Februar 2017.

406 James Griffiths, »Inside North Korea: High-Tech Science Center Lauds Nuclear Advances«, CNN, 8. Januar 2016.

407 Sung-hui Moon, »More North Koreans Become Scientists to Reap Privileges from the Regime«, Radio Free Asia, 18. Mai 2017.

408 Luke Dormehl, »Kim Jong-Un Sure Looks Happy with His MacBook Pro«, Cult of Mac, 15. Februar 2016.

409 Nat Kretchun, Catherine Lee und Seamus Tuohy, »Compromising Connectivity: Information Dynamics between the State and Society in a Digitizing North Korea«, Februar 2017, https://www.interme-dia.org/wp-content/uploads /2017/02/Compromising-Connecti-vity-Final-Report_Soft-Copy.pdf.

410 Nat Kretchun und Jane Kim, »A Quiet Opening: North Koreans in a Changing Media Environment«, Mai 2012, https://www.intermedia.org/wp-content/uploads/2013/05/A_Quiet_Opening_FINAL_In-terMedia.pdf.

411 UNICEF, »Multiple Indicator Cluster Survey 2017 Democratic Peo-ple's Republic of Korea«, Juni 2018, S.7, https://www.unicef.org/eap/sites/unicef.org.eap/files/2018-06/2017%20DPRK%20MICS%20Survey%20Findings%20Report_July%202018.pdf.

412 Lankov, *Real North Korea*, S.105.

413 Recorded Future, »North Korea Cyber Activity«, 25. Juli 2017, https://go.recordedfuture.com/hubfs/reports/north-korea-activity.pdf.

414 Maheshwari, »Pizza, Pony Rides and Dolphin Shows«.

415 Tudor und Pearson, *North Korea Confidential*, S.148f.

416 UNICEF, »Multiple Indicator Cluster Survey 2017 Democratic Peo-ple's Republic of Korea«, S.7.

417 Kim, *Without You, There Is No Us*, S.170.

418 Martyn Williams, »How the Internet Works in North Korea«, *Slate*, 28. November 2016.

419 Rebecca Hersher, »North Korea Accidentally Reveals It Only Has 28 Websites«, NPR, 21. September 2016; Eric Talmadge, »Only If It Serves the State: North Korea's Online Experience,« AP, 9. November 2017.

420 Williams, »How the Internet Works in North Korea«.

421 Eric Talmadge, »Online Shopping Has Arrived in North Korea«, AP, 6. Mai 2015.

422 Austausch der Autorin mit Nat Kretschun, 18. Februar 2019.

423 Recorded Future, »North Korea Cyber Activity«.

424 U.S. Department of State, »Democratic People's Republic of Korea

2018 Human Rights Report«, https://www.state.gov/wp-content/uploads/2019/03/DEMOCRATIC-PEOPLE%E2%80%99S-REPU-BLIC-OF-KOREA.pdf.

425 Peter W. Singer und Emerson T. Brooking, *Like War: The Weaponization of Social Media* (Boston: Houghton Mifflin Harcourt, 2018), S.103.

426 »CCTV Footage Appears to Show Attack on Kim Jong-nam«, *The Guardian*, 19. Februar 2017, https://www.the guardian.com/global/video/2017/feb/20/kim-jong-nam-killing-cctv-footage-appears-to-show-attack-on-north-korean. Enthält Videomaterial von Fuji News Network.

427 James Pomfret, »Kim Jong Un's Murdered Half Brother Lived Quiet, Open Life in Macau«, Reuters, 16. Februar 2017.

428 U.S. Centers for Disease Control and Prevention, »Facts about VX«, zuletzt geändert am 4. April 2018, https://emergency.cdc.gov/agent/vx/basics/facts.asp.

429 »Doctor: Kim Jong Nam's Underwear Soiled, Pupils Contracted«, AP, 27. November 2017.

430 Pomfret, »Kim Jong Un's Murdered Half Brother«.

431 Eileen Ng, »Indonesian Woman Freed 2 Years after Killing of Kim Jong Nam«, AP, 11. März 2019.

432 Nicola Smith und Nga Nguyen, »Doan Thi Huong: Vietnamese Suspect in Kim Jong Nam Murder Is Released«, *The Telegraph*, 3. Mai 2019.

433 Ben Westcott, »Kim Jong Un ›Ordered‹ Half Brother's Killing, South Korean Intelligence Says«, CNN, 28. Februar 2017.

434 Julian Ryall, »North Korea ›Tightens Security at Border to Stop News of Kim Jong-nam's Death from Spreading‹«, *The Telegraph*, 23. Februar 2017.

435 »North Korea Agency Names ›Citizen‹ Killed in Malaysia«, *BBC Monitoring Asia Pacific*, 1. März 2017, aufgerufen über LexisNexis.

436 »State Department Says North Korea Used Chemical Warfare Agent in Assassination«, CBS News, 6. März 2018; Westcott, »Kim Jong Un ›Ordered‹ Half Brother's Killing«.

437 Anna Fifield, »For Kim Jong Nam, a Sad Ending to a Lonely Life«, WP, February 24, 2017.

438 Arthur Lim, Barney Henderson, und Julian Ryall, »Kim Jong-nam Murder: Woman Held over Assassination of North Korean Dictator's Brother amid Claims He ›Begged Kim Jong-un to Spare His Life‹«, *The Telegraph*, 15. Februar 2017.

439 Ebd.

440 Nadja Sayej, »Kim Jong Nam's Facebook Page Offered a Glimpse into His Life outside North Korea«, *Motherboard Vice,* 28. Februar 2017.

441 Cristina Varriale, »North Korea's Other Weapons of Mass Destruction«, *Arms Control Today,* September 2018.

442 U.S. Office of the Director of National Intelligence, »Unclassified Report to Congress on the Acquisition of Technology Relating to Weapons of Mass Destruction and Advanced Conventional Munitions, 1 January to 31 December 2006«, 6, https://www.odni.gov/files/documents/Newsroom/Reports%20and%20Pubs/Acquisition_Technology_Report_030308.pdf.

443 Nuclear Threat Initiative, »North Korea Chemical«, aktualisiert im April 2018, https://www.nti.org/learn/countries/north-korea/chemical.

444 Ebd.

445 Joseph S. Bermudez, Jr., »North Korea's Chemical Warfare Capabilities«, 38 North, 10. Oktober 2013.

446 Melissa Hanham, »Kim Jong Un Tours Pesticide Facility Capable of Producing Biological Weapons: A 38 North Special Report«, 38 North, 9. Juli 2015.

447 United Nations, *Report of the Panel of Experts Established Pursuant to Resolution 1874 (2009),* 5. März 2018.

448 Bermudez, »North Korea's Chemical Warfare Capabilities«.

449 Ebd.

450 Bermudez, »North Korea's Chemical Warfare Capabilities«.

451 Jeff Mason und David Brunnstrom, »Trump Declares North Korea State Sponsor of Terrorism, Triggers Sanctions«, Reuters, 20. November 2017.

452 Saba Hamedy und Joyce Tseng, »All the Times President Trump Has Insulted North Korea«, CNN, 9. März 2018.

453 Ebd.

454 Ebd.

455 Ebd.

456 »Kim Jong Un's 2017 New Year's Address«; vollständiger Text auf https://www.ncnk.org/sites/default/files/KJU_2017_New_Years_Address.pdf.

457 »North Korea Claims Success in Fifth Nuclear Test«, BBC News, 9. September 2016.

458 »Kim Jong Un's 2017 New Year's Address«.

459 @realDonaldTrump, 2. Januar 2017, https://twitter.com/realDonald Trump/status/816057920223846400.

460 Phil Helsel, Stella Kim und Courtney Kube, »North Korea Launches

Missile into Sea, First Since Trump Took Office«, NBC News, 11. Februar 2017.

461 Michael Kranish und Marc Fisher, *Trump Revealed: The Definitive Biography of the 45th President* (New York: Scribner, 2016), S.34f. Deutsche Übersetzung: *Die Wahrheit über Trump. Die Biografie des 45. Präsidenten* (Kulmbach: Plassen Verlag 2019).

462 Ebd., S.48.

463 Ebd., S.35.

464 Timothy L. O'Brien, *TrumpNation: The Art of Being the Donald* (New York: Grand Central Publishing, 2016), S.42.

465 Ebd., S.58.

466 Ebd., S.170.

467 Ebd., S.74.

468 Jane Mayer, »Donald Trump's Ghostwriter Tells All«, *The New Yorker,* 25. Juli 2016.

469 Kranish und Fisher, *Trump Revealed,* S.52.

470 Stephen Adler, Steve Holland und Jeff Mason, »Exclusive: Trump Says ›Major, Major‹ Conflict with North Korea Possible, but Seeks Diplomacy«, Reuters, 27. April 2017.

471 Kranish und Fisher, *Trump Revealed,* S.4.

472 Ebd., S.352.

473 Jieun Kim, »North Korea Stokes Anti-China Sentiment in Response to Tougher Sanctions«, Radio Free Asia, 4. Januar 2018.

474 Thomas Wright, »Trump's 19th Century Foreign Policy«, *Politico,* 20. January 2016.

475 The White House, »Remarks by President Trump on the Administration's National Security Strategy«, 18. Dezember 2017, https://www.whitehouse.gov/briefings-statements/remarks-president-trump-administrations-national-security-strategy/.

476 Louis Jacobson, »Donald Trump Mostly Wrong That ›We Get Practically Nothing‹ from South Korea for U.S. Troop Presence«, PolitiFact, 10. Januar 2016.

477 John Power, »Donald Trump's Problem with the US-Korea Alliance«, *The Diplomat,* 23. Juli 2015.

478 Bob Woodward, *Fear: Trump in the White House* (New York: Simon & Schuster, 2018), S.264.

479 Ebd.

480 Niraj Chokshi, »The 100-Plus Times Donald Trump Assured Us That America Is a Laughingstock«, WP, 27. January 2016.

481 Matthew Pennington, »Trump Strategy on N Korea: ›Maximum Pressure and Engagement‹«, AP, 14. April 2017.

482 @realDonaldTrump, 30. Juni 2018, https://twitter.com/realDonaldTrump/status/880892632142143490.

483 U.S. Mission to the United Nations, »Fact Sheet: Resolution 2371 (2017) Strengthening Sanctions on North Korea«, 5. August 2017, https://usun.usmission.gov/fact-sheet-resolution-2371-2017-strengthening-sanctions-on-north-korea/?_ga=2.75938005.1950839997.1564779402-587643110.1564779402.

484 Joby Warrick, »Experts: North Korea's Missile Was a Real ICBM— and a Grave Milestone«, WP, 4. Juli 2017.

485 Dagyum Ji, »North Korea Says ICBM Can Carry ›Large-Size Heavy‹ Nuclear Warhead«, NK News, 5. Juli 2017.

486 »Russia, China to N. Korea: Stop All Missile Tests«, The Straits Times, 5. Juli 2017.

487 Elise Hu, »Tillerson Confirms North Korea Missile an ICBM, Calls for Global Action«, NPR, 3. Juli 2017.

488 @realDonaldTrump, 3. Juli 2017, https://twitter.com/realDonaldTrump/status/882061157900718081.

489 Foster Klug und Hyung-jin Kim, »Kim Vows North Korea's Nukes Are Not on Negotiation Table«, AP, 5. Juli 2017.

490 Peter Economy, »11 Winning Negotiation Tactics from Donald Trump's ›The Art of the Deal‹«, Inc., 7. Mai 2016.

491 Glenn Plaskin, »Donald Trump«, Playboy, 1. März 1990.

492 Anna Fifield, »Dennis Rodman Just Gave Kim Jong Un ›The Art of the Deal‹. And It May Be a Genius Move«, WP, 15. Juni 2017.

493 »N. Korea Threatens ›Physical‹ Actions over New U.N. Sanctions«, Yonhap News Agency, 8. August 2017.

494 Karen DeYoung und John Wagner, »Trump Threatens ›Fire and Fury‹ in Response to North Korean Threats«, WP, 8. August 2017.

495 @realDonaldTrump, 11. August 2017, https://twitter.com/realDonaldTrump/status/895970429734711298; Dan Merica, Kevin Liptak und Angela Dewan, »Trump Warns North Korea: US Military ›Locked and Loaded‹«, CNN, 11. August 2017.

496 Mythili Sampathkumar, »South Korea in Plea to Avoid North Korea War after Trump's ›Locked and Loaded‹ Comment«, The Independent, 24. August 2017.

497 »Chinese Paper Says China Should Stay Neutral If North Korea Attacks First«, Reuters, 10. August 2017.

498 Eric Talmadge und Jonathan Lemire, »Xi Calls for Calm after Trump Says US Is ›Locked and Loaded‹«, AP, 12. August 2017.

499 David Nakamura und Anne Gearan, »In U.N. Speech, Trump Threatens to ›Totally Destroy North Korea‹ and Calls Kim Jong Un ›Rocket Man‹«, WP, 19. September 2017.

500 @realDonaldTrump, 1. Oktober 2017, https://twitter.com/realDonaldTrump/status/914497877543735296.

501 National Security Strategy of the United States of America, Dezember 2017, https://www.whitehouse.gov/wp-content/uploads/2017/12/NSS-Final-12-18-2017-0905.pdf.

502 Steve Holland, »World ›Running Out of Time‹ on North Korea, Trump to Tell Asia: White House«, Reuters, 2. November 2017.

503 Alex Pappas, »H. R. McMaster: Potential for War with North Korea Increases ›Every Day‹«, Fox News, 2. Dezember 2017.

504 National Security Strategy of the United States of America, Dezember 2017.

505 @realDonaldTrump, 7. Oktober 2017, https://twitter.com/realDonaldTrump/status/916751271960436737.

506 Jason Le Miere, »U.S. Prepared to Launch ›Preventive War‹ against North Korea, says H. R. McMaster«, Newsweek, 5. August 2017; Jeff Daniels, »Defense Secretary Mattis Urges US Army ›to Be Ready‹ with North Korea Military Options«, CNBC, 9. Oktober 2017; Eli Watkins, »Tillerson on North Korea: Diplomacy Will Continue ›Until the First Bomb Drops‹«, CNN, 16. Oktober 2017.

507 Sophie Tatum, »Graham on North Korea: ›We're Headed to a War If Things Don't Change‹«, CNN, 29. November 2017.

508 Conor Finnegan und Meghan Keneally, »Timeline of Otto Warmbier's Saga in North Korea«, ABC News, 19. Juni 2017.

509 Kathleen McInnis, Andrew Feickert, Mark Manyin, Steven Hildreth, Mary Beth Nikitin, Emma Chanlett-Avery und Catherine Theohary, »The North Korean Nuclear Challenge: Military Options and Issues for Congress«, Congressional Research Service Report for Congress, R44 994, 6. November 2017, https://fas.org/sgp/crs/nuke/R44994.pdf.

510 Yochi Dreazen, »Here's What War with North Korea Would Look Like«, Vox, 8. Februar 2018.

511 Susan Southard, Nagasaki: Life after Nuclear War (New York: Viking, 2015).

512 Paul Park, »Unpacking the Unthinkable: Experts Discuss North Ko-

rea Scenarios«, The Brookings Institution Order from Chaos Blog, 26. April 2018, https://www.brookings.edu/blog/order-from-chaos/2018/04/26/unpacking-the-unthinkable-experts-discuss-north-korea-scenarios/.

513 Ebd.

514 »Full Text of Kim Jong-un's Response to President Trump«, NYT, 22. September 2017.

515 »Kim Jong Un's 2018 New Year's Address«; vollständiger Text unter https://www.ncnk.org/node/1427.

516 @realDonaldTrump, 2. Januar 2018, https://twitter.com/realdonald-trump/status/948355557022420992.

517 Pamela Falk, »Nikki Haley Says North Korean Regime ›Will Be Utter-ly Destroyed‹ If War Comes«, CBS News, 30. November 2017.

518 Alex Pappas, »H. R. McMaster: Potential for War with North Korea Increases ›Every Day‹«, Fox News, 2. Dezember 2017.

519 @BulletinAtomic, 25. Januar 2018, https://twitter.com/BulletinA-tomic/status/956550260318285824.

520 Barbara Goldberg, »›Doomsday Clock‹ Closest to Midnight Since Cold War over Nuclear Threat«, Reuters, 25. Januar 2018.

521 Zachary Cohen, Nicole Gaouette, Barbara Starr und Kevin Liptak, »Trump Advisers Clash over ›Bloody Nose‹ Strike on North Korea«, CNN, 1. Februar 2018.

522 Maria Perez, »Chilling Video: Child Placed in Storm Drain during Hawaii Missile Scare«, Newsweek, 15. Januar 2018.

523 »Moon Jae-in: South Korea's President with Humble Roots«, BBC, 26. April 2018; S. Nathan Park, »The Man behind the North Korea Negotiations«, The Atlantic, 12. März 2018.

524 Michelle Ye Hee Lee, »How My North Korean–Born Grandparents Taught Me about Loss, Memory and the Power of Pyongyang Cold Noodles«, WP, 8. Juni 2018.

525 »Korean Summit Sparks Cold Noodle Craze«, BBC, 27. April 2018.

526 »Kim Jong Un's 2018 New Year's Address«.

527 Park, »Man behind North Korea Negotiations«.

528 Alex Ward, »The President of South Korea Has a Strong Message for Trump«, Vox, 17. August 2017.

529 Lee Sun-young, »Moon Calls for UN Role in North Korea Crisis«, The Korea Herald, 21. September 2017.

530 »Moon Jae-in's Five-Year Road Map Unveiled«, The Korea Herald, 19. Juli 2017.

531 »Kim Jong Un's 2018 New Year's Address«.

532 Steve George und Taehoon Lee, »South Korean Leader Welcomes North Korean Olympic Participation«, CNN, 2. Januar 2018.

533 Rachel Premack, »South Korea Is Getting Seriously Worried about Low Olympics Ticket Sales«, Forbes, 14. Dezember 2017.

534 Central Intelligence Agency, »South Korea: Terrorist Threats to the Seoul Olympics«, Memorandum, 3. Mai 1988, https://www.cia.gov/library/readingroom/docs/CIA-RDP90T00100R000201120001-7.pdf.

535 Hyonhee Shin, »Ski Lift: North Korea May Capitalize on Joint Olympics Training Visit«, Reuters, 21. Januar 2018; Anna Fifield, »South Korea Went Gaga over a North Korean Singer. Just Wait until the Rest Arrive«, WP, 22. Januar 2018.

536 »U.S. Has No Plans to Meet N.K. Officials around Olympics: State Department«, Yonhap News Agency, 4. Januar 2019.

537 Carol Morello, »North Korean Nuclear Weapons Crisis at a ›Tenuous Stage,‹ Tillerson says«, WP, 16. Januar 2018.

538 »The United States and South Korea Now Openly Disagree on North Korea«, WP, 8. Februar 2018.

539 Van Jackson, On the Brink: Trump, Kim, and the Threat of Nuclear War (Cambridge: Cambridge University Press, 2018), S. 173.

540 Foster Klug, »North Korean Dictator, Seoul Envoy Have ›Openhearted Talk‹«, AP, 5. März 2018.

541 Choe Sang-Hun und Mark Landler, »Raising Hopes, North Korea Offers to Talk about Its Nuclear Arsenal«, NYT, 6. März 2018.

542 Choe Sang-Hun und Mark Landler, »North Korea Signals Willingness to Denuclearize, South Says«, NYT, 6. März 2018.

543 @realDonaldTrump, 6. März 2018, https://twitter.com/realdonaldtrump/status/971025582061424640?lang=en.

544 Anna Fifield, David Nakamura und Seung Min Kim, »Trump Accepts Invitation to Meet with North Korean Leader Kim Jong Un«, WP, 8. März 2018.

545 »Panmunjom Declaration«; vollständiger Text unter http://documents.latimes.com/panmunjom-declaration-peace/.

546 The White House, »Joint Statement of President Donald J. Trump of the United States of America and Chairman Kim Jong Un of the Democratic People's Republic of Korea at the Singapore Summit«, 12. Juni 2018, https://www.whitehouse.gov/briefings-statements/joint-statement-president-donald-j-trump-united-states-america-chairman-kim-jong-un-democratic-peoples-republic-korea-singapore-

summit/; Ingrid Melander, »North Korea Leader Sincere, Must Be Rewarded for Move to Abandon Nuclear Weapons: South Korean President«, Reuters, 14. Oktober 2018.

547 Jackson, *On the Brink*, S. 175.

548 Nick Allen, Nicola Smith, Chris Graham, Neil Connor, Julian Ryall und Rob Crilly, »Donald Trump to Meet Kim Jong-un: President Says ›Deal Very Much in the Making‹ after Day of Mixed Messages«, *The Telegraph*, 10. März 2018; @realDonaldTrump, 8. März 2018, https://twitter.com/realdonaldtrump/status/971915531346436096?lang=en.

549 U.S. House of Representatives, Committee on Foreign Affairs, »Chairman Royce Statement on North Korea«, Pressemitteilung, 8. März 2018, https://republicans-foreignaffairs.house.gov/press-release/chairman-royce-statement-north-korea-2/.

550 @LindseyGrahamSC, 8. März 2018, https://twitter.com/lindseygrahamsc/status/971917045674766336.

551 Heuer, *Psychology of Intelligence Analysis*, S. 132.

552 Ebd., S. 139.

553 U.S. Mission to the United Nations, »Fact Sheet: Resolution 2375 (2017) Strengthening Sanctions on North Korea«, 11. September 2017, https://usun.usmission.gov/fact-sheet-resolution-2375-2017-strengthening-sanctions-on-north-korea/.

554 Daniel Shane, »North Korea's Economy Just Had Its Worst Year in Two Decades«, CNN, 20. Juli 2018.

555 Bae Hyun-jung, »Full Text of Moon's Speech at the Korber Foundation«, *The Korea Herald*, 7. Juli 2017.

556 S. Nathan Park, »Moon's Secret Weapon Is Sunshine«, *Foreign Policy*, 19. Mai 2017.

557 »Kim Jong Un's 2018 New Year's Address«.

558 Anna Fifield, »North Korea Says It Will Suspend Nuclear and Missile Tests, Shut Down Test Site«, WP, 20. April 2018.

559 @realDonaldTrump, 20. April 2018, https://twitter.com/realdonaldtrump/status/987463564305797126?lang=en.

560 @realDonaldTrump, 22. April 2018, https://twitter.com/realdonaldtrump/status/988126197619068928?lang=en.

561 »South Korea Turns Off Loudspeaker Broadcasts into North«, BBC News, 23. April 2018; Choe Sang-Hun, »South Korea Hands Kim Jong-un a Path to Prosperity on a USB Drive«, NYT, 10. Mai 2018.

562 Joonho Kim, »North Korean Workers Return to China in Defiance of

UN Restrictions«, Radio Free Asia, 4. April 2018, https://www.rfa. org/english/news/korea/workers-04042018134944.html.

563 Ben Westcott, »Chinese Foreign Minister Meets with Kim Jong Un amid Warming Ties«, CNN, 3. Mai 2018.

564 Kanga Kong, »Kim Jong Un Now Has a Nearly 80% Approval Rating ... in South Korea«, *Time*, 2. Mai 2018.

565 Michael Madden, »Koreas Summit: Five Key Moments from the Kim-Moon Meeting«, BBC News, 27. April 2018.

566 Sofia Lotto Persio, »Reading Kim Jong Un's Lips: North Korean Leader on His Marriage, Nuclear Weapons and Trump«, *Newsweek*, 2. Mai 2018.

567 Anna Fifield, »What Did the Korean Leaders Talk about on Those Park Benches? Trump, Mainly«, WP, 2. Mai 2018.

568 Hollie McKay, »North Korea's First Lady Ri Sol-ju Remains a Mystery«, Fox News, 5. November 2017.

569 Zitiert in Bronwen Dalton, Kyungja Jung und Jacqueline Willis, »Fashion and the Social Construction of Femininity in North Korea«, *Asian Studies Review* 41, Nr. 4 (2017), https://doi.org/10.1080/10357 823.2017.1367757.

570 J. R. Thorpe, »The Feminist History of Bicycles«, *Bustle*, 12. Mai 2017.

571 »N. Korean Leader's Wife Visits S. Korea in 2005: Spy Agency«, Yonhap News Agency, 26. Juli 2012.

572 Erica Cheung, »Ri Sol-Ju, North Korea's New First Lady, Remains a Style Mystery«, *The Huffington Post*, 25. Juli 2012.

573 Michelle Mark, »The Mysterious Life of Kim Jong Un's Wife, Ri Sol Ju, Who Probably Has 3 Children and Frequently Disappears from the Public Eye«, *Business Insider*, 27. September 2017.

574 Dalton, Jung, and Willis, »Fashion and the Social Construction«, S. 512.

575 Ebd.

576 Darcie Draudt, »Family Tradition: Modern Representation and the Ideal Woman in Kim Jong-un's First Year«, in *Change and Continuity in North Korean Politics*, hrsg. von Adam Cathcart, Robert Winstanley-Chesters und Christopher Green (London: Routledge, 2017), S. 46.

577 Suzy Kim, »Revolutionary Mothers: Women in the North Korean Revolution, 1945–1950«, *Comparative Studies in Society and History* 52, Nr. 4 (2010): S. 761.

578 Dalton, Jung, and Willis, »Fashion and the Social Construction«, S. 507.

579 Rosie Perper, »Kim Jong-un's Wife, Ri Sol-ju, Just Had Her Status Upgraded as North Korea Tries to Show It Has a Normal ›First Couple‹«, *Business Insider*, 16. April 2018.

580 Draudt, »Family Tradition«, S. 47.

581 Tom O'Connor, »Who Is Kim Jong Un's Wife? You Know Melania Trump, Meet North Korea's First Lady, Ri Sol Ju«, *Newsweek,* 27. September 2017.

582 Justin McCurry, »From Missiles to Moisturiser: Kim Jong-un Visits North Korean Cosmetics Factory«, *The Guardian,* 30. Oktober 2017.

583 »Report: Killer Heels Go Down a Storm in North«, *Daily NK,* 31. Juli 2014.

584 Kim, *Without You, There Is No Us,* S. 187.

585 Liberty in North Korea, »The Jangmadang Generation«, Video, https://www.nkmillennials.com/?_ke=eyJrbF9lbWFpbCI6ICJvbmVmcm9dZW29yZWFeWFob28uY29tIiwgImtsX2NvbXBhbnlfaWQiOiOi AibXpQNERllno%3D. (zuletzt aufgerufen am 14. Mai 2020).

586 Kang Mi Jin, »Hairstyles and Hallyu as Security Steps Back«, *Daily NK,* 31. Juli 2014.

587 Jesse Johnson, »Holy Smokes: South Korean Envoy Reportedly Told Kim to Kick Cigarette Habit«, *The Japan Times,* 9. April 2018.

588 Ebd.

589 Yujing Liu, »Kim Jong-un Wife's Fashion Sense a Hit with China's Public«, SCMP, 28. März 2018.

590 Christina Zhao, »Kim Jong Un Wife's Stylish Fashion Sense Is a Hit in China«, *Newsweek,* 28. März 2018.

591 Liu, »Kim Jong-un Wife's Fashion Sense«.

592 Jung Da-min, »Two Former Singers Hit Right Note in Pyongyang«, *The Korea Times,* 18. September 2018.

593 Tom O'Connor, »Who Are Kim Jong Un's Children and Does North Korea Have an Heir?«, *Newsweek,* 30. Dezember 2017.

594 O'Brien, *TrumpNation,* S. 53.

595 Kranish und Fisher, *Trump Revealed,* S. 352.

596 Carol Morello, Anna Fifield und David Nakamura, »North Korea Frees 3 American Prisoners Ahead of a Planned Trump-Kim Summit«, WP, 9. Mai 2018.

597 @realDonaldTrump, 30. April 2018, https://twitter.com/realDonaldTrump/status/990928644100034561.

598 Pew Research Center, »Public Supports U.S. Talks with North Korea; Many Doubt Whether Its Leaders Are ›Serious‹«, 10. Mai 2018, http://www.people-press.org/2018/05/10/public-supports-u-s-talks-with-north-korea-many-doubt-whether-its-leaders-are-serious/.

599 Grace Sparks und Jennifer Agiesta, »CNN Poll: Three-Quarters Ap-

prove of Trump's Plans to Meet with Kim Jong Un«, CNN, 10. Mai 2018.

600 Jessica Kwong, »Donald Trump and Kim Jong Un Approval Ratings Reach Highest Ever Marks in South Korea, Poll Finds«, *Newsweek*, 2. Juni 2018.

601 Ryan Nobles, »House Republicans Nominate Trump for Nobel Peace Prize«, CNN, 2. Mai 2018.

602 Heuer, *Psychology of Intelligence Analysis*, S. 70.

603 Ebd., S. 65.

604 U.S. Government, *A Tradecraft Primer: Structured Analytic Techniques for Improving Intelligence Analysis*, März 2009, https://www.cia.gov/library/center-for-the-study-of-intelligence/csi-publications/books-and-monographs/Tradecraft %20 Primer-apro9.pdf.

605 Patrick Radden Keefe, »How Mark Burnett Resurrected Donald Trump as an Icon of American Success«, *The New Yorker*, 7. Januar 2019.

606 Shane Harris, »Testimony by Intelligence Chiefs on Global Threats Highlights Differences with President«, WP, 29. Januar 2019.

607 Shane Harris, Josh Dawsey und Ellen Nakashima, »Trump Grows Frustrated with Coats, Leading Some to Fear He Might Be Fired«, WP, *19*. Februar 2019.

608 The White House, »Remarks by President Trump to the National Assembly of the Republic of Korea, Seoul, Republic of Korea«, 7. November 2017, https://www.whitehouse.gov/briefings-statements/remarks-president-trump-national-assembly-republic-korea-seoul-republic-korea/.

609 Cristina Maza, »Trump Promises North Korea Can Be ›Very Rich‹ with Kim Jong Un in Power«, *Newsweek*, 17. Mai 2018.

610 »Transcript: Secretary of State Mike Pompeo on ›Face the Nation‹«, 13. Mai 2018, https://www.cbsnews.com/news/transcript-secretary-of-state-mike-pompeo-on-face-the-nation-may-13-2018/.

611 Plaskin, »Donald Trump«.

612 Brian Bennett und Tessa Berenson, »President Trump ›Doesn't Think He Needs‹ to Prepare Much for His Meeting with North Korea's Kim Jong Un«, *Time*, 16. Mai 2018.

613 S. V. Date, »In Trump's Zero-Sum World, the Summit Already Has a Winner, and It's Not Trump«, *HuffPost*, 1. Juni 2018.

614 John Wagner, »›It's about the Attitude‹: Trump Says He Doesn't Have to Prepare Much for His Summit with North Korea's Leader«, WP, 7. Juni 2018.

615 Eliana Johnson, »Trump and Bolton Spurn Top-Level North Korea Planning«, *Politico*, 7. Juni 2018.

616 @realDonaldTrump, 27. Mai 2018, https://twitter.com/realdonaldtrump/status/1000831304836018176?lang=en.

617 The White House, »Fact Sheet: President Trump Is Committed to Achieving Transformational Peace for the United States, the Korean Peninsula, and the World«, 21. Februar 2019, https://www.whitehouse.gov/briefings-statements/president-trump-committed-achieving-transformational-peace-united-states-korean-peninsula-world/.

618 The White House, »Remarks by President Trump and President Moon of the Republic of Korea in Joint Press Conference«, 30. Juni 2019, https://www.whitehouse.gov/briefings-statements/remarks-president-trump-president-moon-republic-korea-joint-ress-conference/.

619 »North Korea: Full Response to US Remarks on Trump-Kim Summit«, BBC News, 16. Mai 2018.

620 Woodward, *Fear*, S. 230 f.

621 Jonathan Cheng, »North Korea's Kim Jong Un Confirms Summit with U.S.«, WSJ, 9. April 2018.

622 Rick Noack, »China's Official Release on Kim Jong Un's Visit, Annotated«, WP, 28. März 2018.

623 Ebd.

624 Anna Fifield, »North Korea Taps GOP Analysts to Better Understand Trump and His Messages«, WP, 26. September 2017.

625 »Transcript: Secretary of State Mike Pompeo on ›Face the Nation‹«, 13. Mai 2018.

626 Zachary Cohen, Nicole Gaouette und Kaitlan Collins, »Trump Replaces H.R. McMaster as National Security Adviser with John Bolton«, CNN, 23. März 2018.

627 Joshua Berlinger, »North Korea Warns of Nuclear Showdown, Calls Pence ›Political Dummy‹«, CNN, 24. Mai 2018.

628 »Trump's Letter to Kim Jong-un to Cancel Summit: Read It in Full«, *The Guardian*, 24. Mai 2018.

629 Joon-bum Hwang, »Kim Yong-chol's Washington, D.C., a Positive Signal for 2nd NK-US Summit«, *The Hankyoreh*, 21. Januar 2019.

630 The White House, »Remarks by President Trump after Meeting with Vice Chairman Kim Yong Chol of the Democratic People's Republic of Korea«, 1. Juni 2018, https://www.whitehouse.gov/briefings-statements/remarks-president-trump-meeting-vice-chairman-kim-yong-chol-democratic-peoples-republic-korea/.

631 »Sentosa Island«, Lonely Planet, aufgerufen am 18. Januar 2019, https://www.lonelyplanet.com/singapore/singapore-city/sentosa-island.

632 Diane Leow, »5 Things You Might Not Know about Singapore's Capella Hotel, Venue of the Trump-Kim Summit«, ChannelNewsAsia, 6. Juni 2018.

633 Lauren Said-Moorhouse, »Kim Jong Un Goes for Surprise Nighttime Walk Ahead of Summit«, CNN, 11. Juni 2018.

634 »›A Scene from a Sci-Fi Movie‹: What Kim Told Trump about Their Meeting—Video«, The Guardian, 12. Juni 2018, https://www.theguardian.com/world/video/2018/jun/12/a-scene-from-a-sci-fi-movie-what-kim-told-trump-about-their-meeting-video.

635 »›Will He Shake the Hand of Peace?‹ Here's the Video President Trump Showed to Kim Jong Un«, Time, 12. Juni 2018.

636 »Trump-Kim Summit: Journalists to Work from F1 Pit Building's Media Centre«, The Straits Times, 6. Juni 2018.

637 The White House, »Press Conference by President Trump«, 12. Juni 2018, https://www.whitehouse.gov/briefings-statements/press-conference-president-trump/.

638 The White House, »Joint Statement of President Donald J. Trump of the United States of America and Chairman Kim Jong Un of the Democratic People's Republic of Korea at the Singapore Summit«.

639 U.S. State Department, »Joint Statement of the Fourth Round of the Six-Party Talks«, 19. September 2005, https://www.state.gov/p/eap/regional/c15455.htm.

640 Everett Rosenfeld und Nyshka Chandran, »Trump Says North Korea Will Keep Its Promises, and the US Will Stop War Games«, CNBC, 12. Juni 2018.

641 »Press Conference by President Trump«, 12. Juni 2018.

642 Ebd.

643 @realDonaldTrump, 13. Juni 2018, https://twitter.com/realDonald-Trump/status/1006837823469735936.

644 Heuer, Psychology of Intelligence Analysis, S. 116.

645 The White House, »Remarks by President Trump in Press Gaggle«, 15. Juni 2018, https://www.whitehouse.gov/briefings-statements/remarks-president-trump-press-gaggle/.

646 Matt Spetalnick, »U.S. Identifies North Korea Missile Test Site It Says Kim Committed to Destroy«, Reuters, 20. Juni 2018.

647 Charlie Campbell, »Kim Jong Un Promises ›Major Change‹ after First

Ever Summit between Leaders of U.S. and North Korea«, *Time,* 12. Juni 2018.

648 »›We Decided to Leave the Past Behind.‹ Read What Trump and Kim Jong Un Said While Signing Joint Agreement«, *Time,* 12. Juni 2018.

649 Benjamin Haas, »North Korea Is Still Developing Nuclear Weapons, Says IAEA«, *The Guardian,* 22. August 2018; Kirsti Knolle, »No Indication North Korean Nuclear Activities Stopped: IAEA«, Reuters, 21. August 2018; Zachary Cohen, »New Satellite Images Reveal Activity at Unidentified North Korean Missile Base«, CNN, 6. Dezember 2018.

650 Donna Borak und Zachary Cohen, »John Bolton Says North Korea Failure to Meet Commitments Requires Second Kim-Trump Summit«, CNN, 4. Dezember 2018.

651 Tsuyoshi Nagasawa, »Trump-Kim Talks to Cover ›Concrete‹ Denuclearization, Pence Says«, *Nikkei Asian Review,* 21. Januar 2019.

652 »N Korea Commentary Discusses US Ties, Denuclearization«, *BBC Monitoring Asia Pacific,* 22. Dezember 2018.

653 »Kim Jong Un's 2019 New Year's Address«; vollständiger Text unter https://www.ncnk.org/resources/publications/kimjongun_2019_ newyearaddress.pdf/file_view.

654 »Cheong Wa Dae Hails NK Leader's Address«, Yonhap News Agency, 1. Januar 2019, https://en.yna.co.kr/view/AEN20190101003600315; @realDonaldTrump, 1. Januar 2019, https://twitter.com/realDonald Trump/status/1080240049780940800.

655 Ben Westcott, James Griffiths, Meg Wagner und Veronica Rocha, »President Trump Meets with Kim Jong Un«, CNN, 28. Februar 2019.

656 Siehe Jung Pak, »The Good, the Bad, and the Ugly at the US–North Korea Summit in Hanoi«, The Brookings Institution Order from Chaos Blog, 4. März 2019, https://www.brookings.edu/blog/order-from-chaos/2019/03/04/the-good-the-bad-and-the-ugly-at-the-us-north-korea-summit-in-hanoi/.

657 @realDonaldTrump, 28. Juni 2019, https://twitter.com/realdonald-trump/status/1144740178948493314.

658 Lee Tae-hee, »EBS under Fire for Kids‹ Kim Jong-un Puzzle Kit«, *The Korea Herald,* 26. November 2018.

659 U.S. Senate Select Committee on Intelligence, »Statement for the Record: Worldwide Threat Assessment of the US Intelligence Community«, 29. Januar 2019, https://www.dni.gov/files/ODNI/documents/2019-ATA-SFR—-SSCI.pdf.

660 McEachern, »Centralizing North Korean Policymaking«, S. 39.

661 Ellen Mitchell, »Graham on North Korea: ›We're Headed toward a War If Things Don't Change‹«, *The Hill*, 29. November 2017.

662 Botschafterin Nikki Haley, Remarks at an Emergency UN Security Council Briefing on North Korea, 4. September 2017, https://usun. usmission.gov/remarks-at-an-emergency-un-security-council-briefing-on-north-korea/.

663 David Sanger und Choe Sang-Hun, »North Korean Nuclear Test Draws U.S. Warning of ›Massive Military Response‹«, NYT, 2. September 2017.

664 »2013 Plenary Meeting of the WPK Central Committee and 7th Session of Supreme People's Assembly«, http://www.nkeconwatch.com/2013/04/01/.

665 »Kim Jong Un's 2018 New Year's Address.«

666 Evans Revere, »2017: Year of Decision on the Korean Peninsula«, Brookings Institution Report, 2. März 2017, https://www.brookings. edu/research/2017-year-of-decision-on-the-korean-peninsula/.

667 Heuer, *Psychology of Intelligence Analysis*, S. 11.

668 Sarah Lazare, »Liberals Go Hardline on Korea: An Interview with Christine Ahn«, Verso, 19. Juni 2018, https://www.versobooks.com/blogs/3889-liberals-go-hardline-on-korea-an-interview-with-christine-ahn.

669 @GBrazinsky, 13. Dezember 2018, https://twitter.com/GBrazinsky/status/1073249132029140992.

670 John Delury, »Kim Jong Un Has a Dream. The U.S. Should Help Him Realize It«, NYT, 21. September 2018.

671 Sheila Miyoshi Jager, »What Trump Needs to Know about North Korea's History«, *Politico*, 9. August 2017.

672 Zitiert in Josh Smith, »›Treasured Sword‹: North Korea Seen as Reliant as Ever on Nuclear Arsenal as Talks Stall«, Reuters, 13. November 2018.

673 Seungmock Oh, »DPRK Media Highlights Rallies Celebrating Completion of State Nuclear Force«, NK News, 11. Dezember 2017.

674 Sheila Miyoshi Jager, *Brothers at War: The Unending Conflict in Korea* (New York: W. W. Norton, 2013), S. 7.

675 Central Intelligence Agency, *Exploring the Implications of Alternative North Korea Endgames*, 21. Januar 1998.

676 »China Urges Calm on Korean Peninsula after DPRK, ROK Exchange Fire«, *Global Times*, 1. April 2014; »China's President Xi Jinping Calls for Calm, on Korean Peninsula in Meet with North Korean Envoy«, *The Straits Times*, 1. Juni 2016; »China Calls for Restraint after US Bomber Flyover of ROK«, CCTV, 14. September 2016, http://english.

cctv.com/2016/09/14/VIDEmJR6zavbLb6u2R8svplgi60914.
shtml.

677 Joshua Berlinger, »Xi Jinping and Kim Jong Un Pledge ›Peace and Stability‹ during Historic Pyongyang Visit«, CNN, 20. Juni 2019.

678 »China and Russia Call for Easing of North Korea Sanctions«, ChannelNewsAsia, 27. September 2018.

679 »Russia Forgives North Korean Debt«, VOA News, 17. Juni 2014.

680 Michael Rosenwald, »The U.S. Did Nothing after North Korea Shot Down a Navy Spy Plane in 1969. Trump Vows That Won't Happen Again,« WP, 7. November 2017; Andrew Glass, »Truman Leaves Nuclear Option on the Table in Korean War, Nov. 30, 1950«, Politico, 30. November 2017; Amanda Erickson, »The Last Time the U.S. Was on ›the Brink of War‹ with North Korea«, WP, 9. August 2017; Jesse Johnson, »Obama Weighed Pre-emptive Strike against North Korea after Fifth Nuclear Blast and Missile Tests Near Japan in 2016, Woodward Book Claims«, The Japan Times, 12. September 2018.

681 Jackson, On the Brink, S. 61 f.

682 Pollack, »Economic Cooperation with North Korea«.

683 William Brown, »Sanctions and Nuclear Weapons Are Changing North Korea«, The Asan Open Forum, 5. Dezember 2017, http://www.theasanforum.org/sanctions-and-nuclear-weapons-are-changing-north-korea/.

684 Ministerium für Wiedervereinigung Süd Korea, »Inter-Korean Exchanges and Cooperation«, https://www.unikorea.go.kr/eng_unikorea/relations/statistics /exchanges/, aufgerufen am 25. Januar 2019.

685 John Miller, »The Trade Numerologist: Trading with North Korea«, IHS Markit, 5. Oktober 2017, https://ihsmarkit.com/research-analysis/the-trade-numerologist-trading-with-north-korea.html.

686 Lee Kil-seong, 2N. Korea's Trade Deficit with China Hits Record«, Chosun Ilbo, 16. Januar 2019.

687 Lee Jeong-ho, »North Korean Trade with Biggest Partner China Dives 48 Percent amid Sanctions«, SCMP, 19. Juli 2019.

688 Schätzungen der südkoreanischen Zentralbank, siehe Sam Kim und Jon Herskovitz, »North Korea Likely Suffering Worst Downturn since 1990s Famine«, Bloomberg, 16. Juli 2019.

689 »Regime Squeezes North Korean Workers in China for Funds«, Daily NK, 28. Februar 2019; Tae-jun Kang, »North Korea's Internal Struggles Hint That Sanctions Are Working«, The Diplomat, 8. April 2019; Benjamin Katzeff Silberstein, »The North Korean Economy and U.S.

Policy: Stability Under ›Maximum Pressure‹«, in *Joint* U.S.-*Korea Academic Studies*, Hg. Gilbert Rozman (Washington, D.C.: Korea Economic Institute, 2019), S.276ff.

690 Jung H. Pak und Ryan L. Hass, »Beyond Maximum Pressure: A Pathway to North Korean Denuclearization«, The Brookings Institution Foreign Policy Brief, Dezember 2017, https://www.brookings.edu/wp-content/uploads/2017/12/north_korean_denuclearization.pdf.

691 United Nations, *Report of the Panel of Experts Established Pursuant to Resolution 1874 (2009)*, 5. März 2019, https://www.undocs.org/S/2019/171.

692 Baek, *North Korea's Hidden Revolution*, S.216f.

693 Clapper, *Facts and Fears*, S.50.

694 »On Socialist Construction and the Internal and External Policies of the Government of the Republic at the Present Stage«, 12. April 2019; der gesamte Text ist zu finden unter https://www.ncnk.org/resources/publications/kju_april2019_policy_speech.pdf/file_view.

695 Simon Denyer und John Hudson, »North Korea Announces Firing of Tactical Guided Weapon«, WP, 17. April 2019.

696 Jihye Lee, »North Korea Confirms Kim Jong Un Ordered Rocket-Launch Drill«, Bloomberg, 3. Mai 2019; Adam Taylor, »The Full Text of North and South Korea's Agreement, Annotated«, WP, 27. April 2018.

697 Joshua Berlinger, »Kim Jong Un Seen Beside Apparent Submarine in State Media Photographs«, CNN, 23. Juli 2019.

698 Idrees Ali und Phil Stewart, »N. Korea Test Was of Short- to Medium-Range Ballistic Missile: Pentagon«, Reuters, 3. Oktober 2019.

699 Choe Sang-Hun, »North Korea Fires 2 Projectiles in First Test Since Latest Talks Stalled«, NYT, 31. Oktober 2019.

700 »KCNA Releases Detailed Report on N. Korea Party Plenum«, *BBC Monitoring Asia Pacific*, 1. January 2020, Zugang über LexisNexis.

701 Heuer, *Psychology of Intelligence Analysis*, S.10.

AUSGEWÄHLTE LITERATUR

Armstrong, Charles K., »The Destruction and Reconstruction of North Korea, 1950–1960«, *The Asia-Pacific Journal 7*, Nr. 0 (16. März 2009). https://apjjf.org/-Charles-K.-Armstrong/3460/article.html.

Baek, Jieun, *North Korea's Hidden Revolution: How the Information Underground Is Transforming a Closed Society*. New Haven, Conn.: Yale University Press, 2016.

Bishop, Isabella Bird, *Korea and Her Neighbours: A Narrative of Travel, with an Account of the Recent Vicissitudes and Present Position of the Country*, 1898. Wiederabdruck, Seoul, Korea: Yonsei University Press, 1970.

Boot, Max, *Invisible Armies: An Epic History of Guerrilla Warfare from Ancient Times to the Present*. New York: Liveright, 2013.

Brown, William A., »North Korea's Economic Strategy, 2018«, In A Whirlwind of Change in East Asia: Assessing Shifts in Strategy, Trade, and the Role of North Korea, Bd. 29, Joint U.S.-Korea Academic Studies, Hg. Gilbert Rozman. Washington, D.C.: Korea Economic Institute, 2018, S. 326 ff. http://www.keia.org/sites/default/files/publications/kei_jointus-korea_2018_180801_final_digital.pdf.

Cathcart, Adam, Robert Winstanley-Chesters und Christopher Green, Hg., *Change and Continuity in North Korean Politics*. London: Routledge, 2017.

Central Intelligence Agency, *The North Korean Succession: An Intelligence Assessment*, Oktober 1978. https://www.cia.gov/library/readingroom/document/cia-rdp81b00401r002100110012-7.

Dies., *North Korean Military Capabilities and Intentions: A Special National Intelligence Estimate*, 23. Mai 1979. https://www.cia.gov/library/readingroom/document/0001171647.

Dies., *North Korea: The Dynasty Takes Shape*, 3. März 1982. https://www.cia.gov/library/readingroom/document/cia-rdp08s02113r000100 210001-5.

Dies., *North Korea: A Sociological Perspective*, Januar 1983. https://www.cia.gov/library/readingroom/document/cia-rdp84s00553r00010 0010001-7.

Dies., Exploring the Implications of Alternative North Korean Endgames, 21. Januar 1998. https://www.cia.gov/library/readingroom/docs/DOC_0001085294.pdf.

Dies., »The Korean War Controversy: An Intelligence Success or Failure?«, zuletzt aktualisiert 25. Juni 2015. https://www.cia.gov/news-information/featured-story-archive/2015-featured-story-archive/korean-war-intelligence-success-or-failure.html.

Cha, John und K. J. Sohn, *Exit Emperor Kim Jong-il: Notes from His Former Mentor*. Bloomington, Ind.: Abbott Press, 2012.

Cha, Victor, *The Impossible State: North Korea Past and Future*. New York: HarperCollins, 2013.

Chanlett-Avery, Emma und Sharon Squassoni, »North Korea's Nuclear Test: Motivations, Implications, and U.S. Options«, Congressional Research Service Report for Congress, RL33709, 24. Oktober 2006. https://fas.org/sgp/crs/nuke/RL33709.pdf.

Chanlett-Avery, Emma, Liana Rosen, John Rollinsu und Catherine Theohary, »North Korean Cyber Capabilities in Brief«, Congressional Research Service Report for Congress, R44912, 3. August 2017. https://fas.org/sgp/crs/row/R44912.pdf.

Choe, In Su, *Kim Jong Il: The People's Leader, Bd. 1*. Pyongyang: Foreign Languages Publishing House, 1983.

Clapper, James R., »Statement for the Record. Worldwide Threat Assessment of the US Intelligence Community«, Senate Committee on Armed Services, 18. April 2013. https://www.dni.gov/files/documents/Intelligence%20Reports/UNCLASS_2013%20ATA%20SFR%20FINAL%20for%20SASC%2018%20Apr%202013.pdf.

Clapper, James R., in Zusammenarbeit mit Trey Brown, *Facts and Fears: Hard Truths from a Life in Intelligence*. New York: Viking, 2018.

Collins, Robert, *Marked for Life: Songbun, North Korea's Social Classification System*. Washington, D.C.: Committee for Human Rights in

North Korea, 2012. https://www.hrnk.org/uploads/pdfs/HRNK_Songbun_Web.pdf.

Ders., *Pyongyang Republic: North Korea's Capital of Human Rights Denial*. Washington, D.C.: Committee for Human Rights in North Korea, 2016. https://www.hrnk.org/uploads/pdfs/Collins_Pyongyang-Republic_FINAL_WEB.pdf.

Cumings, Bruce, *Korea's Place in the Sun: A Modern History*. New York und London: W. W. Norton, 1997.

Dalton, Bronwen, Kyungja Jung und Jacqueline Willis, »Fashion and the Social Construction of Femininity in North Korea«, Asian Studies Review 41, Nr. 4 (2017). https://doi.org/10.1080/10357823.2017.136 7757.

Demick, Barbara, *Nothing to Envy: Ordinary Lives in North Korea* (New York: Spiegel & Grau, 2009). Deutsche Übersetzung: *Im Land des Flüsterns: Geschichten aus dem Alltag in Nordkorea* (München: Droemer, 2010).

Downs, Jim, Hg., *Why We Write: The Politics and Practice of Writing for Social Change*. New York: Routledge, 2006.

Eckert, Carter J., Ki-baik Lee, Young Ick Lew, Michael Robinson und Edward W. Wagner, *Korea Old and New: A History*. Cambridge, Mass.: Harvard University Press, 1990.

Everard, John, *Only Beautiful, Please: A British Diplomat in North Korea*. Stanford, Calif.: Walter H. Shorenstein Asia-Pacific Research Center, 2012.

Fahy, Sandra, *Marching through Suffering: Loss and Survival in North Korea*. New York: Columbia University Press, 2015.

Fifield, Anna, *Kim: Nordkoreas Diktator aus der Nähe*. Hamburg: Körber Stiftung, 2020.

Fischer, Paul. *Das Traumpaar des Diktators: Die unglaubliche Geschichte einer Entführung nach Nordkorea*. Hamburg. Rowohlt, 2015.

Gause, Ken E., *North Korean House of Cards: Leadership Dynamics under Kim Jong-un*. Washington, D.C.: Committee for Human Rights in North Korea, 2015.

Greitens, Sheena Chestnut, *Illicit; North Korea's Evolving Operations to Earn Hard Currency*. Washington, D.C.: Committee for Human Rights in North Korea, 2014. https://www.hrnk.org/uploads/pdfs/SCG-FINAL-FINAL.pdf.

Dies., *Dictators and Their Secret Police: Coercive Institutions and State Violence*. Cambridge: Cambridge University Press, 2016.

Ha, Matthew und David Maxwell, »Kim Jong-un's ›All-Purpose Sword‹: North Korean Cyber-Enabled Economic Warfare«, Foundation for Defense of Democracies, October 2018. https://www.fdd.org/analysis/2018/10/03/kim-jong-uns-all-purpose-sword/.

Haggard, Stephan und Marcus Noland, *Hunger and Human Rights: The Politics of Famine in North Korea*. Washington, D.C.: U.S. Committee for Human Rights in North Korea, 2005. https://www.researchgate.net/publication/40904797_Hunger_and_Human_Rights_The_Politics_of_Famine_in_North_Korea.

Halberstam, David, *The Coldest Winter: America and the Korean War*. New York: Hyperion, 2007.

Hassig, Ralph und Kongdan Oh, T*he Hidden People of North Korea: Everyday Life in the Hermit Kingdom*. Lanham, Md.: Rowman & Littlefield, 2009.

Hastings, Justin V., *A Most Enterprising Country: North Korea in the Global Economy*. Ithaca, N.Y.: Cornell University Press, 2016.

Hawk, David und Amanda Mortwedt Oh, *The Parallel Gulag: North Korea's ›An-jeon-bu‹ Prison Camps*. Washington, D.C.: Committee for Human Rights in North Korea, 2017.

Heer, Paul J., *Mr. X and the Pacific: George F. Kennan and American Policy in East Asia*. Ithaca, N.Y. und London: Cornell University Press, 2018.

Hermes, Walter G., *Truce Tent and Fighting Front: U.S. Army in the Korean War*. Washington, D.C.: Center of Military History, United States Army, 1992. https://history.army.mil/html/books/020/20-3/CMH_Pub_20-3.pdf, S. 501.

Heuer, Jr., Richards J., *Psychology of Intelligence Analysis*. Washington, D.C.: Center for the Study of Intelligence, Central Intelligence Agency, 1999.

Hunter, Helen-Louise, *Kim Il-song's North Korea*. Westport, Conn.: Praeger, 1999.

Huntington, Samuel, *Der Kampf der Kulturen – Die Neugestaltung der Weltpolitik im 21. Jahrhundert*. München: Goldmann, 2002.

Jackson, Van, *On the Brink: Trump, Kim, and the Threat of Nuclear War*. Cambridge: Cambridge University Press, 2018.

Jager, Sheila Miyoshi, *Brothers at War: The Unending Conflict in Korea*. New York: W. W. Norton, 2013.

Jang, Jin-sung, *Dear Leader: My Escape from North Korea*. Übers.: Shirley Lee. New York: Atria Books, 2014.

Kang, Chol-hwan und Pierre Rigoulot, *The Aquariums of Pyongyang: Ten Years in the North Korean Gulag*. New York: Basic Books, 2001.

Kelly, Robert E., »A New Economy for North Korea«, Centre for International Governance Innovation, 3. August 2018. https://www.cigionline.org/articles/new-economy-north-korea.

Kim, Hakjoon, *Dynasty: The Hereditary Succession Politics of North Korea*. Stanford, Calif.: Asia-Pacific Research Center, 2015.

Kim, Il Sung, *With the Century*. Pyöngjang: Korea Friendship Association, 2003.

Kim Il Sung, *Condensed Biography*. Pjöngjang: Foreign Languages Publishing House, 2001

Kim Jong Il, *Brief History*. Pjöngjang: Foreign Languages Publishing House, 1998.

Kim, Suki, *Without You, There Is No Us: My Secret Life Teaching the Sons of North Korea's Elite*. London: Rider Books, 2015.

Kim, Suzy, »Revolutionary Mothers: Women in the North Korean Revolution, 1945–1950«, *Comparative Studies in Society and History* 52, Nr. 4 (2010).

Dies., »Specters of War in Pyongyang: The Victorious Fatherland Liberation War Museum in North Korea«, Cross-*Currents: East Asian History and Culture Review*, E-journal Nr. 14 (März 2015), S. 124 ff. https://cross-currents.berkeley.edu/sites/default/files/e-journal/articles/s._kim.pdf.

Kranish, Michael und Marc Fisher, *Trump Revealed: The Definitive Biography of the 45th President*. New York: Scribner, 2016. Deutsche Übersetzung: *Die Wahrheit über Trump. Die Biografie des 45. Präsidenten* (Kulmbach: Plassen, 2019).

Kretchun, Nat und Jane Kim, »A Quiet Opening: North Koreans in a Changing Media Environment«, Mai 2012. https://www.intermedia.org/wpcontent/uploads/2013/05/A_Quiet_Opening_FINAL_InterMedia.pdf.

Kretchun, Nat, Catherine Lee und Seamus Tuohy, »Compromising Connectivity: Information Dynamics between the State and Society in a Digitizing North Korea«, Februar 2017. https://www.intermedia.org/wp-content/uploads/2017/02/Compromising-Connectivity-Final-Report_Soft-Copy.pdf.

Lankow, Andrei, »Kim Takes Control: The ›Great Purge‹ in North Korea, 1956–1960«, *Korean Studies* 26, Nr. 1 (2002), S. 87 ff. doi:10.1353/ks.2002.0010.

Ders., *North of the DMZ: Essays on Daily Life in North Korea*. Jefferson N.C.: McFarland, 2007.

Ders., *The Real North Korea: Life and Politics in the Failed Stalinist Utopia*. New York: Oxford University Press, 2015.

Lee, Hyeonseo, *The Girl with Seven Names*. London: William Collins, 2015.

Lee, Jean H., »For North Koreans, the War Never Ended«, *Wilson Quarterly* (Frühjahr 2017). https://wilsonquarterly.com/quarterly/trump-and-a-watching-world/for-north-koreans-the-war-never-ended/.

Dies., »Soap Operas and Socialism: Dissecting Kim Jong-un's Evolving Policy Priorities through TV Dramas in North Korea«, Korea Economic Institute Academic Paper Series, 30. November 2017. http://www.keia.org/sites/default/files/publications/lee_soap_operas_and_socialism.pdf.

Lim, Dong-won, *Peacemaker: Twenty Years of Inter-Korean Relations and the North Korean Nuclear Issue*. Stanford, Calif.: Walter H. Shorenstein Asia-Pacific Research Center, 2012.

Lim, Jae-Cheon, *Kim Jong Il's Leadership of North Korea*. London und New York: Routledge, 2009.

Manyin, Mark, »Kim Jong-il's Death: Implications for North Korea's Stability and U.S. Policy«, Congressional Research Service Report for Congress, R42126, 11. Januar 2012. https://fas.org/sgp/crs/row/R42126.pdf.

Martin, Bradley K., *Under the Loving Care of the Fatherly Leader: North Korea and the Kim Dynasty*. New York: Thomas Dunne Books, 2006.

McEachern, Patrick, »Centralizing North Korean Policymaking under Kim Jong Un«, *Asian Perspectives* 43, Nr. 1 (2019), S. 35ff. doi:10.1353/apr.2019.0001.

McInnis, Kathleen, Andrew Feickert, Mark Manyin, Steven Hildreth, Mary Beth Nikitin, Emma Chanlett-Avery und Catherine Theohary, »The North Korea Nuclear Challenge: Military Options and Issues for Congress«, Congressional Research Service Report for Congress, R44994, 6. November 2017. https://fas.org/sgp/crs/nuke/R44994.pdf.

Myers, B. R., *The Cleanest Race: How North Koreans See Themselves—and Why It Matters*. Brooklyn, N.Y.: Melville House, 2010.

Nanto, Dick K., »North Korean Counterfeiting of U.S. Currency«, Congressional Research Service Report for Congress, RL33324, 12. Juni 2009. https://fas.org/sgp/crs/row/RL33324.pdf.

National Intelligence Council, *North Korea: Likely Response to Economic*

Sanctions, 10. Dezember 1991. https://www.cia.gov/library/readingroom/docs/DOC_0005380437.pdf.

Ders., *Foreign Missile Developments and the Ballistic Missile Threat to the United States through 2015*, September 1999. https://www.dni. gov/files/documents/Foreign%20Missile%20Developments_1999. pdf.

Nikitin, Mary-Beth, »North Korea's Nuclear Weapons: Technical Issues«, Congressional Research Service Report for Congress, RL34256, 3. April 2013. https://fas.org/sgp/crs/nuke/RL34256.pdf.

O'Brien, Timothy L., *TrumpNation: The Art of Being the Donald*. New York: Grand Central Publishing, 2016.

Oberdorfer, Don, *The Two Koreas: A Contemporary History*. New York: Basic Books, 2001.

Park, Yeonmi, *In Order to Live: A North Korean Girl's Journey to Freedom*. New York: Penguin Press, 2015. Deutsche Übersetzung: *Mut zur Freiheit. Meine Flucht aus Nordkorea* (München: Goldmann, 2015).

Pollack, Jonathan, *No Exit: North Korea, Nuclear Weapons and International Security*. New York: Routledge, 2011.

Ra, Jong-yil, *Inside North Korea's Theocracy: The Rise and Sudden Fall of Jang Song-Thaek*. Übers. Jinna Park. Albany: State University of New York Press, 2019.

Sanger, David E., *The Perfect Weapon: War, Sabotage, and Fear in the Cyber Age*. New York: Crown, 2018.

Schnabel, James F., *Policy and Direction: The First Year*. Washington, D.C.: Center for Military History, United States Army, 1992.

Singer, Peter W. und Emerson T. Brooking, *LikeWar: The Weaponization of Social Media*. Boston: Houghton Mifflin Harcourt, 2018.

Southard, Susan, *Nagasaki: Life after Nuclear War*. New York: Viking, 2015.

Suh, Dae-sook, *Kim Il Sung: The North Korean Leader*. New York: Columbia University Press, 1988.

Terry, Sue Mi, »North Korea's Strategic Goals and Policy towards the United States and South Korea«, *International Journal of Korean Studies* 17, Nr. 2 (Herbst 2013). http://www.icks.org/data/ijks/1482461379_ add_file_3.pdf.

Thae Yong-ho., Testimony to the U.S. House Committee on Foreign Affairs, 1. November 2017. https://docs.house.gov/meetings/FA/FA 00/20171101/106577/HHRG-115-FA00-Wstate-Yong-hoT-20171101. pdf.

Tudor, Daniel und James Pearson, *North Korea Confidential: Private Markets, Fashion Trends, Prison Camps, Dissenters and Defectors.* Tokio: Tuttle Publishing, 2015.

UNICEF, »Multiple Indicator Cluster Survey 2017 Democratic People's Republic of Korea«, Juni 2018. https://www.unicef.org/eap/sites/unicef.org.eap/files/2018-06/2017%20DPRK%20MICS%20Survey%20Findings%20Report_July%202018.pdf.

U.N., *Report of the Detailed Findings of the Commission of Inquiry on Human Rights in the Democratic People's Republic of Korea*, 7. Februar 2014. https://www.ohchr.org/EN/HRBodies/HRC/CoIDPRK/Pages/ReportoftheCommissionofInquiryDPRK.aspx.

Dies., *Report of the Panel of Experts Established Pursuant to Resolution 1874* (2009), 27. Februar 2017. https://www.undocs.org/S/2017/150.

Dies., Ambassador Nikki Haley, Remarks at an Emergency UN Security Council Briefing on North Korea, 4. September 2017. https://usun.usmission.gov/remarks-at-an-emergency-un-security-council-briefing-on-north-korea/.

Dies., *Report of the Panel of Experts Established Pursuant to Resolution 1874* (2009), 5. März 2018. https://www.un.org/ga/search/view_doc.asp?symbol=S/2018/171.

Dies., »2019 DPR Korea: Needs and Priorities«, 6. März 2019. https://www.undp.org/content/dam/unct/dprk/docs/DPRK_NP_2019_Final.pdf.

Dies., *Report of the Panel of Experts Established Pursuant to Resolution 1874* (2009), 30. August 2019. https://undocs.org/S/2019/691.

U.S. Congress, House Committee on Armed Services, »Statement of General Curtis M. Scaparrotti, Commander, United Nations Command; Commander, United States—Republic of Korea Combined Forces Command; United States Forces Korea«, 113. Congress, 2. Sitzung, 2. April 2014. https://docs.house.gov/meetings/AS/AS00/20140402/101985/HHRG-113-AS00-Wstate-ScaparrottiUSAC-20140402.pdf.

U.S. Department of State, »Democratic People's Republic of Korea 2018 Human Rights Report«. https://www.state.gov/wp-content/uploads/2019/03/DEMOCRATIC-PEOPLE%E2%80%99S-REPUBLIC-OF-KOREA.pdf.

U.S. Department of the Treasury, »Treasury Designates Banco Delta Asia as Primary Money Laundering Concern under USA Patriot Act«,

15. September 2005. https://www.treasury.gov/press-center/press-releases/Pages/js2720.aspx.

Dass., »Treasury Sanctions Additional North Korean Officials and Entities in Response to the North Korean Regime's Human Rights Abuses and Censorship Activities«, Presseerklärung, 11. Januar 2017. https://www.treasury.gov/press-center/press-releases/Pages/jl0699.aspx.

U.S. Federal Bureau of Investigations, »Update on Sony Investigation«, Presseerklärung, 19. Dezember 2014. https://www.fbi.gov/news/pressrel/press-releases/update-on-sony-investigation.

U.S. Government, A Tradecraft Primer: Structured Analytic Techniques for Improving Intelligence Analysis, März 2009. https://www.cia.gov/library/center-for-the-study-of-intelligence/csi-publications/books-and-monographs/Tradecraft%20Primer-apr09.pdf.

U.S. Mission to the United Nations, »Fact Sheet: Resolution 2371 (2017) Strengthening Sanctions on North Korea«, 5. August 2017. https://usun.usmission.gov/fact-sheet-resolution-2371-2017-strengthening-sanctions-on-north-korea/?_ga=2.127536526.220785168.156 9552870-707405175.1564779131.

Dies., »Fact Sheet: Resolution 2375 (2017) Strengthening Sanctions on North Korea«, 11. September 2017. https://usun.usmission.gov/fact-sheet-resolution-2375-2017-strengthening-sanctions-on-north-korea/.

Dies., »Fact Sheet: Resolution 2397 on North Korea«, 22. Dezember 2017. https://usun.usmission.gov/fact-sheet-un-security-council-resolution-2397-on-north-korea/?_ga=2.15513014.1072312274.1569553067-221063855.1568833043.

U.S. National Geospatial-Intelligence Agency, »Developments in North Korea's Sinuiju City under Kim Jong-un«, 21. April 2018. https://pathfinder.geointservices.io/public_page/u-developments-in-north-koreas-sinuiju-city-under-kim-jong-un/.

U.S. Office of the Director of National Intelligence, »Unclassified Report to Congress on the Acquisition of Technology Relating to Weapons of Mass Destruction and Advanced Conventional Munitions, 1. Januar bis 31. Dezember 2006. https://www.odni.gov/files/documents/Newsroom/Reports%20and%20Pubs/Acquisition_Technology_Report_030308.pdf.

U.S. Office of the Secretary of Defense, »Report to Congress: Military and Security Developments Involving the Democratic People's Republic of Korea«, 2017., https://fas.org/irp/world/dprk/dod-2017.pdf.

U.S. The White House, »Remarks by President Trump to the National Assembly of the Republic of Korea, Seoul, Republic of Korea«, 7. November 2017. https://www.whitehouse.gov/briefings-statements/remarks-president-trump-national-assembly-republic-korea-seoul-republic-korea/.

Dass., *National Security Strategy of the United States of America*, Dezember 2017. https://www.whitehouse.gov/wp-content/uploads/2017/12/NSS-Final-12-18-2017-0905.pdf.

Dass., »Remarks by President Trump on the Administration's National Security Strategy«, 18. Dezember 2017. https://www.whitehouse.gov/briefings-statements/remarks-president-trump-administrations-national-security-strategy/.

Dass., »Remarks by President Trump after Meeting with Vice Chairman Kim Yong Chol of the Democratic People's Republic of Korea«, 1. Juni 2018. https://www.whitehouse.gov/briefings-statements/remarks-president-trump-meeting-vice-chairman-kim-yong-chol-democratic-peoples-republic-korea/.

Dass., »Joint Statement of President Donald J. Trump of the United States of America and Chairman Kim Jong Un of the Democratic People's Republic of Korea at the Singapore Summit«, 12. Juni 2018. https://www.whitehouse.gov/briefings-statements/joint-statement-president-donald-j-trump-united-states-america-chairman-kim-jong-un-democratic-peoples-republic-korea-singapore-summit/.

Dass., »Press Conference by President Trump«, 12. Juni 2018. https://www.whitehouse.gov/briefings-statements /press-conference-president-trump/.

Dass., »Fact Sheet: President Trump Is Committed to Achieving Transformational Peace for the United States, the Korean Peninsula, and the World«, 21. Februar 2019. https://www.whitehouse.gov/briefings-statements/president-trump-committed-achieving-transformational-peace-united-states-korean-peninsula-world/.

Dass., »Remarks by President Trump and President Moon of the Republic of Korea in Joint Press Conference«, 30. Juni 2019. https://www.whitehouse.gov/briefings-statements/remarks-president-trump-president-moon-republic-korea-joint-press-conference/.

War Crimes Committee of the International Bar Association, »Report: Inquiry on Crimes against Humanity in North Korean Prison Camps«, 12. Dezember 2017. https://www.ibanet.org/Article/NewDetail.aspx?ArticleUid=8ae0f29d-4283-4151-a573-a66b2c1ab480.

Wit, Joel, Daniel Poneman und Robert Gallucci, *Going Critical: The First North Korean Nuclear Crisis*. Washington, D.C.: Brookings Institution Press, 2004.

Woodward, Bob, *Fear: Trump in the White House*. New York: Simon & Schuster, 2018. Deutsche Übersetzung: *Furcht. Trump im Weißen Haus* (Reinbek bei Hamburg: Rowohlt, 2018).

Worden, Robert L., *North Korea: A Country Study*. 5. Aufl. Washington, D.C.: Library of Congress, Federal Research Division, 2008.

REGISTER

BILDNACHWEIS

Seite 9: Map copyright © 2020 by David Lindroth Inc.
Seite 12: DuMont Buchverlag, nach Vorlage von The Brookings Institution

RECHTEINHABER DES BILDTAFELTEILS:
Korean Central News Agency/Korea News Service via AP Images
Korean Central News Agency/Korea News Service via AP Images
Hulten Archive/Getty Images
AFP via Getty Images
Reuters/Abdruck mit freundlicher Genehmigung von Kenji Fujimoto
Reuters/Petar Kujundzic
Reuters/Kyodo
AP Photo/Korean Central News Agency via Korea News Service
Keystone-France/Gamma-Keystone via Getty Images
Reuters/Koeran Central News Agency
Reuters/Koeran Central News Agency
Yoshikazu Tsuno/AFP via Getty Images
Korean Central News Agency/Korea News Service via AP
Ethan Miller/Getty Images
Anita Kunz/The New Yorker © Condé Nast
Korean Central News Agency via Reuters
Afp via Getty Images
Kyodo News Stills via Getty Images
Kyodo News Stills via Getty Images
STR/AFP via Getty Images
AP Photo/Patrick Semansky, Pool
Korean Central News Agency/via Reuters
Korea Summit Press Pool/Pool via Reuters
Reuters/Kevin Lamarque
Korean Central News Agency/via Reuters

FSC
www.fsc.org
MIX
Papier aus ver-
antwortungsvollen
Quellen
FSC® C083411

Die amerikanische Originalausgabe erschien 2020 unter dem Titel
›Becoming Kim Jong Un. A Former CIA Officer's Insights
into North Korea's Enigmatic Young Dictator‹
bei Ballantine Books, New York.
Copyright © Jung H. Pak 2020

Erste Auflage 2020
© 2020 für die deutsche Ausgabe: DuMont Buchverlag, Köln
Alle Rechte vorbehalten
Übersetzung: Ulrike Becker, Gabriele Gockel,
Rita Seuß und Thomas Wollermann
Lektorat: Boris Heczko
Umschlaggestaltung: Lübbeke Naumann Thoben, Köln
Satz: Fagott, Ffm
Gesetzt aus der DTL Documenta und der HWT Unit Gothic 721
Druck und Verarbeitung: CPI books GmbH, Leck
Gedruckt auf säurefreiem und chlorfrei gebleichtem Papier
Printed in Germany
ISBN 978-3-8321-8389-9

www.dumont-buchverlag.de